商事法

COMMERCIAL LAW

吳威志　主編

李岳牧、王俊人、嚴奇均　合著

全華

序

「商事法」實為集合法典之名稱，本書以商業登記法、公司法、票據法、海商法、保險法等五種主要之商事單行法為介紹範圍。深入淺出針對我國商事行為之各類法律規定，加以整理，使專科以上學生，都能藉由各章體系整理、法規分析、案例題型、練習題庫及專章作業中，得到理論與實務並重的商事知識。

本書編寫小組各老師任教於國內各大技職學校，亦有多年講授相關法律之經驗，對現行法律之增刪修補均極為重視，期許能以最新、最正確的法規，帶給老師與學生最快速有效的學習成果。鑒於商事法之各項單行法，為因應國家經濟發展的需求，歷年來已有多次修正，本書對此保持高度關注，密切配合增刪，嚴謹校訂與排版，並隨書出版教學光碟，以利本書發揮最大功效。

「商事法」理論上，並非僅以本書上的商業登記法、公司法、票據法、海商法、保險法等五種單行法為範圍，以上五法充其量只能稱為「商事私法」；若廣義而言，商事法尚包含「商事公法」，如銀行法、合作社法、公平交易法、證券交易法等，惟考量講學需要及學生吸收程度，未來適用情形及坊間各書標準，仍然以上述五法為論述對象，至於其他商事法規，則省略之，以免造成過度負擔。

其實，我國係採「民商合一」制，除了五種單行法規外，民法債編之中，均已條列相關商業行為的法律，如買賣、交互計算、委任、行紀、承攬、運送、經理人等；足見民法的地位亦相當重要，惟依「特別法優於普通法」之適用原則，商事法即應優於民法而適用，因此，除非商事法無規定時，始能依「普通法補充特別法」原則，引用民法規定。

我國商事法的編纂，起自民國十六年國民政府成立後，將不適合於民法內容者，分別制定了單行法典，而於民國十八年分別公布公司法、票據法、海商法、保險法四法，而後又於民國二十六年公布商業登記法，歷時日久，國家經濟、政治、社會環境早已不同，因此，各法均已數度修正。其中「公司法」於民國九十年十月修正，牽涉條文佔原有條文的過半數，達二百三十五條，影響之深大過以往；同時九十四年六月、九十五年二月部分修正、九十八年五月再度修法，又於一百零四年五月因應『勞動權』增修公司法三條條文；截至本書新版，已更正至 107 年 8 月修法。而「海商法」於民國八十九年一月及九十八年七月再經修正，惟本書過去篇幅過多，對於學生吸收不易，此版大量精簡達三分之二，僅具 6 小節。「商業登記法」亦於民國八十八年十二月及九十八年一月

又行修正;「保險法」於民國八十六年及九十九年二月通過修正,特別於 109 年 6 月修正第 107 條、增訂第 138 條之 2 等 2 條文一併補入。以上各法新修業已編入內容。足證「商事法」對我國經濟發展的重要性,惟有不斷的革新與精進,才能符合商業的需求。

　　基於國內商法教育之需要,本書特邀景文科技大學專任的李岳牧老師負責「票據法」部分;曾任於景文科技大學、法務部的王俊人老師負責「海商法」部分,曾任教於中國科技大學呂豐真老師負責「保險法」部分,而由曾任教僑光科技大學、現任教於雲林科技大學科技法律研究所的本人負責「公司法」、「商業登記法」部分,此版基於修法、簡縮及增加實務案例之必要,特別委請現任教於雲林科技大學的嚴奇均律師,針對「公司法」、「保險法」再加編修及校正,期能將理論與實務融合操作,引起學生學習的興趣,更能提供學生將來的職場生涯,一份生活上、工作上必備的工具。

　　本人才識有限,幸蒙全華圖書有限公司之支持,得以主編此書,並多次因應時局與修法改版;深為商事法律教育努力自期,惟仍難免有所疏漏,尚祈先進賢達,不吝指教。

主編
國立雲林科技大學科技法律研究所教授

吳威志　法學博士謹識

目次

PART 1 商業登記法

PART 2 公司法

CONTENTS

CONTENTS

PART 4　海商法

PART 5 保險法

≫ CH17　保險法總論

≫ CH18　保險契約

≫ CH19　財產保險

法條即時更新 QR Code 查詢

1 商業的基本概念

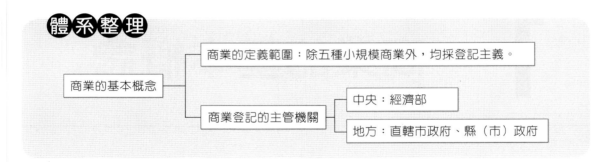

體系整理

商業的基本概念 ─┬─ 商業的定義範圍：除五種小規模商業外，均採登記主義。
                └─ 商業登記的主管機關 ─┬─ 中央：經濟部
                                        └─ 地方：直轄市政府、縣（市）政府

1.1 商業的定義範圍

　　商業登記謂以營利為目的之獨資、合夥事業為取得經營商業主體之資格，依據商業登記法所為之登記。商業登記法所規範者為商業登記事項，而所稱「商業」，依商業登記法第三條（以下簡用「商登法3」）規定，指以營利為目的，以獨資或合夥方式經營之事業。

　　我國對於商業採登記成立主義，原則上商業及其分支機構，非經主管機關登記，否則不得成立（商登法4）。但屬於以下之小規模商業，則例外得免申請登記（商登法5）：

1. 攤販。

2. 家庭農、林、漁、牧業者。

3. 家庭手工業者。此所稱家庭農、林、漁、牧業、手工業，以「自任操作或雖僱用員工而仍以自己操作為主者為限。」（商登法施行細則2）

4. 民宿經營者。依發展觀光條例第二條第九款規定，民宿係指利用自用住宅空閒房間，結合當地人文、自然景觀、生態、環境資源及農林漁牧生產活動，提供旅客鄉野生活之住宿處所，因民宿係以家庭副業方式經營，屬小規模商業之範疇，故免辦商業登記。

5. 每月銷售額未達營業稅起徵點者。依加值型及非加值型營業稅法第二十三條及第二十六條規定，營業稅起徵點由財政部定之，而依財政部於九十六年一月一日施行之「小規模營業人營業稅起徵點」如下：

   (1) 買賣業、製造業、手工業、新聞業、出版業、農林業、畜牧業、水產業、礦冶業、包作業、印刷業、公用事業、娛樂業、運輸業、照相業及一般飲

食業等業別之起徵點為每月銷售額新臺幣八萬元。

(2) 裝潢業、廣告業、修理業、加工業、旅宿業、理髮業、沐浴業、勞務承攬業、倉庫業、租賃業、代辦業、行紀業、技術及設計業及公證業等業別之起徵點為每月銷售額新臺幣四萬元。

(3) 營業人如兼營第一點、第二點所列業別之營業，其各點所列業別銷售額佔各該點起徵點之百分比合計數超過百分之一百者，應予課徵，其計算公式如下：

$$\frac{第一點所列業別之銷售額}{第一點所列業別之起徵點} + \frac{第二點所列業別之銷售額}{第二點所列業別之起徵點} \geq \frac{100}{100}$$

1.2 商業登記的主管機關

依商業登記法第二條之規定，商業登記之主管機關：在中央為經濟部；在直轄市為直轄市政府；在縣（市）為縣（市）政府。而直轄市政府、縣（市）政府，必要時得報經經濟部核定，將商業登記部分業務委任或委辦區、鄉（鎮、市、區）公所或委託直轄市、縣（市）之商業會辦理。又直轄市及縣（市）主管機關為辦理商業登記事項，依商業登記法施行細則第三條規定，應設置商業登記簿，記載下列事項：

1. 本法第九條第一項所列事項。

2. 限制行為能力人獨立或合夥經營商業登記。

3. 法定代理人為無行為能力人或限制行為能力人經營商業登記。

4. 經理人登記。

5. 其他登記事項。

　　前項商業登記簿得以電腦處理紀錄代之。

▌案例題型 >>>>>>>>>>

　　游美麗是家住新北市的大四學生，她因打工存了一筆錢，有意創業，她對「精品」尤其專長，正考慮是到夜市租位擺攤，還是在自家一樓開一家「精品行」，兩者應如何登記？如果要登記，向那一機關登記？又她未滿二十歲可否登記為負責人？

練習題庫

一、是非題

1. (　　) 我國商業登記法強制規範「家庭手工業者」仍應申請登記。

2. (　　) 限制行為能力人得獨立或合夥經營商業。

二、選擇題

1. (　　) 下列何者最需辦理申請商業登記而幾無例外？　(A)攤販　(B)家庭手工業者　(C)便利超商。

2. (　　) 我國商業之經營採用何種主義？　(A)登記主義　(B)追懲主義　(C)設立主義。

2 商業登記的種類與流程

2.1 商業登記的種類

體系整理

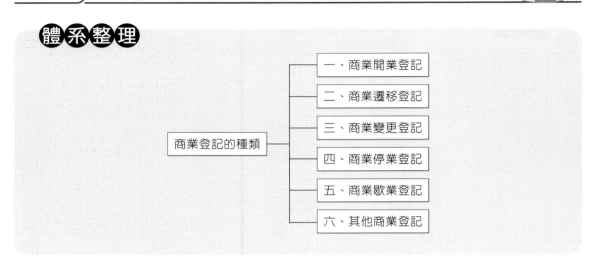

```
                                    ┌─ 一、商業開業登記
                                    ├─ 二、商業遷移登記
                                    ├─ 三、商業變更登記
              商業登記的種類 ────────┤
                                    ├─ 四、商業停業登記
                                    ├─ 五、商業歇業登記
                                    └─ 六、其他商業登記
```

一》商業開業登記

（一）商業設立登記

商業登記法第九條第一項規定，商業開業前，應填具申請書將下列各款申請登記：

1. **名稱**：商號名稱為商號之表徵，具有專屬性與排他性，故應依以下規定：

   (1) 商業之名稱，得以其負責人姓名或其他名稱充之。但不得使用易於使人誤認為與政府機關或公益團體有關之名稱。以合夥人之姓或姓名為商業名稱者，該合夥人退夥，如仍用其姓或姓名為商業名稱時，須得其同意（商登法27）。

   (2) 商業在同一直轄市或縣（市），不得使用與已登記之商案相同之名稱。但增設分支機構於他直轄市或縣（市），附記足以表示其為分支機構之明確字樣者，不在此限。商號之名稱，不得使用公司字樣（商登法28）。

   (3) 為免商業登記後始發現名稱重複或不妥滋生爭議，故商業登記法第二十八條第三項採用預審制度，明定商業名稱，於商業登記前，應先申請核准，並保留商業名稱於一定期間內，不得為其他商業使用。而依「商業名稱及所營業務預查審核準則」又進一步規定，

- 商業名稱，於設立或變更登記前，應由申請人備具申請表，向商業所在地之直轄市或縣（市）政府申請預查（以下簡稱預查申請案）。預查申請案，得以網路傳輸方式申請。又預查申請案一次申請不得超過五個名稱。（預查審核準則2）

- 預查申請案經核准者，自核准之日起算，其保留期間為二個月。但於期間屆滿前，得申請延展保留，期間為一個月，且以一次為限。未於前項保留期間內申請商業登記者，預查之核准失其效力。（預查審核準則3）

- 預查申請案經核准者，於保留期間內，不得更換申請人。但有正當理由經核准者，不在此限。（預查審核準則4）

- 商業名稱之登記應使用我國文字，並以教育部編訂之國語辭典或辭源、辭海、康熙或其他通用字典中所列有之文字為限。（預查審核準則5）

- 商業名稱不得使用與已登記之商業相同之名稱。二商業名稱是否相同，應就其特取名稱採通體觀察方式審查；特取名稱不相同，其商業名稱為不相同。二商業名稱中標明不同業務種類或可資區別之文字者，縱其特取名稱相同，其商業名稱視為不相同。所稱可資區別之文字，不含下列之文字：一、商業名稱中所標明之地區名、新、好、老、大、小、真、正、原、純、真正、純正、正港、正統。二、堂、記、行、號、社、店、館、舖、廠、坊、工作室或其他足以表示商業名稱之文字。三、二商業標明之特取名稱及業務種類相同者，於業務種類之後，所標明之企業、實業、展業、興業或工業、商事等表明營業組織通用或事業性質之文字。（預查審核準則6）

- 商業名稱標明地區名者，其地區名，應置於商業特取名稱之前，並以所在地之直轄市、縣（市）、鄉（鎮、市、區）名為限。（預查審核準則7）

- 商業名稱標明業務種類者，應置於特取名稱之後，並以一種為限。商業名稱中標明本法第六條第一項規定之許可業務，其許可業務經撤銷或廢止登記者，應辦理商業名稱變更。（預查審核準則8）

- 商業應於名稱中標明堂、記、行、號、社、店、館、舖、廠、坊、工作室或其他足以表示商業名稱之文字，並置於名稱之末。但已於名稱中標示業務種類、商品名稱、區別文字或標示企業、實業、展業、興業或工業、商事等表明營業組織通用或事業性質之文字者，不在此限。（預查審核準則9）

- 商業名稱不得使用下列文字：一、會、局、處、署、黨、隊、中心、縣（市）府、農會、漁會、公會、工會、機構、聯社、福利社、合作社、教育會、研習班、研習會、產銷班、研究所、事務所、聯誼社、聯誼會、互助會、服務站、大學、學院、文物館、社區、寺廟、基金會、協會、社團、財團法人或其他易於使人誤認為與政府機關或公益團體有關之名稱。二、妨害公共秩序或善良風俗之名稱。三、公司、商社、會社或其他類似公司字樣之文字。四、關係企業、企業關係、關係、集團、聯盟、連鎖或其他表明商業結合之文字。五、其他不當之文字。（預查審核準則10）

- 商業之特取名稱，不得使用下列文字：一、單字。二、連續四個以上疊字或二個以上疊詞。三、我國及外國國名。四、業務種類或商品名稱。五、企業、實業、展業、興業或工業、商事等表明營業組織通用或事業性質之文字。（預查審核準則11）

依據上開規定，主管機關可據以對預查申請之案件進行審核，如發現名稱有違反上開各種限制之情形時，須依「商業名稱及所營業務預查審核準則」第十四條規定應予駁回，否則即應為許可之核定。

2. **組織**。

3. **所營業務**：同樣的，為免商業登記後始發現經營之業務有所不妥之情事，故依商業登記法第二十八條第三項規定，與商業名稱均採預審制度，明定所營業務，須於商業登記前，先申請核准。而依「商業名稱及所營業務預查審核準則」又規定：

(1) 商業所營業務，於設立或變更登記前，應由申請人備具申請表，向商業所在地之直轄市或縣（市）政府申請預查（以下簡稱預查申請案）。預查申請案，得以網路傳輸方式申請。至有關其申請人、申請人之變更與核准之效力均與上述商業名稱之規定相同。（預查審核準則2～4）

(2) 商業之所營業務，應依經濟部公告之公司行號營業項目代碼表所定細類之代碼及業務別填寫，但不得僅載明「除許可業務外，得經營法令非禁止或限制之業務」之細類代碼及業務別。（預查審核準則12）

(3) 商業之所營業務，有下列情形之一者，不得為預查登記：一、違反公序良俗。二、為專門職業技術人員執業範圍。三、性質上非屬營利事業。四、政府依法實施專營。五、其他法令另有規定。（預查審核準則13）

　　主管機關對預查申請之案件進行審核時，如發現所營事業有違反上開各種限制之情形時，依「商業名稱及所營業務預查審核準則」第十四條規定應以駁回；如發現顯係誤載或不明確之記載，並得為修正之核定；否則即應為許可之核定。

4. 資本額。

5. 所在地。

6. 負責人姓名、住所或居所、身分證明文件字號、出資種類及數額：而商業登記法上所稱商業負責人，在獨資組織者，為出資人或其法定代理人；合夥組織者，為執行業務之合夥人。另經理人在執行職務範圍內亦為商業負責人（商登法10）。至於負責人中如有限制行為能力人者，應附法定代理人之同意書（商登法11）。

7. 合夥組織者：合夥人姓名、住、居所、身分證明文件字號、出資種類、數額及合夥契約副本。

8. 其他經中央主管機關規定之事項。

(二) 商業分支機構設立登記

　　商業登記法第十四條規定，商業之分支機構其獨立設置帳簿者，應自設立之日起十五日內將下列各款事項，向分支機構所在地之主管機關申請登記：

1. 分支機構名稱。

2. 分支機構所在地。

3. 分支機構經理人姓名、住、居所、身分證明文件字號。

4. 其他經中央主管機關規定之事項。

　　分支機構，經核准登記後，主管機關應以副本抄送本商號所在地之直轄市政府或縣（市）政府。

■»商業變更登記

原則上依商業登記法第九條第一項或第十四條第一項所定商業登記事項之內容有所變更時，應辦理變更登記。此於「商業登記申請辦法」有更爲詳細之規範，依該辦法變更登記又可分爲以下幾類：

(一) 一般變更登記

依「商業登記申請辦法」第六條及第十四條規定，負責人、合夥人、經理人調動、資本額、所在地、出資額轉讓、商業名稱、所營業務及其他變更事項之登記，應辦理變更登記。另依同辦法第十六條規定，分支機構登記事項有變更時，亦應辦理變更登記。

(二) 轉讓登記

依「商業登記申請辦法」第七條第一項規定，負責人將其商業轉讓時，須辦理轉讓登記。

(三) 繼承登記

如負責人死亡時，依「商業登記申請辦法」第八條規定，須由全體繼承人辦理繼承登記。

(四) 變更組織登記

「商業登記申請辦法」第九條規定，獨資組織變更爲合夥組織者，應申請變更組織登記。

(五) 特別變更登記

1. 所在地變動原則上指因商業自行遷移所爲，如因行政區域之調整或門牌改編致商業所在地、負責人或合夥人地址變動者，依「商業登記申請辦法」第十八條規定，仍應檢具門牌整編或改編證明文件，申請變更登記。且如有因行政區域之調整致發生商業名稱相同者，其名稱得繼續使用。

2. 商業登記後，申請人發現登記事項有誤，且涉及登記內容者，依「商業登記申請辦法」第十九條規定，應申請變更登記。

上開各種變更登記，除繼承之登記應於繼承開始後六個月內爲之外，應於十五日內申請之（商登法15）。

三》商業遷移登記

　　商業遷移於原登記機關之管轄區域以外時，應向遷入區域之主管機關申請爲遷址之登記（商登法16）。而依「商業登記申請辦法」第十條第二項規定，辦理遷址登記時，如遷入地主管機關發現其名稱與遷入地已登記之商業相同時，應通知改正後，再行辦理。

四》商業停業登記

　　停業登記指商業暫停營業一個月以上者，應於停業前申請爲停業之登記，並於復業前爲復業之登記；但已依營業稅法規定申報核備者，不在此限。又停業期間，最長不得超過一年。但有正當理由，經主管機關核准者，不在此限（商登法17）。

五》商業歇業登記

　　商業終止營業時，依商業登記法第十八條規定，自事實發生之日起十五日內，應申請歇業登記。另依「商業登記申請辦法」第七條第二項規定，商業與他商業之營業合併而成爲一商業，應由存續商業，申請營業合併登記及消滅商業之歇業登記。

六》其他商業登記

(一) 商業人事登記

1. 限制行為人營業行為之限制或撤銷登記

　　依民法第八十五條第一項規定：「法定代理人允許限制行爲能力人獨立營業者，限制行爲能力人，關於其營業，有行爲能力。」故商業登記法並不排除限制行爲能力人得爲商業負責人，惟如商業經營過程中，法定代理人發現限制行爲能力人有不能勝任之情形時，依民法第八十五條第二項規定，法定代理人得將其允許撤銷或限制之。而此依商業登記法第十一條第二項規定，應將其事由申請主管機關登記。

2. 代理經營之登記

負責人如於經營過程中喪失行為能力，或法定代理人限制或撤銷限制行為能力人獨立營業之允許後，仍欲繼續原來商業之經營時，可由法定代理人代為經營，此時，依商業登記法第十二條及「商業登記申請辦法」第十三條規定，應於十五日，由法定代理人檢具身分證明文件，申請代理經營之登記。

3. 經理人任免登記

「商業登記申請辦法」第十四條規定，商業申請經理人之任免時，應申請任免之登記。

（二）廢止登記

商業分支機構終止營業時，依「商業登記申請辦法」第十七條規定，應申請分支機構廢止之登記。

 **實務案例**

緣訴願人前經原處分機關桃園縣政府核准於桃園市○○里○○路○○號2樓開設「○○○舞廳」及「○○○西餐廳」，並領有該府核發桃商登字第9317165-1號及桃商登字第9316798-1號營利事業登記證，登記營業項目分別為「J702050舞廳業、F203020菸酒零售業」及「F501060餐館業」。

嗣於95年3月10日向原處分機關申請自95年3月5日至95年6月5日停止營業，並經核准在案。旋於95年5月5日再向原處分機關申請營利事業復業登記，案經原處分機關於同年7月14日現場抽查勘驗，認該商號：

1. 營業衛生稽查不符。

2. 營業場所經營搖頭舞場，曾涉有販毒行為。

3. 多次查獲深夜容留未成年人在內消費。

為維護公共安全及環境衛生，乃以95年7月18日府商登字第0950208513號函為原件駁回之處分。

惟商業登記法就復業登記，僅於該法第16條第1項規定：「商業暫停營業一個月以上者，應於停業前申請為停業之登記，並於復業前為復業之登記。但已依營業稅法規定申報核備者，不在此限」，此外，並無其他相關規定。

經辦妥停業登記之商業，因有繼續經營業務之必要者，僅應依該法第16條之規定申請復業之登記，如無不合法定程式之情形，主管機關即應准予登記，尚無其他條件之限制。故作成原處分應予撤銷，由原處分機關另為適法之處分之訴願決定。

（參考資料：經濟部中華民國96年2月6日經訴字第09606061660號訴願決定書。）

2.2　商業登記的流程

體系整理

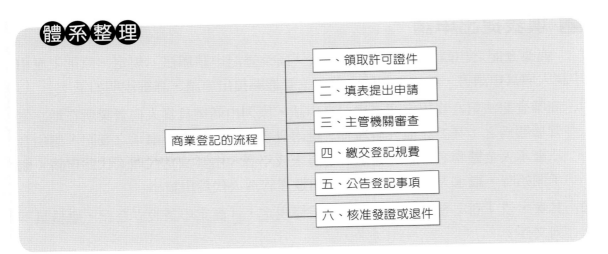

商業登記的流程
- 一、領取許可證件
- 二、填表提出申請
- 三、主管機關審查
- 四、繳交登記規費
- 五、公告登記事項
- 六、核准發證或退件

　　按商業登記法第一條固然規定：「商業登記，依本法之規定。」惟因商業登記種類不同，申請人所須其遵循之程序、備具之文件及審查之重點，自當配合調整，為進一步予以完整規範，故於同法第十五條第二項授權，「商業之各類登記事項，其申請程序、應檢附之文件、資料及其他應遵行事項之辦法，由中央主管機關定之。」主管機關爰依此另訂有「商業登記申請辦法」，該辦法中對於各種不同之商業登記有更為周延之規定。惟一般而言，商業登記之流程歸納如下：

一》領取許可證件

　　依其他法律應經特別許可之行業種類，在申請商業登記前，須先取得該目的主管機關之許可證件後，始得辦理。按商業登記法第六條規定：「商業業務，依法律或法規命令，須經各該業主管機關許可者，於領得許可證件後，方得申請商業登記。」「前項業務之許可，經目的事業主管機關撤銷或廢止確定後，各該目

的事業主管機關應通知主管機關撤銷或廢止其商業登記或部分登記事項。」如有人欲經營短期補習班，依「補習及進修教育法」第六條及第九條第四款之規定，應先依補習及進修教育法規定取得許可後，始得為商業登記之申請。惟如其他特別法律規定，經營某類業務須應先辦理商業登記，始可申請該許可者，自依該法律之規定。例如有人欲從事建築物室內裝修設計或施工之業務，則依建築法（以下簡稱本法）第七十七條之二第四項及「建築物室內裝修管理辦法」第十條規定：「室內裝修業應於辦理公司或商業登記後，檢附下列文件，向內政部申請室內裝修業登記許可並領得登記證，未領得登記證者，不得執行室內裝修業務」，應先辦理商業登記後，始能申請室內裝修業登記許可。

■》填表提出申請

商業登記之申請，依商業登記法及「商業登記申請辦法」規定，原則上應由申請人填具申請書，並檢附相關文件向主管機關提出申請，詳細說明如下：

1. 商業登記法第八條規定商業登記之申請，原則由商業負責人向營業所在地之主管機關為之；其委託他人辦理者，應附具委託書。但商業繼承之登記，應由合法繼承人全體聯名申請，繼承人中有未成年者，由其法定代理人代為申請；繼承開始時，繼承人之有無不明者，由遺產管理人代為申請。

2. 其次，依「商業登記申請辦法」第五條規定，「商業申請設立登記，應檢具下列文件：

   (1) 申請書。

   (2) 負責人之身分證明文件；屬於合夥組織者，並應檢具合夥人之身分證明文件及合夥契約書。

   (3) 資本額證明文件。

   (4) 所在地之建物所有權狀，所有權人非商業負責人或合夥人者，應附具　所有權人同意書。建物所有權狀得以建物謄本、房屋稅籍證明、最近一期房屋稅單或其他得證明建物所有權人之文件代之；所有權人同意書得以商業與所有權人簽訂之租賃契約，或載明得辦理商業登記或供營業使用之商業負責人與所有權人簽訂租賃契約代之。

   商業之資本額未達新臺幣二十五萬元者，免附前項第三款規定之文件。」

3. 再者，須視所辦理登記種類的不同，尚須檢附各種不同規定所須之文件，如其他目的事業主管機關之許可文件（商登申請辦法4）、法定代理人同意書（商登申請辦法3）、相關契約書（商登申請辦法6-10）等。

4. 又依「商業登記申請辦法」第二條規定，「商業登記之申請書及文件，得以經電子簽章簽署之電子文件並以網路傳輸方式申請。」至於電子簽章，「商業限以經濟部工商憑證管理中心簽發之工商憑證為之；自然人限以內政部憑證管理中心簽發之自然人憑證為之。」另同辦法第十九條之依規定，「本辦法規定之文件除申請書應為正本外，餘得以影本為之。但必要時，商業所在地主管機關得通知申請人檢附正本。」

5. 最後，各種商業登記，必須注意依相關期限辦理。如登記事項有變更應於十五日內辦理變更登記（商登法15 I）；終止營業時，應自事實發生之日起十五日內，申請歇業登記（商登法18）。

三》繳交登記規費

「商業所在地主管機關依本法受理商業名稱及所營業務預查、登記、查閱、抄錄及各種證明書，應收取審查費、登記費、查閱費、抄錄費及證照費；其費額，由中央主管機關定之。」

「停業登記、復業登記、歇業登記，免繳登記費。」（商登法35）。是辦理商業登記，除停業登記、復業登記、歇業登記外，依法應繳納規費。而其費額，依「商業登記規費收費準則」有詳細之規定。（有關各項登記申請應備文件及費額請參考附表所列）

四》主管機關審查

主管機關受理商業登記之申請後，即應依法儘速予以審查，惟按商業登記法第二十二條規定，如主管機關對於商業登記之申請，認為有違反法令或不合法定程式者，應於收文後五日內通知補正，其應行補正事項，應一次通知之。

五》核准登記或退件

主管機關處理商業登記申請案件時間，依商業登記法第二十三條規定：「自收件之日起至核准登記之日止辦理商業登記案件之期間。不得逾七日。但依前條規定通知補正期間，不計在內。」依此，主管機關受理商業登記之審請後，應先

為形式審查，如發現申請有違反法令或不合法定程式者，應於收文後五日內通知補正，如不依限完成補正者，自得為退件之處理；否則即應為實質審查，並於七日內完成審查，准予登記。

六》公告登記事項

商業登記法第十九條規定：「已登記之事項，所在地主管機關應公告之。」「公告與登記不符者，以登記為準。」

▌案例題型>>>>>>>>>

新北市大塊頭漢堡店生意平平，有意改變營業，附加發展店內小型收費兒童遊樂場，另外將新北市總店遷移至台北市，同時，欲在桃園市設立分店，一併調動所有經理；因為以上營業的改變，需要時間調整再出發，所以打算從下個月起暫停營業三個月。試從商業登記的種類，大塊頭漢堡店從調整開始到完成，必須辦理那些登記？

<<<<<<<<<<<<<<<

練習題庫

一、是非題

1. （　　）商號經理人即使在執行義務範圍內，亦不得為商業負責人。

2. （　　）商業設立分支機構，亦應向其所在地主管機關申請登記。

二、選擇題

1. （　　）下列何者名稱應可使用為商號？　(A)經濟部食品行　(B)僑光書店　(C)台中皮鞋公司。

2. （　　）下列何者商業事項應自事實發生之日起15日內，申請登記　(A)商業歇業　(B)繼承變更　(C)合夥變更。

經濟部商業登記線上申辦系統

（商業登記網路申請由公司及商業設立一站式線上申請作業網站辦理）

商業登記預查案件

▶ 負責人(申請人)親自辦理時，需準備自然人憑證進行簽章。

▶ 委託代理人辦理時，需準備代理人之自然人憑證進行簽章。

商業登記案件

▶ 負責人(申請人)親自辦理時，需準備工商憑證或負責人之自然人憑證進行簽章。

▶ 委託代理人辦理時，需準備工商憑證或負責人之自然人及代理人之自然人憑證進行簽章。

商業登記網路申請

商業登記網路申請（設立、名稱預查、資料抄錄、證明、查閱、停業、復業）

▶ 繳費方式：

- 金融帳戶：活期帳戶轉帳，帳戶必須與案件之申請人、代理人或法人一致。
- 晶片金融卡：活期帳戶轉帳，需準備讀卡機及晶片金融卡。
- 信用卡：使用信用卡繳費。

▶ 收費表

項目	費用
公司設立名稱預查	一百五十元。
公司設立登記	實收資本總額每四千元一元計算：未達一千元者，以一千元計收。以網路傳輸方式申請者，應繳納之登記費減收三百元。
公司變更登記	一千元，但以網路傳輸方式申請者，應繳納之登記費減收三百元。
商業設立名稱預查	一百五十元。
商業設立登記	一千元，但以網路傳輸方式申請者減徵二成。
商業變更登記	除經理人變更、分支機構經理人變更之登記費為五百元外，其餘變更登記費為一千元，但以網路傳輸方式申請者減徵二成。
營業登記、成立勞保/勞退/健保投保單位、工作規則核備等	免繳費

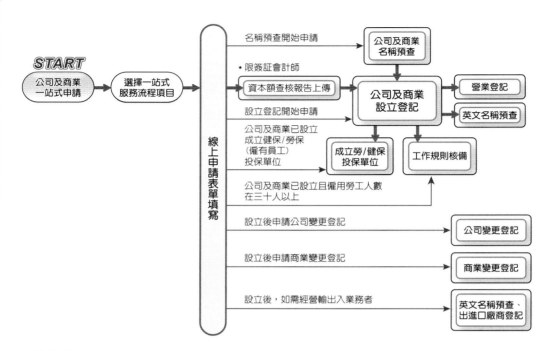

▶ 申請步驟

我的e政府會員登入

於網站進行各項業務申請，需先行至我的e政府註冊會員資料，步驟如下：

▶ 進入我的e政府，點選右上方「加入會員」，進入會員註冊頁，填寫會員註冊頁裡的資料（「＊」號為必填欄位）

▶ 請選擇您的帳號和密碼【包含帳號、新密碼、確認密碼】

▶ 請提供您的基本資料【包含中文姓名、電子信箱、確認電子信箱(確認填寫有效的電子信箱，系統將會寄發帳號確認信函至此信箱)、暱稱】

▶ 註冊確認【請輸入圖像驗證碼】

▶ 您同意嗎?【勾選我已經詳細閱讀並同意 服務條款 和 隱私權政策】

選擇一站式服務流程項目

▶ 尚未申請公司名稱預查（僅限有限公司及股份有限公司），可同時申請公司名稱預查、公司設立、營業登記、成立勞健保投保單位及報備工作規則。

▶ 已通過預查審核，尚未申請公司設立登記（僅限有限公司及股份有限公司且已通過預查審核）。

▶ 已通過預查審核，可同時申請公司設立、營業登記、成立勞健保投保單位及報備工作規則。

▸ 已完成公司設立，成立勞／健保投保單位：

已完成公司設立並已僱用員工，成立勞保／勞退／健保投保單位；未僱用員工者，僅得成立健保投保單位。

▸ 已完成公司設立，報請工作規則核備（員工30人以上）：

已完成公司設立且僱用勞工人數在30人以上，向地方勞工行政主管機關報請核備。

▸ 本國公司完成公司設立後，本國公司可申請變更登記之簡易案由。

▸ 外國公司完成公司設立後，外國公司可申請變更認許及分公司變更登記之簡易案由。

▸ 利害關係人、任何人可申請查閱、影印案件。

線上填寫申請表單

依據選擇之一站式服務流程項目，填寫案件基本資料及對應業務申請資料，包含公司名稱預查、公司設立、營業登記、成立勞健保投保單位、報備工作規則及公司變更登記業務。

申請資料確認與儲存

申請資料填寫後，會再以唯讀資料方式請申請者再行檢視確認，如資料有誤可回上頁修改，資料確認後即進行存檔作業，並產製一站式作業電子案號，申請者後續可透過電子案號查詢各階段辦理情形。

上傳附件（選用）

如需使用本功能，應先準備讀卡機及自然人憑證。請先使用表單下載／列印功能列印備書件，並依類型加蓋大小章後，將應備書件掃瞄為影像檔(TIF或PDF格式，如同份文件為多頁請掃瞄成單一檔案)，再利用申請人或代理人之自然人憑證加簽上傳。

連結電子付費服務線上繳費

公司名稱預查、公司設立登記及公司變更登記需繳納規費，可使用金融帳戶、晶片金融卡、信用卡等方式繳納。

案件傳送至各機關辦理

網站並與相關部會間資料銜接及流程整合，案件儲存並已完成線上繳費，申請資料即以電子方式傳送各業務機關辦理，各業務機關亦會將案件處理進度傳送網站更新案件狀態，提供申請與案件進度查詢之單一窗口。

備妥應備書件寄送各業務窗口

受限於相關法規限制，部分應備書件仍須以紙本加蓋公司大小章方式辦理，網站提供對應業務應備文件表單下載與地址條列印功能，申請者仍需備妥應備書件後寄送各業務窗口。

申辦進度簡訊或電子郵件通知

網站於案件傳送各業務機關或接獲各業務機關案件處理進度時,會以簡訊或電子郵件通知申辦進度。由於公司設立登記核准後才會確認統一編號、公司名稱等資料,網站會以簡訊或電子郵件方式通知申請者回到本網站下載列印相關應備書件以完成申請程序。

查詢各階段辦理情形

申請者於申請資料確認與儲存後,可於網站之案件資料查詢功能,透過一站式作業電子案號查詢各階段辦理情形,或直接洽詢各業務機關客服專線。公司登記業務(經濟部商工行政客戶服務專線:412-1166),營業登記業務(各地區國稅局服務專線:0800-000-321;各地區國稅局辦理營業(稅籍)登記業務聯繫窗口),全民健康保險業務(健康保險局服務專線:0800-030598),勞工保險業務(勞工保險局服務專線:02-2396-1266轉2454),工作規則核備業務(各縣市政府勞工行政主管機關)。

資料摘自https://onestop.nat.gov.tw/oss/identity/Identity/init.do

3 商業登記的效力與罰則

3.1 商業登記的效力

體系整理

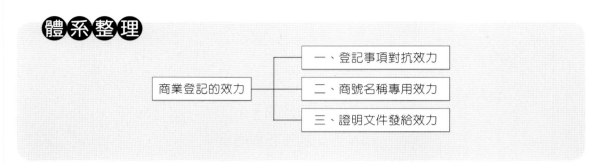

商業登記的效力
├ 一、登記事項對抗效力
├ 二、商號名稱專用效力
└ 三、證明文件發給效力

一》登記事項對抗效力

我國現行商業登記係採登記對抗主義，換言之，登記與否乃生對抗第三人之效力。蓋依商業登記法第二十條規定：「商業設立登記後，有應登記事項而不登記，或已登記事項有變更而不為變更之登記者，不得以其事項對抗善意第三人。」「於分支機構所在地有應登記事項而未登記，或已登記事項有變更而未為變更之登記者，前項規定僅就該分支機構適用之。」故如「經營商業之合夥，原應依照商業登記法第九條第一項規定，向主管官署聲請登記，倘未依此項規定為登記，則合夥人之聲明退夥，衹須具備民法第六百八十六條所規定之要件，即生退夥之效力，不以並須公開表示及予善意第三人得知之機會為限（參照最高法院四十一年臺上字第一一三號判例），惟合夥已依前項規定為登記，則合夥人聲明退夥，依商業登記法第十三條第一項規定，應登記之事項非經登記及公告後，不得對抗善意第三人。」（最高法院49年台上字第2189號判例）另最高法院49年台上字第1840號判例及49年台上字第1712號判例亦皆表示相同意旨請參照。

二》商號名稱專用效力

商號之名稱，猶如個人之姓名，其為商號的標誌及與其他商號區別的表徵，與商號有不可分離的關係，商號名稱的使用具有專屬及排他的效力。商號經登記後，商號名稱的專用權即產生。在登記上，如屬同類業務之商號，須注意不得使用與其他商號相同或類似之名稱（商登法27、28及商業名稱及所營業務預查審核準則規定）；有關規定請參照第二章第一節（一）1.之說明。

三》證明文件發給效力

1. **登記證明書之發給**：商業登記法第二十五條規定：「商業負責人或利害關係人，得請求主管機關就已登記事項發給證明書。」此所謂利害關係人，除合夥人外，指對商業或合夥人有債權、債務或其他法律關係之人。

2. **登記簿及其附屬文件之查閱或抄錄**：商業登記法第二十六條第一項規定：「商業負責人或利害關係人，得敘明理由，向主管機關請求查閱或抄錄登記簿及其附屬文件。但顯無必要者，商業所在地主管機關得拒絕抄閱或限制其抄閱範圍。」另為配合商業登記事項之公示化，並明定商業所在地主管機關應予公開商業登記事項；為便利民眾查詢，並明定商業所在地主管主管機關應公示於資訊網站上供民眾查閱之事項。故於同條第二項規定：「商業之下列登記事項，其所在地主管機關應公開於資訊網站，以供查閱：一、名稱。二、組織。三、所營業務。四、資本額。五、所在地。六、負責人之姓名。七、合夥組織者，其合夥人之姓名。八、分支機構之名稱、所在地及經理人之姓名。」

3.2 商業登記的更正與撤銷

一》登記事項的更正

　　本文前以述之，商業登記後，申請人如發現其登記事項有錯誤或遺漏時，得申請更正（商登法24）；但此項更正，以文字錯誤或遺漏者為限，若涉及登記內容者，應申請變更登記（商業登記申請辦法24）。

二》商業登記的撤銷

　　商業登記法第二十九條第一項規定，商業有下列情事之一者，主管機關得依職權、檢察機關通知或利害關係人申請，撤銷或廢止其商業登記或部分登記事項：

1. 登記事項有偽造、變造文書，經有罪判決確定。

2. 登記後滿六個月尚未開始營業，或開始營業後自行停止營業六個月以上者。惟一同條第二項規定，對此所定期限，如有正當事由，得申請准予延展。

3. 遷離原址，逾六個月未申請變更登記，經主管機關通知仍未辦理者。

4. 登記後經有關機關調查，發現無營業跡象，並經房屋所有權人證明無租借房屋情事者。

本條中所規定之撤銷或廢止，性質上皆屬裁罰之不利處分，適用上須受行政罰法之規範。

3.3　違反商業登記的罰則

依商業登記法規定，如有以下行為時，主管機關得依規定而為裁罰處分。

一》未辦理登記而為開業行為

商業及其分支機構，除合乎商業登記法第五條規定外，非經主管機關登記，不得成立。若未經設立登記而以商業名義經營業務或為其他法律行為者，商業所在地主管機關應命行為人限期辦妥登記；屆期未辦妥者，處新臺幣一萬元以上五萬元以下罰鍰，並得按次連續處罰（商登法31）。

二》登記事項有虛偽情事

商業登記法第三十條規定：「申請登記事項有虛偽情事者，其商業負責人處新臺幣六千元以上三萬元以下罰鍰。」本條之規定乃在促使交易活動之正常化，避免因一方之詐欺危及社會經濟秩序。

三》其他應登記事項而不登記

商業登記法第三十二條規定：「除第三十一條規定外，其他有應登記事項而不登記者，其商業負責人處新臺幣二千元以上一萬元以下罰鍰。」

四》逾越申請登記期限

逾越第十二條第十項規定申請登記之期限者，其商業負責人處新臺幣一千元以上五千元以下罰鍰（商登法33）。

五》妨礙或拒絕抽查

商業登記法第九條第二項規定，「前項及其他依該法規定應登記事項，商業所在地主管機關得隨時派員抽查，商業負責人及其從業人員，不得規避、妨礙或拒絕。」故商業負責人或其從業人員，如有妨礙或拒絕主管機關人員抽查者，其商業負責人處新臺幣六千元以上三萬元以下罰鍰（商登法34）。

▌案例題型»»»»»»»»

章先生本來服務於XX旅行社，邇來因國際間非典型肺炎（SARS）流行，致旅遊業業務蕭條，公司老闆乃將其裁員。章先生為求開創事業的第二春，想利用所存的一點積蓄開個早餐店，請問應否辦理商業登記？又如果需要的話，他應依何程序辦理？如果他沒有申請辦理商業登記便開始營業，請問他會受到行政裁罰嗎？

«««««««««««

數 位 加 分

資訊時代，因為網際網路的普及與盛行，交易型態漸已由電子商務凌駕傳統買賣。

▶ 電子商務的交易模式

電子商務主要以網際網路作為溝通的方式，進行商業上的交易活動，交易模式主要可分成：

交易模式	內容
企業對企業 （Business to Business：簡稱B2B）	供應商與經銷商。
企業對個人 （Business to Consumer：簡稱B2C）	網路銷售公司PC home與消費者。
個人對個人 （Consumer to Consumer：簡稱C2C）	拍賣網站中的買家與賣家。
個人對企業 （Consumer to Business：簡稱C2B）	俗稱的揪團或團購。

▶ 電子商務的運作流程

運作流程主要包含資訊流、金流、物流和商流等層面。也延伸出其他的層面與類別，包括人才流、服務流、設計流、客流。

▶ 電子商務的商品種類

電子商務的銷售商品主要可分為實體商品、數位商品、線上服務等。

資料摘自：教育部數位學習服務平台https://ups.moe.edu.tw/Course/s_course.php
資訊法律的第十三單元、網路交易與電子商務法律問題

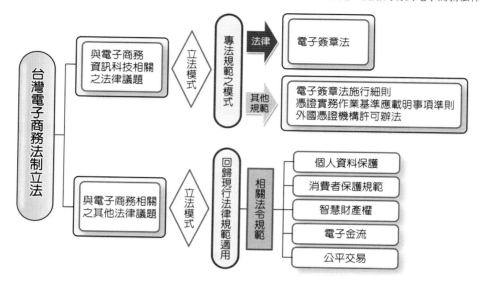

我國電子商務法制推動機構

資料摘自：經濟部http://gcis.nat.gov.tw/

電子商務相關法令規範

電子商務基礎規範

▸ 電子簽章法

▸ 電子簽章法施行細則

▸ 憑證實務作業基準應載明事項準則

▸ 外國憑證機構許可辦法

電子金流規範

▸ 票據法

▸ 銀行法 (第42-1條) 增列儲值卡規範

▸ 銀行發行現金儲值卡許可及管理辦法

▸ 金融機構辦理電子銀行業務安全控管作業基準

▸ 銀行間資金移轉帳務清算之金融服務事業許可及管理辦法

▸ 中央行同業資金電子化調撥清算業務管理要點

▸ 信用卡業務機構管理辦法

▸ 金融業參加電子票據交換規約與電子票據往來約定書

▸ 個人電腦銀行業務及網路銀行業服務契約範本

▸ 支票存款戶約定書

▸ 信用卡定型化契約範本

消費者保護規範

▸ 消費保護法

▸ 消費保護法施行細則

▸ 消費爭議調解辦法

▸ 電子商務消費者保護綱領

▸ 網路交易定型化契約應記載及不得記載事項指導原則

個人資料保護規範

▸ 個人資料保護法

智慧財產與公平交易規範

▸ 著作權法

▸ 專利法

▸ 商標法

▸ 營業秘密法

▸ 公平交易法

▸ 智慧財產權法院組織法

▸ 智慧財產案件審理法

▸ 著作權爭議調解辦法

參考法條

電子簽章法第2條規定，一、電子文件：指文字、聲音、圖片、影像、符號或其他資料，以電子或其他以人之知覺無法直接認識之方式，所製成足以表示其用意之紀錄，而供電子處理之用者。二、電子簽章：指依附於電子文件並與其相關連，用以辨識及確認電子文件簽署人身分、資格及電子文件真偽者。

消費者保護法第2條規定，定型化契約條款：指企業經營者為與不特定多數消費者訂立同類契約之用，所提出預先擬定之契約條款。定型化契約條款不限於書面，其以放映字幕、張貼、牌示、網際網路、或其他方法表示者，亦屬之。

消費者保護法第11條規定，業者在訂定定型化契約時，應該符合平等互惠原則。

消費者保護法第11之1條規定，企業經營者與消費者訂立定型化契約前，應有三十日以內的合理期間供消費者審閱全部條款內容。

消費者保護法第22條，企業經營者應確保廣告內容之真實，其對消費者所負之義務不得低於廣告之內容。

消費者保護法第23條，刊登或報導廣告之媒體經營者明知或可得而知廣告內容與事實不符者，就消費者因信賴該廣告所受之損害與企業經營者負連帶責任。前項損害賠償責任，不得預先約定限制或拋棄。

公平交易法第21條規定，事業不得在商品或其廣告上，或以其他使公眾得知之方法，對於商品之價格、數量、品質、內容、製造方法、製造日期、有效期限、使用方法、用途、原產地、製造者、製造地、加工者、加工地等，為虛偽不實或引人錯誤之表示或表徵。事業對於載有前項虛偽不實或引人錯誤表示之商品，不得販賣、運送、輸出或輸入。

食品衛生管理法第19條中規定：「對於食品、食品添加物或食品用洗潔劑所為之標示、宣傳或廣告，不得有不實、誇張或易生誤解之情形。 食品不得為醫療效能之標示、宣傳或廣告。」

藥事法第65條規定，非藥商不得為藥物廣告。如違反者，依同法第91條之規定，處新臺幣6萬元以上30萬元以下罰鍰。

化妝品衛生管理條例第24條規定，化妝品廣告之內容，應依本條例第二十四條第一項規定，不得有左列情事：一 所用文字、圖畫與核准或備查文件不符者。二 有傷風化或違背公共秩序善良風俗者。三 名稱、製法、效用或性能虛偽誇大者。四 保證其效用或性能者。五 涉及疾病治療或預防者。六 其他經中央衛生主管機關公告不得登載宣播者。

練習題庫

一、是非題

1. (　　) 商業登記後滿一年若尚未開始營業，主管機關得依職權撤銷登記。

2. (　　) 商業及其分支機構，除合乎商業登記法規定者外，非經主管機關登記，不得開業。

二、選擇題

1. (　　) 以下那個商業行為，主管機關不得裁罰處分？　(A)未辦登記開業　(B)經營登記業務　(C)逾越登記期限。

2. (　　) 未辦理登記而為開業行為，主管得為以下那種處分？　(A)命令停業　(B)沒收財物　(C)易科罰金。

本章習題

1. 那些小規模商業，例外得免申請商業登記？
2. 商業登記的主管機關為何？又登記記載事項為何？
3. 商業登記的種類，試舉五種？
4. 商業登記的主要流程有哪些？
5. 何謂商業登記之對抗效力？
6. 試舉三種商業登記的撤銷情事？
7. 違反商業登記之規定有何罰則？

NOTE

4 公司法總則

4.1 公司法的概念

 體系整理

⊙ 公司法的意義：規範公司設立、登記、組織架構、經營管理及對外活動之基本法規。
⊙ 公司法的修正

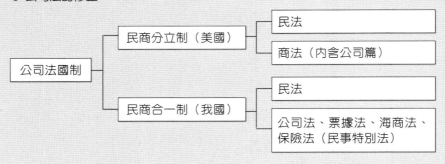

　　公司法在規範公司設立登記、組織架構、經營管理及對外活動之基本法規，為我國中小企業或上市、上櫃等公司共同適用的法律，對我國貿易經濟發展等商業行為，有其相當重要的規範。

　　民國九十年十月二十五日立法院完成公司法修正，計新增二十四條條文、修正一百五十六條、刪除五十五條，總計牽涉條文有二百三十五條，佔原公司法九章四百四十條條文的過半數。其後為因應新科技通訊及新金融商品化的時代需求，民國九十四年六月、九十五年二月、九十八年一、四、五月、一百年六、十一、十二月、一百零一年一、八月、一百零二年一月兩次再作部分修正，在公司公開發行股份、股東會議事程序、電子方式表決、董監事提名制度上有進步的立法規範；一百零四年五月公司法第235條修正刪除第2、3、4項員工分紅及240條條文並增訂第235條之1公司章程需強制訂定「員工酬勞」之新規定、一百零四年七月修正及另增訂第五章 股份有限公司 第十三節 閉鎖性股份有限公司（第356條之1至第356條之14）。一百零七年八月再大幅度修正，並經行政院發布自一百零七年十一月一日起施行。修正的次數頻繁，足見公司法對當前經濟環境的影響甚深。

　　在採民商分立制的國家，公司法是商法法典中的一篇；在採民商合一制的國家，公司法則為民法體系中的一部分，或獨自成為民事特別法的單行法規。我國商事法即屬後者，屬民事特別法，優於普通法的民法。

　　公司法為規範企業運作的商事法規，對我國經濟影響最大，故特別以專法予以規範，其他不足之處則散列於民法或另訂特別法或由行政機關發布命令補足之。

數位加分

商事法規

▶ 商事公法（國家與人民關係之商事法規）：銀行法、合作社法、證券交易法、公平交易法等。

▶ 商事私法（人民相互關係之商事法規）：公司法、票據法、海商法、保險法、商業登記法等。

▶ 民法商事規定（人民商務關係之商事民法）：經理人、代辦商、行紀、合夥等。

※課程上所稱「商事法」係專指「商事私法」而言。

練習題庫

一、是非題

1. (　　)民法與公司法若有規定適用上的不同，應優先以民法為準。

2. (　　)公司法是我國中小企業或上市、上櫃等公司共同適用的法律。

二、選擇題

1. (　　)公司法在性質上是屬於　(A)商事公法　(B)商事私法　(C)民法商事規定。

4.2 公司的意義

體系整理

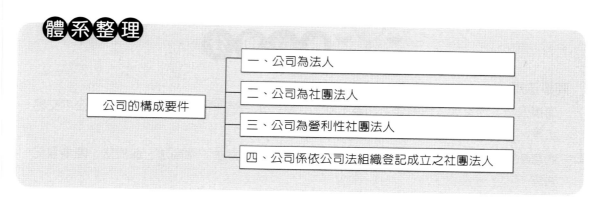

公司的構成要件
- 一、公司為法人
- 二、公司為社團法人
- 三、公司為營利性社團法人
- 四、公司係依公司法組織登記成立之社團法人

公司法第一條規定：「本法所稱公司，謂以營利為目的，依照本法組織、登記、成立之社團法人。」「公司經營業務，應遵守法令及商業倫理規範，得採行增進公共利益之行為，以善盡其社會責任。」依此定義，分述如下：

一》公司為法人

法人者，係指自然人以外，依據法律規定創設，與自然人同得為權利義務主體之團體。依民法第二十六條規定：「法人於法令限制內，有享受權利、負擔義務之能力。但專屬於自然人之權利義務，不在此限。」；所謂專屬於自然人之權利義務，例如：生命權、身體權等而言，乃法人無法具體享有者。

二》公司為社團法人

法人可分為二種，即「社團法人」及「財團法人」。社團法人由人集合而成之社員團體，並依法律規定而成立之法人；從其目的可分為營利性及非營利性，其中營利社團則以公司法為主要準據，在公司法中明定各公司組織股東人數之限制。財團法人由財產集合而成之設定團體，依法律規定而成立之法人；均為非營利性。

三》公司為營利性社團法人

公司為以營利為目的之社團法人，以股東之出資經營登記範圍之業務，而獲取利潤，並以之分配於股東。惟所謂「營利」係指其經營之目的在於獲取利益，至於是否獲利，則非所問。

四》公司為依公司法組織登記成立之法人

　　依公司法第六條規定：「公司非在中央主管機關登記後，不得成立。」所謂主管機關，在中央為經濟部；在直轄市為直轄市政府（公5）。如未依公司法組織、登記、成立，不得以公司為名。

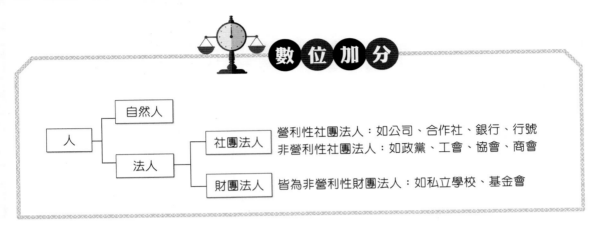

練習題庫

一、是非題

1. (　　　)公司是屬於營利性的財團法人。

2. (　　　)僑光技術學院在法人的分類上屬於財團法人。

二、選擇題

1. (　　　)所謂公司者，是以營利為目的，依公司法組織，登記成立之　(A)財團法人　(B)社團法人　(C)公益法人。

2. (　　　)公司登記的中央主管機關是　(A)內政部　(B)財政部　(C)經濟部。

4.3 公司的種類

體系整理

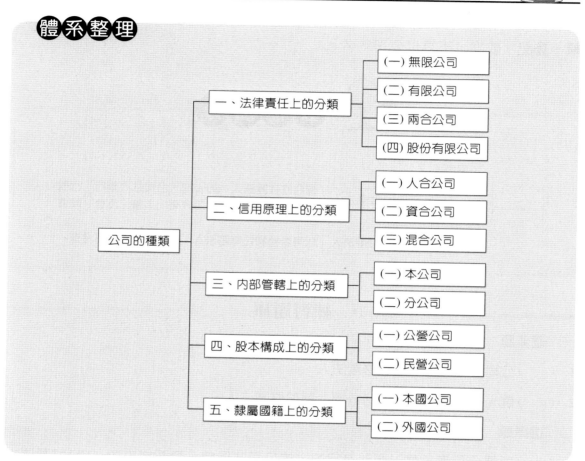

公司的種類

一、法律責任上的分類
- (一) 無限公司
- (二) 有限公司
- (三) 兩合公司
- (四) 股份有限公司

二、信用原理上的分類
- (一) 人合公司
- (二) 資合公司
- (三) 混合公司

三、內部管轄上的分類
- (一) 本公司
- (二) 分公司

四、股本構成上的分類
- (一) 公營公司
- (二) 民營公司

五、隸屬國籍上的分類
- (一) 本國公司
- (二) 外國公司

一 》法律責任上的分類

公司法第二條將公司分為四種：無限公司、有限公司、兩合公司、股份有限公司。其區別係以股東人數及股東應負法律責任為標準，其規定如下：

(一) 無限公司

指二人以上股東所組織，對公司債務負連帶無限清償責任之公司。

此類公司股東人數至少二人，且不論各股東出資多寡，當公司財產不足以清償公司所負債務時，股東均須以自己私有財產為公司清償債務。

(二) 有限公司

指由一人以上股東所組織，就其出資額為限，對公司負其責任之公司。

此類公司股東人數至少一人，且各股東僅就出資額負其義務，其後不論公司對外負債多寡，均與股東自己私有財產無關。

(三) 兩合公司

指一人以上無限責任股東，與一人以上有限責任股東所組織，其無限責任股東對公司債務負連帶無限清償責任；有限責任股東就其出資額為限，對公司負其責任之公司。

(四) 股份有限公司

指二人以上股東或政府、法人股東一人所組織，全部資本分為股份；股東就其所認股份，對公司負其責任之公司。此類公司股東繳足所認股本後，即不負責任，其後即使公司負債，充其量股票形同廢紙，均與股東自己私有財產無關。

■》信用原理上的分類

(一) 人合公司

公司經營著重股東個人之信用，為「人合公司」，如無限公司。

(二) 資合公司

著重公司之資產，而以該資產為交易之基礎，為「資合公司」，如股份有限公司。

(三) 混合公司

著重股票條件與資本數額，兼具個人與公司信用二者，為「混合公司」，如有限公司與兩合公司。

■》內部管轄上的分類

(一) 本公司

指依法首先設立管轄全部組織之總機構。

(二) 分公司

指受本公司管轄之分支機構。

四》股本構成上的分類

(一) 公營公司

指公司資本除由人民投資外，政府亦有出資，且政府出資之股本超過百分之五十以上者。

(二) 民營公司

指全部由人民出資，或政府雖有出資，但資本未達百分之五十者。

五》隸屬國籍上的分類

(一) 本國公司

依我國公司法組織登記成立之公司，其總公司之國籍隸屬於我國。

(二) 外國公司

本法所稱外國公司，謂以營利為目的，依照外國法律組織登記之公司。外國公司，於法令限制內，與中華民國公司有同一之權利能力。

數位加分

公司種類	股東人數	出資種類	股東責任	補充說明
無限公司	二人以上	得以信用、勞務、提供債權、智慧財產權等	連帶無限清償責任	
有限公司	一人以上	現金及現金以外之財產	以出資額為限負責	民國九十年十月二十五日修正，原來人數為五至二十一人。
兩合公司	無限責任股東與有限責任股東至少各一人	各依無限公司及有限公司之出資種類	各依無限公司及有限公司之所負責任	
股份有限公司	二人以上，例外一人之政府或法人	全部資本分為股份，認股繳款	股東所認股份負責	民國九十年十月二十五日修正，原來人數為七人以上。

▌案例題型 ››››››››››

　　台灣妙管家股份有限公司與美商安泰人壽股份有限公司，是資合公司或是人合公司？是公營公司或是民營公司？是本國公司或是外國公司？

‹‹‹‹‹‹‹‹‹‹‹‹‹‹

練習題庫

一、是非題

1. (　　) 股份有限公司係指由二人以上股東所組織，就其出資額為限，對公司負其責任之公司。

2. (　　) 民營公司指全部由人民出資或政府雖有出資，但資本未達百分之五十者。

二、選擇題

1. (　　) 下列何者為人合公司型態的公司　(A)無限公司　(B)股份有限公司　(C)分公司。

2. (　　) 下列何者並非是公司就內部管轄型態上的分類　(A)本公司　(B)子公司　(C)分公司。

4.4 公司的名稱及住所

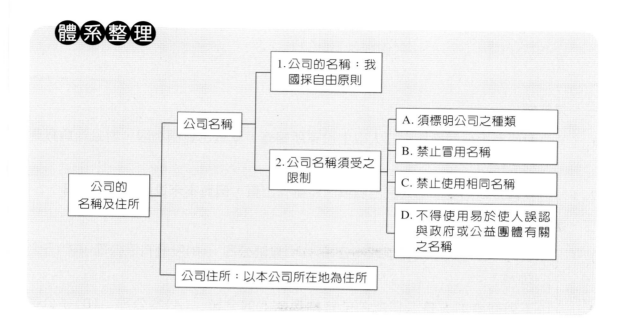

體系整理

- 公司的名稱及住所
  - 公司名稱
    - 1. 公司的名稱：我國採自由原則
    - 2. 公司名稱須受之限制
      - A. 須標明公司之種類
      - B. 禁止冒用名稱
      - C. 禁止使用相同名稱
      - D. 不得使用易於使人誤認與政府或公益團體有關之名稱
  - 公司住所：以本公司所在地為住所

一》公司之名稱

　　如同自然人之姓名，公司需有一名稱，以為對外使用之標誌。我國對公司之名稱採行「自由原則」，亦即在不抵觸相關規定情形下，公司得任意選定名稱。惟如同自然人姓名權之保護，設有部分限制：

(一) 公司名稱需標明種類

　　為確定公司內部組織及公司股東責任歸屬，公司法第二條第二項規定：「公司名稱，應標明公司之種類。」例如「○○股份有限公司」、「○○無限公司」。

(二) 禁止冒用名稱

　　公司法第十九條第一項規定：「未經設立登記，不得以公司名義經營業務或為其他法律行為。」一般而言，常指「合夥經營事業」與「合資設立公司」兩者不同，前者依商業登記法設立，後者依公司法設立，因所依法規不同，主名可以相同，但商號不得冒用公司名義。

(三) 禁止使用相同名稱

　　為避免不公平競爭情事，公司法第十八條第一項特別規定：「公司名稱，應使用我國文字，且不得與他公司或有限合夥名稱相同。二公司或公司與有限合夥名稱中標明不同業務種類或可資區別之文字者，視為不相同。」倘有以類似名稱從事不公平競爭，則依公平交易法及民法規定辦理。

(四) 不得使用易於使人誤認與政府或公益團體有關之名稱

　　依公司法第十八條第四項規定：「公司不得使用易於使人誤認其與政府機關、公益團體有關或有妨害公共秩序或善良風俗之名稱。」例如：國立○○股份有限公司、午夜牛郎模特兒經紀有限公司。

■ 公司的住所

　　公司為法人，具有法人人格，並以營利為目的，為解決因其商業活動所生之法律關係，自應固定所在地；故公司法第三條第一項規定，公司以其本公司所在地為住所，以為處理法律關係之中心地。而公司住所之需要確定並登記的法律關係如：確定總機構之所在（公3）、確定主管機關監督權之隸屬（公5）、確定公司普通訴訟的管轄法院（民事訴訟法9）、確定國際司法上適用的何國法律（涉外民事法律適用法2）。

　　經濟部頒訂「公司名稱及業務預查審核準則」，提示二點：

1. 公司登記前應先申請名稱及業務之核准，核准者保留期間原則為二個月。
2. 公司特取名稱亦不得使用單字（美有限公司）、連續疊字（美美美有限公司）、本國或外國國名（美國有限公司）。

公司名稱限制條件	舉例名稱	可准名稱	否准名稱
標明公司種類	統一食品股份有限公司	統一食品無限公司	統一食品公司
禁止冒用	統一食品股份有限公司	統一食品行（依商業登記法設立）	統一食品合夥公司
禁止使用相同名稱	統一食品股份有限公司	統一育樂股份有限公司	統壹食品股份有限公司
禁止使用誤認政府或公益團體名稱	統一茶藝有限公司	煎茶院茶藝有限公司	監察院茶藝有限公司

（公司名稱及業務，預查詳細請參閱第二章公司及商業設立的一站式線上申請作業網站https://onestop.nat.gov.tw/oss/identity/Identity/init.do）

▌案例題型 ›››››››››

　　中華電信股份有限公司已先行設立，張三欲成立四家公司，分別以「太平洋電信股份有限公司」名稱、「中華電器股份有限公司」名稱、「中華電信公司」名稱及「中華民國電信股份有限公司」為公司之標識，以上各名稱有無合乎公司法對公司名稱之規範？

‹‹‹‹‹‹‹‹‹‹‹‹‹‹

練習題庫

一、是非題

1. (　　　)公司之住所以公司負責人戶籍地為住所。

2. (　　　)未經設立登記，不得以公司名義經營事業。

二、選擇題

1. (　　　)下列公司名稱何者可以採用　(A)經濟部食品有限公司　(B)煎茶院茶藝有限公司　(C)統一食品合夥公司。

4.5　公司的能力

體系整理

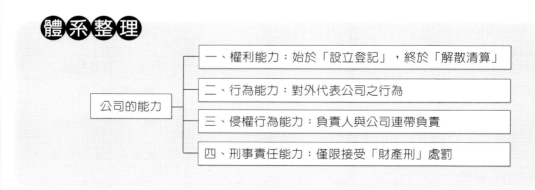

公司的能力
- 一、權利能力：始於「設立登記」，終於「解散清算」
- 二、行為能力：對外代表公司之行為
- 三、侵權行為能力：負責人與公司連帶負責
- 四、刑事責任能力：僅限接受「財產刑」處罰

　　公司為法人，原則上得有與自然人相同之能力。而所謂「能力」，就是可以享受權利，負擔義務的資格。公司之能力一般而言係指(一)權利能力、(二)行為能力、(三)侵權行為能力、(四)刑事責任能力等四類。

一 » 權利能力

自然人之權利能力，始於「出生」，終於「死亡」（民6）；而法人之權利能力，則始於「設立登記」，終於「解散清算」。惟法人終究與自然人有別，爲維護交易安全，故公司之權利能力尚有限制如下：

(一) 性質上之限制

專屬於自然人之權利義務，指生命權、身體權、自由權、貞操權或民法親權等，公司性質屬於法人，均不能享有或負擔，惟公司依法仍可享有姓名權及名譽權。

(二) 法令上之限制

公司法第十三至十六條對公司之權利能力，設有限制規定：

1. 轉投資之限制

公司法第十三條規定：「公司不得爲他公司無限責任股東或合夥事業之合夥人」，避免負無限連帶清償之責任。但公司仍可爲他公司之有限責任股東，此處轉投資之總額，原則不得超過公司實收股本百分之四十；並經由下列規定同意：公開發行股票之公司經代表已發行股份總數三分之二以上股東出席，以出席股東表決權數過半數同意之股東會決議。

2. 貸款之限制

爲維持公司資本充實，保護股東及債權人權益，公司之資金，除有下列情形之一外，不得貸款給股東或任何他人（公15 I）：

(1) 公司間或與行號間（如獨資、合夥事業）有業務往來者。

(2) 雖無業務往來，但仍有短期融通資金之必要者。所謂短期者，原則以一年爲準。；且僅限貸與公司淨值的百分之四十之內，允許放款。

3. 保證之限制

以公司名義爲他人作保，而他人不履行債務時，應由公司代負履行責任，如此一來，公司財務必受波及，故公司法第十六條規定：「公司除依其他法律或公司章程得爲保證者外，不得爲任何保證人」。

公司負責人如違反公司法第十三條轉投資限制規定，應賠償公司因此所受之損害；如違反公司法第十五條第一項放款限制規定，應與借用人連帶負返還責

任，如公司受有損害者，亦應由其負損害賠償責任；違反公司法第十六條保證限制規定，公司負責人應自負保證責任，對公司不發生效力。

二»行為能力

公司法人如自然人有行為能力，透過公司之組織，即可表現出公司之行為。民法第二十七條規定，法人須設董事，董事就法人一切事務，對外代表法人。又公司法第八條規定，以公司之負責人對外代表公司；故其對外之代表行為，法律上即視為公司之行為。

三»侵權行為能力

公司負責人對於執行公司業務，如有違背法令致他人受有損害時，「公司負責人」應與「公司」負連帶賠償之責任（公23）。故公司法人亦有侵權行為能力，祇不過由公司負責人與公司連帶負責而已。

四»刑事責任能力

公司因本質上，無法受自由刑之處罰，故我國刑法上處罰對象並不及於公司。但因經濟活動之多樣化，利用公司犯罪者層出不窮，故除行為人加以處罰外，於特別刑事法中，亦有處罰公司之規定，但僅限於財產刑，如社會秩序維護法中的罰鍰。

數位加分

公司法15 I不得貸款給股東或任何他人，解釋如下：

1. 此處股東不含法人股東。（法務部八十年法律決字第○○○五三號）

2. 任何他人含自然人與公司以外之法人，故貸與對象僅限公司。

3. 公司員工預借薪資，不屬於本法借貸性質，應屬合法。（經濟部六八年商字第三九五一四號）

案例題型 ▶▶▶▶▶▶▶▶▶

　　羚羊運動器材股份有限公司遭人檢舉，投資光華服飾有限公司超過實收股本百分之四十，則公司負責人有何責任？如果要合法投資，當初應經由何種程序？

◀◀◀◀◀◀◀◀◀◀◀◀◀

練習題庫

一、是非題

1. (　　) 兩合公司須經全體股東同意才可進行轉投資。

2. (　　) 公司依法可享有姓名權及名譽權。

二、選擇題

1. (　　) 下列何種人員不得對外代表公司：　(A)董事　(B)董事長　(C)股東。

2. (　　) 公司轉投資之總額，原則不得超過公司實收股本百分之多少　(A)六十　(B)五十　(C)四十。

4.6 公司的設立

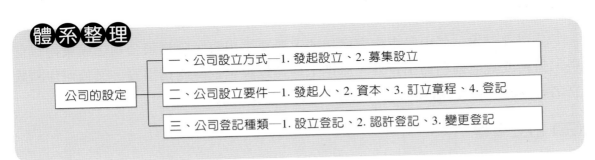

體系整理

公司的設定
- 一、公司設立方式—1. 發起設立、2. 募集設立
- 二、公司設立要件—1. 發起人、2. 資本、3. 訂立章程、4. 登記
- 三、公司登記種類—1. 設立登記、2. 認許登記、3. 變更登記

　　「公司設立」，即指組成公司團體，並循一定程序登記取得法人人格之法律行為。

　　至於公司的設立，得以「公司設立方式」、「公司設立要件」及「公司登記種類」三方面敘述如下：

一》公司設立方式

我國公司法對公司設立，採取「準則主義」，即由法律規定公司設立所需要件，符合要件者即可設立；現今各國均採行此種方式，又公司設立之方式，因資本取得之方式不同而有所區別如下：

(一) 發起設立

公司資本之取得，由發起人全體認足，不再對外募集。各種型態之公司均可採取此種方式設立。

(二) 募集設立

發起人認足公司一部分資本，其餘不足部分以對外公開之方式募集。僅「股份有限公司」可採此種方式設立。

二》公司設立要件

公司設立均需具備下列四項要件：

(一) 發起人

原則上無限公司、兩合公司、股份有限公司需二人以上之發起人；有限公司則需一人以上（公2、128）。無行為能力人、限制行為能力人或受輔助宣告尚未撤銷之人，不得為發起人（公128II）。

(二) 資本

公司之資本，係由股東出資所組成，股東之出資，除無限公司之股東得以信用、勞務或其他權利為出資外，原則上均需以現金或財產為出資。又公司申請設立之資本額，應先經會計師查核簽證，予以確認（公7）。

(三) 訂立章程

公司之設立，不論何種型態之公司，均需由發起人全體同意訂立章程，且需全體發起人簽名蓋章。

(四) 登記

公司法第六條規定:「公司非在中央主管機關登記後,不得成立。」故若未經設立登記,無法取得法人格。又所稱主管機關;在中央為經濟部;在直轄市為直轄市政府(公5)。另民國九十年修正後之公司法規定,公司完成登記即為成立,自民國九十年十一月十四日起不再核發公司執照。

三 公司登記種類

關於公司之登記,有下列六種:

(一) 設立登記

公司之設立除訂立章程外,須經登記(公6)。另公司業務,依法律或基於法律授權所定之命令,須經政府許可者,於領得許可文件後,方得申請公司登記(公17 I)。

(二) 認許登記

已廢除認許制度。

(三) 變更登記

公司已登記事項如有變更,例如章程修改、董事改造、股東變動、資本額增減;應依中央主管機關所定「公司登記辦法」,辦理變更登記(公387 IV)。

(四) 解散登記

公司之解散,除破產外,應於法定期限內申請主管機關為解散登記,如不為登記者,主管機關得廢止其登記。

(五) 合併(分割)登記

公司為合併(分割)時,應於實行後十五日內,向主管機關申請登記。

股份有限公司之設立程序

一、發起設立程序

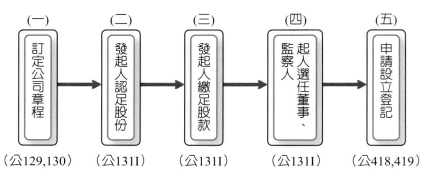

（一）	（二）	（三）	（四）	（五）
訂定公司章程	發起人認足股份	發起人繳足股款	起人選任董事、監察人	申請設立登記
（公129,130）	（公131I）	（公131I）	（公131I）	（公418,419）

二、募集設立程序

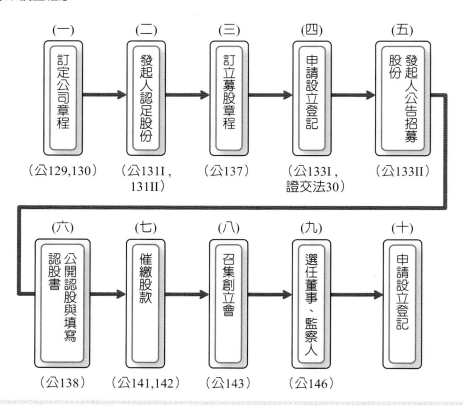

（一）	（二）	（三）	（四）	（五）
訂定公司章程	發起人認足股份	訂立募股章程	申請設立登記	發起人公告招募股份
（公129,130）	（公131I,131II）	（公137）	（公133I,證交法30）	（公133II）

（六）	（七）	（八）	（九）	（十）
公開認股與填寫認股書	催繳股款	召集創立會	選任董事、監察人	申請設立登記
（公138）	（公141,142）	（公143）	（公146）	

練習題庫

一、是非題

1. (　　) 採用「募集設立」方式設立公司，須由發起人全體認足資金。

2. (　　) 無限公司之股東得以信用、勞務或其他權利出資。

二、選擇題

1. (　　) 下列何者非公司設立時之具備要件　(A)資本　(B)章程　(C)股票。

2. (　　) 外國公司欲在中華民國境內營業，應先辦理何種登記　(A)設立登記　(B)認許登記　(C)變更登記。

4.7　公司的監督

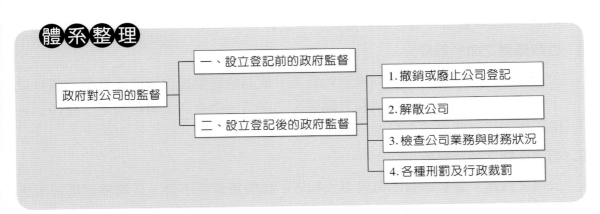

體系整理

政府對公司的監督
- 一、設立登記前的政府監督
- 二、設立登記後的政府監督
  - 1. 撤銷或廢止公司登記
  - 2. 解散公司
  - 3. 檢查公司業務與財務狀況
  - 4. 各種刑罰及行政裁罰

　　公司取得執照，享有合法營業權利；惟政府不論登記前或登記後都有監督公司之責任，其中可分：

一》設立登記前的政府監督

　　公司一經有效之設立登記，得以公司名義從事法律行為；相反的，在未經登記，或雖經登記，但未獲審查通過前，而仍以公司名義所為之行為，其責任由行為人自行負擔；主管機關並得禁止其使用公司之名稱（公19）。

■»設立登記後的政府監督

設立登記後之政府監督方式有下列主要四項：

（一）撤銷或廢止公司登記

公司應收之股款，股東並未實際繳納，而以申請文件表明收足，或股東雖已繳納而於登記後將股款發還股東，或任由股東收回者（公9），其罰則如下：

1. **對公司之處罰**：上開資金不實之情事經法院判決有罪確定後，由經濟部撤銷或廢止其登記。惟公司能在法院裁判確定前，主動補正，或經主管機關經濟部通知限期補正後，將原不實之資金補正者，則可免受處罰。

2. **對公司負責人處罰**：公司負責人有上述偽造申請文件或登記後發還股東之情形，經判決確定後，得處以五年以下有期徒刑、拘役或科或併科罰金。至於公司或第三人因此而受損害，公司負責人並應與各該股東負有民事上之連帶賠償責任。

（二）解散公司

政府實施其監督行爲而解散公司之方式有二：

1. 行政機關之命令解散

公司設立登記後滿六個月尚未開始營業，或開始營業後自行停止營業六個月以上者，主管機關得依職權或利害關係人之申請，命令該公司解散之（公10）。但已辦妥延展或停業登記者，不在此限。

2. 司法機關之裁定解散

公司之經營，若有顯著困難或重大損害，如股東意見不合，或嚴重虧損時，法院據股東之聲請，於徵詢主管機關及目的事業主管機關意見，並通知公司提出答辯後，裁定解散（公11）。

（三）檢查公司業務與財務狀況

公司每屆會計年度終了，應將營業報告書、財務報表及盈餘分派或虧損撥補之議案，提請股東同意或股東常會承認（公20 I）。提報之書表主管機關得隨時派員查核或令其限期申報（公20 IV）；並得會同目的事業主管機關，隨時派員檢查公司業務及財務狀況，公司負責人不得妨礙、拒絕或規避（公21 I）。

(四) 各種刑罰及行政裁罰

1. 刑罰

(1) 依公司法第九條之規定，公司應收之股款，股東並未實際繳納，而以申請文件表明收足，或股東雖已繳納而於登記後將股款發還股東，或任由股東收回者，公司負責人各處五年以下有期徒刑、拘役或科或併科新臺幣五十萬元以上二百五十萬元以下罰金。

(2) 依公司法第十九條之規定，未經設立登記，以公司名義經營業務或為其他法律行為，行為人處一年以下有期徒刑、拘役或科或併科新臺幣十五萬元以下罰金。

2. 無限公司

(1) 依公司法第六十三條之規定，公司非彌補虧損後，分派盈餘。公司負責人各處一年以下有期徒刑、拘役或科或併科新臺幣六萬元以下罰金。

(2) 依公司法第九十條之規定，清算人非清償公司債務後，將公司財產分派於各股東時，各處一年以下有期徒刑、拘役或科或併科新臺幣六萬元以下罰金。

3. 有限公司

(1) 依公司法第一百一十二條之規定，公司於彌補虧損完納一切稅捐後，分派盈餘時，應先提出百分之十為法定盈餘公積。公司負責人不提法定盈餘公積分派盈餘時，各處新臺幣二萬元以上十萬元以下罰鍰。

(2) 依公司法第一百一十三條之規定，公司變更章程、合併及解散，應經股東表決權三分之二以上之同意。除前項規定外，公司變更章程、合併、解散及清算，準用無限公司有關之規定。

4. 股份有限公司

(1) 依公司法第一百四十五條之規定，發起人對於創立會之各項報告有虛偽情事時各科新臺幣六萬元以下罰金。

(2) 依公司法第一百四十六條之規定，發起人如有妨礙創立會調查之行為或董事、監察人、檢查人對創立會之報告有虛偽者，各科新臺幣六萬元以下罰金。

(3) 依公司法第二百十九條之規定，監察人對於董事會編造提出股東會之各種表冊，爲虛僞之報告意見於股東會者，各科新臺幣六萬元以下罰金。

(4) 公司負責人違反第二百三十二條第一項或第二項規定分派股息及紅利時，各處一年以下有期徒刑、拘役或科或併科新臺幣六萬元以下罰金。

(5) 公司負責人違反第二百三十七條第一項規定，不提法定盈餘公積時，各處新臺幣二萬元以上十萬元以下罰鍰。

(6) 依公司法第二百五十九條之規定，公司募集公司債款後，未經申請核准變更，而用於規定事項以外者，處公司負責人一年以下有期徒刑、拘役或科或併科新臺幣六萬元以下罰金。

(7) 公司之董事、監察人、經理人或其他職員，違反第二百九十三條第三項之規定者，各處一年以下有期徒刑、拘役或科或併科新臺幣六萬元以下罰金。

(8) 依公司法第三百條之規定，公司負責人無正當理由對關係人會議等詢問不爲答覆或爲虛僞之答覆，各處一年以下有期徒刑、拘役或科或併科新臺幣六萬元以下罰金。

(9) 依公司法第三百十三條之規定，檢查人、重整監督人或重整人，對於職務上之行爲，有虛僞陳述時，各處一年以下有期徒刑、拘役或科或併科新臺幣六萬元以下罰金。

5. 行政罰

依公司法第二十、二十一、二十二、二十二之一、四十一、八十三、八十七、八十九、九十三、一百〇一、一百〇三、一百十八、一百三十五、一百三十八、一百六十一之一、一百六十八、一百六十九、一百七十、一百七十二、一百七十二之一、一百八十三、一百八十四、一百九十二之一、二百一十、二百十一、二百十八、二百三十、二百四十五、二百四十八、二百五十二、二百六十七、二百六十八、二百七十三、二百七十九、二百八十五、三百二十六、三百三十一、三百六十九之八、三百七十四、三百八十七條規定之罰鍰。

依公司法第四百四十八條之規定，拒不繳納罰鍰者，依法移送強制執行。

▌案例題型 ᐅᐅᐅᐅᐅᐅᐅᐅᐅᐅ

　　王小明的父親任職新設立的國光食品股份有限公司已滿半年，但因公司遲遲未開始營業，所以父親整日沒事，不料，今日經濟部依法定職權命令該公司解散，王小明想知道為什麼經濟部可以解散父親的公司？

ᐸᐸᐸᐸᐸᐸᐸᐸᐸᐸᐸᐸᐸᐸ

實務案例

　　依公司法第十一條規定，公司之經營如有顯著困難或重大損害時，法院得據股東之聲請，於徵詢主管機關及目的事業中央主管機關意見，並通知公司提出答辯後，裁定解散。

　　法院裁定實務上，主管機關及目的事業中央主管機關獲徵詢意見後，可能會至公司登記地址訪查經營狀況及檢視會計表冊，並訪談相關的利害關係人（例如股東）後，作成意見結論後函覆法院。但法院裁定結果，未必即與主管機關及目的事業中央主管機關意見結論相符。

　　例如臺灣嘉義地方法院103年度司字第6號裁定理由略謂：「經濟部中部辦公室雖於103年7月28日以經中三字第○○號函表示略以依據○○公司103年7月12日資產負債表，公司虧損320,578元，且聲請人聲稱公司迄今無盈餘，股東會未能就公司重要事項做成決議，股東間信賴發生問題，無法達成繼續經營之共識，因此公司營運尚有顯著困難等語。

　　然○○公司營運已見起色且有獲利，股東間互信雖有不足，但不因此導致公司無法繼續營業等情，已如前述。經濟部中部辦公室僅憑前開資產負債表及聲請人之陳述，即判斷○○公司營運有顯著困難，尚難憑採。」

（參考資料：臺灣嘉義地方法院103年度司字第6號民事裁定）

練習題庫

一、是非題

1. (　)公司已經申請登記，正在審查中，即可以公司名義從事法律行為。

2. (　)主管機關得隨時派員檢查公司業務。

二、選擇題

1. (　)下列何者並非政府監督公司之方式　(A)解散公司　(B)檢查業務　(C)選任董事。

2. (　)行政機關命令公司解散，係得依照何種申請，下列何者為非　(A)職權　(B)利害關係人　(C)民意代表。

4.8 公司的組織轉變

體系整理

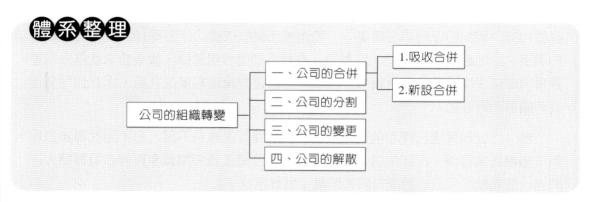

公司的組織得以進行轉變，可分三方面敘述之：

一》公司的合併

公司之合併指兩個以上之公司，在未經清算程序下，依法結合成為一個公司。合併乃公司間之契約，與股東無關。

（一）合併的種類

1. 吸收合併

指兩個以上之公司合併，其中之一公司將其他公司吸收，其餘歸於消滅。

2. 新設合併

指兩個以上之公司合併後，成立一新公司，原合併之公司均消滅。

（二）合併的程序

1. **訂立合併契約**：約定有關合併之權利義務關係。
2. **通過合併決議**：合併契約須經股東之決議，始發生效力。
3. **編造資產表冊**：股東同意合併後，即應編造資產負債表及財產目錄（公73 I）。
4. **通告公司各債權人**：合併決議一經產生即應通知及公告各債權人，且債權人得在指定期限內異議（公73 II）。
5. **申請公司合併登記**：公告期滿而無人異議，即可進行合併，並向主管機關申請登記（公387 I）。

（三）合併的登記與效果

依公司法規定，因合併而存續之公司，應為變更之登記；因合併而消滅之公司，應為解散之登記；因合併而另立之公司，應為設立之登記。

合併後之公司，因合併而消滅者，其法人人格消滅。因合併而消滅之公司，其權利義務，均由合併後存續或另立之公司承受（公75）。

■》公司的分割

「公司分割」指甲公司有A、B、C部門，現在決定把A部門獨立出去，成立一家乙公司，或是賣給丙公司。如：原來的宏碁股份有限公司將代工部門分割出去成立緯創股份有限公司，讓品牌與代工分家，各自發揮效能。

依公司法之規定，股份有限公司分割者，其存續公司或新設公司以股份有限公司為限（公316-1）。詳細於「股份有限公司」章敘述之。

三 » 公司的變更

「公司變更」指公司在不消滅法人人格之下，變更其組織，使成為其他種類之公司。

(一) 公司變更組織之型態

1. 無限公司得變為兩合公司

無限公司得經全體股東之同意，以一部股東改為有限責任或另加入有限責任股東，變更其組織為兩合公司（公76 I）。無限公司因股東變動，而不足法定最低人數（二人）時，得加入有限責任股東，成為兩合公司，繼續經營。

2. 兩合公司得變為無限公司

兩合公司有限責任股東全體退股時，無限責任股東在二人以上者，得以一致之同意變更其組織為無限公司。又兩合公司之無限責任股東與有限責任股東，亦可以全體之同意，變更其組織為無限公司（公126 II III）。

3. 有限公司得變為股份有限公司

有限公司得經全體股東同意，變更其組織為股份有限公司（公106）。

(二) 變更組織之效力

公司之變更只是改變其公司種類，並非另行成立公司，其法人人格之存續，不受影響，此與公司合併不同。

四 » 公司的解散

「公司解散」指公司有不能存續之原因時，即停止公司的活動，處理未了結的事務。

公司有下列各款情事之一者解散：

1. 章程所定解散事由。
2. 公司所營事業已成就或不能成就。
3. 股東三分之二以上之同意。
4. 股東經變動而不足本法所定之最低人數。
5. 與他公司合併。
6. 破產。

7. 解散之命令或裁判。

前項第一款、第二款得經全體或一部股東之同意繼續經營，其不同意者視為退股。

第一項第四款得加入新股東繼續經營。

因前二項情形而繼續經營時，應變更章程（公71）。

解散之公司，除因合併、分割或破產之原因而解散者外，均應經清算之程序（公24）；而所謂清算者，乃指清理及結算已解散公司的法律關係，以消滅公司法人人格之全部程序。

公司若經中央主管機關、目的事業主管機關或處分機關之撤銷或廢止，公司均失其存立之依據故應解散。解散之公司，除破產外，命令解散或裁定解散者應於處分或裁定後十五日內，其他情形之解散（如上述經撤銷登記而解散之公司），應於開始後十五日內，申請主管機關為解散之登記（公司之登記及認許辦法第四條）。

數 位 加 分

公司名稱	中央主管機關	目的事業主管機關	處分機關
宏大消防設備股份有限公司	經濟部	內政部消防署	依行為不同而有權處分之政府機關，如 ▶ 違反SARS隔離：衛生署 ▶ 利用公司設備走私販毒：法務部

▌案例題型 >>>>>>>>>

鼎新食品股份有限公司為擴大生產規模，擬與冬冬食品股份有限公司合併，而繼續以「鼎新食品股份有公司」營業，則該公司應怎樣進行公司合併的程序，又合併之登記如何辦理？若冬冬食品股份有限公司於合併後，某家大賣場指稱冬冬食品股份有限公司遲延給付貨物五大箱，則鼎新食品股份有限公司應該如何處理？

<<<<<<<<<<<<<<

練習題庫

一、是非題

1. (　　　)無限公司得經全體股東之同意，變更其組織為有限公司。

2. (　　　)公司因合併而解散，不須經清算程序。

二、選擇題

1. (　　　)下列何者是公司合併的種類：　(A)人員合併　(B)業務合併　(C)新設合併。

2. (　　　)下列何者並非是公司變更組織之型態：　(A)無限公司變為兩合公司　(B)無限公司變為有限公司　(C)有限公司變為股份有限公司。

4.9　公司的負責人與經理人

體系整理

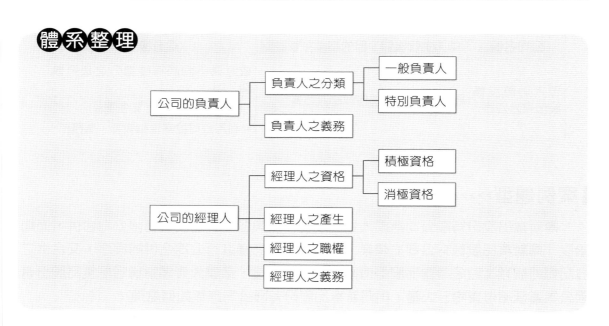

一 》公司的負責人

公司之一切法律行為均須假自然人之手，亦即以自然人為公司之代表，此代表人即為公司的負責人。

(一) 負責人之分類

公司負責人之分類，可分為一般負責人與特別負責人兩大類：

1. **一般負責人**：在無限公司、兩合公司為執行業務或代表公司之股東，在有限公司、股份有限公司則為「董事」，均為公司一般負責人（公8）。

2. **特別負責人**：各類型公司之經理人、清算人或臨時管理人，股份有限公司之發起人、監察人、檢查人、重整人或重整監督人等，在其執行特別職務（如監察人行使法定權限，公218至223）之範圍內，為公司特別負責人。

(二) 負責人之義務

公司負責人處理公司之事務，應盡之義務有「忠實義務」、「善良管理人注意義務」與「侵權行為連帶賠償義務」

1. **「忠實義務」**：包括為公司積極爭取利益之義務，以及消極不作為義務；如公司法明訂「禁止兼職」、「競業禁止」（公32、120、209）。

2. **「善良管理人注意義務」**：負責人有償處理公司事務應注意之標準，是以未盡善良管理人之注意（中等之平均人應有之注意）即屬有其過失，有過失而導致公司受損害，即應負賠償之責。

3. **「侵權行為連帶賠償義務」**：公司負責人對於公司業務之執行，如有違反法令致他人受有損害時，對他人應與公司負連帶賠償之責（公23 II）。

▌案例題型 >>>>>>>>>

A股份有限公司（以下稱A公司）章程規定該公司置董事五至七人、監察人二人，現有經合法選出之董事六人、監察人二人、董事長為甲，並依法進行登記。嗣後，董事乙因無法贊同董事長甲之經營策略，遂向董事會及董事長甲表達辭任董事之意，並經董事會及董事長甲同意，惟A公司遲遲未辦理變更登記，致使董事乙於主管機關之登記簿上，仍為A公司董事。

倘若A公司於董事乙辭任後，因違法經營致與該公司有交易之債權人丙受損，丙乃主張，其於決定是否與A公司進行交易時，曾查閱公司登記簿並確認A公司董事名單包含乙，故而依公司法第23條第2項對包含乙在內之全體董事請求賠償。假若法院認定A公司應對丙負擔賠償責任，此際，乙是否就此應與A公司負擔連帶賠償責任？理由為何？

【100年公務人員特種考試司法官考試第二試試題】

公司之非董事，而實質上執行董事業務或實質控制公司之人事、財務或業務經營而實質指揮董事執行業務者，與本法董事同負民事、刑事及行政罰之責任。但政府為發展經濟、促進社會安定或其他增進公共利益等情形，對政府指派之董事所為之指揮，不適用之。（公8 III）

■»公司的經理人

公司法第二十九條第一項規定「公司得依章程規定置經理人」，此條並非強制規定設置，可視公司業務需要；惟若公司設有經理人，且人數有數人時，均屬公司經營及內部自治事項，民國九十年修法時，已改由公司得依需要設置「總經理」、「副總經理」、「協理」、「經理」等一人或數人。

(一) 經理人之資格

1. 消極資格（公30）

(1) 曾犯組織犯罪防制條例規定之罪，經有罪判決確定，尚未執行、尚未執行完畢，或執行完畢、緩刑期滿或赦免後未逾五年。

(2) 曾犯詐欺、背信、侵占罪經宣告有期徒刑一年以上之刑確定，尚未執行、尚未執行完畢，或執行完畢、緩刑期滿或赦免後未逾二年。

(3) 曾犯貪污治罪條例之罪，經判決有罪確定，尚未執行、尚未執行完畢，或執行完畢、緩刑期滿或赦免後未逾二年。

(4) 受破產之宣告或經法院裁定開始清算程序，尚未復權。

(5) 使用票據經拒絕往來尚未期滿。

(6) 無行為能力或限制行為能力。

(7) 受輔助宣告尚未撤銷。

(二) 經理人之產生

公司經理人之產生依下列規定，但章程有較高規定者，從其規定（公29）：

1. 無限公司、兩合公司須有全體無限責任股東過半數同意。

2. 有限公司須有全體股東表決權過半數同意。

3. 股份有限公司應由董事會以董事過半數之出席，及出席董事過半數同意之決議行之。

(三) 經理人之職權

公司法第三十一條規定：經理人之職權，除章程規定外，並得依契約之訂定。經理人在公司章程或契約規定授權範圍內，有為公司「管理事務」及「簽名」之權。

經理人與公司間為委任契約（公29 I），委任契約之內容除章程規定外，自應依照契約雙方之內容，包括授權範圍在內。

(四) 經理人之義務

經理人不得兼任其他「營利事業」之經理人，並不得自營或為他人經營同類之業務；但經依法同意者，不在此限（公32）。此外，經理人不得變更董事或執業股東之決定，或股東會或董事會之決議，或逾越其規定之權限（公33）。另依證券交易法第二十五條規定，公開發行股票之公司經理人，應申報其持股。

練習題庫

一、是非題

1. （   ）無限公司之一般負責人為公司董事。

2. （   ）公司的經理人須在國內有住所或居所。

二、選擇題

1. （   ）公司負責人處理公司之事務，其應盡之義務何者為非　(A)善良管理人注意義務　(B)侵權行為連帶賠償義務　(C)公司破產補償義務。

1. 公司法將公司分為那幾類？有何定義？

2. 依公司信用原理上的分類，可分那幾類？

3. 公司名稱依法須受何種限制？

4. 公司之能力一般而言係指那四類？

5. 公司之權利能力何時起始與結束？又受到何種限制？

6. 公司法對各類公司在「轉投資」規定上有何不同限制？

7. 公司設立方式可區分那兩類？

8. 公司設立需具備那四項要件？

9. 公司登記的種類可分那五種？

10. 政府對公司設立登記後的監督有那幾種方式？

11. 公司合併的主要程序為何？

12. 公司合併的種類有那些？

13. 請就公司法規定說明公司負責人之種類、產生、資格、職權及責任？

    (99 年公務人員特種考試 調查人員 法律實務組)

14. 試舉出五種公司法所訂之「特別負責人」？

15. 各類型公司的「一般負責人」所指為何？

16. 公司經理人之權限與義務為何？

5 無限公司

5.1 無限公司的概念

　　無限公司者，指二人以上股東所組成，對公司債務負連帶無限清償責任之公司（公2）。依此意義分述如下：

1. 公司股東以自然人為限，為典型之人合公司。

2. 公司股東人數只有下限，而無上限；公司存續中，如股東只有一人時，即構成公司解散之事由（公71 I）。

3. 公司股東應對公司債務負連帶無限清償責任。亦即當公司之資產不足清償債務時，債權人得對股東之全部或對其中一人之全部個人財產，請求償還。

5.2 無限公司的設立

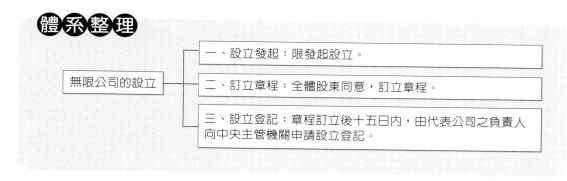

　　無限公司之設立程序主要有三：即設立發起、訂立章程及設立登記等。茲分述如下：

■》設立發起

　　公司為社團法人，其設立有賴發起人之發起，尤其無限公司係人合公司，著重股東間相互之信用關係的建立，故無募集設立之可能。必須由二人以上之股東為設立發起人，經全體之同意訂立章程、確定股東、確定股東之出資、設置機關及設立登記，方能取得法人資格，成為公司。

■》訂立章程

章程係股東間之約定，為公司內部最高的自治規範。章程之訂立及變更，應以全體股東之同意行之（公40 II、47）。

其內容依公司法規定，可分為三方面，即「絕對必要記載事項」、「相對必要記載事項」、「任意記載事項」，分述如下：

(一) 絕對必要記載事項

如未記載，則章程無效，自無法申請設立公司。依公司法第四一條規定，計有：1.公司名稱；2.所營事業；3.股東姓名、住居所；4.資本總額及各股東出資額；5.盈餘及虧損分派比例或標準；6.本公司所在地；7.訂立章程之年、月、日。

(二) 相對必要記載事項

此事項並非每一無限公司均有，惟如有則須記載於章程。依公司法第四一條規定，計有：1.各股東若有以現金以外財產為出資者，其出資種類、數量、價格或估價之標準；2.設有分公司者，其所在地；3.定有代表公司之股東；4.定有執行業務之股東；5.定有解散事由。

(三) 任意記載事項

因章程為公司之自治規章，故股東間如有其他約定，在不違反無限公司本質、公共秩序、善良風俗及強行法規之事項，皆得列入章程；惟縱不記載，亦不影響章程之效力。

■》設立登記

無限公司於章程訂立後十五日內，依公司法第三八七條規定，應由代表公司之負責人備具申請書，連同含股東同意書等應備文件，向中央主管機關申請設立登記。若由代理人申請時，應加具委託書，且代理人以會計師、律師為限。

練習題庫

一、是非題

1. (　　) 無限公司各股東出資額屬於「任意記載事項」，縱不記載，亦不影響效力。

2. (　　) 公司法規定「資本總額」為無限公司章程的絕對必要記載事項。

二、選擇題

1. ( )下列何者為無限公司章程「絕對必要記載事項」： (A)分公司所在地 (B)預定解散事由 (C)所營事業種類。

2. ( )下列何者若未列於章程之中，則無法申請設立無限公司： (A)代表公司之股東 (B)執行業務之股東 (C)股東姓名住居所。

5.3 無限公司的內部關係

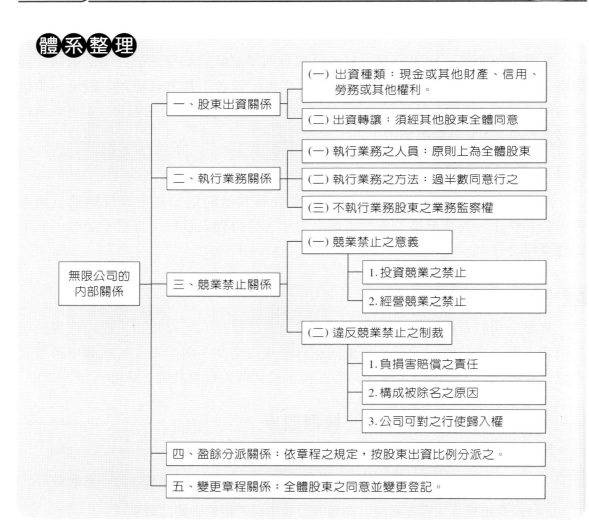

體系整理

無限公司的內部關係
- 一、股東出資關係
  - (一) 出資種類：現金或其他財產、信用、勞務或其他權利。
  - (二) 出資轉讓：須經其他股東全體同意
- 二、執行業務關係
  - (一) 執行業務之人員：原則上為全體股東
  - (二) 執行業務之方法：過半數同意行之
  - (三) 不執行業務股東之業務監察權
- 三、競業禁止關係
  - (一) 競業禁止之意義
    - 1.投資競業之禁止
    - 2.經營競業之禁止
  - (二) 違反競業禁止之制裁
    - 1.負損害賠償之責任
    - 2.構成被除名之原因
    - 3.公司可對之行使歸入權
- 四、盈餘分派關係：依章程之規定，按股東出資比例分派之。
- 五、變更章程關係：全體股東之同意並變更登記。

　　無限公司之內部關係者，係指公司與股東以及股東與股東相互間之關係，除法律有規定者外，得以章程定之。茲就無限公司內部關係，分項說明如後。

一 ≫ 股東出資關係

　　無限公司股東除以金錢及金錢以外之財產，作為出資的種類外，亦得以勞務或其他權利為出資（公43）。故可分三種出資：(一)金錢及金錢以外之財產出資，包括土地、廠房。(二)勞務出資，包括擔任公司會計、法律顧問等。(三)「其他權利」出資，包含為公司提供債權或智慧財產權。

　　股東若以現金以外財產為出資者，其種類、數量、價格或估價之標準均應明訂於公司章程中（公41 I5）。又股東出資轉讓時，非經其他股東全體之同意，不得以自己出資之全部或一部，轉讓於他人（公55），此乃無限公司特重股東相互間之信任關係。

二 ≫ 執行業務關係

　　「執行業務關係」，係指處理公司內部業務而言。無限公司之股東原則上均有執行業務之權利。但章程中訂定由股東中之一人或數人執行業務者，從其訂定（公45 I）。

　　執業股東執行業務之方法，就業務之性質可分為兩類：

(一) 通常事務

　　各執業股東均得單獨執行；但其餘執業之股東有一人提出異議時，應即停止執行，並取決於執業股東過半數之同意後再為之。

(二) 非通常事務

　　因可能增加公司的義務與責任，其業務之執行與否，應先取決於執業股東過半數之同意，方得執行之。

　　至於不執業之股東，則依法得隨時向執行業務之股東質詢公司營業情形，查閱財產文件、帳簿、表冊（公48）。

三》競業禁止關係

無限公司股東競業之禁止主要可分兩類：

(一) 投資競業之禁止

「股東非經其他股東全體之同意，不得為他公司之無限責任股東，或合夥業之合夥人」（公54 I），藉以避免公司負雙重之無限連帶責任。股東違反投資競業禁止，依公司法第六十七條第二款之規定，得經其他股東全體同意除名。

(二) 經營競業之禁止

「執行業務之股東，不得為自己或他人為與公司同類營業之行為」（公54 II）。所謂「與公司同類營業」之行為，應指經營與公司章程所載之營業項目相同而言。違反此規定者，股東得以過半數之決議，將競業股東為自己或他人所為行為之所得，作為公司之所得，此稱之為公司之「歸入權」。

四》盈虧分派關係

無限公司盈餘及虧損分派之比例或標準，應依公司章程規定（公41），換言之，盈虧分派乃依照章程所定各股東出資之多寡比例為準。至於以信用及勞務出資之股東，則僅享有盈餘之分派；若公司有虧損，除章程特別訂定者外，解釋上不必分擔其虧損。

五》變更章程關係

章程係公司除法令外，最高之自治規範，故無限公司股東與公司之間，無論業務執行、債務清償等之權利義務，多於章程中明訂，故「公司變更章程，應得全體股東之同意」（公47）。

▋案例題型 >>>>>>>>>>

黃佳雄為「萬能貨運無限公司」五位股東之一，三個月前因高中同學力邀，又加入同學所開無限公司擔任股東，同時也受聘「奇美貨運有限公司」總經理一職，月薪十萬元。今日不巧被萬能貨運無限公司吳姓股東發現，黃佳雄依法要負何種責任？

<<<<<<<<<<<<<<

練習題庫

一、是非題

1. (　　) 無限公司變更章程，應有全體股東過半數之同意。

2. (　　) 無限公司股東得以擔任該公司法律顧問之方式出資。

二、選擇題

1. (　　) 無限公司的出資方式，下列何者並不包含：　(A)專利權　(B)廠房　(C)股票。

2. (　　) 下列何者非無限公司的內部關係型態：　(A)股東出資關係　(B)盈虧分派關係　(C)公司代表關係。

5.4　無限公司的對外關係

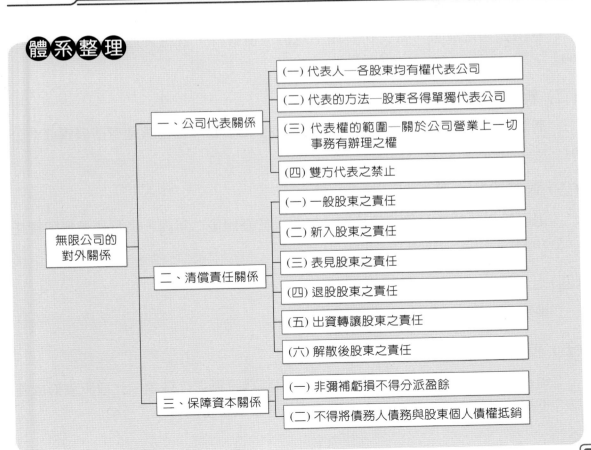

體系整理

無限公司的對外關係
- 一、公司代表關係
  - (一) 代表人—各股東均有權代表公司
  - (二) 代表的方法—股東各得單獨代表公司
  - (三) 代表權的範圍—關於公司營業上一切事務有辦理之權
  - (四) 雙方代表之禁止
- 二、清償責任關係
  - (一) 一般股東之責任
  - (二) 新入股東之責任
  - (三) 表見股東之責任
  - (四) 退股股東之責任
  - (五) 出資轉讓股東之責任
  - (六) 解散後股東之責任
- 三、保障資本關係
  - (一) 非彌補虧損不得分派盈餘
  - (二) 不得將債務人債務與股東個人債權抵銷

　　無限公司的對外關係，乃指公司與第三人或股東與第三人之法律關係；此類對外關係，大多爲強行規定，不得任意變更。

一》公司代表關係

　　公司本身係一組織體，無法自行對外運作，須有代表人。原則上各股東均得代表公司，但章程可特定代表公司之股東（公56 I）。又代表公司之股東須半數以上在國內有住所（公56 II）。

　　至於代表權的行使方法，則是關於公司營業上一切事務，每位股東各得代表公司洽談；所以股東之代表權原則上不加限制，但例外對雙方代表之行爲，則爲本法所禁止（公59）。

二》清償責任關係

　　無限公司之股東，分別負擔以下責任：

（一）一般股東之責任

　　無限公司之股東，當公司資產不足清償債務時，皆應負連帶清償責任（公60）。

（二）新加入股東之責任

　　新加入之股東，對於未加入前公司已發生之債務，亦應負連帶清償責任（公61）。

（三）退股股東之責任

　　退股股東對於登記退股前公司之債務，於登記後二年內，仍負連帶無限責任（公70 I）。

（四）出資轉讓股東之責任

　　準用退股股東之規定辦理（公70 II）。

（五）表見股東之責任

　　係指非公司眞正股東，而有可以令人信其爲股東之行爲者。此種股東對於善意（不知其爲非股東）之第三人，仍應負與一般股東相同責任（公62）。

(六) 解散後股東之責任

無限公司解散後，自解散登記後滿五年，股東連帶無限責任，方能消滅（公96）。

∎» 保障資本關係

無限公司股東對公司責任，雖負無限連帶清償之責，但公司終究是主債務人，而股東僅就公司資產不足清償債務時，負有補充性、例外性之責任；因此，無限公司應有保障資本之觀念，此舉不僅保護股東，亦保護公司債權人，所以公司法規定：

(一) 公司非彌補虧損後，不得分派盈餘（公63）

藉此規定，使公司資本處於充實之狀態。

(二) 公司之債務人，不得以其債務與其對於股東之債權抵銷（公64）

亦即公司之債務人應對公司清償其債務，而不得對股東個人主張抵銷。

實務案例

依公司法第六十條規定，無限公司之股東，當公司資產不足清償債務時，應負連帶清償責任。因無限公司的股東要負連帶清償責任，致我國實際上鮮少成立無限公司，2011年僅存的「同昌建築無限公司」傳出跳票總金額逾4億元，該公司的股東即必須負連帶清償責任。主管機關嗣於民國104年5月15日以經授中字第10432021110號函廢止該公司之登記。

練習題庫

一、是非題

1. (　　) 無限公司退股股東，自退股日起不再負擔連帶無限責任。

2. (　　) 無限公司之各股東，原則上均得代表公司。

二、選擇題

1. (　　)無限公司解散後，自解散登記起，幾年內，股東仍應負連帶無限責任：
　　(A)五年　(B)三年　(C)二年。

2. (　　)下列何者非無限公司的外部關係型態：　(A)股東出資關係　(B)清償責任關係　(C)公司代表關係。

5.5 無限公司的股東資格

體系整理

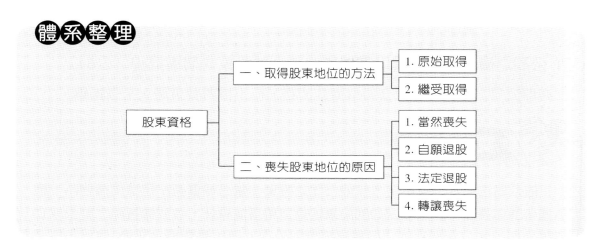

　　此處所指「無限公司的股東資格」，係指取得股東地位之方法或喪失股東地位之原因，其中所必須具備的程序或條件。

一》取得股東地位的方法

　　取得股東地位的方法可區分為「原始取得」與「繼受取得」等兩類：

(一) 原始取得

1. 設立取得

　　無限公司之股東人數，應有二人以上（公40 I）。故參與公司之發起設立人，應在二人以上。此等發起人應由全體之同意，訂立章程；無限公司股東，當然取得股東權。

2. 入股取得

公司成立後，再加入公司爲股東，稱之爲入股。例如公司設立時原有股東三人，之後再申請加入一人，此一人即爲入股；依規定應得全體股東之同意，變更章程，並爲變更登記（公47）。

(二) 繼受取得

1. **受讓出資**：無限公司之股東經其他股東全體之同意，得以自己出資之全部或一部，轉讓於他人（公55）。如有此種情形，受讓人即可取得股東地位。
2. **繼承取得**：股東死亡，繼承人原則上不得繼承其股東之資格地位。因無限公司特重股東信用，繼承人未必有信用，故以股東死亡爲退股之原因（公66）；惟若章程明訂得以繼承者，自可取得股東地位。

■》喪失股東地位的原因

喪失股東地位的原因主要可分四大項：

(一) 當然喪失

因公司解散、合併或受破產之宣告，公司之法人人格消滅，股東之地位當然喪失。

(二) 自願退股

無限公司股東得以自己單獨之意思表示，向公司表示退股。此處若依退股時間，則又可區分爲：

1. **年終自願退股**：股東得於每會計年度終了退股；但應於六個月前，以書面向公司聲明（公65 I）。
2. **隨時自願退股**：股東有非可歸責於自己之重大事由時，不問公司定有存續期限與否，均得隨時退股（公65 II）。

(三) 法定退股

公司法明定強制退股之情形如下（公66）：

1. 章程所定退股事由。
2. 股東死亡。

3. 股東被宣告破產。

4. 股東受監護或輔助之宣告。

5. 股東被公司除名：股東得經其他股東全體之同意議決，並經通知後除名。

6. 股東之出資，經法院強制執行者。

(四) 轉讓喪失

　　股東之出資，可為一部轉讓或全部轉讓，惟須經其他股東全體同意（公55）。全部轉讓，則喪失股東地位，如一部轉讓，則僅盈虧分派減少而已。股東一部轉讓其出資，對公司債務，仍須負無限責任。

▌案例題型 ﹥﹥﹥﹥﹥﹥﹥﹥﹥

　　阿忠的父親是統一貨運無限公司的大股東，不幸於上個月去世，阿忠的父親留下遺囑要他繼承為股東，不料，卻遭到公司二位股東的反對繼承，此時，阿忠如何處理？

練習題庫

一、是非題

1. (　　)無限公司之股東人數，至少應在一人以上。

2. (　　)股東得於每會計年度終了退股，但應於六個月前，以書面向公司聲明。

二、選擇題

1. (　　)無限公司法定退股的原因，除章程所定退股事由外，尚有何者：　(A)股東死亡　(B)公司解散　(C)轉讓出資。

2. (　　)無限公司取得股東地位的方法，下列何者為是：(A)入股取得　(B)繼承取得　(C)佔有取得。

5.6 無限公司的組織轉變

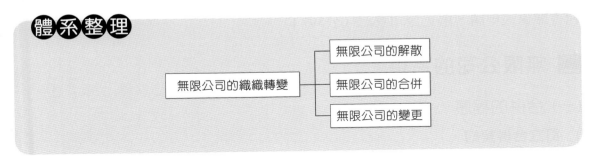

無限公司的組織轉變，得分以下三方面敘述之：

一》無限公司的解散

(一) 解散的事由

公司有下列情事之一者解散（公71 I）：

1. 章程所定解散事由。
2. 公司所營事業已成就或不能成就。
3. 股東三分之二以上同意。
4. 股東經變動而不足本法所定之最低人數。
5. 與他公司合併。
6. 破產。
7. 解散之命令或裁判。

(二) 解散的效果

1. 無限公司經解散後，僅在清算範圍內，具有法人人格。其代表公司之股東或執行業務之股東，均失其原有之權限，而由清算人在清算範圍內，代表公司或執行有關業務（公84、85）。
2. 股東之連帶無限責任，自解散登記後滿五年而消滅（公96）。

（三）解散的登記

　　解散之公司，除破產情形外，應依公司之登記及認許辦法第四條之規定期限內，向主管機關申請解散登記。未依法申請解散登記者，主管機關得依職權或據利害關係人申請，廢止公司登記（公397 I）。

■»無限公司的合併

（一）合併的程序

1. **訂立合併契約**。
2. **通過合併決議**：無限公司得以全體股東之同意，與他公司合併（公72）。
3. **編造資產表冊**：公司決議合併時，應即編造資產負債表及財產目錄（公73 I）。
4. **通告公司各債權人**：公司為合併之決議後，應即向各債權人分別通知及公告，並指定三十日以上期限，聲明債權人得於期限內提出異議（公73 II）。
5. **申請合併登記**：無限公司為合併時，應於實行後十五日內，向主管機關申請登記（公387 I）。

（二）合併的效果

1. **公司之消滅**：即公司法第二十四條之反面解釋。
2. **公司之變更或創設**。
3. **公司之權利義務應由合併後之公司承受（公75）**。

■»無限公司的變更

　　所謂「變更」係指公司經股東之決議，於不中斷法人資格下，改變公司原有組織型態之行為。

（一）變更之種類

1. 經全體股東之同意，以一部股東改為有限責任或另加入有限責任股東，變更其組織為兩合公司（公76 I）。
2. 股東經變動而不足本法所定之最低人數時，得加入新股東繼續經營，若加入者為有限責任股東，則變更其組織為兩合公司（公76 II準用71 III）。

3. 公司得經股東三分之二以上之同意變更章程,將其組織變更為有限公司或股份有限公司。前項情形,不同意之股東得以書面向公司聲明退股。

(二) 變更之效果

1. 若股東依公司法第七十六條第一項或第七十六條之一第一項之規定,改為有限責任時,該股東在組織變更前,公司所負之債務,於公司變更登記後二年內,仍負連帶無限責任(公78)。

2. 公司依法組織變更時,準用有關無限公司合併之規定。

練習題庫

一、是非題

1. ( ) 無限公司股東之連帶無限責任,自解散登記後滿二年而消滅。

2. ( ) 無限公司得經全體股東之同意,以一部股東改為有限責任,而變更其組織為兩合公司。

二、選擇題

1. ( ) 下列何者並非無限公司的合併程序: (A)訂立合併契約 (B)編造資產表冊 (C)進行市場調查。

2. ( ) 無限公司的解散事由不包含那一種: (A)破產 (B)重整 (C)合併。

5.7 無限公司的清算

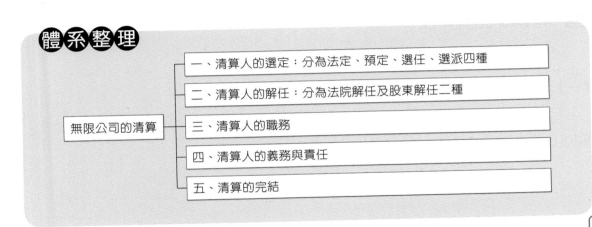

體系整理

無限公司的清算
- 一、清算人的選定:分為法定、預定、選任、選派四種
- 二、清算人的解任:分為法院解任及股東解任二種
- 三、清算人的職務
- 四、清算人的義務與責任
- 五、清算的完結

「清算」係已解散之公司，依一定之程序，處分公司財產，以了結公司與股東及第三人間之法律關係。無限公司解散後，除因合併、破產外，均須經過清算之程序。因「合併」，係將原有公司之權利義務由合併後之公司承受：「破產」，則另按破產程序進行即可，故兩者均毋須清算程序。

一 》清算人的選定

清算人，係解散公司執行清算事務及代表公司之法定必備機關。因公司一經解散，即喪失營業之能力，股東之業務執行權及代表權，均告喪失，而須以清算人代之，對內執行清算事務，對外代表公司。其產生方式如下：

(一) 法定清算人

無限公司之清算，原則上以全體股東為清算人（公79本文）。

(二) 預定清算人

無限公司之章程係全體股東同意所訂定，故可在章程中規定何人為清算人（公79但書）。

(三) 選任清算人

公司得由股東會經過半數決議產生清算人（公79但書）；選任清算人不必限於股東，由股東以外之第三人（如律師、會計師）亦無不可。

(四) 選派清算人

凡不能依上述方式之一產生清算人時，法院得因利害關係人之聲請，選派清算人（公81）。

二 》清算人的解任

可分「法院解任」及「股東解任」兩種：

(一) 法院解任

法院因利害關係人之聲請，認為有必要時，得將任何一種方式產生之清算人解任之（公82本文）。

（二）股東解任

清算人經由股東決議選任者，自亦得由股東過半數之同意，將其解任（公82但書）。

三》清算人的職務

依公司法規定，清算人的職務依其執行之順序，主要有五項步驟：

（一）就任聲請

清算人應於就任後十五日內，將其姓名、住所或居所及就任日期，向法院聲請（公83 I）。

（二）了結現務

清算之目的乃在解散公司，故公司於清算開始尚未了結之事務，均應結束（公84 I1）。

（三）收取債權，清償債務

清算人就任後，應以公告方法，催告債權人報明債權（公88）；已到期債權應收回；未到期債權，得扣除期前利益，請求債務人償還之。

（四）分派盈餘或虧損

收取之債權若多於清償之債務時，應於分派賸餘財產前，依章程所定比例分派盈餘給股東。反之，則由股東分擔公司之虧損（公84 I3）。

（五）分派賸餘財產或聲請宣告破產

公司分派盈餘後，尚有賸餘財產時，應分派給各股東（公84 I4）。反之，若收取之債權不足清償公司債務時，清算人應即聲請法院宣告破產（公89 I）。

四》清算人的義務與責任

（一）清算人的義務

1. 接受法院之指揮監督（公83、公85 II、公93）。
2. 答覆股東之詢問（公87 V）。

3. 限期六個月內完結清算程序，如不能於六個月內完結清算，清算人得申敘理由，向法院聲請展期（公87 III）。

4. 遵守委任契約約定事項之義務（民法535、民法544）。

（二）清算人的責任

清算人應以善良管理人之注意處理職務，倘有怠忽而致公司發生損害時，應對公司負連帶賠償責任；其有故意或重大過失時，並應對第三人負連帶賠償責任（公95）。

五 》清算的完結

清算的完結主要有三項事務，必須加以處置：

（一）清算表冊之承認

清算人應於清算完結後十五日內，造具結算表冊，送交各股東，請求其承認；如股東不於一個月內提出異議，即視爲承認；但清算人有不法行爲時，不在此限（公92）。

（二）聲報法院之辦理

清算人應於清算完結，經送請股東承認後十五日內，向法院聲報。清算人違反聲報期限規定時，各處新臺幣三千元以上一萬五千元以下罰鍰（公93）。

（三）簿冊文件之保存

公司之帳簿、表冊及關於營業與清算事務之文件，應自清算完結向法院聲報之日起，保存十年；其保存人，以股東經過半數之同意定之（公94）。

▌案例題型 »»»»»»»»

「太陽金礦無限公司」設立之宗旨，乃為了開採台北市陽明山地區之金礦，然而該公司經採掘數年後，證實該處並未蘊藏金礦，公司股東想要解散公司清算財產，他們應如何辦理？

<h1 style="text-align:center">練習題庫</h1>

一、是非題

1. (　　) 清算人若收取之債權不足清償公司債務時，應即聲請法院准予重整。

2. (　　) 公司選任清算人不必限於股東，由律師、會計師擔任亦無不可。

二、選擇題

1. (　　) 由法院選出的清算人，性質上是屬於下列何種：　(A)法定清算人　(B)選任清算人　(C)選派清算人。

2. (　　) 何者非無限公司清算人的解任方式：　(A)法院裁定解任　(B)主管機關命令解任　(C)股東決議解任。

本章習題

1. 無限公司設立的主要程序為何？
2. 無限公司的內部關係，公司法有何特別規定？
3. 無限公司的股東出資種類可區分那幾方面？
4. 公司法對無限公司股東競業的禁止，有何規定？
5. 無限公司的股東，其清償責任依法可分那幾種？各有何責任規範？
6. 無限公司股東地位的取得與喪失的原因為何？
7. 無限公司的解散事由，試舉五種？
8. 無限公司主要的合併程序為何？
9. 無限公司變更組織時，其種類是否受到限制？
10. 無限公司法算人的產生方式，依法有何不同？
11. 無限公司清算人的職務為何？

NOTE

6 有限公司

6.1 有限公司的概念

　　公司法第九十八條規定，有限公司由一人以上股東所組成；全體股東對於公司之責任，除第二項規定外，以其出資額為限（公99）。股東濫用公司之法人地位，致公司負擔特定債務且清償顯有困難，其情節重大而有必要者，該股東應負清償之責。股東之出資除現金外，得以對公司所有之貨幣債權、公司事業所需之財產或技術抵充之。實務上，有限公司介於無限公司與股份有限公司之間，所以學理上常稱有限公司為「混合公司」，藉以區別其與無限公司之「人合公司」，或股份有限公司之「資合公司」兩者的不同。

6.2 有限公司的設立

體系整理

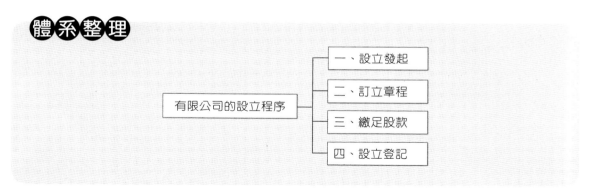

　　有限公司的設立，一般而言有四項主要程序如下：

一»設立發起

　　有限公司性質上屬非公開型之公司，其設立方式以「發起設立」為限，此即公司法第一百條第一項規定「公司資本總額，應由各股東全部繳足，不得分期繳款或向外招募。」之原理。

二»訂立章程

　　有限公司達到法定人數後，即應訂立公司章程。章程之訂立應經全體股東之同意，並簽名或蓋章，置於本公司，各股東每人執有一份。

章程之內容，應包括如下：

(一) 絕對必要記載事項

如未記載，則章程無效，包含：1.公司名稱，2.所營事業，3.〔股東姓〕稱、住所或居所，4.資本總額及各股東出資額，5.盈餘及虧損分派〔比例或標準〕6.本公司所在地，7.董事人數，8.訂立章程之年月日（公101）。

(二) 相對必要記載事項

並非每一公司均有事項，如有則須記載，包含：1.定有解散事由〔之事〕由，2.依出資多寡比例分配表決權（公102 I），3.特別盈餘公積（公112 II）。

(三) 任意記載事項

只要不違反有限公司本質、法令強行規定或公序良俗，均可於章程中記載；惟縱不記載，亦不影響章程之效力。

三》繳足股款

有限公司股東對公司之責任，以其出資額為限。公司資本總額應由各股東全部繳足，不得分期繳款；並於設立登記時，連同繳足股款之文件，向中央主管機關申請（公387）。

四》設立登記

有限公司應於章程訂立後十五日內，向主管機關申請為設立之登記。但經目的事業主管機關核准應於特定日期登記者，不在此限。一、無限、兩合及有限公司：章程訂立。二、股份有限公司：代表公司之負責人就任。（公387 I及公司登記辦法2）。

主管機關對於公司登記之申請，認為有違反法令或不合法定程式者，應令其改正，非俟改正合法後，不予登記。公司俟中央主管機關登記後，方為確立（公6）；又公司各項登記事項，主管機關得核給證明書（公392）；不再依據舊法發給「公司執照」。

自九十年修正公司法後，自九十年十一月十四日起不再核發公司執照，但有些公司在經營上有須提出公司證明時，可向主管機關申請發給「公司證明書」（網址：http://www.cto.moea.gov.tw/04/word/03c-28.doc），或者民衆可上經濟部商業司網站查詢有關公司登記之基本資料。

■案例題型»»»»»»»

數年前，廖東富設立一家有限公司，卻因經營不善，負債逃匿；但公司並未解散，也不再營業，今年，廖東富拿著原先「公司執照」，卻與其他公司交易，其他公司如何瞭解保護權益？

«««««««««««

練習題庫

一、是非題

1. (　　)公司非在中央主管機關登記，並發給執照後，不得成立。

2. (　　)有限公司章程中「董事人數」為其絕對必要記載事項。

二、選擇題

1. (　　)無限公司與有限公司章程的絕對必要記載事項，何者有差異：　(A)公司名稱　(B)所營事業　(C)董事人數。

2. (　　)有限公司之設立，何者並非必要程序：　(A)訂立章程　(B)設立登記　(C)發給執照。

6.3　有限公司的內部關係

體系整理

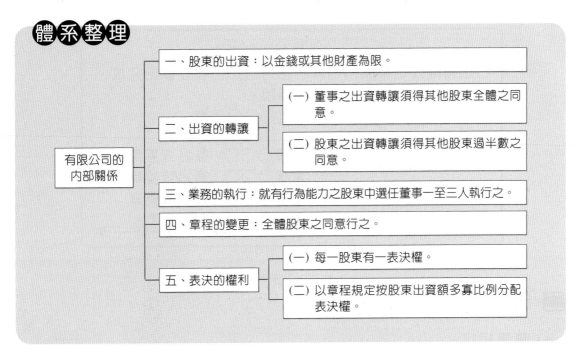

```
                    ┌─ 一、股東的出資：以金錢或其他財產為限。
                    │
                    │                    ┌─ (一) 董事之出資轉讓須得其他股東全體之同
                    │                    │        意。
                    ├─ 二、出資的轉讓 ──┤
  有限公司的       │                    └─ (二) 股東之出資轉讓須得其他股東過半數之
  內部關係 ────────┤                            同意。
                    │
                    ├─ 三、業務的執行：就有行為能力之股東中選任董事一至三人執行之。
                    │
                    ├─ 四、章程的變更：全體股東之同意行之。
                    │
                    │                    ┌─ (一) 每一股東有一表決權。
                    │                    │
                    └─ 五、表決的權利 ──┤
                                         └─ (二) 以章程規定按股東出資額多寡比例分配
                                                 表決權。
```

　　有限公司之內部關係，指股東的出資、出資的轉讓、業務的執行、章程的變更、表決的權利而言。

一》股東的出資

1. 有限公司資本總額，應由各股東一次全部繳足，不得分期繳款或向外招募（公100）。

2. 股東除以現金出資外，亦得以對公司所有之貨幣債權、公司事業所需之財產或技術抵充之。此種出資方式與無限公司另得以勞務或其他權利為出資之方式不同。

3. 有限公司得以減資，亦得增資。如須增資，應經股東表決過半數之同意（公106 I）；若屬減資亦須經股東表決過半數之同意（公106 IV），惟應符合最低資本額度。

股單樣式

> ○○有限公司股單
>
> ○○有限公司業於○○年○○月○○日設立登記完成，謹製股單，作為股東出資之憑證。
>
> 股東○○○之出資額為新台幣○○○元整。
>
> > 董事○○○　簽名或蓋章
> > 董事○○○　簽名或蓋章
> > 董事○○○　簽名或蓋章
>
> > 中華民國一百一十一年一月一日製

■»出資的轉讓

(一) 轉讓規定

1. 股東非得其他股東表決權過半數之同意，不得以其出資之全部或一部，轉讓於他人（公111 I）。

2. 董事非得其他股東表決權三分之二以上之同意，不得以其出資之全部或一部，轉讓於他人（公111 III）。

(二) 轉讓記載

　　公司法第一百零四條第二項原準用同法第一百六十五條第一項規定，即「股東之轉讓，非將受讓人之姓名或名稱記載於股單，並將受讓人之姓名或名稱及住所或居所，記載於公司股東名簿，不得以其轉讓對抗公司」。惟因「股單」並非有價證券，「股單之轉讓」亦不等同於「股東出資之轉讓」，故該規定未具實益，爰於107年8月1日公司法修法時予以刪除。故股東出資之轉讓已不以記載於股單為必要。

實務案例

依公司法第九十九條之一規定，股東除以現金出資外，亦得以公司事業所需之技術抵充之。不過公司運作上，對於現金出資額明確能特定，技術能抵充出資的額度卻易有認定上的困境。

參酌經濟部89年經濟部經商字第89216734號函釋，技術得抵充公司多少資金，須經過專業鑑價。如從司法院公告的鑑定人（機關）參考名冊中擇定，亦屬可採之方法。

三》業務的執行

有限公司不設股東會，故公司意思之決定，在於全體股東意見之表達，而無需經由會議方式；只要股東未提出異議，視為承認（公110 II）。至於業務之執行，可將股東功能區分兩類：

(一) 執行業務股東

有限公司應經股東表決權三分之二以上之同意，就有行為能力之股東中選任董事至少一人，至多三人執行業務；董事有數人時，得以章程特定一人為董事長，對外代表公司，董事長應經董事過半數之同意互選產生（公108 I）。關於執行方法，通常事務，董事各得單獨執行；非通常事務，取決於董事過半數之同意（公108 IV準用公46）。

(二) 不執行業務股東

有限公司非但無股東會，亦無常設監察人之設置。凡不執行業務之股東，均得行使監察權，其監察權之行使，準用無限公司第四十八條之規定（公109I）。並且在行使監察權時得代表公司委託律師、會計師審核之（公109II）。

四》章程的變更

公司變更章程、合併及解散，應經股東表決權三分之二以上之同意。有限公司之章程變更，準用無限公司之規定（公113）；增資依過半數決議通過後，股東雖同意增資，仍無按原出資數比例出資之義務（公106 I但書）；前三項不同意之股東，對章程修正部分，視為同意。（公106 IV）。

五》表決的權力

1. 每一股東不問出資多寡，均有一表決權（公102 I前段）。

2. 公司得以章程訂定按出資多寡比例分配表決權（公102 I後段）。

3. 政府或法人為股東時；其表決權之行使，仍以其所持有之出資額綜合計算（公102 II準用公181）。

練習題庫

一、是非題

1. (　　) 有限公司應自有行為能力股東中，選舉三人組成董事會，並互選一人為董事長，對外代表公司。

2. (　　) 有限公司資本總額，應由各股東一次全部繳足，不得分期或向外招募。

二、選擇題

1. (　　) 下列何者為有限公司所允許的出資種類：　(A)土地　(B)信用　(C)勞務。

2. (　　) 107年8月1日公司法修法前，有限公司以何種紙券作為各股東出資之證明：(A)股票　(B)股單　(C)本票。

6.4　有限公司的對外關係

體系整理

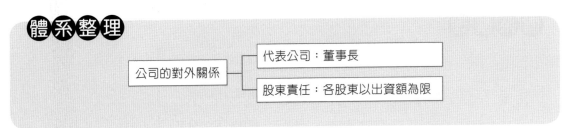

有限公司的對外關係得分「代表公司」與「股東責任」兩方面分述之：

一》代表公司

原則上公司置「董事」代表公司執行業務，如置有董事長，則由董事長對外代表公司（公108 I）。至於由股東一人所組成之有限公司，其唯一股東必為該公司之董事，對內執行業務，對外代表公司。

二》股東責任

因有限公司之股東僅負有限責任，故各股東對於公司之責任，以其出資額為限。股東濫用公司之法人地位，致公司負擔特定債務且清償顯有困難，其情節重大而有必要者，該股東應負清償之責。股東之出資除現金外，得以對公司所有之貨幣債權、公司事業所需之財產或技術抵充之（公99）。至於一人有限公司既無股東會、亦無監察人，故其出資及責任，僅及於唯一股東，此時，主管機關之監督即特別重要。

練習題庫

一、是非題

1. (　　)有限公司對外代表公司者為公司之董事或監察人。

2. (　　)有限公司之股東對公司之責任，以其出資額為限。

二、選擇題

1. (　　)有限公司的組成人員中，何者並非法定職稱：　(A)股東　(B)董事　(C)監察人。

6.5 有限公司的會計

體系整理

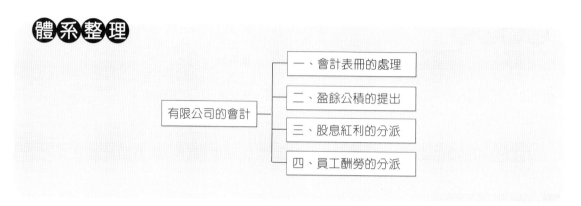

此處主要論及四方面，即「會計表冊的處理」、「盈餘公積的提出」、「股息紅利的分派」及「員工酬勞的分派」等。

一》會計表冊的處理

每屆會計年度終了，有限公司之董事應依公司法第二百二十八條之規定，造具各項表冊，分送各股東，請其承認；其承認應經股東表決權過半數之同意（公110I）；又各股東逾一個月未有異議，視為承認（公110 II）。各項表冊經股東承認後，視為公司已解除董事之責任（公110 III準用公231）。

二》盈餘公積的提出

公司於彌補虧損及完納一切稅捐後，分派盈餘時，應先提出百分之十為「法定盈餘公積」；但法定盈餘公積已達資本總額時，即可不用提列（公112 I）。此外，公司除上述之法定盈餘公積外，亦得以章程訂定，經股東表決權三分之二以上之同意，另提特別盈餘公積（公112 II），此類公積則無上限之規定。

三》股息紅利的分派

公司非依公司法第一百十二條之規定，不得分派股息及紅利。違反時，公司之債權人得請求退還，並得請求損害賠償（公110 III準用公233）。而股息及紅利分派之比例規定，準用股份有限公司第二百三十五條（公110 III）。

四 » 員工酬勞的分派（公235之1）

公司應於章程訂明以當年度獲利狀況之定額或比率，分派員工酬勞。但公司尚有累積虧損時，應予彌補。

公營事業除經該公營事業之主管機關專案核定於章程訂明分派員工酬勞之定額或比率外，不適用前項之規定。

前二項員工酬勞以現金為之，應以執行業務股東或董事三分之二以上同意後，向股東報告方式為之。（股份有限公司員工酬勞得以股票為之，惟有限公司在性質上無從準用，是以，有限公司發放員工酬勞時，僅得以現金為之。其因無董事會及股東會設置，自以執行業務股東或董事三分之二以上同意後，向股東報告方式為之）

▌案例題型 »»»»»»»»»

光統食品有限公司成立正屆二週年，該公司於彌補虧損及完納稅捐後，今年盈餘二百萬元，該公司欲將全部盈餘分派股利給股東及員工，是否可行，有何限制？

«««««««««««««

練習題庫

一、是非題

1. (　　)每屆會計年度終了，有限公司股東應造具各項表冊，送請股東會承認。

2. (　　)公司於彌補虧損及完納一切稅捐後，分派盈餘時，應先提出百分之十為「法定盈餘公積」；但法定盈餘公積已達資本總額時，即可不用提列。

二、選擇題

1. (　　)公司於彌補虧損及完納一切稅捐後，應先提出多少比例為「法定盈餘公積」：　(A)百分之十　(B)百分之二十　(C)百分之三十。

2. (　　)下列何者非有限公司的會計業務　(A)盈餘公積的提出　(B)股息紅利的分派　(C)訴訟的代表。

6.6 有限公司的組織轉變

體系整理

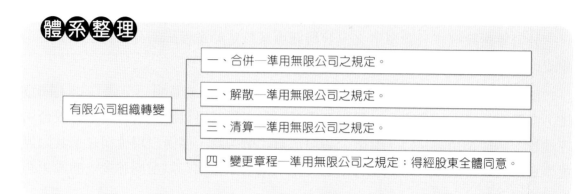

有限公司組織轉變
- 一、合併─準用無限公司之規定。
- 二、解散─準用無限公司之規定。
- 三、清算─準用無限公司之規定。
- 四、變更章程─準用無限公司之規定：得經股東全體同意。

依公司法第一一三條規定：「公司變更章程、合併及解散，應經股東表決權三分之二以上之同意。除前項規定外，公司變更章程、合併、解散及清算，準用無限公司有關之規定。」

一》有限公司的合併

有限公司得以經股東表決權三分之二以上之同意，與他公司合併（公113），惟須履行公司法第七三條、第七四條之條件。

二》有限公司的解散

如有公司法第七一條事由時，有限公司亦應解散。

三》有限公司的清算

關於清算之規定，亦準用無限公司之規定。

四》有限公司的變更章程

有限公司變更章程，應經股東表決權三分之二以上之同意（公113）。

練習題庫

一、是非題

1. (　　) 有限公司變更章程，應得全體董事之同意。

2. (　　) 有限公司選任清算人不必限於股東，由律師、會計師擔任亦無不可。

二、選擇題

1. (　　) 由法院選任的清算人，性質上是屬於下列何者：　(A)法定清算人　(B)選任清算人　(C)選派清算人。

2. (　　) 公司法規定有限公司得以準用無限公司規定的組織問題為何？　(A)股東出資　(B)股利分派　(C)變更章程。

本章習題

1. 有限公司的設立，有那些主要程序？

2. 有限公司章程之內容，其「絕對必要記載事項」有那些？

3. 有限公司的內部關係，公司法上有何特別的規定？

4. 有限公司出資的轉讓有何限制規定？

5. 有限公司的股東如何分配表決的權力？

6. 有限公司的對外關係，公司法上有何特別的規定？

7. 有限公司如何進行股息紅利的分派？

8. 有限公司如何進行員工酬勞的分派？

NOTE

7

兩合公司

7.1 兩合公司的概念

　　兩合公司就是由「無限公司」及「有限公司」等兩種公司型態所組合而成的公司。兩合公司即是以一人以上無限責任股東，與一人以上有限責任股東所組成之公司。其中，無限責任股東對公司債務負無限連帶清償責任；有限責任股東則僅就其出資額為限，對公司之債務負有限責任。

　　兩合公司因無限責任股東之責任較重，故其權限較有限責任股東重要許多，因此，兩合公司之各項規定，大都準用無限公司有關之規定（公115）。

7.2 兩合公司的設立

體系整理

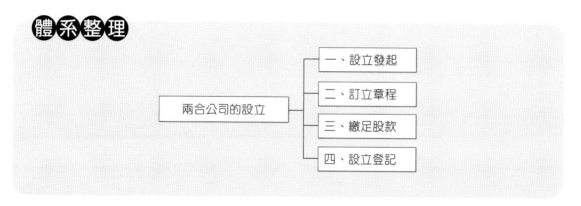

　　兩合公司的設立，與有限公司相同，亦須經由設立發起、訂立章程、繳足股款及設立登記等四個步驟。

一》設立發起

　　由於公司法第一一五條規定：兩合公司除本章規定外，準用無限公司之規定。而無限公司之設立方式採發起設立，故兩合公司亦僅能採發起設立之方式；而不得為募集設立。

二》訂立章程

　　兩合公司之設立，應由一人以上無限責任股東，與一人以上有限責任股東，全體同意訂立章程，簽名或蓋章，置於本公司，並每人各執一份（公40 II）。其

章程除記載公司法第四十一條無限公司章程所列各款事項外，並應記明各股東之責任為無限或有限（公116）。

三》繳足股款

兩合公司無限責任股東繳納出資，準用無限公司之規定，可以現金或其他財產、勞務或其他權利為出資，且無須於設立時全部繳足（公115準用公43）；有限公司責任股東只能以金錢或其他財產為出資，不得以勞務為出資（公117），且其出資額須於設立時繳足，不得分期繳納。

四》設立登記

兩合公司之登記由全體無限責任股東於訂立章程後；向主管機關申請設立公司之登記；其餘準用無限公司之規定。

練習題庫

一、是非題

1. （　　）兩合公司股東須以現金或其他財產出資，且不得分期繳納。

2. （　　）兩合公司僅能採取「發起設立」之方式，而不得為「募集設立」。

二、選擇題

1. （　　）無限公司與兩合公司章程應列事項，何者有差異？　(A)公司名稱　(B)所營事業　(C)股東責任。

2. （　　）下列何者並非兩合公司的設立步驟：　(A)法院公證　(B)訂立章程　(C)繳足股款。

7.3 兩合公司的內部與外部關係

體系整理

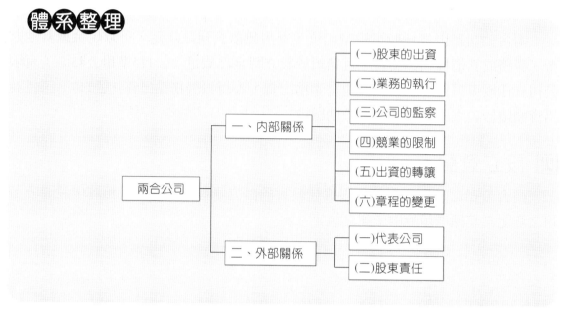

依照公司法第一百十五條之規定，兩合公司除有限責任股東外，無限責任股東對內、對外之關係，均準用無限公司之相關規定。

一》內部關係

(一) 股東的出資

兩合公司之有限責任股東，不得以勞務為出資（公117）；而無限責任股東則不受此限制。

(二) 業務的執行

兩合公司業務之執行，專屬於無限責任股東，有限責任股東不得執行公司業務（公122）；但有限責任股東得經全體股東表決權過半數同意選任為公司經理人（公29 I）。

(三) 公司的監察

兩合公司不執行業務之股東享有公司法第四十八條之監察權（公115準用公48）。有限責任股東原則上僅得於每營業年度終了時，查閱公司帳目、業務及財產情形。

(四) 競業的限制

　　兩合公司之有限責任股東，不受競業禁止之限制（公120）。而無限責任股東，則仍應準用公司法第五十四條之規定，嚴禁其競業行為。

(五) 出資的轉讓

　　兩合公司有限責任股東，非得無限責任股東過半數之同意，不得以其出資全部或一部，轉讓於他人（公119）。而無限責任股東則應準用公司法第五十五條之規定辦理，非經其他無限責任股東全體之同意，不得轉讓於他人。

(六) 章程的變更

　　兩合公司章程之變更，應準用無限公司之規定，須得全體股東之同意（公115準用公47）；包括無限責任股東及有限責任股東。

■》外部關係

(一) 代表公司

　　公司之代表權限於無限責任股東擁有，有限責任股東不得對外代表公司（公122）。

(二) 股東責任

　　無限責任股東，對公司債務負連帶無限清償責任；有限責任股東，以出資額為限，對於公司負其責任（公114 II）。惟有限責任股東，如有可以令人信其為無限責任股東之行為者，對於善意第三人，負無限責任股東之責任（公121），以保護交易安全。

▌案例題型 »»»»»»»»»

　　王英雄為兩合公司之有限責任股東，且投資五十萬元；最近他週轉困難，向公司提出要以「信用或勞務」代替現金出資，該公司董事長認為於法不合，王英雄即私下轉讓其出資給他的表弟，則該公司應如何處置？

‹‹‹‹‹‹‹‹‹‹‹‹‹‹

練習題庫

一、是非題

1. (　　)兩合公司之股東均得對外代表公司。

2. (　　)兩合公司業務之執行，專屬於無限責任股東，有限責任股東不得執行。

二、選擇題

1. (　　)下列何者為兩合公司之有限責任股東的法定權利：　(A)業務執行　(B)代表公司　(C)公司監察。

2. (　　)下列何項權利為兩合公司無限責任股東獨享而有別於有限責任股東：(A)章程的變更　(B)業務的執行　(C)出資的轉讓。

7.4 兩合公司的股東問題

體系整理

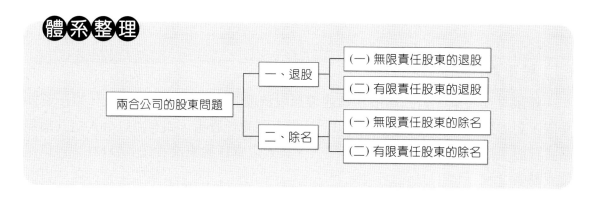

一»兩合公司的退股

(一) 無限責任股東的退股：

此類退股準用公司法第六十五條至七十條無限公司之規定（公115）。

(二) 有限責任股東的退股：

1. 有限責任股東遇有非可歸責於自己之重大事由時，得經無限責任股東過半數之同意退股，或聲請法院准其退股（公124）。

2. 有限責任股東若有章程所定退股事由、出資經法院強制執行、破產等項自應退股（準用公66）。

■》兩合公司的除名

(一) 無限責任股東的除名

此類除名除法定事項外，須經全體股東（含有限責任股東）之同意。

(二) 有限責任股東的除名

有限責任股東有下列情事之一者，得經全體無限責任股東之同意，將其除名（公125 I），此類除名經通知該股東後，該股東當然退股。

1. 不履行出資義務者。
2. 有不正當行為，妨害公司利益者。

練習題庫

一、是非題

1. (　　) 兩合公司之有限責任股東有不履行出資義務者，得經全體有限責任股東之同意，將其除名。

2. (　　) 章程未定公司存續期限者，兩合公司之無限責任股東得於每會計年度終了退股，但應於六個月前，以書面向公司聲明。

二、選擇題

1. (　　) 章程未定公司存續期限者，兩合公司下列何類事項應經全體無限責任股東之同意　(A)有限責任股東之退股　(B)有限責任股東之出資轉讓　(C)有限責任股東之除名。

2. (　　) 兩合公司有限責任股東的除名情事，下列何者為正確？　(A)不履行出資義務者　(B)不參與公司經營者　(C)不監督業務執行者。

7.5 兩合公司的組織轉變

體系整理

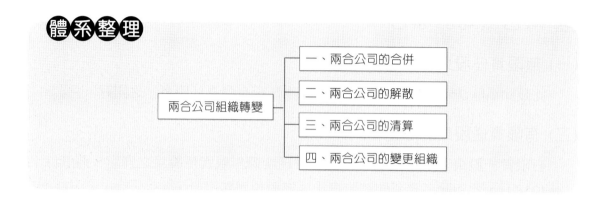

兩合公司組織轉變
- 一、兩合公司的合併
- 二、兩合公司的解散
- 三、兩合公司的清算
- 四、兩合公司的變更組織

一》兩合公司的合併

兩合公司經全體股東（含有限責任股東）之同意，得與他公司合併，其合併之程序，準用無限公司關於合併之規定（公115準用公72至公75）。

二》兩合公司的解散

兩合公司除準用無限公司解散之原因（公151準用公71）而解散外，另有因無限責任股東或有限責任股東全體之退股而解散（公126 I前段）。

三》兩合公司的清算

兩合公司之清算，由全體無限責任股東任之；但無限責任股東得以過半數之同意另行選任清算人，其解任時亦同（公127）。清算程序，亦應準用無限公司之規定（公115）。

四》兩合公司的變更組織

1. 兩合公司之有限責任股東全體退股時，無限責任股東在二人以上者，得以一致之同意變更其組織為無限公司（公126 II）。
2. 無限責任股東與有限責任股東，亦得以全體之同意，變更組織為無限公司（公126 III）。
3. 變更組織之程序，均準用無限公司之有關規定（公115）。

實務案例

　　依公司法第一百一十四條第二項規定，兩合公司的股東所負的責任，視股東係「無限責任股東」或「有限責任股東」區分，造成公司實際運作上複雜且困難，致我國實際上鮮少成立兩合公司。

　　近年較著名的兩合公司即2012年成立的「東港養殖兩合公司」，但該公司仍於2020年透過變更組織之程序，改為「東港養殖股份有限公司」。

練習題庫

一、是非題

1. (　　) 兩合公司得依法變更其組織為有限公司。

2. (　　) 兩合公司之清算，原則由全體無限責任股東任之。

二、選擇題

1. (　　) 不須經兩合公司全體股東同意之事項為何　(A)兩合公司的合併　(B)兩合公司變更組織為無限公司　(C)兩合公司股東出資的轉讓。

2. (　　) 兩合公司下列何種規定，並無準用無限公司之規定　(A)合併　(B)除名。

本章習題

1. 兩合公司是由那兩種公司型態所組成？其股東各負何種責任？
2. 兩合公司的設立，主要的步驟為何？各有何特別的規定？
3. 兩合公司股東的出資種類有何區分？
4. 兩合公司的股東，對於公司業務的執行，有何不同之規定？
5. 兩合公司內部關係，公司法有何特別規定？

NOTE

8 股份有限公司

8.1 股份有限公司的概念

體系整理

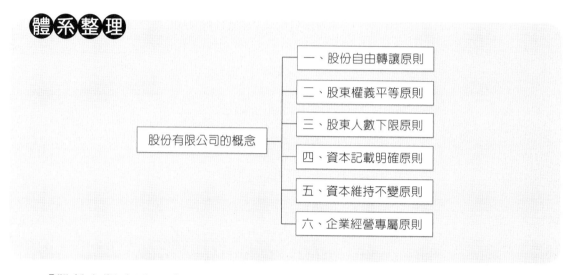

股份有限公司的概念
- 一、股份自由轉讓原則
- 二、股東權義平等原則
- 三、股東人數下限原則
- 四、資本記載明確原則
- 五、資本維持不變原則
- 六、企業經營專屬原則

　　「股份有限公司」為二人以上股東或政府、法人股東一人所組織，全部資本分為股份，股東就其所認之股份，對公司負其責任之公司（公2）。因此股份有限公司之概念有下列六項：

一》股份自由轉讓原則

　　股東均認有股份，而股份得自由轉讓，原則不得以章程禁止或限制之（公163），故股東之間無須特別的信賴關係。

二》股東權義平等原則

　　各股東所持有之股份，每一單位之股份所產生的權利義務相同，謂之股東平等原則。例如公司各股東，原則每一股均有一表決權（公179 I）。

三》股東人數下限原則

　　公司至少由二人組成，且無人數之上限；惟政府或法人股東一人亦得成立，由於其財力豐厚，亦多為中、大型企業所採。

四》資本記載明確原則

　　股份有限公司章程須記載股份總數（資本總額），惟不需全部認足或募足，只要達到最低數額時（第一次應發行股份），即可設立（公156 II）；其餘未認足之股份，則授權董事會，隨時發行新股。

五》資本維持不變原則

　　公司需維持與資本總額相當之財產，且公司章程所定資本額，非依法定程序，不得任意變動，以確保公司形式上財產；例如公司法第一六八條第一項及第二七八條。

六》企業經營專屬原則

　　股份有限公司之股東均為公司之所有人，其參與目的大多在於盈餘之分配。至於企業之經營，則由董事會及董事經營，大多數之股東並無須參與公司業務。

練習題庫

一、是非題

1. (　　)股份有限公司章程記載資本總額，於設立時須全部認足或募足。

2. (　　)政府或法人得以一人股東名義組織股份有限公司。

二、選擇題

1. (　　)非由政府或法人擔任股東之股份有限公司，其成立須有幾名以上股東：
　　(A)一人　(B)二人　(C)五人。

2. (　　)不得以一人股東名義組織股份有限公司之機構是：　(A)臺北市政府　(B)臺灣電視股份有限公司　(C)中小企業聯誼會。

8.2 股份有限公司的設立

體系整理

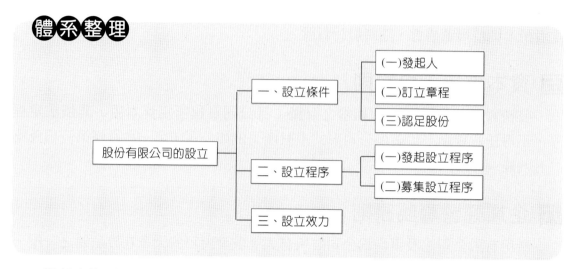

股份有限公司的設立可分「設立條件」、「設立程序」及「設立效力」等三方面：

一、設立條件

股份有限公司之設立，須具備三項條件，即發起人、訂立章程及認足股份。

(一) 發起人

發起公司設立之人，稱之為發起人。股份有限公司原則應有二人以上之發起人（公128 I）。無行為能力人、限制行為能力人或受輔助宣告尚未撤銷之人，不得為發起人。政府或法人股東一人所組織之股份有限公司，則不受二人以上發起人之限制（公128-1 I）。

政府或法人均得為發起人，但法人為發起人者，以下列情形為限：（128 III）

1. 公司或有限合夥。

2. 以其自行研發之專門技術或智慧財產權作價投資之法人。

3. 經目的事業主管機關認屬與其創設目的相關而核准之法人。

（二）訂立章程

股份有限公司均應以全體發起人同意訂立章程，簽名或蓋章；其章程應記載之事項，可分下列三類：

1. 絕對必要事項

缺少下列任一記載，則章程全部無效（公129）。計有(1)公司名稱。(2)所營事業。(3)採行票面金額股者，股份總數及每股金額；採行無票面金額股者，股份總數。(4)本公司所在地。(5)董事及監察人之人數及任期。(6)訂立章程之年、月、日。

2. 相對必要記載事項

依公司法第一三○條規定，計有：(1)分公司之設立。(2)解散之事由。(3)特別股之種類及其權利義務。(4)發起人所得受之特別利益及受益者之姓名。

3. 任意記載事項

須不違反強行規定、公序良俗或股份有限公司之本質。

（三）認足股份

股份有限公司第一次應發行之股份，應由發起人認足或公開認購募足之（公131 I、132 I）；至於第一次應發行股份，公司法一百五十六條第二項原本規定不得少於股份總數的四分之一，惟為因應新金融商品之發行，故已刪除之。

■≫設立程序

股份有限公司之設立程序可分成「發起設立程序」與「募集設立程序」兩大方式；兩者的最大差異在設立過程中有無對外公開募集資金。若第一次應發行之股份全部由發起人認足，則為「發起設立」；若一部由發起人認股，一部由大眾認股人認股，則為「募集設立」。

（一）發起設立程序

發起人自行認足第一次應發行之股份，無須公開招募，公司即行成立。其程序如下：

1. 訂立公司章程

以發起人全體之同意訂立章程,載明法定事項並簽名或蓋章(公129)。

2. 認足股份

公司法規定,發起人需認足第一次應發行之股份(公131);公司章程所定股份總數,得分次發行;同次發行之股份,其發行條件相同者,價格應歸一律(公156 IV)。

3. 繳足股款

發起人認足第一次應發行之股份時,應即按股繳足股款(公131 I)。發起人之出資,除現金外,得以公司事業所需之財產、技術抵充之(公131 III)。

4. 選任董事及監察人

發起人於繳足股款後,應選任董事及監察人(公131 I)。

5. 申請設立登記

依公司法第三百八十七條第一項規定,股份有限公司之登記,須依經濟部公布之「公司登記辦法」第三條第二項辦理;即發起設立者,代表公司之負責人應於就任十五日內,向主管機關申請為設立之登記。

(二) 募集設立程序

募集設立,即公司發起人不認足第一次應發行之股份,而將其餘部份以對外公開募集之方式取得,公司始能申請設立。其程序如下:

1. 訂立公司章程

如發起設立章程之規定。

2. 發起人認股

發起人所認之股數,通常不認足第一次應發行之股份,故須對外公開招募(公132),公司法特別規定發起人所認股份,不得少於第一次發行股份四分之一(公133 II)。

3. 訂立募股章程

發起人須依公司法第一三七條規定訂立募股章程,其記載項目須有公司法第一二九條及第一三〇條章程事項外,並須有各發起人所認之股數、股票超過票面金額發行之金額、招募股份總數及募足之期限、發行特別股之總額、發行無記名股之總額等項。

4. 申請募股核准

依公司法一三三條，發起人須向證券管理機關申請核准公開招募，其申請審核的事項包含：

(1) 營業計劃書。

(2) 發起人姓名、經歷、認股數目及出資種類。

(3) 招股章程。

(4) 代收股款之銀行或郵局名稱及地址。

(5) 有承銷或代銷機構者，其名稱及約定事項。

(6) 證券管理機關規定之其他事項。

5. 公告招募股份

證券管理機關證期會審核通過後，發起人應於該機關通知到達之日起三十日內，將所審核之事項，加記核准文號及年、月、日公告招募之（公133 III）。

6. 公開認股

發起人應備認股書，載明法定事項及核准文號、日期；並由認股人填寫所認股數、金額及其住所或居所，簽名或蓋章（公138 I, II）。

7. 催繳股款

認股人應照所填認股書繳納股款（公139）。當第一次發行股份總數募足時，發起人應即向各認股人催繳股款，以超過票面金額發行股票時，其溢額應與股款同時繳納（公141）。

認股人延欠應繳之股款時，發起人應定一個月以上之期限催告該認股人照繳，並聲明逾期不繳即失其權利（公142 I）。

8. 召開「創立會」

公司設立時之首次會議稱為「創立會」，其參加人員包含「發起人」及「認股人」，此兩者實際均已成為股東，因此創立會本質上亦屬「股東會」，惟設立登記後方得以「股東會」相稱。

創立會須於股款繳足後二個月內召開（公143）；如發起人不於二個月內召集，則認股人得撤回其所認之股（公152）。

9. **選任董事及監察人**

創立會通過公司設立之決議，則應即選任董事、監察人。董事、監察人經選任後，應即就發起人在創立會所作之報告事項，爲確實之調查，並向創立會報告（公146 I）。

10. **申請設立登記**

依「公司之登記及認許辦法」第三條第三項規定，股份有限公司募股設立者，代表公司之負責人應於創立會完結後十五日內，將含創立會議事錄、董事及監察人名單等文件，向主管機關申請爲設立之登記。

三》設立效力

公司設立效力乃指公司設立登記後具有的資格或權利，主要有三：

(一) 取得法人資格

設立登記後，公司既已成立，乃取得法人資格，公司即爲權利義務之主體。而登記前之籌備處與成立後之公司，則法律關係亦同屬一體。

(二) 始得發行股票

公司非經設立登記後，不得發行股票。違反此項規定發行股票者，其股票無效；但持有人得向發行股票人請求損害賠償（公161）。又公司應於設立登記或發行新股變更登記後，三個月內發行股票（公161-1I）。

(三) 股份始得轉讓

設立登記後，股份始得爲轉讓。公司在未經設立登記前，尚未完成法定程序，故公司對內對外之權義關係，尚未確定。因此規定，公司之股份非於設立登記後不得轉讓（公163 但書）。

▌案例題型›››››››››

實在科技股份有限公司欲跨足投資成立一家「汽車製造」之股份有限公司，則應有何設立條件？其投資資本須多少？如果實在公司只想成立一人法人股東公司，它應採用何類設立程序？

練習題庫

一、是非題

1. (　　)股份有限公司之股份非於章程訂立後不得轉讓。

2. (　　)無行為能力人或限制行為能力人，不得為股份有限公司之發起人。

二、選擇題

1. (　　)下列何者非股份有限公司發起設立之程序：　(A)繳足股款　(B)招募公告　(C)選任董事。

2. (　　)股份有限公司第一次應發行股份，不得少於股份總數的多少？　(A)已無規定　(B)四分之一　(C)十六分之一。

8.3　股份有限公司的股份

體系整理

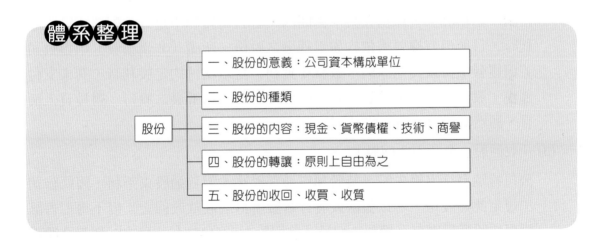

- 一、股份的意義：公司資本構成單位
- 二、股份的種類
- 股份
- 三、股份的內容：現金、貨幣債權、技術、商譽
- 四、股份的轉讓：原則上自由為之
- 五、股份的收回、收買、收質

一»股份的意義

　　股份有限公司之資本，應分為股份，且每股金額應歸一律（公156 II），也就是每一股為公司資本構成之最小單位；依此計算表決權、盈虧分派，因此不得再行分割。例如，某股東持股每股十元，則其他股東之每股亦須為十元，股東依照出資股份對公司負責。

■»股份的種類

(一) 依其股東享有的權利不同區分，股份可分為兩大類：

1. 普通股

普通股是特別股相對的名詞，亦即依股東之權利來區分，此為公司所發行之無特別權利之通常股份。

2. 特別股

股份有限公司股份，一部分得為特別股，其種類由章程定之（公156 III）；此類股份享有特殊權利，又可依性質分成下列四類：

(1)「優先股」及「後配股」

分派股息、紅利或分派剩餘財產優於普通股之股份，或具有特別表決權之股份，稱之「優先股」；反之稱之「後配股」。前者常發行之公司營運困難時，尋求外界資金協助之優惠方式；後者則常於公司營運極佳時，外界資金參與公司之分紅方式。

(2)「累積股」及「非累積股」

所謂「累積股」，係指在某一期間內，若公司獲利不足以分配該特別股股利時，日後仍有權要求依約如數補發之股份。所謂「非累積股」則指公司若因經營不當或其他原因，致當年獲利不足以支付約定股利時，其未支付部份，股東不得請求於日後獲利較佳之年度予以補發之股份。對投資人而言，顯然累積的特別股較安全有利。

(3)「收回股」及「不收回股」

公司特別發行之優先股，其股利率通常較高，對普通股東不利，因此公司法規定此類股份，得以盈餘或發行新股所得之股款收回之；但不得損害該股東按照章程應有之權利，稱為「收回股」（公158）。反之，發行之股份自始規定不予收回者，稱為「不收回股」。

(4)「表決權股」及「無表決權股」

「表決權股」指股東享有表決權之股份，原則每股有一表決權，惟公司法第一百七十九條載明如另有規定時，每股就未必有一表決權。例如公司法第一百五十七條第三項關於特別股之規定，就允許公司得以章程限制特別股的股東無表決權，以及依公司法第一百七十九條第二項第一款公司自己持有之股份無表決權稱為「無表決權股」。

(二) 依其股票記載及發行時期區分，股份可分兩大類：

1. 「記名股」及「無記名股」

「記名股」應將受讓人之姓名或公司名稱，記載於股票，並將受讓人之姓名或名稱及住所或居所記載於公司股東名簿，否則不得以其轉讓對抗公司（公165 I）。

「無記名股」配合無記名股票制度之廢除，爰予刪除。本法中華民國一百零七年七月六日修正之條文施行前，公司已發行之無記名股票，繼續適用施行前之規定。前項股票，於持有人行使股東權時，公司應將其變更爲記名式。

（§447-1）

2. 「舊股」及「新股」

公司設立時第一次發行之股份，稱之爲「舊股」。公司設立後存續中，分次發行新股或增資發行之股份，稱爲「新股」。

三》股份的內容

公司法第一百五十六條第五項規定：股東出資之方式除現金外，得以對公司所有之貨幣債權，或公司所需之技術、商譽抵充之；其抵充之數額需經董事會通過，不受公司法第二百七十二條之限制。

至於「商譽」與「技術」之價值固然可依會計處理方式估價，惟在普遍可能高估價值的情形下，以商譽、技術之出資方式，膨脹了公司資本，無從正確計算公司眞正的資金，導致債權人之權益欠缺保障；此乃政府爲因應國內經濟不景氣，吸收大眾投資資金，所做的便宜政策。

四》股份的轉讓

(一) 原則規定

股份有限公司重視資金的形成，而不重視股東間的信用關係，因此資金的流通與匯集是相當重要；加以股票本即有價證券，便於流通乃爲其必備性質之一。公司法第一六三條規定：「公司股份之轉讓，除本法另有規定外，不得以章程禁止或限制之。」，故股份之轉讓，原則上可自由爲之。

(二) 例外規定

公司股份的轉讓係以自由原則，但爲確保投資人的利益，須作部分轉讓的限制，故其限制有二：

1. 非於公司設立登記後，不得轉讓（公163I但書）。

2. 公司董事、監察人在任期中持股之轉讓不得超過二分之一。違反者則董事、監察人當然解任（公197 I、227）。

五»股份的收回、收買、收質

(一) 原則規定

公司法第一百六十七條第一項規定：「公司除依第一百五十八條、第一百六十七條之一、第一百八十六條、第二百三十五條之一及第三百十七條規定外，不得自將股份收回、收買或收為質物。」其主要理由乃是因為股份的收回、收買或收質，將造成公司之董事以此方式取得股票炒作，不但圖利自己，且造成股市投機行為。加以公司若將股份自行收質，將使公司之股份減少，違背資本不變之原則。

(二) 例外規定

惟公司法仍有允許公司收回、收買自己股份之例外情形如下：

1. 公司發行之特別股，得以盈餘或發行新股所得股款收回規定（公158條）。

2. 公司經董事會決議，收買已發行股份總數百分之五以內「庫藏股」規定（公167之一I）。此類收買之股份，應於三年內轉讓於員工，否則視為未發行股份（公167之一II）。

3. 股東於公司重大行為而為反對時之股份收買請求權規定（公186條）。

4. 股東反對公司與他公司合併時之股份收買請求權規定（公317）。

5. 股東清算或受破產宣告時，公司得收回其股份抵償積欠債務規定（公167 I但書）。

案例題型»»»»»»»»

黃善雄剛剛當選新設立的歡歡育樂股份有限公司董事，黃善雄持有公司一千股股份，他想轉讓一半給妻子，是否可行？有何法律責任？

‹‹‹‹‹‹‹‹‹‹‹‹‹‹

練習題庫

一、是非題

1. (　　) 股份有限公司之董事、監察人於任期中不得轉讓持股。

二、選擇題

1. (　　) 特別股份中的優先股,哪一種權利不屬之　(A)優先分派股利權　(B)優先分派剩餘財產權　(C)優先擔任董事權。

2. (　　) 股份轉讓的限制,何者為非:　(A)股份須於公司設立登記後始得轉讓　(B)發起人股份於公司設立登記一年後始得轉讓　(C)公司董事監察人於任期中不得轉讓持股。

8.4 股份有限公司的股票

體系整理

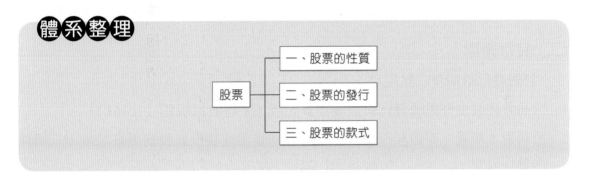

```
            ┌─ 一、股票的性質
    股票 ───┼─ 二、股票的發行
            └─ 三、股票的款式
```

一 》股票的性質

(一) 股票為有價證券

　　有價證券乃表現財產價值之證券。股票發行前,股東權即已存在,但記名股票須以背書及交付方得為權利之移轉,無記名股票非占有股票,不得為權利之行使及移轉,故股票為有價證券。

（二）股票為證權證券

股票係證明已發生之股東權之證券，而非創設股東權之證權證券；故公司非經設立登記或發行新股變更登記，不得發行股票（公161 I）。

（三）股票為要式證券

股票應依公司法第一百六十二條之規定，明載法定事項，並由代表公司之董事簽名或蓋章，並經依法得擔任股票發行簽證人之銀行簽證後發行，方為有效，故屬要式證券。

（四）股票為流通證券

股票除有特別限制外，依公司法第一百六十四條之規定，記名股票，由股票持有人以背書轉讓之，並應將受讓人之姓名或名稱記載於股票。

■》股票的發行

（一）發行申請

公司得依董事會之決議，向證券管理機關申請辦理公開發行程序。（公156-2 I）。

（二）發行時期

針對發行時期有二點規定：

1. 公司非經設立登記或發行新股變更登記後，不得發行股票（公161 I）。
2. 公司資本額達一定數額以上者，應於設立登記或發行新股變更登記後，三個月內發行股票。

（三）發行方式

股票之發行方式有三：即平價發行、溢價發行與折價發行。

1. 「平價發行」指股票之發行價格與票面價值相同之發行方式，例如：一張股票之票面註明為1000股，每股10元，而實際發行價格亦為10元，投資人繳交一萬元即購得該股票。
2. 「溢價發行」指股票之發行價格高於股票面值的發行方式。即公司新股票之發行價格得以中間價格發行，或以市場股票時價為基礎之發行方式。

3. 「折價發行」則是以低於股票面值之價格的發行方式。

我國公司法第一百四十條規定：「採行單面金額股之公司，其股票之發行價格，不得低於票面金額。但公開發行股票之公司，證券主管機關另有規定者，不在此限。（第一項）採行無票面金額股之公司，其股票之發行價格不受限制。（第二項）」。

三》股票的款式

民國九十年修正公司法時，改革了公司股票制度，採行「無實體股票」方式，故股票的款式可區分下列兩者：

(一) 實體股票

即一般通稱之制式股票，股票應編號，載明法定事項，由董事三人以上簽名或蓋章，並經主管機關或其校定之發行登記機構簽證後發行之（公162 I前段）。股票之法定事項如下：

1. 公司名稱。
2. 設立登記或發行新股變更登記之年、月、日。
3. 發採行票面金額股者，股份總數及每股金額；採行無票面金額股者，股份總數。
4. 本次發行股數。
5. 發起人股票應標明發起人股票之字樣。
6. 特別股票應標明其特別種類之字樣。
7. 股票發行之年、月、日。

以上各項除第五項（發起人股票）及第六項（特別股票）為相對必要記載事項外，其餘均為絕對必要記載事項，如有欠缺，則股票無效。

股票應用股東姓名，其為同一人所有者，應記載同一姓名；股票為政府或法人所有者，應記載政府或法人之名稱，不得另立戶名或僅載代表人姓名（公162 II）。

(二) 無實體股票

1. 公開發行股票之公司，其發行之股份得免印製股票。

▌案例題型 ›››››››

　　達美育樂股份有限公司本月正完成登記，董事會想瞭解，公司是否有發行「股票」之義務？如須發行股票，應如何發行？股票的型式要採用什麼？

‹‹‹‹‹‹‹‹‹‹‹‹‹‹

練習題庫

一、是非題

1. (　　) 股份有限公司發行股票，僅能採行平價或溢價發行。

2. (　　) 股票上若未載明「本次發行股數」，則股票無效。

二、選擇題

1. (　　) 股份有限公司之股票是一種　(A)設權證券　(B)債權證券　(C)金融證券。

2. (　　) 股份有限公司之無記名股票發行數量不得超過已發行股份總數的多少？
(A)二分之一　(B)三分之一　(C)四分之一。

8.5　股份有限公司的股東及股東會

體系整理

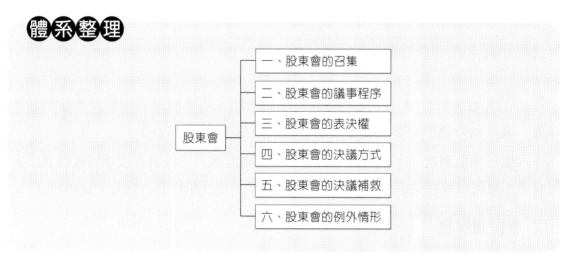

股東會 ─┬─ 一、股東會的召集
　　　　├─ 二、股東會的議事程序
　　　　├─ 三、股東會的表決權
　　　　├─ 四、股東會的決議方式
　　　　├─ 五、股東會的決議補救
　　　　└─ 六、股東會的例外情形

一》股東

公司為營利性之法人，基於所有之股份對公司享有權利負擔義務者，稱為股東。股東之權利與義務如下：

(一) 股東的義務與責任

股份有限公司之股東對公司最重要的義務，即為出資。換言之，股東有義務依照自己認股之數額，繳納股款（公139）。原則上，股東對於公司之責任，以繳清其股份之金額為限（公154I）。若股東濫用公司之法人地位，致公司負擔特定債務且清償顯有困難，其情節重大而有必要者，該股東應負清償之責（公154II）。

▌案例題型››››››››››

A、B均為股份有限公司，A唯一股東是B。A從事食品之製造與販售，主力產品保了一億元責任險，保費每年年初由A以支票方式支付，受款人為C保險公司，票面空白處記載「用以支付產品責任險保費」，該主力產品查出內含有毒物質，食用者易早衰，A遭數十億元之索賠。

B是否須為此數十億元債務負責？

【102年公務人員升官等考試、102年關務人員升官等考試】

‹‹‹‹‹‹‹‹‹‹‹‹‹‹

▌案例題型››››››››››

甲、乙、丙為公開發行之A股份有限公司（下稱A公司）之三大股東，早期係由甲、乙及其支持之人擔任A公司之董事；監察人則由丙及其支持之人擔任。隨著世代交替，甲之子丁接班成為A公司董事長，丙之子戊也子承父業擔任A公司監察人。丁在海外以他人名義開設B公司從事投資，因鉅額虧損，遂主導A公司董事會通過轉投資B公司之議案，意在彌補其個人之損失。戊起疑，乃要求丁在A公司匯出投資款前，提出投資B公司之計畫細節。丁眼見紙包不住火，遂透過其父親甲，請其向戊之父親丙關說。戊事父至孝，在父親之要求下，停止上述之檢查。

丙影響監察人戊，致戊停止檢查行為，終致A公司匯出投資款項而蒙受損失。依公司法之規定，丙就該筆損失應否對A公司負責？

【102年公務人員特種考試司法官考試第二試試題】

‹‹‹‹‹‹‹‹‹‹‹‹‹‹

▌案例題型》》》》》》》》

甲為A公開發行公司（A公司）之創辦人，過去擔任該公司董事長多年。在其家族第二代接手事業後，甲已不再擔任公司董事等任何職務，但仍以「創辦人」身分受邀參與董事會，經常提供意見，其意見也常獲得全體董事一致之尊重。日前，A公司董事會討論是否與B股份有限公司（B公司）策略聯盟合作案，甲（甲同時身為B公司大股東）在會議中發言大力支持，該議案後經董事會決議通過。惟其後續發展顯示：此一策略聯盟對B公司相當有利，但卻造成A公司之損害。請依公司法之規定，分析甲對A公司之民事責任。

【101年民間之公證人考試】

《《《《《《《《《《《《《

（二）股東的權利

股東因出資而擁有公司之股份，同時享有股東之權利，此種權利稱為股東權，股東權的內容主要包括有：

1. 股東請求召集股東臨時會權利（公173）
2. 股東會出席權與表決權（公177、公179）
3. 查閱公司資料權（公210 II）
4. 股東之代表訴訟權（公214 II）
5. 股息紅利分派請求權（公235）
6. 發行新股認購權（公267 III）
7. 請求公司收買持股權（公186、公317）
8. 剩餘財產分派請求權（公330）
9. 請求董事會停止其行為（公194）
10. 訴請法院解任董事（公200）

■》股東會

股份有限公司必設之機關包括三者，即股東會、董事會及監察人。股東會是公司之最高決議機關，由全體股東所組成。

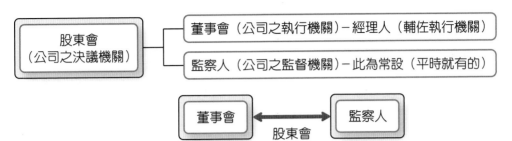

證券交易法第14條之2的規定，主管機關應視公司規模、股東結構、業務性質及其他必要情況，要求設立獨立董事，人數不得少於二人，且不得少於董事席次的五分之一。獨立董事應具備專業知識，其持股及兼職應予限制，且於執行業務範圍內應保持獨立性，不得與公司有直接或間接之利害關係。獨立董事之專業資格、持股與兼職限制、獨立性之認定、提名方式及其他應遵行事項之辦法，由主管機關定之。

證券交易法第14條之4規定：已依本法發行股票之公司，應擇一設置審計委員會或監察人。但主管機關得視公司規模、業務性質及其他必要情況，命令設置審計委員會替代監察人；其辦法，由主管機關定之。

審計委員會應由全體獨立董事組成，其人數不得少於三人，其中一人為召集人，且至少一人應具備會計或財務專長。

公司設置審計委員會者，本法、公司法及其他法律對於監察人之規定，於審計委員會準用之。

若為公開發行公司上圖所示「監察人」之位置可能為「審計委員會」。

▌案例題型>>>>>>>>>>

A上市股份有限公司為食品業者，擬引進具有生技專業的獨立董事，該公司於召開股東會時，修改章程規定將獨立董事的責任改為僅就重大過失才負責，並選出甲、乙二位獨立董事及丙、丁、戊三位董事，次年於董事會開會時，董事會看好營養食品之前景，故決議與B公司合作，但B公司於產業界的名聲並不是很好，與該公司合作有一定之風險，不過董事會在僅看過非專業的市場趨勢分析報告後，並經極短暫之討論，便決議強化A公司和B公司合作並擴大業務往來範圍，事後果然造成了A公司10億元重大損失，A公司股東己認為，A公司的重大損失造成股價大跌，使得股東己也受到損害。試問：股東己得否依公司法第23條第2項，向所有董事與A公司要求負連帶損害賠償之責？獨立董事甲、乙與一般董事丙、丁、戊對A公司有何責任？

【102年專門職業及技術人員高等考試律師考試第二試試題】

（一）股東會的召集

可分爲「股東常會」及「股東臨時會」兩種（公170 I）。

1. 股東常會

(1) 召集時間

應於每會計年度終了後六個月內召開（公170 II）。

(2) 召集人

應由董事會召集之（公171），董事會不爲或不能召集股東會時，監察人得爲公司利益，於必要時召集之（公220）。

(3) 召集程序

股東常會之召集，應於二十日前通知各股東。股東臨時會之召集，應於十日前通知各股東。公開發行股票之公司股東常會之召集，應於三十日前通知各股東；股東臨時會之召集，應於十五日前通知各股東。（公172 I、II、III）

2. 股東臨時會

(1) 召集時間

法無明訂，惟公司遇有必要時當可召集。

(2) 召集人

如股東常會情形，董事會或監察人均得依法召集。此外，繼續一年以上，持有已發行股份總數百分之三以上股份之股東，得以書面請求董事會召集之（公173 I）。董事會若於提出十五日內不爲召集通知時，得報經主管機關許可，自行召集（公173 II）。

(3) 召集程序

股東常會之召集，應於二十日前通知各股東（公172 I）；股東臨時會之召集，應於十日前通知各股東（公172 II）；公開發行股票之公司股東常會之召集，應於三十日前通知各股東；股東臨時會之召集，應於十五日前通知各股東（公172 III）。

（二）股東會的議事程序

1. **通知公告**：至於通知及公告應載明召集事由；其通知經相對人同意者，得以電子方式為之。除此，最新公司法修訂時，更將「選任或解任董事、監察人、變更章程、公司解散、合併、分割、股利發行新股、出租全部營業、委託經營」等九項，及公司第185條規定：(1)締結、變更或終止關於出租全部營業，委託經營或他人經常共同經營之契約。(2)讓與全部或主要部分之營業或財產。(3)受讓他人全部營業或財產，對公司營運有重大影響者等。嚴格規定應提早列舉並說明其主要內容在通知即公告的召集事由中，且得將主要內容置於證券主管機關或公司指定之網站，並應將其網址載明於通知（公172V）。

▍案例題型 >>>>>>>>>>

　　A股份有限公司（下稱「A公司」）董事會內分成兩派，對於公司經營方針與業務運作，經常激烈爭執。立場中立的董事甲認為此一情形若再繼續，將對公司競爭力造成重大影響，因此思考在今年提前進行董監全面改選的可能性。經徵詢律師乙，乙建議：在股東常會進行中，計畫由股東丙（甲之朋友）提出臨時動議：「請求董事會在股東常會結束後，儘速召集股東臨時會，股東臨時會之召集事由包括討論是否全面改選董監事。」若甲採取此作法，且該臨時動議經出席股東表決權過半數之決議通過。此一決議是否合法有效？董事會是否有儘速召集股東會之義務？

【100年公務人員特種考試司法人員考試試題 三等考試 公證人】

<<<<<<<<<<<<<<<

2. 提案規定

(1) 持有已發行股份總數百分之一以上股份之股東，得向公司提出股東常會議案。但以一項為限，提案超過一項者，均不列入議案。（公172-1 I）

(2) 公司應於股東常會召開前之停止股票過戶日前，公告受理股東之提案、書面或電子受理方式、受理處所及受理期間；其受理期間不得少於十日。（公172-1 II）

(3) 股東所提議案以三百字為限，提案股東應親自或委託他人出席股東常會，並參與該項議案討論。（公172-1 III）

(4) 除有下列情事之一者外，股東所提議案，董事會應列為議案：一、該議案非股東會所得決議。二、提案股東於公司依第一百六十五條第二項或第三項停止股票過戶時，持股未達百分之一。三、該議案於公告受理期間外提出。四、該議案超過三百字或有第一項但書提案超過一項之情事。（公172-1 IV）

3. **議事手冊**：公開發行股票之公司召開股東會，應編製股東會議事手冊，並應於股東會開會前，將議事手冊及其他會議相關資料公告。前項公告之時間、方式、議事手冊應記載之主要事項及其他應遵行事項之辦法，由證券管理機關定之。（公172-3）

(三) 股東會的表決權

原則上每一股份均有一表決權（公179 I）。至於表決權行使亦有特殊規定如下：

1. 無表決權或限制表決權之特別股須受到限制（公157 I ③）。

2. 有下列情形之一者，其股份無表決權：

(1)公司依法持有自己之股份。(2)被持有已發行有表決權之股份總數或資本總額超過半數之從屬公司，所持有控制公司之股份。(3)控制公司及其從屬公司直接或間接持有他公司已發行有表決權之股份總數或資本總額合計超過半數之他公司，所持有控制公司及其從屬公司之股份（公179 II）。

3. 股東對於會議之事項，有自身利害關係致有害於公司利益之虞時，不得加入表決（公178）。

▌案例題型〉〉〉〉〉〉〉〉〉

甲公司召開股東會時，股東乙主張丙董事長因通姦罪為地方法院判決確定，要求解任丙。丙就該股東會解任議案，是否需迴避？

【102年公務人員高等考試三級考試試題－經建行政】

〈〈〈〈〈〈〈〈〈〈〈〈〈

4. 股東得於每次股東會，出具委託書，載明授權範圍，委託代理人，出席股東會。但公開發行股票之公司，證券主管機關另有規定者，從其規定（公177 IV）；且該代理人不限於股東（使用委託書規則5）。依公司法一七七條第二項規定，除信託事業或經證券主管機關核准之股務代理機構外，一人同時受二

人以上股東委託時，其代理之表決權不得超過已發行股份總數表決權之百分之三，超過時，其超過之表決權不予計算。此外，一股東以出具一委託書，並以委託一人爲限，應於股東開會前五日送達公司。

5. 股東會委託代理人出席股東會後，如欲開會當日親自出席，至遲應於股東會開會前一日撤銷委託，不得於當日撤銷。（公177）

實務案例

　　大同股份有限公司2020年6月30日召開股東會，公司派於開會現場宣布刪除超過12億股（總股數23億股），等同超過5成的股權遭剝奪投票權（表決權）。公司派大獲全勝，包含獨立董事在內的9席董事全拿，然而此舉引起極大的爭議，市場派認為投票權遭剝奪、權益受損。

　　依據該公司於股東會後發布的重大資訊可知，公司派刪除該些股東表決權的法律依據分為大陸地區人民來臺投資許可辦法以及企業併購法，前者即為大同公司經營權爭奪戰開打以來爭執不休的陸資疑雲，於股東會開會前大同公司更已向臺灣台北地院起訴請求確認該些外資公司無表決權，後者則為股東會當天始浮上檯面的主張。

（參考資料：https://plainlaw.me/2020/07/02/2371-tw/）

(四) 股東會的決議方式

　　其決議方式可分三類：

1. 一般決議

(1) 決議事項：公司通常之一般事項。

(2) 決議方式

　　其決議應有代表已發行股份總數過半數股東之出席，以出席股東表決權過半數之同意行之（公174）。

2. 特別決議

(1) 決議事項

　　締結、變更或終止關於出租全部營業，委託經營（公185I）、讓與全部或主要部分之營業或財產。（公185I）、受讓他人全部營業或財產，對公司營運有重大影響者。（公185I），以及以股利發行新股（公240I），或公司變更章程（277II），以及公司之解散、合併、分割等重大事項。（公316I）

(2) 決議方式

應有代表股份總數三分之二以上之股東出席，以出席股東表決權過半數同意行之（公185 I、240 I、277 II、316 I）。

▌案例題型 ›››››››››

A股份有限公司之營業項目為零售批發、百貨貿易，並在B百貨公司設有專櫃販售歐洲精品。A公司總經理甲與C公司簽訂出售A公司全部所持有之B公司股權5,000萬股，總值為6億元之股份買賣契約，該股票占A公司總產值大約百分之五十。

請問本件買賣契約是否應分別經A公司、C公司股東會特別決議同意？

【100年公務人員高等考試三級考試試題 經建行政】

‹‹‹‹‹‹‹‹‹‹‹‹‹

▌案例題型 ›››››››››

A股份有限公司（以下稱A公司）章程規定該公司置董事五至七人、監察人二人，現有經合法選出之董事六人、監察人二人、董事長為甲，並依法進行登記。董事長甲為解決經營困境，認為應賣出須依公司法第185條第1項第2款經股東會特別決議之主要財產，以償還即將到期的債務。惟甲認為若再召開股東臨時會決議該主要財產讓售案，將會緩不濟急、無法解決公司現時危機，故而乃於未召開股東會的情形下，逕行與第三人丁達成該主要財產買賣之合意，而將該主要財產出售給丁。對此交易，現行主要實務見解有認為其效力為「無權代理（效力未定）」者，亦有認為係「相對無效」者。請說明上開二種見解各自之論據並評析之。

【100年公務人員特種考試司法官考試第二試試題】

‹‹‹‹‹‹‹‹‹‹‹‹‹

▌案例題型 ›››››››››

甲公司為非公開發行之股份有限公司。由於經營不善、虧損累累，甲公司近年來大舉出售資產變現，目前所餘之主要財產係座落於臺北市信義區之乙地。丙公司覬覦該地已久，並曾提出高於鄰近土地市價百分之三十之價格，希望購得該地，但為甲公司董事會所拒。其後，在有代表已發行股份總數百分之六十之股東出席的甲公司股東常會中，董事會提出就乙地進行開發之議案。討論過程中，股東A舉手發言，要求廢棄開發案，改依丙公司提出之高價，將乙地出售予丙公司，A之提議意外獲得出席股東表決權數過半數之同意通過。

請分別從甲公司董事會與A之不同立場，提出否定與肯定此一出售乙地之股東會決議係屬合法的理由。

【102年公務人員特種考試法務部調查局調查人員 考試】

〈〈〈〈〈〈〈〈〈〈〈〈〈

3. 假決議

(1) 決議事項：限定與一般決議相同之公司通常事項。

(2) 決議方式

若出席股東不足已發行股份總數二分之一之股東出席時，而有三分之一以上出席時，得以出席股東表決權過半數之同意，為假決議。待下次股東會召開時，如仍有已發行股份總數三分之一以上股東出席，並經出席股東表決權過半數之同意，假決議視同正式之決議（公175）。

(五) 股東會的決議補救

股東會議事錄須於會後二十日內分發各股東，以詳查決議，惟議事錄得以電子方式為之，且對於持有記名股票未滿一千股之股東，僅以公告方式即可（公183）。至於經股東會決議後，發現決議方法或內容上，有違反法令或章程之處，則此補救方式得分二方面敘述：

1. 得撤銷

股東會之召集程序或其決議方法，違反法令或章程時，股東得自決議之日起三十日內，訴請法院撤銷其決議（公189）。若未於上開期間內訴請撤銷，其決議仍為有效。又若違反之事實非屬重大，且於決議無影響者，法院得駁回股東撤銷之請求（公189-1）。

2. 無效

股東會決議之內容，違反法令或章程者，則不待股東訴請法院撤銷，屬於當然無效（公191）。

(六) 股東會的例外情形

1. 政府或法人一人股東之情形

股份有限公司之股東，如由政府或法人一人所組織，自無法成立股東會；故此一人股東之股份有限公司，其股東會職權例外由母公司之董事會代替行使，不適用股東會之規定（公128-1）。因此，此類股份有限公司之董事、監察人亦由投資之政府股東或法人股東指派之。

2. **書面或電子方式行使表決權之情形**

民國九十五年二月再度修正公司法，加入了書面或電子方式行使表決權之條文，再於一百零七年八月修正條文為「公司召開股東會時，採行書面或電子方式行使表決權者，其行使方法應載明於股東會召集通知。但公開發行股票之公司，符合證券主管機關依公司規模、股東人數與結構及其他必要情況所定之條件者，應將電子方式列為表決權行使方式之一。（第一項）前項以書面或電子方式行使表決權之股東，視為親自出席股東會。但就該次股東會之臨時動議及原議案之修正，視為棄權。（第二項）」。

股東以書面或電子方式行使表決權者，其意思表示應於股東會開會二日前送達公司，意思表示有重複時，以最先送達者為準。但聲明撤銷前意思表示者，不在此限。

股東以書面或電子方式行使表決權後，欲親自出席股東會者，應於股東會開會二日前，以與行使表決權相同之方式撤銷前項行使表決權之意思表示；逾期撤銷者，以書面或電子方式行使之表決權為準。股東以書面或電子方式行使表決權，並以委託書委託代理人出席股東會者，以委託代理人出席行使之表決權為準。（公177-2）

▌案例題型>>>>>>>>>>

　　大方股份有限公司訂於5月20日召開股東會，股東甲（以下稱「甲」）於同年5月17日依股東會召集通知所載以電子方式行使表決權之方法，就股東會召集通知所載議案皆為同意之意思表示。次日，甲接獲股東乙（以下稱「乙」）來電，告以將於股東會上提出：盈餘分派議案之修正動議，將盈餘全數保留之原議案修正為盈餘全數以現金發放；對監察人丙提起違反善良管理人注意義務之損害賠償訴訟之臨時動議。請求甲親自出席並予支持。甲被乙說服，隨即依股東會召集通知所載方法，撤銷其前日所為行使表決權之意思表示，並擬於股東會當日親自出席。請附理由說明，甲是否有權親自出席該次股東會？又，甲若出席該次股東會，得否就乙於會場上提出之臨時動議及原議案之修正案行使表決權？

【101年專門職業及技術人員高等考試律師考試第二試試題】

<<<<<<<<<<<<<<<

案例題型 ▶▶▶▶▶▶▶▶▶▶

　　甲上市公司形象良好，其總經理A乃業界知名之專業經理人：然近半年來 A 因緋聞纏身致使形象一落千丈。惟董事長B以專業能力為考量，力拒部分董事撤換A之建議。於此同時，甲公司董事會也決議今年之股東會試行電子投票方式以強化公司治理，並於股東會召集通知上載明行使方式。在甲公司之股東常會上，股東C提臨時動議，建議解任A之總經理職務，此案並經股東會以普通決議之方式通過。又本次股東會另決議解除董事D之競業禁止限制，D就此議案也參與了表決。

　　請就股東會與董事會之權限劃分，討論A是否因股東會之決議而解任？D就競業禁止之決議應否迴避表決權之行使？股東E事後得知D參與表決而擬提起撤銷股東會決議之訴，但其係以電子通訊之方式行使表決權，此對其撤銷權之適格有無影響？

【100年專門職業及技術人員高等考試律師考試第二試試題】

◀◀◀◀◀◀◀◀◀◀◀◀◀

3. 公開發行股票之公司召開股東會，應編製股東會議事手冊，並應於股東會開會前，將議事手冊及其他會議相關資料公告。

前項公告之時間、方式、議事手冊應記載之主要事項及其他應遵行事項之辦法，由證券管理機關定之。（公177-3）

練習題庫

一、是非題

1. (　　) 股份有限公司股東常會與股東臨時會的召集，依法限由董事會或監察人為之。

2. (　　) 股份有限公司之股東得委託他人代理出席股東會。

二、選擇題

1. (　　) 股東會的決議方式何者適用於公司合併時？　(A)一般決議　(B)特別決議　(C)假決議。

2. (　　) 股東會之召集程序違法，其法律效果可能為？　(A)得撤銷　(B)無效　(C)訓誡。

8.6 股份有限公司的董事及董事會

體系整理

董事	人數：至少三人
	資格：須有行為能力
	任期：不得逾三年得連選連任
	解任：主要有七種方式
	缺額：達三分之一應補選
	職權：主要有六項
	義務：主要有五項
	違法處理：監察人或少數股東得提訴訟
董事會	召集
	決議
	決議補救
	首長

一》董事

　　董事是參與公司業務決策之人，由股東會就有行為能力之人選任之（公192 I），並組成董事會。（依民國107年8月修正之公司法第一百九十二條第二項規定，基於回歸企業自治，已開放非公開發行股票之公司得不設置董事會，而僅置董事一人或二人，但應於章程中明定）。董事與公司間之關係，除公司法有特別規定外，應依民法關於委任之規定（公192 V）。

(一) 董事的人數與資格

　　股份有限公司董事會，設置董事至少三人，由股東會就有行為能力之人中選任，非公司股東亦得當選為董事。此外，為回歸企業自治開放非公開發行股票之

公司得不設董事會，而僅置董事一人或兩人，然應於章程明定之。（公192 II）。又股東有不得擔任經理人之情形者，不得被選爲董事（公192 VI準用公30）。

(二) 董事的任期與選任

第一任董事，由發起人互選（公131 I）或由創立會選任之（公146 I）。第二任以下之董事，由股東會選任；董事任期不得逾三年，但得連選連任（公195 I）；選舉董事時，以「累積投票法」爲之（公198 I）。且選任或解任董事，均應在會議通知及公告的召集事由中列舉，不得以臨時動議提出（公172 V）。至於公司董事選任，民國107年新修公司法加入了特殊的規定如下：

1. 公司董事選舉，採候選人提名制度者，應載明於章程，股東應就董事候選人名單中選任之。但公開發行股票之公司，符合證券主管機關依公司規模、股東人數與結構及其他必要情況所定之條件者，應於章程載明採董事候選人提名制度。（公192之1II）

2. 公司應於股東會召開前之停止股票過戶日前，公告受理董事候選人提名之期間、董事應選名額、其受理處所及其他必要事項，受理期間不得少於十日。（公192之1III）

3. 持有已發行股份總數百分之一以上股份之股東，得以書面向公司提出董事候選人名單，提名人數不得超過董事應選名額；董事會提名董事候選人之人數，亦同。（公192之1III）

4. 公司應於股東常會開會二十五日前或股東臨時會開會十五日前，將董事候選人名單及其學歷、經歷公告。但公開發行股票之公司應於股東常會開會四十日前或股東臨時會開會二十五日前爲之。（公199-1VI）

數 位 加 分

1. 「累積投票法」：即指股東會選任董事時，每一股份有與應選出董事人數相同之選舉權，得集中選舉一人，或分配選舉數人，由所得選票代表選舉權較多者，當選爲董事。惟公司若認爲無須採以「累積投票法」，應於章程中明文排除。

2. 經濟部商業司第21071號及第05138號釋函規定，選舉董事、監察人不得以通訊方式、舉手方式爲之。

（三）董事的解任

1. 股東會決議解任

「董事得由股東會之決議，隨時解任；如於任期中無正當理由而將其解任時，董事得向公司請求賠償因此所受之損害。」（公199 I）

股東會於董事任期未屆滿前，改選全體董事者，如未決議董事於任期屆滿始為解任，視為提前解任。（公199之1 I）前項改選，應有代表已發行股份總數過半數股東之出席。（公199之1 II）

▌案例題型▸▸▸▸▸▸▸▸▸

甲公司召開股東會時，股東乙主張丙董事長因通姦罪為地方法院判決確定，要求解任丙。請問丙若於任期中因此被解任，丙得否以該項解任無正當理由，而主張損害賠償？

【102年公務人員高等考試三級考試試題－經建行政】

◂◂◂◂◂◂◂◂◂◂◂◂◂

▌案例題型▸▸▸▸▸▸▸▸▸

A股份有限公司（下稱「A公司」）董事會內分成兩派，對於公司經營方針與業務運作，經常激烈爭執。立場中立的董事甲認為此一情形若再繼續，將對公司競爭力造成重大影響，因此思考在今年提前進行董監全面改選的可能性。經徵詢律師乙，乙建議：由甲以其股東身分，行使股東提案權，向公司提出股東常會議案，略謂：「請求股東會決議是否全面改選董監事。如全面改選董監事議案經股東常會通過，即於當次股東常會進行董監事全面改選事宜。」A公司董事會可否不將該提案列入股東常會議案？

【100年公務人員特種考試司法人員考試試題 三等考試 公證人】

◂◂◂◂◂◂◂◂◂◂◂◂◂

2. 任期屆滿解任

董事任期不得逾三年；得連選連任（公195 I）。董事任期屆滿而不及改選時，延長其執行職務至改選董事就任時為止。但主管機關得依職權限期令公司改選；屆期仍不改選者，自限期屆滿時，當然解任（公195 II）。

3. **轉讓持股解任**

公開發行股票之公司董事，在任期中轉讓超過選任當時依法申報持有之股份數額二分之一時，其董事當然解任（公197 I）。

4. **法院裁判解任**

董事執行業務，有重大損害公司之行為或違反法令或章程之重大事項，股東會未為決議將其解任時，得由持有已發行股份總數百分之三以上股份之股東，於股東會後三十日內，訴請法院裁判之（公200）。

5. **資格消失解任**

董事有公司法第三○條所規定消極資格之情事時，應予解任。

6. **死亡或破產解任**

此乃委任關係之終止原因，即為解任事由。

7. **自行辭職解任**

董事自行辭職者，其職務亦為解任。

(四) 董事的缺額補選

不論何種原因，致董事缺額達三分之一時，董事會應於三十日內召開股東臨時會補選之。但公開發行股票之公司，董事會應於六十日內召開股東臨時會補選之（公201條）

(五) 董事的職權

依公司法之規定，計有：

1. 同意經理人之解任、委任及報酬（公29 I③）。

2. 對設立情形之調查，並向創立會報告（公146 I）。

3. 於股票上簽名（公162 I）。

4. 出席董事會（公205 I）。

5. 對監察人訴訟（公225）。

6. 於公司債之債券上簽名（公257 I）。

(六) 董事的義務

公司與董事間之法律關係為委任契約，依民法、公司法及證券交易法之規定，董事之義務有下列幾點：

1. 善良管理人的義務（民535）
2. 計算及報告的義務（民540、541）
3. 董事競業禁止的義務（公209 I）
4. 重大損害報告的義務（公218 I）
5. 禁止雙方代表行為的義務（公223）
6. 申報持有股票的義務（證交法25）

(七) 董事的違法處理

董事若有違反法令或章程之行為，繼續六個月以上，持有已發行股份總數百分之一以上之股東，得以書面請求監察人為公司對董事提起訴訟。監察人自股東提起上述請求起，三十日內不提起訴訟時，原請求之股東得為公司提起訴訟（公214）。

■ 董事會

董事會乃由董事組成，為股份有限公司必備之業務執行機關。公司法第二○二條規定：「公司業務之執行，除本法或章程規定應由股東會決議之事項外，均應由董事會決議行之。」

(一) 董事會的召集與出席

1. 召集人

董事會由董事長召集之（公203-1 I）。前段每屆第一次董事會，由所得選票代表選舉權最多之董事於改選後十五日內召開之（公203 I）。若公司董事會設有常務董事者，則董事長應由常務董事互選之（公208 II）。

2. 召集時間

每屆第一次董事會，由所得選票代表選舉權最多之董事於改選後十五日內召開之。但董事係於上屆董事任滿前改選，並決議自任期屆滿時解任者，應於上屆董事任滿後十五日內召開之（公203 I）。

3. **召集程序**

董事會之召集，應載明事由於三日前通知各董事及監察人，但章程有較高之規定者，從其規定（公204I）。另如有緊急情事時，得隨時召集之（公204III）。

4. **出席、代理、經常代理**

(1) 董事會開會時，董事應親自出席。但公司章程訂定得由其他董事代理者，不在此限。

(2) 董事會開會時，如以視訊會議為之，其董事以視訊參與會議者，視為親自出席。

(3) 董事委託其他董事代理出席董事會時，應於每次出具委託書，並列舉召集事由之授權範圍。

前項代理人，以受一人之委託為限。

實務案例

　　乖乖股份有限公司董事張貴富，不滿該公司未提前通知董事，討論召集董事會所要討論的事件，即提告請求法院宣告該董事會決議無效，但臺灣高等法院認為該公司並非公開發行公司，無公開發行公司董事會7日前通知的規定，判決敗訴。

　　張貴富提告主張，他是該公司股東且在前年當選為公司董事，但該公司召集的董事會未提前通知，且未提供股東會議事錄、財務報表、股東名簿、收支報表、財產目錄清冊等供他查閱，致無法參與系爭董事會行使董事職權；並主張該次董事會的召集程序違反法令及誠信原則及屬權利濫用，所為決議均為無效。他是該公司董事，為執行職務行使內部監察權，可抄錄或複製股東會議事錄、財務報表、股東名簿等。

　　關於該次董事會決議部分，臺灣高等法院維持一審判決，認為該公司章程未規定董事會召集通知應早於公司法所定的3天前，而該公司在寄發開會通知之期程未違反規定，且董事會的召集程序並無違反法令或誠信原則，決議有效。至於張富貴請求查閱、抄錄或複製文件部分，臺灣高等法院判准可查閱及複製2015到2018年的董事會議事錄。

（參考資料：臺灣高等法院108年度上字第1093號民事判決。）

▌案例題型▶▶▶▶▶▶▶▶▶

A股份有限公司（下稱「A公司」）為B股份有限公司（下稱「B公司」）之董事，A公司並經B公司董事會選任為董事長。A公司指派自然人甲代表其執行B公司董事及董事長職務。B公司訂於今年12月30日召開本年度第10次董事會，並已依公司法規定對各董事發出董事會開會通知。然甲於同年12月28日發生交通事故，多處粉碎性骨折，預估需住院治療1個月，顯然無法出席主持該次董事會。然該次董事會有一重大投資議案，已有部分董事表達將予杯葛，A公司之董事表決權之行使，可能將是決定該議案是否通過之關鍵性一票。請問就該次董事會之主席及A公司之董事表決權行使，有那些可能模式可以採行？並請說明於各該模式之優缺點。

【102年特種考試地方政府公務人員考試試題】

◀◀◀◀◀◀◀◀◀◀◀◀◀

（二）董事會的決議

董事會執行業務，應依照法令章程及股東會之決議（公193 I）。至於公司業務應如何執行，由董事會依公司法第二百零六條決議之方式決定之。另董事會決議之範圍，除公司法或章程規定，應由股東會決議之事項以外，皆屬之（公202）。

原則上應有過半數董事之出席，出席董事過半數之同意行之。並有表決權迴避（公178）及無表決權（公180 II）規定之準用（公206）。

▌案例題型▶▶▶▶▶▶▶▶▶

A通訊公司為一公開發行公司（下稱A公司），其最大股東為B電腦股份有限公司（下稱B公司）。B公司持有A公司已發行有表決權股份總數37%之股權。A公司設有五席董事，B公司指派其代表人甲與乙依公司法第27條第2項規定分別當選A公司之董事，甲並被推選為A公司之董事長。因為B公司為A公司之最大股東，其就A公司業務之執行經常且實質指揮A公司之董事甲、乙及總經理丙。

A公司擬購買平板電腦一批供員工使用，總經理丙乃決定向B公司購買，並呈報董事會，董事會中甲與乙皆投下贊成票。請問該董事會決議之效力如何？

【102年公務人員特種考試司法官考試第二試試題】

◀◀◀◀◀◀◀◀◀◀◀◀◀

至於其決議方式可分二類：

1. 一般決議

(1) 決議事項：除公司法特別規定之事項外，均依此方式；較特別的是，股東以對公司所有之貨幣債權、公司事業所需之財產或技術抵充，關於抵充數額應經此決議（公156V）。

(2) 決議方式：應有過半數董事之出席，出席董事過半數之同意（公206 I）。

2. 特別決議

(1) 決議事項：此為公司法特別規定之事項，例如發行新股作為受讓他公司股份之對價（公156-3）、董事長或常務董事之選任（公208 I）、公司債之募集（公246 II）、新股之發行（公266 II）等。

(2) 決議方式：應有三分之二以上董事出席，以出席董事過半數之同意（公208 I）。

▌案例題型 ▶▶▶▶▶▶▶▶▶▶

A股份有限公司（A公司）共有甲、乙及丙三名董事。A公司於民國101年6月20日召開董事會，丙董事因故無法出席，另開會當日乙董事並未親自出席，而係於民國101年6月16日出具委託書，委託甲董事代為出席。致使A公司召開此次董事會僅甲董事一人實際出席。並於董事會會議中通過增資之議案，嗣後再送經濟部辦理登記。A公司之股東丁認為該增資議案侵犯股東權益。試問A公司之股東丁得否主張該董事會會議決議無效？

【102年公務人員特種考試司法人員考試試題－公證人】

◀◀◀◀◀◀◀◀◀◀◀◀◀◀◀◀

▌案例題型 ▶▶▶▶▶▶▶▶▶▶

非公開發行之B鞋材股份有限公司（下稱B公司），B公司為興建員工宿舍，擬購置位於B公司旁目前為B公司董事長丁所有之土地1筆（一般市場行情約為200萬元）。經查B公司章程並未規定公司購地應由董事會決議。B公司法務長戊依法是否應建議：B公司與丁之交易，於監察人代表公司與丁簽訂買賣土地契約前，應先經董事會之決議？

【101年公務人員特種考試司法官考試第二試試題】

◀◀◀◀◀◀◀◀◀◀◀◀◀◀◀◀

(三) 董事會的決議補救

1. 董事會執行業務，如違反規定致公司受損害時，參與決議之董事，對於公司負賠償之責。但經表示異議之董事有紀錄或書面聲明可證者，免其責任（公193 II）。

2. 董事會決議為違反法令或章程之行為時，繼續一年以上持有股份之股東，得請求董事會停止其行為（公194），稱為股東制止權。

3. 董事會執行業務有違反法令、章程或股東會決議之行為，監察人應即通知董事會停止其行為（公218-2），稱為監察人制止權。

4. 公司虧損達實收資本額二分之一時，董事會應即召集股東會報告；並得辦理公司重整（公282）或向法院聲請宣告破產（公211 II）。

(四) 董事會的首長

即指「董事長」，係由董事或常務董事互選，以代表公司之人。

1. 董事長之選任

由三分之二以上董事（或常務董事）之出席，及出席董事（或常務董事）過半數之同意互選出。

2. 權限

董事長對內為股東會、董事會及常務董事會之主席，對外代表公司（公208 III）。

▌案例題型 ›››››››››

通樂衛浴用品股份有限公司之黃董事行為不良，傷害公司形象極大，該公司股東會欲解任該董事，試問依法應如何處理？

‹‹‹‹‹‹‹‹‹‹‹‹‹

練習題庫

一、是非題

1. （　　）股份有限公司之董事應具股東身分。

2. （　　）股份有限公司董事任期不得逾三年，得連選連任。

二、選擇題

1. (　　)股份有限公司之董事會，設置董事至少幾名？　(A)三人　(B)五人　(C)七人。

2. (　　)股份有限公司之董事長如何產生？　(A)股東選任　(B)董事互選　(C)監察人投票。

8.7 股份有限公司的監察人

體系整理

監察人
- 監察人的人數與資格：至少一人，須有行為能力
- 監察人的任期與選任：三年得連選連任
- 監察人的職權：主要有八項
- 監察人的責任與義務：主要有三項

　　監察人乃股份有限公司之法定常設監督機關，負責監督公司業務之執行及財務之審核（公218 I）。其與公司之關係為委任關係（公216 III）。因其職務之關係，監察人不得兼任公司董事及經理人（公222）。

案例題型>>>>>>>>>

　　A公開發行公司擬於民國103年股東常會改選董事、監察人，主管機關得否核准由該公司之法人股東B公司之代表人分別同時擔任A公開發行公司之董事及監察人？又，C公司及D公司（C公司持有D公司已發行有表決權股份總數過半之股份），亦皆持有A公開發行公司之股份，得否由C公司之代表人當選為A公開發行公司之董事，由D公司之代表人當選為A公開發行公司之監察人？

【102年專門職業及技術人員高等考試律師考試第二試試題】

▌案例題型›››››››››

A紙業股份有限公司（下稱A公司）投資非公開發行之B鞋材股份有限公司（下稱B公司），占其實收資本額（新臺幣（下同）1億5,000萬元）約2%。民國101年6月10日B公司股東會時，甲、乙二人以A公司代表人之身分分別同時當選為B公司董事及監察人。甲、乙同時當選為B公司董事及監察人是否有效？

【101年公務人員特種考試司法官考試第二試試題】

‹‹‹‹‹‹‹‹‹‹‹‹‹‹

一»監察人的人數與資格

監察人由股東會選任之，非股東亦得當選。公司法原則上未定人數（依公司法第二百一十六條第二項規定，針對公開發行股票之公司有規定必須二人以上），實際上至少設監察人一人。監察人須有行為能力，法人亦得充任之，但須指定自然人代表；又監察人中至少須有一人在國內有住所。另外公司法第三十條有關經理人資格規定及第一百九十二條第一項、第三項關於行為能力之規定，對監察人準用之（公216 IV）。

二»監察人的任期與選任

監察人之任期不得逾三年，但得連選連任。其選任方式亦與董事同，得採累積投票法（公217，公227準用公198）且其選任或解任，亦應在會議通知及公告的召集事由中列舉（公172 V）。又公開發行股票之公司監察人選舉，準用董事候選人提名制度（公216-1）。惟監察人之選舉亦得不採累積投票法，而與董事之選舉分開為之。

三»監察人的職權

(一) 行使方式

監察人各得單獨行使監督權，不受他人干預。此與董事執行公司業務，須經會議決議不同（公221、公193、公202）。

(二) 行使內容

監察人的職權內容主要有下列八項：

1. **業務檢查權**

   監察人得隨時調查公司業務及財務狀況，查核、抄錄或複製簿冊文件，並得請求董事會或經理人提出報告（公218 I）。

2. **聽取報告權**

   董事發現公司受有重大損害之虞時，應立即向監察人報告（公218-1）；故監察人有聽取報告之權利。

3. **制止請求權**

   董事會或董事執行業務有違反法令、章程或股東會決議之行為者，監察人應即通知董事會或董事停止其行為（公218-2 II）。監察人制止無效時，可依法向法院提起訴訟。（公213、214）

4. **列席董事會權**

   為求及早發現違反事證或不法之董事行為，公司法第二百十八條之二第一項規定「監察人得列席董事會陳述意見」。

5. **表冊查核權**

   監察人對於董事會編造提出股東會之各項表冊，應予查核，並報告意見於股東會（公219 I）。

6. **股東會召集權**

   董事會不為或不能召集股東會時，監察人得為公司利益，於必要時召集之（公220）。

7. **公司代表權**

   公司對外原以董事長或董事為代表，但董事為自己或他人與公司為買賣、借貸或其他法律行為時，則由監察人為公司之代表（公223）。

8. **代表訴訟權**

   公司與董事間訴訟，除法律另有規定外，由監察人代表公司（公213）。又如有繼續六個月以上，持有已發行股份總數百分之一以上之股東，得以書面請求監察人為公司，對董事提起訴訟（公214 I）。

▌案例題型>>>>>>>>

依照現行公司法之規定，董事與公司間為法律行為，其規範為何？若有違反該規定，其法律效力為何？又董事與公司為法律行為時之揭露義務為何？

【102年公務人員特種考試身心障礙人員考試試題】

‹‹‹‹‹‹‹‹‹‹‹‹‹‹

四》監察人的責任與義務

1. 兼職之禁止義務

監察人不得兼任公司董事、監察人或其他職員（公222）。

2. 申報持有股票義務

公開發行股票之公司監察人依法應將所持有之公司股票種類及股數，向主管機關申報（證交法25）。

3. 對公司之賠償責任

監察人對公司，屬民法委任契約關係，應盡善良管理人之義務；若因執行職務違反法令、章程或怠忽監察職務，致公司受有損害者，對公司負賠償之責（公224）。

▌案例題型>>>>>>>>

民國九十二年六月報載和信集團欲將和信電訊股份有限公司外賣遠傳，而國泰人壽股份有限公司為和信電訊的法人監察人，如對此出售案不滿意，有何權利處理？

‹‹‹‹‹‹‹‹‹‹‹‹‹‹

練習題庫

一、是非題

1. (　　)監察人得經監察人會議決議調查公司業務及財務狀況。

2. (　　)股份有限公司監察人不得兼任公司董事及經理人。

二、選擇題

1. (　　)股份有限公司下列何項職務，公司法特別規定須有一人在國內有住所？
(A)董事　(B)股東　(C)經理人。

2. ( )股份有限公司之監察人，下列何者非其職權？ (A)業務執行權 (B)聽取報告權 (C)公司代表權。

8.8 股份有限公司的會計

體系整理

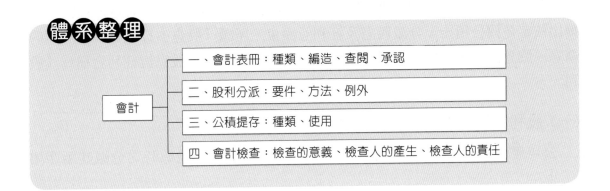

會計
- 一、會計表冊：種類、編造、查閱、承認
- 二、股利分派：要件、方法、例外
- 三、公積提存：種類、使用
- 四、會計檢查：檢查的意義、檢查人的產生、檢查人的責任

一 》會計表冊

(一) 會計表冊的種類

依公司法第二百二十八條第一項的規定：每會計年度終了，董事會應編造表冊，於股東常會開會三十日前交監察人查核。表冊含營業報告書、財務報表、盈餘分派或虧損撥補之議案。

(二) 會計表冊的編造

各種會計表冊由董事會編造，於股東會開會三十日前，交監察人查核，監察人並得請求提前交付查核（公228 III）。公司經理人原則應須簽名負責；惟公司法第三十五條刪除後，已授權公司依其職務自行決定。又資本額達一定數額以上之公司，其財務報表，應先經會計師查核簽證（公20 II）。

(三) 會計表冊查閱

董事會所造具之各項表冊與監察人之報告書，應於股東常會開會十日前，備置於本公司，股東得隨時查閱，並得偕同委託之律師或會計師查閱（公229）。

(四) 會計表冊的承認

董事會應將其所造具之各項表冊，提出於股東常會請求承認。經股東常會承認後，董事會應將財務報表及盈餘分派或虧損撥補之決議，分發各股東（公230 I）。各項表冊經股東會決議承認後，視為公司已解除董事及監察人之責任。但董事或監察人有不法行為者，不在此限，股東會仍可追究之（公231）。

二》股利分派

股份有限公司每會計年度終了計算公司之損益，若有盈餘則應彌補虧損及提出法定盈餘公積後，分派股息及紅利予股東。所謂「股息」即股東投資股本的孳息。股息以外之盈餘，分派予股東者，謂之「紅利」，股息與紅利合稱為「股利」。

(一) 股利分派的要件

公司無盈餘時，不得分派股息及紅利（公232 II）。盈餘時之分派其順序如下：

(1) 完納一切稅捐（公237 I前段）。

(2) 彌補虧損（公232 I前段）。

(3) 提存法定盈餘公積（公232 I、237 I）。

(4) 依章程應分派員工酬勞（公235之1）。

公司應於章程訂明以當年度獲利狀況之定額或比率，分派員工酬勞。但公司尚有累積虧損時，應予彌補。

公營事業除經該公營事業之主管機關專案核定於章程訂明分派員工酬勞之定額或比率外，不適用前項之規定。

前二項員工酬勞以股票或現金為之，應由董事會以董事三分之二以上之出席及出席董事過半數同意之決議行之，並報告股東會。

公司經前項董事會決議以股票之方式發給員工酬勞者，得同次決議以發行新股或收買自己之股份為之。

章程得訂明依第一項至第三項發給股票或現金之對象包括符合一定條件之控制或從屬公司員工。

(5) 分派股息及紅利（公235 I）。

案例題型 ⟩⟩⟩⟩⟩⟩⟩⟩⟩⟩

A實業股份有限公司係一家績優的非公開發行公司，其股利政策一向十分穩定且豐厚，惟因受到國際原料價格大漲影響，A公司於民國101年度，稅後淨損達新臺幣（下同）1,800萬元。民國101年12月31日A公司之實收股本為5,000萬元，未分配盈餘（不包括民國101年度淨損）為800萬元，法定盈餘公積3,000萬元，特別盈餘公積1,000萬元，資本公積為4,000萬元。（其中，歷年超過票面金額發行股票所得溢額的累積金額為2,000萬元，但無受贈與所得）A公司於民國102年6月30日召開股東常會，並通過董事會所擬具之1,800萬元虧損彌補案及 1,500萬元發放現金股利案。

民國102年6月股東會決議填補虧損之同時，可否再決議分派股利？股東會通過董事會所擬具的配發現金股利1,500萬元額度，是否符合公司法的規定？

【102年專門職業及技術人員高等考試律師考試第二試試題】

⟨⟨⟨⟨⟨⟨⟨⟨⟨⟨⟨⟨⟨

(二) 股利分派的方法

股利的分派，除章程另有規定外，以各股東持有股份之比例為準。（公235）。

股利分派之方法，原則上係以現金為之，惟亦得以股份分派之方式代替現金之支付。依有權決議股利分派的機關又可分兩類：

1. 股東會決議

公司得由股東會決議，將應分派股利之全部或一部，以發行新股方式為之；不滿一股之金額，以現金分派之（公240 I）。

2. 董事會決議

公開發行股票之公司，得以章程授權董事會以三分之二以上董事之出席，及出席董事過半數之決議，將應分派股息及紅利之全部或一部，以發放現金之方式為之，並報告股東會。（公240 VI）。

(三) 股利分派的例外

股利分派的例外即指「建業股息之分派」，建業股息係未開業前分派之股息；公司依其業務性質，自設立登記後如需二年以上之準備，始能開始營業者，經主管機關之許可，得以章程訂明於開始營業前分派股息於股東（公234 I）。此種股息之分派，乃因大規模企業之經營，需相當時日方有盈餘，惟為吸引投資者

之興趣,方有此一例外之規定。惟爲使公司資本免於虧損,又規定分派股息之金額,應將「預付股息」列入資產負債表中股東權益項下;以便公司開始營業後,每屆分派股息及紅利超過已收實收資本額百分之六時,以其超過之金額扣抵沖銷之(公234 II)。

三》公積提存

(一) 公積種類

　　「公積」乃公司在決算時,提出一部分盈餘,由公司保留,而不分派給各股東,用以彌補意外虧損、擴張營業或鞏固財政爲目的之金額;此公積可分爲「法定盈餘公積」「公司資本公積」及「特別盈餘公積」三種。

1. 法定盈餘公積

法定盈餘公積,亦稱強制公積;公司於完納一切稅捐後,分派盈餘時,應先提出百分之十爲法定盈餘公積。但法定盈餘公積,已達實收資本額時,不在此限(公237 I)。

2. 公司資本公積

公司資本公積,係直接從資本或其他原因中所提存之公積,而非自盈餘中提存者;如發行股票所得溢額、受領贈與資產或資產重估增值準備價額(商業會計法42 II、52 III)。此類公積係屬商業會計處理問題,公司法毋庸另爲規定,而於民國九十年刪除第二三八條之明文。

3. 特別盈餘公積

特別盈餘公積,亦稱任意公積。除法定盈餘公積外,公司得以章程訂定或股東會議決,另提特別盈餘公積(公237 II)。

(二) 公積使用

1. 使用原則:填補公司虧損

「法定盈餘公積」「公司資本公積」除填補公司虧損外,不得使用之;「特別盈餘公積」則不受此限制。填補公司虧損之順序,應先使用法定盈餘公積,有所不足時,始得以公司資本公積補充之(公239)。

2. 使用例外：撥充資本

在公司無虧損之情形下，得依股東會決議，將「法定盈餘公積」及累積之「公司資本公積」全部或一部，按股東原有股份之比例發給新股或現金（公241 I）。又以法定盈餘公積按股東原有股份之比例發給新股或現金者，以該項公積超過實收資本百分之二十五之部分爲限（公241 III）。

四》會計檢查

(一) 檢查的意義

爲審查公司會計，設有「檢查人」爲臨時機關；有由主管機關或法院選派者，有由股東會選任者。惟只能檢查會計項目，而不能過問董事執行業務。

(二) 檢查人的產生

1. 由法院選派

如少數股東聲請法院爲檢查公司業務財務選派檢查人（公245 I）、爲公司重整選任檢查人（公285 I）或於特別清算程序中選任檢查人（公352）。

2. 由股東會選任

如募集設立之創立會得另選檢查人（公146 II）；少數股東請求召集股東臨時會，爲調查公司之業務及財產狀況，得選任檢查人（公173 III）；股東會查核董事會造具之表冊及監察人之報告，得選任檢查人（公184 II）；股東會檢查清算表冊是否確當，得另選任檢查人（公331 II）。

(三) 檢查人的責任

檢查人應依善良管理人之注意執行其職務，並有據實報告之義務，如報告有虛僞者，科處新台幣六萬元以下罰金（公146 IV）。

實務案例

依舊公司法（民國107年8月1日修法前）第二百四十五條第一項規定，繼續六個月以上，持有已發行股份總數百分之一以上之股東，得聲請法院選派檢查人，檢查公司業務帳目及財產情形。

單純從法條以觀，僅需繼續六個月以上持股百分之一，即得向法院聲請選派，毋須再釋明任何其他要件（例如聲請理由及事證或必要性），造成法院裁定選派檢查人准許率極高（通常係選派會計師），遭聲請之公司疲於應付，有影響正常營運之虞。

民國107年8月1日修法後，該規定增列要聲請檢附理由、事證及說明必要性，杜絕上述詬病。

▌案例題型 ››››››››››

××食品股份有限公司至今年（92年）截止，報載尚有26億元的掏空金額尚待追討，因此於股東會中選任前立委林××等三位檢查人負責追回；試問該檢查人的產生及其職權，公司法有何規定？

‹‹‹‹‹‹‹‹‹‹‹‹‹

▌案例題型 ››››››››››

A公司以經營連鎖餐飲為業，實收資本額為新臺幣1億元，股票尚未公開發行，自民國96年1月1日設立後，雖頗獲消費者青睞，名號響亮，卻因人謀不臧，長年虧損。甲、乙、丙、丁、戊等五人為A公司之原始股東，並長期擔任A公司之董事，其中甲被推選擔任A公司之董事長。己、庚則於民國101年2月1日向A公司之董事戊購入股票，分別持有 A 公司已發行股份之4％及6％，其中庚並於A公司民國101年度所召開之股東會當選為監察人。若股東己懷疑A公司之會計帳簿長期作假，乃向法院聲請選派檢查人，以檢查A公司民國96年度至100年度之業務帳目及財產情形，法院應否裁定許可其聲請？又若監察人庚以持股6％股東之身分，向法院聲請選派檢查人，是否合法？

【102年公務人員高等考試三級考試試題－法制】

‹‹‹‹‹‹‹‹‹‹‹‹‹

練習題庫

一、是非題

1. (　　) 法院選派之股份有限公司檢查人，對董事所執行之業務須進行檢查。

2. (　　) 股份有限公司之各種會計表冊由董事會編造，並須交監察人查核。

二、選擇題

1. (　　) 股份有限公司何種公積使用不須受限於填補公司虧損？　(A)法定盈餘公積　(B)公司資本公積　(C)特別盈餘公積。

2. (　　) 股份有限公司股利分派之方法，下列何者為非？　(A)現金支付　(B)股份支付　(C)保險支付。

8.9 股份有限公司的發行新股

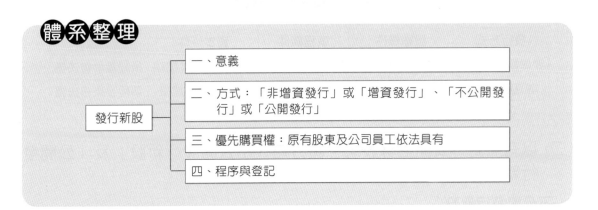

體系整理

發行新股
- 一、意義
- 二、方式：「非增資發行」或「增資發行」、「不公開發行」或「公開發行」
- 三、優先購買權：原有股東及公司員工依法具有
- 四、程序與登記

一 » 發行新股的意義

公司均已認足章程所訂之股份總數，受限規定不能發行，而欲變更資本總額，再度發行股份，以獲得資金之方式，謂之「發行新股」（公266）。

»發行新股的方式

（一）以有無超過公司章程所訂股份總數，區分為「非增資發行新股」及「增資發行新股」

1. 非增資發行新股

公司設立時將股份總數分次發行；因此第一次發行以外之股份，得授權董事會視公司需要隨時發行，如此作法並不影響章程所登記之股份總數，故稱之「非增資發行新股」。此種發行新股之方式無須變更公司章程有關「資本總額」之規定。

2. 增資發行新股

公司如仍有籌募資金之必要，此時應先經股東大會決議，更改章程所登記之股份總數而發行，故稱之「增資發行新股」。此種發行新股之方式必須變更公司章程有關「資本總額」之規定。

發行方式	股數條件	章程條件	資本條件	會議條件
非增資發行新股	未超過股份總數	不須變更章程	不須修改資本總額	須經董事會決議
增資發行新股	已超過股份總數	須變更章程	須修改資本總額	須經股東會決議

（二）以有無對外公開招募股東，區分為「不公開發行新股」及「公開發行新股」

1. 不公開發行新股

無論增資或非增資發行新股，僅由公司員工承購、原股東認購、或特定人洽購，而不對外公開招募股東者謂之。

2. 公開發行新股

公司發行新股時，除由員工承購，及原股東認購外，所剩餘之股份向社會大眾公開募集者謂之。公司發行新股是否採行公開方式，得由董事會自行決定（公156-2 I）。

三》發行新股的優先購買權

對於公司所發行之新股，依公司法第二百六十七條規定，具有法定優先承購或認購權利者，稱爲「優先購買權」。其可分兩類：

(一) 原有股東的優先認購權

公司發行新股時，除應保留給員工承購外，應公告及通知原有股東，按原有股份比例優先認購，惟應聲明逾期不認購者，喪失其權利（公267 III）。

(二) 公司員工的優先承購權

公司發行新股時，除經目的事業中央主管機關專案核定者外，應保留原發行新股總額百分之十至十五股份由員工承購。公營事業其保留股份，則不得超過發行新股總額百分之十（公267 I、II）。

除此，公司得限制員工在一定期間內不得轉讓其承購股份，但限制期間最長不得超過二年（公267VI）。對因合併他公司、分割、公司重整等而增發新股者，不適用之（員工的優先承購）。（公267VII）。

▌案例題型▶▶▶▶▶▶▶▶▶

公司法第267條規定「員工新股承購權」，試問其目的爲何？內容爲何？又有何例外規定？甲股份有限公司發行新股時，董事會決議保留發行新股總數百分之三的股份由員工承購，並限制其在三年之內不得轉讓。該決議的法律效果爲何？

【100年公務人員特種考試 調查人員 三等考試 法律實務組】

◀◀◀◀◀◀◀◀◀◀◀◀◀

四》發行新股的程序與登記

(一) 發行新股的程序

公司發行新股，適用公司法第一六二條至一六九條股份發行程序之規定。惟公司公開發行新股時，應以現金爲股款；但由原有股東認購或由特定人協議認購，而不公開發行者，得以公司事業所需之財產爲出資（公272）。

(二) 發行新股的登記

股份有限公司無論採取公開或不公開發行新股，每次發行新股結束後十五日內，董事會應將法定事項，向主管機關申請登記。

採公開發行之公司得免送股東名簿；改送董事、監察人、經理人及持有股份總額百分之五以上之股東名冊。

實務案例

根據《鏡週刊》報導，在新冠肺炎疫情的影響之下，星宇航空董事長張國煒尚能安心的原因在於星宇航空計畫增資的20億元，不但在2020年農曆年前全數到位，還超標3.5億元。

星宇航空之所以能夠順利增資，背後的2大功臣即是張國煒的大學老友董俊毅，以及看好公司發展的星宇員工。張國煒與能率集團第二代董俊毅，是美國南加州大學經濟系的同窗，兩人在大學時期就是好友。星宇航空經濟艙的餐點供應商「胡同燒肉」，也是董俊毅家族的投資項目之一；張國煒更曾分享董俊毅投資的電影《你的情歌》預告片，為好友做足宣傳。董俊毅與其家族集團，在星宇航空此次的增資計畫中投入5億，成為張國煒以外的第二大股東。

此外，星宇航空依照《公司法》規定，在增資計畫中開放10%給員工認股，沒想到反應超級熱烈，逾7成的員工都有參加認股。一名星宇航空的空姐表示，自己身邊的同事幾乎都參加了此次的認購計畫，除了看好星宇未來的發展外，也認同董事長張國煒的領導能力。

（參考資料：https://udn.com/news/story/7241/4474383）

練習題庫

一、是非題

1. (　　) 股份有限公司須變更公司章程修改資本總額後方可發行新股。

2. (　　) 股份有限公司發行新股時，原有股東與公司員工依法得享優先購買權。

二、選擇題

1. (　　)股份有限公司增資發行新股應經何種機關之決議？　(A)股東會　(B)董事會　(C)債權人會議。

8.10 股份有限公司的變更章程

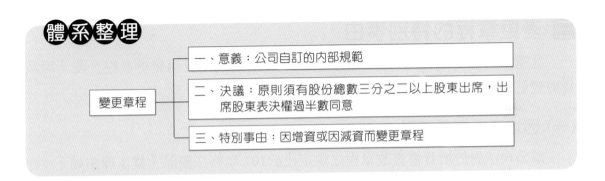

體系整理

變更章程 ── 一、意義：公司自訂的內部規範

── 二、決議：原則須有股份總數三分之二以上股東出席，出席股東表決權過半數同意

── 三、特別事由：因增資或因減資而變更章程

一》變更章程的意義

「章程」係公司自訂的內部規範，在不違反法律強行或禁止之規定，以及公司之基本性質等原則下，自得經股東會決議程序任意變更內容。

二》變更章程的決議

公司非經股東會決議，不得變更章程。此一決議應有代表已發行股份總數三分之二以上之股東出席，以出席股東表決權過半數之同意行之。公開發行股票之公司，不足前項定額者，得以有代表已發行股份總數過半數股東之出席，出席股東表決權三分之二以上之同意行之（公277）。

變更章程的股東會決議方式

公司類別	變更章程出席股東數	變更章程表決股東數
非公開發行股票公司	股份總數三分之二以上	出席股東表決權過半數
公開發行股票公司	股份總數三分之二以上	出席股東表決權過半數
	股份總數過半數	出席股東表決權三分之二以上

三 變更章程的特別事由

此處針對變更章程的特別事由區分兩類，即「因增資而變更章程」及「因減資而變更章程」等。

(一) 因增資而變更章程的規定

原公司法對於增資需修改章程之規定已於107 年修法刪除，修法理由如下：

在授權資本制之下，公司得於章程所定股份總數（即授權股份數）之範圍內，按照實際需要，經董事會決議，分次發行股份，無庸經變更章程之程序。因此除此規定，以利公司於適當時機增加資本，便利企業運作。

修正後已刪除原有之公司法第二百七十八條第二項及第三項限制，公司只須適時修改章程增加資本，已無須限制全數發行後始得增資，且增資後之股份總數，本得分次發行，故本條全刪。

(二) 因減資而變更章程的規定

減資之原因，乃是資本過大，事業無此需要；或為提高股東之利潤率；或因重大損失，股票跌價，藉減資以求過渡。

故就減資之方法可區分如下：

1. 減少股數

即以抽籤或買回之「銷除股份」方式或以數股併成較少股份之「合併股份」方式為之。

2. 減少金額

即以免除尚未繳納股份金額、或將已繳股款之一部返還、或由各股東分擔損失，註銷其股份金額之數目。

減資須經股東會三分之二特別決議通過變更章程；若因減資換發新股票時，公司應於減資登記後，定六個月以上之期限，通知股東換取；並聲明逾期不換取者，喪失其股東之權利（公279）。

練習題庫

一、是非題

1. (　　)股份有限公司之「減資」得由董事會決議後公告執行。

2. (　　)股份有限公司非經股東會決議，不得變更章程。

二、選擇題

1. (　　)下列何者為股份有限公司增資發行新股之方式　(A)增加股份總數　(B)增加股東人數　(C)增加股票張數。

2. (　　)非公開發行股票公司欲變更章程時，其股東會的決議方式為何：

(A)須有已發行股份總數三分之二以上股東出席，出席股東表決權過半數之同意

(B)須有已發行股份總數過半數股東出席，出席股東表決權三分之二以上同意

(C)須有已發行股份總數過半數股東出席，出席股東表決權過半數之同意。

8.11 股份有限公司的公司債

體系整理

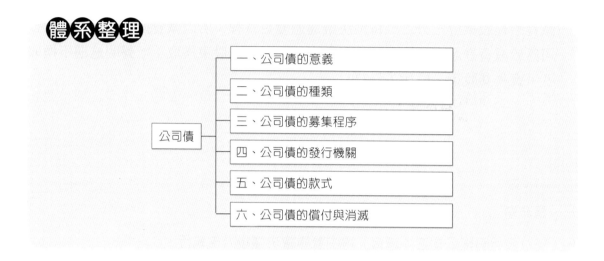

公司債
- 一、公司債的意義
- 二、公司債的種類
- 三、公司債的募集程序
- 四、公司債的發行機關
- 五、公司債的款式
- 六、公司債的償付與消滅

一》公司債的意義

公司籌措資金之方法，主要以「借貸」、「募股」及「發行公司債」等方式較為常見。惟「借貸」金額有限利息亦較高，常受限於債權人；而「募股」則手續繁瑣，且易造成股東人數增多，經營意見紛雜。因此許多公司選擇了第三種方法，即發行「公司債」，係股份有限公司以公司名義，透過法定程序，公開向外舉債之方式。

「公司債」之發行通常以「債券」為之，屆至清償期時，應以本息返還，且不論公司是否盈餘，債權人對公司均享有利息之請求權。

二》公司債的種類

(一) 以「擔保情形」區分

1. **有擔保公司債**：係指以公司之不動產設定抵押權，或以動產設定質權，以為擔保的公司債。

2. **無擔保公司債**：係以公司信用擔保償還債務，或限制公司負擔公司債額度以外之債務為擔保方式的公司債。

3. **保證公司債**：係由第三人（如銀行）就公司債之本金及利息的償還予以保證的公司債；為我國發行公司債的主流。

（二）以「記名情形」區分

1. **記名公司債**：債券上記載債權人姓名之公司債，得由持有人以背書轉讓之（公260）。

2. **無記名公司債**：未於債券上記載債權人姓名之公司債，債權人得隨時請求改為記名公司債（公261）。

（三）以「轉換情形」區分

1. **可轉換公司債**：公司債可轉換為公司股份，即公司債券於股票行情看漲時，可向公司請求，將原持有之公司債券，換發為股票。

2. **不可轉換公司債**：公司債不得轉換為公司股份者謂之。

三》公司債的募集程序

公司債的募集須經董事會決議。但董事會須將募集公司債的原因及有關事項報告股東會（公246）。

（一）募集方式

董事會對公司債之募集，可採公開或私募方式。

1. 公開募集方式

公開發行股票公司之公司債總額，不得逾公司現有全部資產減去全部負債後之餘額。無擔保公司債之總額，不得逾前項餘額二分之一（公247）。

公司債額度表

有擔保公司債總額＝公司全部資產－公司全部負債

無擔保公司債總額＝有擔保公司債總額×1/2

2. 私募方式

民國九十年修改公司法時，於第二百四十八條第二項規定，公司得檢附資料向證券主管機關報備普通公司債、轉換公司債或附認股權公司債之私募，不受第二百四十九條第二款及第二百五十條第二款之限制；私募之發行公司不以上市、上櫃、公開發行股票之公司為限。但私募人數不得超過三十五人；惟金融機構應募者，不在此限。

（二）募集流程

公司董事會在不違反上述公司債發行總額，及有關禁止規定下，須作成募集公司債之決議，再依公司法第二百四十八條所規定事項，向證券管理機關申請辦理之。

經獲證券管理機關核准後，董事會應依公司法第二百五十二條之規定，備置公司債應募書並公告開始募集；應募人於填寫應募書及繳款後，完成公司債之募集程序（公253 I）。

四》公司債的發行機關

公司發行公司債時，除原有之股東會、董事會及監察人外，需另設「受託人」及「債權人會議」二機關。

（一）受託人

受託人係受公司債發行公司之委託，與公司訂立信託契約，約定以應募人利益而設立之具有監督與執行功能之機關。受託人以金融或信託事業為限（公248 VI），如銀行、保險公司、信託投資公司等。

受託人對於債券、文件有為應募人之利益，查核及監督公司履行公司債發行事項之權（公255 II）。且受託人於公司不履約時，可請求拍賣擔保品，以保障債權人權益。

（二）債權人會議

公司債債權人會議，是公司債債權人之臨時意思機關。會議參加者並非公司股東，亦非公司全體之債權人，而是同一發行性質的公司債債權人所組成。會議之目的在決議公司債債權人之共同利害事項。

五 » 公司債的款式

(一) 制式債券

發行公司債應以「債券」載明擔保、轉換或可認購字樣，由代表公司之董事簽名或蓋章，並經依法得擔任債券發行簽證人之銀行簽證後發行之；又若有擔保之公司債應於債券正面保證人處簽名或蓋章（公257）。

六 » 公司債的償付與消滅

有關公司債的償付與消滅，有三項特殊規定：

(一) 公司債的付息

公司債之利率，應依債券之記載而定。通常之公司債券，均附有利息憑證，以利債權人換取利息。此項利息給付請求權，自得為請求之日起，經過五年不行使，因時效而消滅（民126）。

(二) 公司債的償還

屆期清償謂之償還；其請求權時效為十五年。償還之方法包含期滿還本、分期償還及公司自行收買銷除。

(三) 公司債的消滅

公司債之消滅可區分為一般消滅原因及特別消滅原因。前者係民法一般債務消滅之規定，如清償、提存、抵銷、免除及混同等；惟公司債清償之方法及期限，應依債券之記載而定，或期滿一次償還，或分期償還，均無不可。後者特別消滅之原因，如收買銷除或轉換股份。

▌案例題型 »»»»»»»»»

新陽食品股份有限公司因經濟不景氣及經營不善，公司面臨極大危機，董事長李雲光到處借款不成，公司亦無法增資發行承股，李董事長想以「發行公司債」渡此難關，則可發行的額度如何計算？募集的流程如何處理？

‹‹‹‹‹‹‹‹‹‹‹‹‹‹

練習題庫

一、是非題

1. (　　) 股份有限公司公司債之債權人在公司未有盈餘情形下，依法免除當年度利息請求權。

2. (　　) 有擔保公司債總額為公司全部資產減去公司全部負債及無形資產後之餘額。

二、選擇題

1. (　　) 下列何種公司籌措資金的方法易造成股東人數增加？　(A)借貸　(B)募股　(C)發行公司債。

2. (　　) 下列何者非股份有限公司公司債之償還方法？　(A)股票交換　(B)期滿還本　(C)分期償還。

8.12 股份有限公司的重整

體系整理

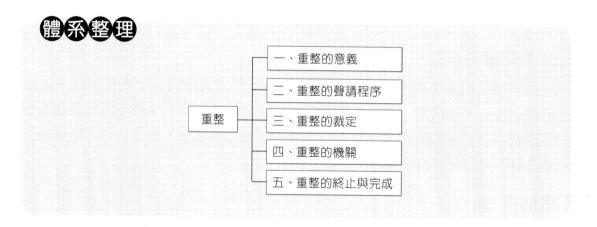

重整 ─┬─ 一、重整的意義
　　　├─ 二、重整的聲請程序
　　　├─ 三、重整的裁定
　　　├─ 四、重整的機關
　　　└─ 五、重整的終止與完成

一》重整的意義

　　「公司重整」乃公開發行股票或公司債之股份有限公司，因財務困難，暫停營業或有停業之虞，而有重建更生之可能者，得由公司或關係人向法院聲請，法院酌情確有重建之價值，而裁定准予重整之制度。

重整制度在以公權力促使利害關係人合作，以挽救瀕臨倒閉之公司，免於破產之厄運，以維持社會經濟之安定與繁榮。值得注意的是，股份有限公司以外之他種公司型態，或雖為股份有限公司，但未公開發行股票或公司債者，皆無聲請公司重整之可能。

■ 重整的聲請程序

(一) 聲請權人

股份有限公司重整之聲請權人限於下列關係人：

1. 董事會

董事會為公司重整之聲請，應以董事三分之二以上之出席，及出席董事過半數同意之決議行之（公282 II）；由代表公司之董事長，檢同董事會議事錄為之。

2. 股東

須繼續六個月以上持有已發行股份總數百分之十以上股份之股東為之（公282 I）。

3. 債權人

須有相當於公司已發行股份總數金額百分之十以上之公司債權人為之（公282 I）。

4. 工會（公282I）。

5. 公司三分之岸以上之受僱員工（公282I）。

(二) 聲請書狀

公司重整之聲請，應由聲請人以書狀連同副本五份向法院為之。該項書狀應載明下列事項（公283 II）：

1. 聲請人之姓名及住所或居所；聲請人為法人、其他團體或機關者，其名稱及公務所、事務所或營業所。

2. 有法定代理人、代理人者，其姓名、住所或居所，及法定代理人與聲請人之關係。

3. 公司名稱、所在地、事務所或營業所及代表公司之負責人姓名、住所或居所。

4. 聲請之原因及事實。

5. 公司所營事業及業務狀況。

6. 公司最近一年度依第二百二十八條規定所編造之表冊；聲請日期已逾年度開始六個月者，應另送上半年之資產負債表。

7. 對於公司重整之具體意見。

（三）管轄法院

公司重整之管轄，準用民事訴訟法之規定（公314）。應由公司所在地之法院管轄（民事訴訟法2 II、非訟事件法81 I）。

三 》重整的裁定

法院對於重整之聲請，應依民事訴訟法對當事人作一形式審查，包括聲請重整之公司、聲請人、法院之管轄權等，是否符合公司法第二百八十二條，以及民事訴訟法第九條等要件（公314）。

法院亦得進行實質審查，徵詢相關主管機關之意見（公284），或選任對公司業務具有專門學識、經營經驗而非利害關係人者，調查公司之業務、財務狀況等，作為裁定之參考（公285）。

法院審查結果認為合法，確定公司因財務困難或有暫停營業之虞而有重整價值者，法院應即為准許重整之裁定。而裁定重整的措施、效力及作法另有規定如下：

（一）法院之裁定重整措施

法院為重整裁定時，應就對公司業務，具有專門學識及經營經驗者或金融機構，選任為重整監督人，並決定債權及股東權申報、審查、會議之期日及場所（公289 I）法院裁定後，並應將上述事項公告之（公291 I）。

（二）法院之裁定重整效力

1. 業務及財務之移交

重整裁定送達公司後，由重整監督人監督，將公司董事及經理人之經營、處分權及業務及財務一切文件與財產移交於重整人（公293 I）。

2. 破產、和解、強制執行等程序之中止

上述程序因與重整之目的不合，故應立即當然中止（公294）。

3. **保全處分之繼續或開始**

法院依法所爲之保全處分，仍然繼續；未爲各該處分者，仍得依利害關係人或重整監督人之聲請，或由法院依職權裁定之（公295）。

4. **重整開始之登記**

法院准許公司重整後，應檢同裁定書，通知主管機關，爲重整開始之登記，並由公司將裁定書影本黏貼於該公司所在地公告處。（公292）。

(三) 公司配合裁定重整作法

1. **董事職權之取代**

重整程序開始後，董事之職務由重整人所取代，得行使董事之職權，例外如營業行爲以外之公司財產處分行爲等，重整人應事先得到重整監督人之許可，方可執行。

2. **重整債務優先清償**

「重整債務」係指公司在重整程序中所生之債務，重整債務優先於重整債權而受清償，且無須依重整程序，向重整監督人申報，債權人得直接向重整人請求償還之（公312）。

3. **擬訂與執行重整計劃**

公司重整人爲使公司繼續經營，得將全部或一部重整債權人或股東權利之處分情形，擬訂「重整計劃」（公304 I）。重整計劃之執行，原則自法院裁定認可確定之日起算不得超過一年。

4. **關係人會議之召集**

公司重整開始後，由關係人會議取代原有之股東會，該會議對重整計劃可決後，交由重整人按重整計劃執行之。第一次關係人會議應在債權及股東權申報期間（法院裁定之日起三十日以下）屆滿後三十日以內召集（公289 I）。第一次以外之關係人會議則由重整監督人召集之（公300 II）。

四》重整的機關

重整的機關即指重整人、重整監督人及關係人會議等三者。

（一）重整機關的意義

1. 重整人

乃重整程序中，執行公司重整業務，代表公司，擬定並執行重整計劃之法定必備機關。

2. 重整監督人

乃由法院所選任，於重整程序中，監督重整人執行職務，並主持關係人會議之法定必備機關。

3. 關係人會議

乃由重整債權人及股東等利害關係人所組成，針對「重整計劃」予以決議之機關。

（二）重整機關的產生

1. 重整人之選派

公司重整人由法院就債權人、股東、董事、目的事業中央主管機關或證券管理機關推薦之專家中選派之（公290 I）。

惟關係人會議多數決議主張另行選定重整人時，得提出候選人名單，聲請法院選派之。除此，重整人執行職務應受重整監督人之監督，其有違法或不當情事者，重整監督人得聲請法院解除其職務，另行選派之（公290 III）。

2. 重整監督人之選派

法院為重整裁定時，應就對公司業務具有專門學識及經驗者或金融機構，選任為重整監督人。又重整監督人，人數至少一人，應受法院監督，並得由法院隨時改選（公289 II）。

3. 關係人會議之組成

重整債權人、股東為公司重整關係人，關係人會議由重整監督人為主席，並召集除第一次以外之關係人會議。而重整人及公司負責人，於關係人會議開會時，應列席備詢（公300）。

（三）重整機關的責任

重整人及重整監督人，均應以善良管理人之注意，執行其職務。如執行職務有違反法令，致公司受有損害時，對於公司應負賠償責任。其對於職務上之行為

有虛偽之陳述時，各處一年以下有期徒刑，拘役或科或併科新臺幣六萬元以下罰金（公313）。

五 » 重整的終止與完成

(一) 重整終止的原因與效力

1. 重整終止之原因

重整程序開始後，有下列原因之一者，由法院徵詢中央主管機關及目的事業中央主管機關及證券管理機關意見後，以裁定終止其重整程序：

(1) 重整計劃未得關係人會議之可決，經法院指示再予審查，仍未獲可決又顯無重整價值者，應裁定終止重整（公306 II前段）。

(2) 重整計劃因情事變遷或有正當理由致不能或無須執行，其公司又顯無重整之可能或必要者，法院得因聲請，裁定終止重整（公306 III）。

(3) 重整計劃經法院為不予認可之裁定確定者（公305 I反面解釋）。

2. 重整終止之效力

法院裁定終止重整，除依職權宣告公司破產者，依破產法之規定外，有下列效力（公308）：

(1) 法院依法所為之各項保全或緊急處分或所生之效力，均失效力。

(2) 因怠於申報權利，而不能行使權利者，恢復其權利。

(3) 因裁定重整，而停止之股東會、董事及監察人之職權，應即恢復。

(二) 重整完成的條件與效力

1. 重整完成之條件

公司重整人應於重整計劃所定期限內，完成重整工作，並聲請法院裁定，裁定確定後召集重整後之股東會。重整後之公司董事、監察人於就任後，應會同重整人向主管機關申請登記或變更登記（公310）。

2. 重整完成之效力

已申報之債權，未受清償部分，移轉重整後之公司承受。且股東股權經重整而變更或減除之部分，其權利消滅。又重整裁定前，公司之破產、和解、強制執行及因財產關係所生之訴訟等程序，即行失其效力（公311 I）。

練習題庫

一、是非題

1. (　　) 股份有限公司除因合併、破產而解散者外，均應進行重整程序。

2. (　　) 股份有限公司之重整聲請，應向法院為之。

二、選擇題

1. (　　) 下法院對股份有限公司重整之聲請，應依何法對當事人作一形式審查：(A)民事訴訟法 (B)刑事訴訟法 (C)行政程序法。

2. (　　) 下列何人為法院選任主持重整關係人會議？ (A)檢查人 (B)重整人 (C)重整監督人。

3. (　　) 重整程序之聲請僅限下列何種公司： (A)有限公司 (B)無限公司 (C)股份有限公司。

8.13 股份有限公司的清算

體系整理

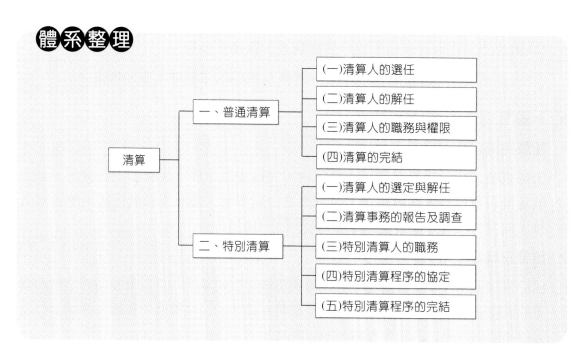

公司之清算，乃指了結已解散之公司的一切法律關係，並分配其剩餘財產之程序。公司除因合併、分割或破產而解散者外，均應進行清算（公24）；且解散之公司，於清算範圍內，視為尚未解散（公25）。

至於公司之清算，依其特別規定之有否，可區分「普通清算」及「特別清算」兩類：

一 » 普通清算

公司解散，首須進行普通清算，非有特別原因，不得任意選擇特別清算程序。所謂普通清算，由公司自行清算，對公司債權人並無特別保護，法院亦不干涉其清算之程序。

(一) 清算人的選定（公322）

1. 法定清算人

股份有限公司依法以董事為清算人。

2. 指定清算人

股份有限公司之章程，明定董事以外之人為清算人者，自應從其規定。

3. 選任清算人

不論章程有無預定清算人，股東會皆得另選清算人。

4. 選派清算人

不能依前述方法決定清算人時，法院得因利害關係人之申請，選派清算人。

(二) 清算人的解任（公323）

1. 股東會解任

清算人除由法院選派者外，得由股東會決議解任。

2. 法院解任

法院因監察人或繼續一年以上持有已發行股份總數百分之三以上股份股東之聲請，得將清算人解任。法院亦得依職權解除其任務（民39）。

(三) 清算人的職務與權限

清算人之職務，依公司法第三百三十四條規定，準用第八十四、八十九條。其執行清算事務之程序，可參閱本書第五章有關「無限公司清算之規定」。

(四) 清算的完結

清算人原則上應於六個月內完結清算；清算完結時，清算人應於十五日內，造具清算期內收支表、損益表，連同各項簿冊，送經監察人審查，並提請股東會承認（公331 I）。股東會承認後十五日內，清算人應將已經承認之收支表及損益表，向法院聲報（公331 IV）。而公司亦應自清算完結聲報法院之日起，將各項簿冊及文件保存十年（公332）。

■ 特別清算

「特別清算」乃普通清算之實行發生顯著障礙，或公司負債超過資產有不實之嫌疑時，法院依債權人或清算人或股東或依職權，得命令公司開始特別清算之程序（公335 I）。

(一) 清算人的選任與解任

特別清算程序中，清算人之選任及解任與普通清算相同；不論清算人如何產生，有重要事由時，法院均得解任之。清算人缺額或有增加人數之必要時，由法院選派之（公337 II）。

(二) 清算事務的報告及調查

法院為明瞭公司清算進行情形，得隨時命令清算人，為清算事務及財產狀況之報告，並得為其他清算監督上之必要調查（公338）。

(三) 特別清算人的職務

特別清算程序中，清算人的職務，原則與普通清算相同，另有特別規定如下：

1. 聲請法院開始特別清算（公335 I）。
2. 造具公司業務及財產狀況之調查書及會計表冊（公344前段）。

3. 向債權人會議陳述意見（公344後段）。

4. 對債權人會議提出協定之建議（公347）。

5. 聲請法院命令檢查公司業務及財產（公352 I）。

(四) 特別清算程序的協定

　　所謂協定，乃特別清算程序中之公司與債權人團體間以妥協之方式，為債務之清償；使清算程序得以終了，所成立之一種和議。有關協定之規定如下：

1. 協定之提出

清算人得對債權人會議提出協定之建議（公347）。協定之條件，在各債權人間，除依法優先受償外應屬平等。

2. 協定之決議

應有得行使表決權之債權人過半數之出席，及得行使表決權之債權總額四分之三以上之同意行之（公350 I）；此項決議，應得法院之認可（公350 II）。

3. 協定之變更

協定在實行上遇有必要時，得變更其條件，其變更準用公司法第三百四十七條至第三百五十條之規定（公351）。

4. 協定之效力

協定經法院認可後，對於債權人會議之全體組成人員，均有效力（公350 III準用破產法136）。

(五) 特別清算程序的完結

　　法院於命令特別清算開始後，有下列情形之一者，其特別清算程序完結：

1. 各債權人獲得完全清償時。

2. 協定決議實行完畢時。

3. 協定不可能決議或執行不可能時，法院依職權為破產之宣告（公355）；其特別清算程序，自然由破產程序代之。

練習題庫

一、是非題

1. (　　) 清算人原則應於一年內完結清算。

2. (　　) 股份有限公司得以章程明定董事以外之人為清算人。

二、選擇題

1. (　　) 股份有限公司下列何種原因須經由清算程序　(A)因合併而解散　(B)因破產而解散　(C)因決議而解散。

2. (　　) 特別清算程序的完結，下列何者非其法定清算：　(A)各債權人獲得完全清償　(B)法院為破產之宣告　(C)法院解除清算人任務。

8.14　股份有限公司的組織轉變

體系整理

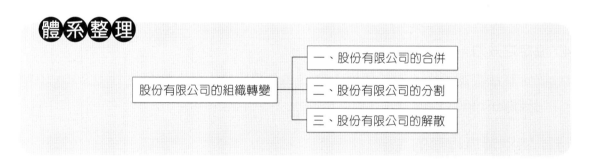

股份有限公司的組織轉變
- 一、股份有限公司的合併
- 二、股份有限公司的分割
- 三、股份有限公司的解散

一»股份有限公司的合併

股份有限公司之合併，除適用公司法總則及準用無限公司有關合併之規定而性質不相牴觸者外，尚有以下特別規定：

(一) 合併契約的作成

公司分割或與他公司合併時，董事會應就分割、合併有關事項，作成分割計畫、合併契約，提出於股東會（公317 I前段）。合併契約應以書面為之，並記載法定事項（公317-1I）。

(二) 合併契約的決議

可區分為「一般公司之合併決議」與「關係企業之合併決議」兩類。

1. 一般公司之合併決議

應有代表已發行股份總數三分之二以上股東之出席，以出席股東表決權過半數之同意行之。公開發行股票之公司，出席股東之股份總額不足前述定額者，得以有代表已發行股份總額過半數股東之出席，出席股東表決權三分之二以上同意行之。前二項出席股東股份總數及表決權數，章程有較高之規定者，從其規定（公316）。

2. 關係企業之合併決議

控制公司持有從屬公司百分之九十以上已發行股份者，得經控制公司及從屬公司之董事會以董事三分之二以上出席，及出席董事過半數之決議，與其從屬公司合併（公316之二）。

(三) 反對合併的股份收買請求權

股東在議決合併契約之股東會集會前或集會中，以書面表示異議，或口頭表示異議經紀錄者，得放棄表決權，而請求公司按當時公平價格，收買其持有之股份（公317）。

(四) 合併的程序及效力

股份有限公司合併程序準用無限公司之有關規定（公319準用公73至公75）。至於公司合併後，股份合併即為生效，其股份不適於合併者，應為處分後，分別循下列程序行之（公318）。

1. 存續公司，應即召集合併後之股東會，為合併事項之報告，其有變更章程必要者，並為變更章程。

2. 新設公司，應即召開發起人會議，訂立章程。

上述變更或訂立之章程，均不得違反合併契約之規定；且因合併而消滅之公司，其權利義務，應概括的由存續或另立之公司承受（公75）。

▌案例題型 >>>>>>>>>

設有甲股份有限公司擬合併乙有限公司為甲股份有限公司，其合併程序如何進行？倘甲股份有限公司擬購買丙股份有限公司之全部營業設備及經營權，則其程序如何辦理，以及是否屬於公司法上之合併？

【101年公務人員特種考試法務部調查局調查人員考試】

‹‹‹‹‹‹‹‹‹‹‹‹‹

▌案例題型 >>>>>>>>>

甲股份有限公司（以下簡稱甲公司）持有乙股份有限公司（以下簡稱乙公司）百分之九十一股份，現甲公司擬合併乙公司，除簽訂合併契約外，並經合併決議通過。然甲公司股東A與乙公司股東B均反對該合併，並於期限內提出書面異議。問：該合併案得經甲乙二公司何種程序的決議始能生效？股東A、B可否請求甲乙公司依當時公平價格收買其股份？

【101年公務人員高等考試三級考試試題－經建行政】

‹‹‹‹‹‹‹‹‹‹‹‹‹

■》股份有限公司的分割

「公司分割」係指某一公司以其營業或財產之全部或一部使他公司承受後，形成二個以上獨立人格公司。公司分割之目的，多屬大型公司為追求多角化經營而為之手段。亦有政府為防止企業壟斷市場，排除獨占狀態，而強制公司分割者，如美國之微軟電腦公司；此外尚有因節稅目的、繼承結果、股東利益衝突或提升企業獲利率而分割。

(一) 公司分割的方式

1. 以是否「另行成立公司」區分

(1) 新設分割：指一公司將其營業或財產之一部或全部，由新設立之公司承受。

(2) 吸收分割：指一公司將其營業或財產之一部或全部，由既存之他公司承受，而不再另立新公司。

2. 以是否「被分割公司繼續存在」區分

(1) 存續分割：指分割程序完成後，被分割公司依然存續；例如甲公司雖將財產一部分別分割給乙、丙二家公司，而甲公司仍然存續。

(2) 消滅分割：指分割程序完成後，被分割公司解散消滅，其全部營業或財產均移轉給承受公司。

（二）公司分割的程序

公司分割時，董事會應就分割有關事項，作成書面之分割計畫，提出於股東會（公317 I前段）。股東會應有代表已發行股份總數三分之二以上股東之出席，以出席股東表決權過半數之同意，作成分割計畫之決議（公316 I）。

（三）公司分割的效力

分割後受讓營業之既存公司或新設公司，應就分割前公司所負債務於其受讓營業之出資範圍內，負連帶清償責任。但債權人之連帶清償責任請求權，自分割基準日起二年內不行使而消滅（公319-1）。而被分割公司之股東當然的成為新設公司之股東。又公司因分割而消滅之公司，其權利義務，應由分割後既存或另立之公司承受（準用公75）。

三 » 股份有限公司的解散

股份有限公司的解散，除適用公司法總則及準用無限公司有關解散之規定而性質不相牴觸者外，尚有下列規定：

（一）解散之事由

股份有限公司有下列情事之一者，應予解散（公315 I）：

1. 章程所定解散事由。

2. 公司所營事業已成就或不能成就。

3. 股東會為解散之決議。

4. 有記名股票之股東不滿二人；但政府或法人股東一人者，不在此限。

5. 與他公司合併。

6. 分割。

7. 破產。

8. 解散之命令或裁判。

前項第一款得經股東會變更章程後，繼續經營；第四款得增加有記名股東繼續經營。至於公司所營事業已成就或不能成就，解釋上經股東會變更章程後，得予繼續經營。

(二) 解散的決議

股東會對於公司解散之決議，應有代表已發行股份總數三分之二以上股東之出席，以出席股東表決權過半數之同意行之。公開發行股票之公司，出席股東之股份總數不足前項定額者，得以有代表已發行股份總數過半數股東之出席，出席股東表決權三分之二以上同意行之。前二項出席股東股份總數及表決權數，章程有較高之規定者，從其規定（公316）。

(三) 解散的通知、公告及登記

公司解散時，除破產外，董事會應即將解散之要旨，通知各股東（公316 IV）。且公司之解散，除破產外，命令解散或裁定解散應於處分或裁定後十五日內，其他情形之解散應於開始後十五日內，申請主管機關為解散之登記，經核准後，在本公司所在地公告之。

(四) 解散的效力

公司經解散登記，其法人人格並非即時消滅，必俟清算完畢，始歸消滅。但若因破產或合併而解散者，因無清算之適用，故其法人人格即歸消滅。

8.15 閉鎖性股份有限公司

體系整理

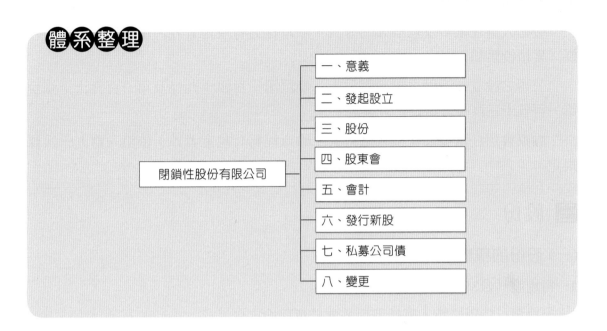

閉鎖性股份有限公司 ─
- 一、意義
- 二、發起設立
- 三、股份
- 四、股東會
- 五、會計
- 六、發行新股
- 七、私募公司債
- 八、變更

一 »意義（公356之1）

閉鎖性股份有限公司，指股東人數不超過五十人，並於章程定有股份轉讓限制之非公開發行股票公司。

前項股東人數，中央主管機關得視社會經濟情況及實際需要增加之；其計算方式及認定範圍，由中央主管機關定之。

公司應於章程載明閉鎖性之屬性，並由中央主管機關公開於其資訊網站。（公356之2）

二 »發起設立（公356之3）

發起人之出資除現金外，得以公司事業所需之財產、技術或勞務抵充之。但以勞務抵充之股數，不得超過公司發行股份總數之一定比例。

發起人之出資除現金外，得以公司事業所需之財產、技術、勞務抵充之。但以勞務抵充之股數，不得超過公司發行股份總數之一定比例。

前項之一定比例，由中央主管機關定之。

以技術或勞務出資者，應經全體股東同意，並於章程載明其種類、抵充之金額及公司核給之股數；主管機關應依該章程所載明之事項辦理登記，並公開於中央主管機關之資訊網站。

發起人選任董事及監察人之方式，除章程另有規定者外，準用第一百九十八條（累積投票制）規定。

公司之設立，不適用第一百三十二條至第一百四十九條及第一百五十一條至第一百五十三條（募集設立）規定。

股東會選任董事及監察人之方式，除章程另有規定者外，依第一百九十八條規定。

三》股份

(一) 股份的種類

1. 特別股（公356之7）

公司發行特別股時，應就下列各款於章程中定之：

一、特別股分派股息及紅利之順序、定額或定率。

二、特別股分派公司賸餘財產之順序、定額或定率。

三、特別股之股東行使表決權之順序、限制、無表決權、複數表決權或對於特定事項之否決權。

四、特別股股東被選舉為董事、監察人之禁止或限制，或當選一定名額之權利。

五、特別股轉換成普通股之轉換股數、方法或轉換公式。

六、特別股轉讓之限制。

七、特別股權利、義務之其他事項。

(二) 股份的轉讓（公356之5）

公司股份轉讓之限制，應於章程載明。

前項股份轉讓之限制，公司印製股票者，應於股票以明顯文字註記；不發行股票者，讓與人應於交付受讓人之相關書面文件中載明。

前項股份轉讓之受讓人得請求公司給與章程影本。

四》股東會

(一) 方式（公356之8）

公司章程得訂明股東會開會時，以視訊會議或其他經中央主管機關公告之方式爲之。

股東會開會時，如以視訊會議爲之，其股東以視訊參與會議者，視爲親自出席。

公司章程得訂明經全體股東同意，股東就當次股東會議案以書面方式行使其表決權，而不實際集會。

前項情形，視爲已召開股東會；以書面方式行使表決權之股東，視爲親自出席股東會。

(二) 行使表決權（公356之9）

股東得以書面契約約定共同行使股東表決權之方式，亦得成立股東表決權信託，由受託人依書面信託契約之約定行使其股東表決權。

前項受託人，除章程另有規定者外，以股東爲限。

股東非將第一項書面信託契約、股東姓名或名稱、事務所、住所或居所與移轉股東表決權信託之股份總數、種類及數量於股東常會開會三十日前，或股東臨時會開會十五日前送交公司辦理登記，不得以其成立股東表決權信託對抗公司。

五》發行新股

公司不得公開發行或募集有價證券。但經由證券主管機關許可之證券商經營股權群眾募資平臺募資者，不在此限。

前項但書情形，仍受第三百五十六條之一之股東人數及公司章程所定股份轉讓之限制。（公356之4）

公司發行新股，除章程另有規定者外，應由董事會以董事三分之二以上之出席，及出席董事過半數同意之決議行之。

新股認購人之出資方式，除準用第三百五十六條之三第二項至第四項規定外，並得以對公司所有之貨幣債權抵充之。

第一項新股之發行，不適用第二百六十七條（保留員工承購股份）規定。

（公356之12）

六》私募公司債（公356之11）

公司私募普通公司債，應由董事會以董事三分之二以上之出席，及出席董事過半數同意之決議行之。

公司私募轉換公司債或附認股權公司債，應經前項董事會之決議，並經股東會決議。但章程規定無須經股東會決議者，從其規定。

公司債債權人行使轉換權或認購權後，仍受第三百五十六條之一之股東人數及公司章程所定股份轉讓之限制。

第一項及第二項公司債之發行，不適用第二百四十六條、第二百四十七條、第二百四十八條第一項、第四項至第七項、第二百四十八條之一、第二百五十一條至第二百五十五條、第二百五十七條之二、第二百五十九條及第二百五十七條第一項有關簽證之規定。

七》變更

(一) 閉鎖性股份有限公司變更為非閉鎖性股份有限公司（公356之13）

公司得經有代表已發行股份總數三分之二以上股東出席之股東會，以出席股東表決權過半數之同意，變更為非閉鎖性股份有限公司。

前項出席股東股份總數及表決權數，章程有較高之規定者，從其規定。

公司不符合第三百五十六條之一規定時，應變更為非閉鎖性股份有限公司，並辦理變更登記。

公司未依前項規定辦理變更登記者，主管機關得依第三百八十七條第五項規定責令限期改正並按次處罰；其情節重大者，主管機關得依職權命令解散之。

(二) 非閉鎖性股份有限公司變更為閉鎖性股份有限公司（公356之14）

非公開發行股票之股份有限公司得經全體股東同意，變更為閉鎖性股份有限公司。

全體股東為前項同意後，公司應即向各債權人分別通知及公告。

一百零四年六月十五日修正之第十三節條文之施行日期由行政院定之。（公449）

本章習題

1. 請說明股份有限公司的資本三原則中「資本確定原則」意義為何？又「折衷式授權資本制」與「單純（完全）授權資本制」之意義為何？我國現行公司法採取何種授權資本制？【100 年公務人員升官等考試試題 薦任 經建行政】

2. 股份有限公司設立的條件為何？有何規定？

3. 股份有限公司之設立程序可分那兩類？又其設立程序有何法律規定？

4. 股份有限公司章程絕對必要記載事項為何？

5. 股份有限公司設立效力為何？

6. 股份的種類如何區分？

7. 股份有限公司特別股有何分類？又其特別優先股有何優惠方式？

8. 股份有限公司股份的內容為何？有何研議之處？

9. 股份有限公司的轉讓以自由原則，但有那三項例外規定？

10. 股票的性質為何？有何發行規定？

11. 股份有限公司股東的義務與權利各有何規定？

12. 股份有限公司股東會的召集程序、表決權行使有何不同規定？

13. 股份有限公司其股東會決議方式可分那三類？其各有何決議事項與方式？

14. 股份有限公司董事的人數、資格、任期有何規定？

15. 股份有限公司董事的選任及解任有何規定？

16. 股份有限公司董事的職權與義務有何規定？

17. 股份有限公司董事會的決議方式可分那二類？如何進行？

18. 股份有限公司監察人的人數、資格、任期、選任有何規定？

19. 股份有限公司監察人的職權為何？

20. 股份有限公司會計表冊的編造、查閱與承認，各有何規定？

21. 股份有限公司股利分派的要件與方法為何？

22. 股份有限公司公司債種類可分那三種？各有何特色？

23. 股份有限公司籌措資金，解決營運困境的方法有那些？

24. 股份有限公司公司債的種類為何？

25. 股份有限公司公司債的募集方式及募集流程為何？

26. 股份有限公司發行新股的方式為何？

27. 股份有限公司發行新股的程序與登記各有何規定？

28. 股份有限公司變更章程的方式與決議爲何？

29. 股份有限公司重整的意義爲何？其聲請程序有何規範？

30. 股份有限公司經法院裁定重整的效力有何特別規定？

31. 股份有限公司重整的機關爲何？

32. 股份有限公司之清算有何規定？如何區分？

33. 股份有限公司合併的程序與決議如何產生？

34. 股份有限公司解散之事由及其程序？

35. 閉鎖性股份有限公司之意義及其相關規定？

9

關係企業

商事法
Commercial Law

9.1 關係企業的概念

公司法第十三條規定公司轉投資之限制，惟限制規定多在「投資額」部分，亦即明顯以約束傳統單一企業為對象；此乃自民國十八年公司法公布以來，普遍存在的現象。

傳統單一企業的公司經營由公司負責人主導，並以公司本身之利益為目標。但現今常見企業彼此間存有特殊而持久的關係，影響彼此的經營方式及決策標準。例如，某公司之董事長，名義上是此公司之最高負責人，但實際上，卻無法完全掌握決策權，而須聽命於另一公司，這種特殊關係而結合之企業，就是「關係企業」。

然而我國自六十年代貿易順差以後，國內企業轉投資增加，公司與公司相互關係，愈來愈緊密，於是以「關係企業」方式運作大為增加；惟在七十年代缺乏有效法律規範，發生了企業連瑣倒閉、聯合哄抬物價及利益輸送、虛造報表等流弊。因此，民國八十六年增訂公司法第六章之一，自第三六九條之一至第三六九條之十二，合計十二個條文用以規範「關係企業」，以避免大公司利用轉投資方式，圖利少數股東，保障大眾及公司債權人之利益。

9.2 關係企業的界定

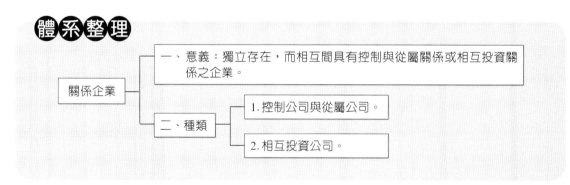

「關係企業」係指獨立存在而相互間具有控制與從屬之公司，或相互投資之公司（公369之一）。由此可知關係企業可分成兩種型態，即「有控制與從屬關係之公司」及「相互投資之公司」。

一》有控制與從屬關係之公司

所謂「控制與從屬」，即指：

1. 公司持有他公司有表決權之股份或出資額，超過他公司已發行有表決權之股份總數或資本總額半數者爲控制公司，該他公司爲從屬公司。（公369之二I）此係以「表決權」劃分。

2. 公司直接或間接控制他公司之人事、財務或業務經營者，爲控制公司，該他公司爲從屬公司。（公369之二II）此係以「經營權」劃分。

3. 有下列情形之一者，推定爲有控制與從屬關係。（公369之三）

   (1) 公司與他公司之執行業務股東或董事有半數以上相同者。此係以「股東或董事人數劃分」。

   (2) 公司與他公司之已發行有表決權之股份總數或資本總額有半數以上爲相同之股東持有或出資者。此係以「股份或資本總數劃分」。

4. 相互投資公司各持有對方已發行有表決權之股份總數或資本總額超過半數者，或互可直接或間接控制對方之人事、財務或業務經營者，互爲控制與從屬公司。（公369之九II）此係以「相互表決、經營權歸屬」劃分。

   分派員工酬勞包括符合一定條件之從屬公司員工（公235之1）。

   公司應於章程訂明以當年度獲利狀況之定額或比率，分派員工酬勞。但公司尚有累積虧損時，應予彌補。

   公營事業除經該公營事業之主管機關專案核定於章程訂明分派員工酬勞之定額或比率外，不適用前項之規定。

   前二項員工酬勞以股票或現金爲之，應由董事會以董事三分之二以上之出席及出席董事過半數同意之決議行之，並報告股東會。

   章程得訂明前項發給股票或現金之對象，包括符合一定條件之從屬公司員工。

二》相互投資之公司

所謂「相互投資公司」，指公司與他公司相互投資各達對方有表決權之股份總數或資本總額三分之一以上者。但如超過半數者，即屬控制與從屬關係之公司。（公369之九I）

實務案例

　　隸屬中華職棒的「統一7-ELEVEn獅」隊，係「統一棒球隊股份有限公司」所有，而「統一棒球隊股份有限公司」為「統一企業股份有限公司」的子公司，故兩公司間屬關係企業；董事與監察人均係由「統一企業股份有限公司」以法人股東代表方式指定擔任。

練習題庫

一、是非題

1. (　　)「相互投資公司」係指公司與他公司相互投資各達對方有表決權之股份總數或資本總額有半數以上者。

2. (　　)關係企業係指獨立存在而相互間具有控制與從屬之公司，或相互投資之公司。

二、選擇題

1. (　　)相互投資公司，是公司與他公司相互投資各達對方有表決權之股份總數或資本總額幾分之幾之以上者：　(A)二分之一　(B)三分之一　(C)四分之一。

9.3　少數股東及債權人之保護

體系整理

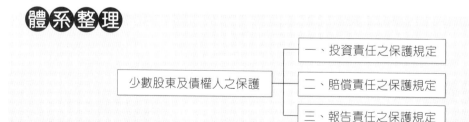

少數股東及債權人之保護
- 一、投資責任之保護規定
- 二、賠償責任之保護規定
- 三、報告責任之保護規定

　　為保護從屬公司及相互投資公司之少數股東及債權人，公司法在「投資責任」、「賠償責任」及「報告責任」等三方面上列有特別之保護規定，分述如下：

一》投資責任

　　此處又可分為「投資公開」、「投資限制」與「投資計算」等三點：

(一) 投資公開

　　公司之間是否為關係企業，股東及債權人應有知的權利，俾得以保障自己的權益。公司法對此乃要求關係企業投資狀況予以公開化，其方式包括：

1. 投資通知

公司持有他公司有表決權之股份或出資額，超過該他公司已發行有表決權之股份總數或資本總額三分之一者，應於事實發生之日起一個月內，以書面通知該他公司（公369之八I）。此舉在避免公司有計劃的大量收購股權，具有潛在的控制力量，以及避免股東及債權人被資本虛胖現象所矇蔽，故應有投資通知義務。

2. 投資公告

受通知公司，應於收到上述通知五日內公告之，公告中應載明通知公司名稱及其持有股份或出資額之額度（公369之八III）。藉使股東及債權人隨時掌握公司之投資狀況，以利作出正確的投資判斷或維護權益。

(二) 投資限制

1. 抵銷之限制

控制公司直接或間接使從屬公司為不合營業常規或其他不利益之經營者，若控制公司對從屬公司存有債權，則控制公司對從屬公司應負擔之損害賠償限度內，不得主張抵銷（公369之七I）。

2. 清償之限制

前項債權於從屬公司依破產法之規定為破產或和解，或依公司法之規定為重整或特別清算時，應次於從屬公司之其他債權受清償（公369之七II），以保護公司債權人。

3. 表決權行使之限制

相互投資公司知有相互投資之事實者，其得行使之表決權，不得超過被投資公司已發行有表決權股份總數或資本總額之三分之一。但以盈餘或公積增資配股所得之股份，仍可行使表決權。（公369之十I）。

4. 股份收買收質之限制

被持有已發行有表決權之股份總數或資本總額超過半數之從屬公司，不得將控制公司之股份收買或收為質物（公167 II，此條係民國九十年參考日本商法211之2條修正之）。

（三）投資計算

公司持有他公司之股份或出資額，其投資計算除股東名冊上記載之數量外，為避免公司利用第三人規避公司法之規定。尚需包括：1.公司之從屬公司所持有他公司之股份或出資額；2.第三人為該公司而持有之股份或出資額；3.第三人為該公司之從屬公司而持有股份或出資額。（公369-11）。

所謂第三人包括自然人或法人。其基於信託關係而為公司之受託人者，或基於委任關係為公司利益計算者，其所持股數，均應一併計算之。

■》賠償責任

此一賠償責任之規定，乃在抑制控制公司利用從屬公司圖謀私利，以及保護股東及債權人之權益。

（一）賠償事由

控制公司直接或間接使從屬公司為不合營業常規或其他不利益之經營，而未於會計年度終了時為適當補償，致從屬公司受有損害者，應負賠償責任（公369之四I）。

（二）賠償範圍

1. 控制公司負責人使從屬公司為公司法第三六九條之四第一項之經營者，應與控制公司就其損害負連帶賠償責任（公369之四II）。

2. 控制公司使從屬公司為公司法第三六九條之四第一項之經營，致他從屬公司受有利益，受有利益之該他從屬公司於其所受利益限度內，就控制公司應負之賠償負連帶責任（公369之五）。

三》報告責任

　　為確定控制公司對從屬公司之責任，並進而保護公開發行股票公司之投資大眾。故公司法第三百六十九條之十二，規定控制公司與從屬公司均負有報告責任：

(一) 控制公司

　　從屬公司為公開發行股票之公司者，應於每會計年度終了，編製關係企業合併營業報告書及合併財務報表。（公369之十二II）

(二) 從屬公司

　　從屬公司為公開發行股票之公司者，應於每會計年度終了，造具其與控制公司之關係報告書，載明相互間之法律行為、資金往來及損益情形。（公369之十二I）

▎案例題型»»»»»»»»»»

　　非公開發行之B鞋材股份有限公司（下稱B公司）C鞋業股份有限公司（下稱C公司）亦投資B公司，占其實收資本額51％，並取得B公司過半數之董監席次，實際上負責B公司之經營。B公司經常以低於市場行情之價格賣給C公司半成品，供C公司製成運動鞋行銷海內外。B公司股東丙非常不滿此種不合常規的交易安排。股東丙對B、C公司之間的不合常規交易，在法律上有何請求權？

【101年公務人員特種考試司法官考試第二試試題】

«««««««««««««

▎案例題型»»»»»»»»»»

　　A通訊公司為一公開發行公司（下稱A公司），其最大股東為B電腦股份有限公司（下稱B公司）。B公司持有A公司已發行有表決權股份總數37％之股權。A公司設有五席董事，B公司指派其代表人甲與乙依公司法第27條第2項規定分別當選A公司之董事，甲並被推選為A公司之董事長。因為B公司為A公司之最大股東，其就A公司業務之執行經常且實質指揮A公司之董事甲、乙及總經理丙。

　　倘B公司之上述指揮行為，致A公司受有損害，則A公司之小股東丁是否得依公司法之相關規定，主張B公司就其行為應負損害賠償責任？

【102年公務人員特種考試司法官考試第二試試題】

«««««««««««««

練習題庫

一、是非題

1. (　　) 從屬公司破產時，若控制公司對從屬公司存有債權，則該債權得優先受償。

2. (　　) 公司法規定關係企業中，控制公司與從屬公司均有向投資大眾報告責任。

二、選擇題

1. (　　) 公司持有他公司有表決權之股份或出資額，超過該他公司已發行有表決權之股份總數或資本總額的多少比例者，應於事實發生之日起一個月內，以書面通知該他公司：　(A)二分之一　(B)三分之一　(C)四分之一。

1. 我國「關係企業」的意義為何？
2. 我國「關係企業」可分為那幾種型態？
3. 為保護股東及債務人，公司法對「關係企業」有何特殊規範？
4. 公司法要求「關係企業」投資狀況公開化，有何規定？
5. 「關係企業」有何投資的限制？
6. 「關係企業」的賠償責任有何規定？

10 外國公司

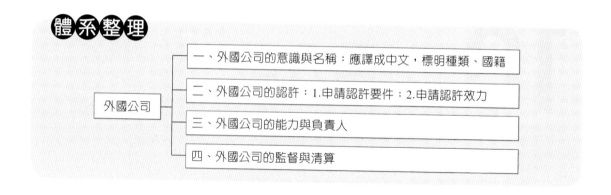

體系整理

外國公司
- 一、外國公司的意識與名稱：應譯成中文，標明種類、國籍
- 二、外國公司的認許：1.申請認許要件；2.申請認許效力
- 三、外國公司的能力與負責人
- 四、外國公司的監督與清算

10.1 外國公司的意義與名稱

一》外國公司的意義

外國公司係以營利為目的，依照外國法律組織登記，並經中華民國政府認許，在中華民國境內營業之公司。外國公司，於法令限制內，與中華民國公司有同一之權利能力（公4）。

二》外國公司之名稱

外國公司之名稱，應譯成中文，除標明其種類外，並應標明其國籍（公370）；例如美商安泰人壽股份有限公司。此一規定，一方面亦為維護我國主權之所在。

10.2 外國公司的認許

外國公司早已依該國法律有效設立，故經中華民國政府「認許」，即謂「承認」其已在外國存在之公司，許可在中華民國境內營業。

一》申請登記要件

外國公司之登記要件分為：

(一) 積極要件

外國公司非經辦理分公司登記，不得以外國公司名義在中華民國境內經營業務。違反前項規定者，行為人處一年以下有期徒刑、拘役或科或併科新臺幣十五萬元以下罰金，並自負民事責任；行為人有二人以上者，連帶負民事責任，並由主管機關禁止其使用外國公司名稱。

(二) 消極要件

有下列情形之一者，不予認許（公373）：

1. 公司之目的或業務，違反中華民國法律、公序良俗者；如以賭博、販賣軍火為業。

2. 申請登記之事項或文件，有虛偽情事者；如本以醫療藥品為業，而改以健康食品申請。

■》申請登記的效力

1. 外國公司非經辦理分公司登記，不得以外國公司名義在中華民國境內經營業務（公371 I）。外國公司在中華民國境內設立分公司者，應專撥其營業所用之資金，並指定代表為在中華民國境內之負責人。（公372 I）

2. 外國公司在中華民國境內設立分公司後，無意在中華民國境內繼續營業者，應向主管機關申請廢止分公司登記。但不得免除廢止登記以前所負之責任或債務。（公378）。

3. 有下列情事之一者，主管機關得依職權或利害關係人之申請，廢止外國公司在中華民國境內之分公司登記：一、外國公司已解散。二、外國公司已受破產之宣告。三、外國公司在中華民國境內之分公司，有第十條各款情事之一。前項廢止登記，不影響債權人之權利及外國公司之義務（公379）。

實務案例

依照外國法律組織登記以營利為目的之外國公司，欲在中華民國境內營業者，應先經經濟部認許，並辦理分公司登記者，始得在中華民國境內營業；而無意在中華民國境內設立分公司營業，惟指派其代表人在中華民國境內為業務上之法律行為者，則應向經濟部申請代表人辦事處報備。

因此，經濟部93年9月7日函釋明白表示，「認許」及「報備」係屬不同之法據，自無法使核准報備之行政處分有等同於認許之效果。

（參考資料：吳志光，認許與報備不同，理律法律雜誌雙月刊。）

10.3 外國公司的能力與負責人

一》能力方面

(一) 民法規定

依民法總則施行法第十二條規定：「經認許之外國法人，於法令限制內，與同種類之我國法人有同一之權利能力；前項外國法人，其服從我國法律之義務，與我國法人同」。

(二) 公司法規範

外國公司能力亦應受轉投資、貸款、為保證人之各種限制。依公司法第三百七十七條規定準用公司法第七條（外國公司在我國境內設立分公司者，其在我國境內營業所用之資金，亦須經會計師查核簽證）、第十二條、第十三條第一項、第十五條至第十八條、第二十條第一項至第四項、第二十一條第一項及第三項、第二十二條第一項、第二十三條至第二十六條之二……等規定。

(三) 外國人投資條例規定

依外國人投資條例第十二條第一項之規定：外國公司經我國政府認許後，得以其投資每年所得之淨利或孳息，申請結匯。惟此項結匯之權利不得轉讓。但投資人之合法繼承人或經核准受讓其投資之其他外國人或華僑，不在此限。

■》負責人方面

外國公司應在中華民國境內指定其訴訟及非訴訟之代理人，並以之為在中華民國境內之公司負責人（公372 II）。

10.4 外國公司的監督與清算

一》監督規定

外國公司在我國境內營業或為其他法律行為，不論有無經我國政府認許，均應由我國主管機關加以監督管理，一方面保護交易上之安全，另一方面亦維護我國之主權。

二》清算規定

外國公司在中華民國境內設立之所有分公司，均經撤銷或廢止登記者，應就其在中華民國境內營業，或分公司所生之債權債務清算了結；所有清算未了之債務，仍由該外國公司清償之。此項清算，以外國公司在中華民國境內之負責人，或分公司經理人為清算人，並依外國公司性質，準用公司法有關各種公司之清算程序（公380）。

因此清算的相關規定得區分下列五項敘述之：

(一) 清算事由與範圍

外國公司撤回認許或被主管機關撤銷或廢止其認許，即為清算事由，而其清算範圍則應就其在中華民國境內營業為清算（公380 I）。

(二) 清算人

以外國公司在中華民國境內之負責人或分公司經理人為清算人（公380 II）；無法產生時，則依公司法相關選派、選任方式產生。

(三) 財產處分之限制

外國公司在中華民國境內之財產，在清算時期中，不得移出中華民國國境，除清算人為執行清算外，並不得處分（公381）。

(四) 未了結債務之清償

外國公司之清算，應就其在中華民國境內營業，或分公司所生之債權債務清算了結，所有清算未了之債務，仍由該公司清償之（公380 I）。

(五) 負責人之連帶責任

外國公司在中華民國境內之負責人、分公司經理人或指定清算人，違反公司法第三八〇條及第三八一條規定時，對於外國公司在中華民國境內營業，或分公司所生之債務，應與該外國公司負連帶責任（公382）。

練習題庫

一、是非題

1. (　　) 外國公司之名稱，以原文標明種類及國籍時，得免附中文即可申請認許。

2. (　　) 外國公司在中華民國境內之財產，在清算時期中，不得移出華民國國境。

二、選擇題

1. (　　) 下列何者為外國公司在中華民國境內之法定清算人？　(A)分公司經理人　(B)總公司債權人　(C)關係企業投資人。

2. (　　) 下列何者為外國公司法定名稱型態？　(A)美商安泰人壽股份有限公司　(B)法商巴黎有限公司　(C)英商倫敦鐵道公司。

本章習題

1. 外國公司的意義為何？其使用名稱有何規定？
2. 外國公司申請認許的積極要件與消極要件為何？
3. 外國公司申請認許的效力有何特殊規定？
4. 外國公司之清算與我國公司之清算有何差異？公司法對清算事由、清算人及財產處分有何特殊規範？

11 票據法通則

11.1 票據的基本概念

體系整理

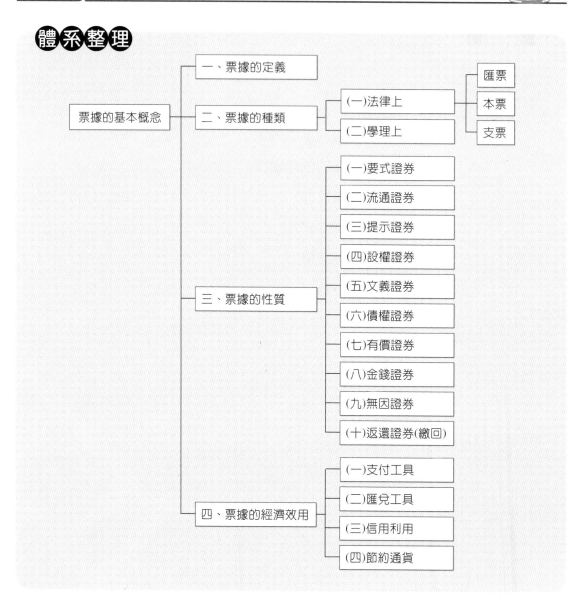

票據的基本概念
- 一、票據的定義
- 二、票據的種類
  - (一)法律上
    - 匯票
    - 本票
    - 支票
  - (二)學理上
- 三、票據的性質
  - (一)要式證券
  - (二)流通證券
  - (三)提示證券
  - (四)設權證券
  - (五)文義證券
  - (六)債權證券
  - (七)有價證券
  - (八)金錢證券
  - (九)無因證券
  - (十)返還證券(繳回)
- 四、票據的經濟效用
  - (一)支付工具
  - (二)匯兌工具
  - (三)信用利用
  - (四)節約通貨

一》定義

稱票據者，依一般之說法，票據係以支付一定金額爲標的，且係無條件支付予受款人或執票人之完全有價證券。

■»種類

票據之種類，可分為「法律上之分類」及「學理上之分類」，茲歸納如下：

(一) 法律上之分類

票據法第一條規定：「本法所稱票據為匯票、本票、支票」。

1. 匯票（參圖一）

稱匯票者，謂發票人簽發一定之金額，委託付款人於指定之到期日，無條件支付與受款人或執票人之票據。

匯　　　票		
承兌日期　中華民國　　　年　　月　　日	新臺幣	中華民國　　　年　　月　　日	一、憑票請於中華民國　　年　　月　　日支付
茲經承兌准屆期照付	台北區中小企業銀行　驗付	字第　　　號
	四、本匯票免除作成拒絕證書	新臺幣
	此　致	或其指定人
	二、付款處所：台北區中小企業銀行（地址：
承兌人	發票人	三、本匯票係依據台北區中小企業銀行中華民國　　年　　月
地址	住址	日第　　　　號國內信用狀開立

科目：承兌匯票		對方科目：	
經理	副襄理	會計	覆校	記帳	驗印

❖圖一　匯票

2. 本票（參圖二）

謂發票人簽發一定之金額，於指定之到期日，由自己無條件支付與受款人或執票人之票據（票據法第三條）。

字第　　　　號　TH NO 004152
憑票准於 109 年 12 月 1 日無條件擔任兌付
NT$ 1000000
本　　新　台　幣　臺佰萬元整
　　　　　　　　　此致　　　　　（本本票免除作成拒絕證書）
票　　付　款　地：台北市忠孝東路 5 號
　　　　　發票人　劉三　　　地址：
　　中華民國 109 年 5 月 1 日

❖圖二　本票

3. 支票（參圖三）

謂發票人簽發一定之金額，委託金融業者，於見票時，無條件支付予受款人或執票人之票據（票據第四條，以下簡寫票4）。

❖圖三　支票

（二）學理上之分類

1. 依票券機能之不同

(1) 信用證券：本票，自付證券（由自己無條件支付）

(2) 支付證券：支票（委託付款人或金融業者支付）

2. 依流通方式之不同

(1) 流通證券：原理上可含無記名票據（支付）及指示證券（支付＋背書）

(2) 非流通票據：發票人記載禁止背書轉讓者。

三》票據的性質

(一) 票據為要式證券

票據之記載，須依法定方式為之，票據上應記載事項若有欠缺，除票據法另有規定外，其票據即為無效（票11 I），故票據為要式證券。

(二) 票據為流通證券

即依背書或交付以轉讓其證券上權利的證券。無記名票據係依交付而轉移；記名票據除發票人在票據上有禁止轉讓的記載外，票據持有人均得以背書方法轉讓於第三人（票30），故票據為流通證券。

(三) 票據為提示證券

票據債權人以占有證券為必要，為證明其占有事實，自應提示票據（包括承兌之提示，請求付款之提示），始得行使其票據上權利，若不為提示，票據雖已到期，票據債務人亦不負遲延責任，故票據為提示證券。

(四) 票據為設權證券

票據上的權利，因票據的作成而發生。故票據非證明業已存在的權利，而係創設一種權利。（設權證券與證權證券不同）後者如倉單（民法615）、提單（民法625）等，其並非創設權利，而係證明基於倉庫寄託契約或運送契約所得主張之權利。

(五) 票據為文義證券

票據上的權利義務，悉依票據上所載文義為準，不得就票據文義以外的事項作為認定票據上權利義務的根據。藉以保護善意第三人之權利，係以一定金錢之給付為標的之證券。

（六）票據為債權證券

故票據為債權證券。與物權證券持有人占有證券即享有物權的情形不同。

（七）票據為有價證券

有價證券係表彰財產權之證券。其權利之利用，與證券之占有，有不可分離的關係。票據因係表彰一定金額之給付，其權利之行使或處分，以占有票據為前提，故票據為有價證券。

（八）票據為金錢證券

票據乃以支付一定金額為其標的，如表彰金錢以外之物為給付標的，亦僅能適用民法指示證券（民710）或無記名證券（民719），如記載給付機車一部，與票據行為無關。故票據為金錢證券。

（九）票據為無因證券

占有票據者，即為票據債權人，得對票據債務人行使票據上的權利，至於取得票據的原因合法與否，不負另為證明之責任。縱使發行票據之對價關係，在法律上為無效或有瑕疵，票據債務人仍應依照票據文義負擔保票據債務之責任，故票據為無因證券。

（十）票據有返還（繳回）證券

票據債權人為在受領票據上的給付後，自應將原票據繳回於給付之人，俾使票據關係消滅，或向前手再為追索，故票據為繳回證券。

四》票據的經濟功用

（一）支付工具

作為現金支付之工具，可避免錯誤及遺失被竊。

（二）匯兌工具

隔地買賣或勞務提供，債權人可簽發以債務人為付款人之匯票，債務人亦可簽發金融業者為擔當付款人之本票或支票，以清償貸款或債務，以克服異地送款之勞費或風險。

(三) 信用工具

　　票據使用人利用發票人、保證人、背書人或承兌人之信用發行遠期票據，以尚未到期之資金，作現在資金使用，如票據貼現或票貼（以遠期支票折貼現金）等是，以打破金錢支付在時間上之障礙。

(四) 節約通貨

　　一張票據可替代數以萬計貨幣之用，故可透過票據之背書而達通用貨幣流通之功能。

11.2　票據的法律關係

體系整理

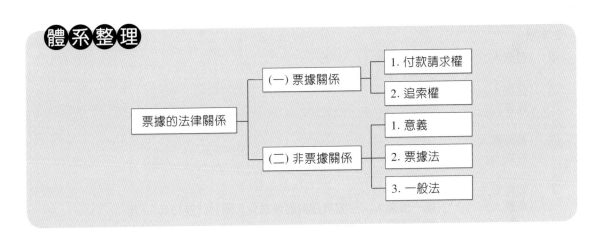

票據的法律關係
- (一) 票據關係
  - 1. 付款請求權
  - 2. 追索權
- (二) 非票據關係
  - 1. 意義
  - 2. 票據法
  - 3. 一般法

一　票據關係

　　基於票據行為所發生之票據法上債權債務關係，亦即以票據法上之付款請求權及追索權為內容之票據權利義務關係，茲將票據法所定之因票據行為而發生票據上之權利，舉其要者如下：

(一) 付款請求權

　　對主債務人或參加承兌人及預備付款人之付款請求權（票52 I、121、138 I、79 I）。

(二) 追索權

　　原則上，此權利須行使付款請求權被拒絕後，方得行使之；上述權利之內容包括對於背書人及其前手之追索權或已履行債務之保證人及其前手之追索權（票85、96、98、64）。

各類票據付款請求權關係型態：

1.匯票

甲 （發票人）→C（付款人）（票據承兌後為承兌人）
↓
乙 （受款人）
　 （背書人）　　① 第一債務人（主債務人）（票52）：C
　　　　　　　　② 第二債務人（從債務人）：甲、乙、丙
　　　　　　　　③ 票據權利人：丁
↓
丙 （被背書人）
　 （背書人）
↓
丁 （被背書人）
　 （執票人）

2.本票

甲 （發票人）
↓
乙 （受款人）
　 （背書人）
↓
丙 （被背書人）
　 （背書人）
↓
丁 （被背書人）
　 （執票人）　　① 第一債務人（付款責任與匯票承兌人同）（票121）：甲
　　　　　　　　② 第二債務人：乙、丙
　　　　　　　　③ 票據權利人：丁

3.支票

甲 （發票人）→C（付款人）→以金融業者為限
↓
乙 （受款人）
　 （背書人）
↓
丙 （被背書人）
　 （背書人）
↓
丁 （被背書人）
　 （執票人）　　①第一債務人：支票付款人（C）非票據債務人，故支票無第一
　　　　　　　　　債務人（保付支票除外，票138 I）
　　　　　　　　②第二債務人：甲、乙、丙
　　　　　　　　③票據權利人：丁

■»非票據關係

(一) 意義

實際上與票據行為有密切關係，而法律上不認為係票據行為所產生之權利義務關係；故當事人間之收授票據，必有為其原因或目的之實質法律關係存在；此種法律關係，若基於票據法之規定者，稱為「票據法上之非票據關係」，若係基於其他法律關係者，則稱為「一般法上之票據關係」，茲分析如下：

(二) 票據法上之非票據關係

與票據行為相牽連，而非票據行為本身所生之法律關係，惟在票據法上有規定者。

1. 正當權利人對於因惡意或重大過失而取得票據者之票據返還請求權（票14）。
2. 因時效或手續之欠缺而喪失票據上權利之執票人，對於發票人或承兌人之利益償還請求權（票22 IV）。
3. 付款人付款後對執票人之交出票據請求權（票74、124、144）→繳回證券。
4. 匯票之受款人及執票人，對於發票人之複本給與請求權（票114）。
5. 匯票之複本執票人，對於複本接收人之複本交還請求權（票117 II）。
6. 匯票之謄本執票人，對於原本接收人之原本交還請求權（票119 II）。
7. 支票執票人對於付款人之直接訴權（票143）。

(三) 一般法上之非票據關係

一般法上之非票據關係所生之權利義務，不適用票據法之規定，而應依民法之規定解決之。此關係尚含1.票據原因2.票據預約3.票據資金等三種，分述如下：

1. 票據原因（原因關係）

發票人簽發票據與受款人，背書人背書轉讓票據予被背書人，其間必有原因，例如發票人為了買賣付價而簽發票據與受款人，則買賣契約就是票據原因；又背書人因贈與而將票據轉讓與被背書人，則贈與契約就是票據原因。

2. 票據預約（預約關係）

當事人接受票據之前，必先就票據之發行或讓與之內容達成合意，以作為接受票據之依據，而此項合意即為票據預約，簡而言之，票據預約實為履行票據行為之準備。

3. 票據資金（資金關係）

係指匯票與支票之付款人與發票人間法律關係，蓋付款人之所以付款，必基於其與發票人間有一定之法律關係存在，而此種法律關係即稱為資金關係；例如：匯票付款人對於發票人當負有債務，或支票之發票人與付款人（金融業）間有支票存款或有信用契約等。

※票據債務人責任內容之比較

	執票人之權利	義務之先後	保全手續欠缺之效果	時效(票22)
第一債務人	付款請求權	第一次義務（責任較重）	絕對義務：縱令執票人未於法定期間內提示或作成拒絕證書，仍不喪失其權利，債務人仍不免責（票52、121、138 I）	較長
第二債務人	追索權	第二次義務（責任較輕）	相對義務：執票人若未於法定期間內為保全手續，對於第二債務人即喪失其追索權（票85 I、124、132）	較短

11.3 票據行為

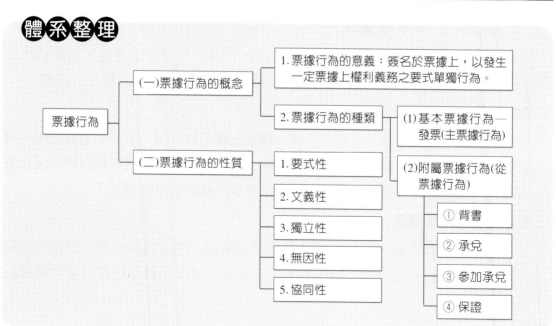

體系整理

票據行為
- （一）票據行為的概念
  - 1. 票據行為的意義：簽名於票據上，以發生一定票據上權利義務之要式單獨行為。
  - 2. 票據行為的種類
    - (1) 基本票據行為—發票(主票據行為)
    - (2) 附屬票據行為(從票據行為)
      - ① 背書
      - ② 承兌
      - ③ 參加承兌
      - ④ 保證
- （二）票據行為的性質
  - 1. 要式性
  - 2. 文義性
  - 3. 獨立性
  - 4. 無因性
  - 5. 協同性

體系整理

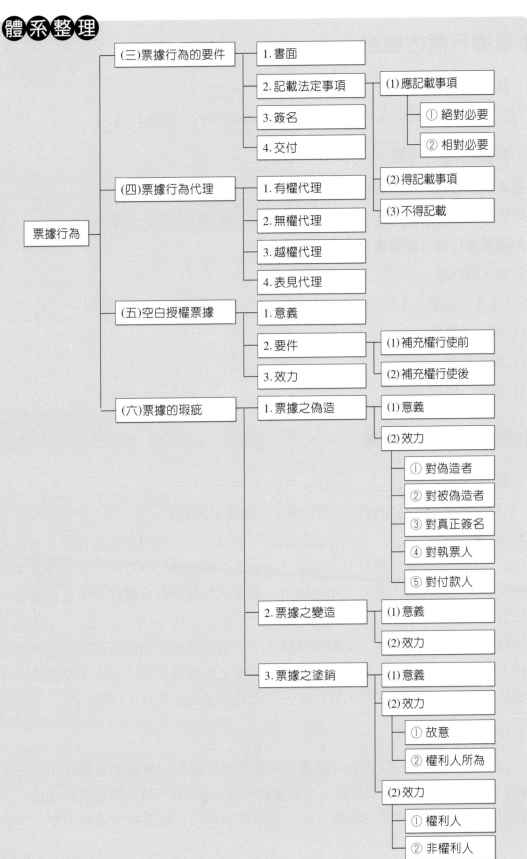

票據行為

(三)票據行為的要件
- 1.書面
- 2.記載法定事項
  - (1)應記載事項
    - ① 絕對必要
    - ② 相對必要
  - (2)得記載事項
  - (3)不得記載
- 3.簽名
- 4.交付

(四)票據行為代理
- 1.有權代理
- 2.無權代理
- 3.越權代理
- 4.表見代理

(五)空白授權票據
- 1.意義
- 2.要件
  - (1)補充權行使前
  - (2)補充權行使後
- 3.效力

(六)票據的瑕疵
- 1.票據之偽造
  - (1)意義
  - (2)效力
    - ① 對偽造者
    - ② 對被偽造者
    - ③ 對真正簽名
    - ④ 對執票人
    - ⑤ 對付款人
- 2.票據之變造
  - (1)意義
  - (2)效力
- 3.票據之塗銷
  - (1)意義
  - (2)效力
    - ① 故意
    - ② 權利人所為
  - (2)效力
    - ① 權利人
    - ② 非權利人

一》票據行為的概念

（一）票據行為之意義

即以發生或移轉票據上一定權利義務關係為目的之要式行為。

（二）票據行為之種類

1. 基本票據行為（主票據行為）

即指「發票」行為（原始的創設票據行為，匯票、支票、本票均有之）。

2. 附屬票據行為（從票據行為）

包含下列四項：

(1) 背書（匯票、本票、支票）。

(2) 承兌（匯票）。

(3) 參加承兌（匯票）。

(4) 保證（匯票、本票）。

二》票據行為的性質

（一）要式性

票據行為應具備法定要件，始能發生票據法上之效力。

1. 票據行為須具有法定之方式，否則無效（票11），法律規定無論發票（票24、120、125）、背書（票31）、承兌（票43）、參加承兌（票54）以及保證（票59），均須由行為人簽名，始生效力。其要式性在所有有價證券中最為嚴格，故票據為要式證券。

2. 除規定應記載之事項外，又明示票據法上所規定之事項，縱令記載，亦不生票據上之效力（票12）。蓋票據行為人在票據上所表示之自由意思，須限於法律認許之範圍內，始能生效，惟當事人間仍有民法上之效力。

（二）文義性

票據行為之內容，以票上所記載之文義為準，縱該記載與實質關係不符，亦不許當事人以票據外之證明方法，加以變更補充（票5）。按票據有其流通性，若任許票據債務人，以其他之舉證方法，主張其債務內容與票據文義有所差異，勢

必影響票據之流通，故而票據法第五條第二項乃明文規定「在票據上簽名者，依票上所載文義負責」。

(三) 獨立性

票據上之各個票據行為，各依票據上所載之文義，分別獨立，一行為之無效，不影響於他行為之效力，故又稱「票據行為獨立原則」。而票據行為獨立性在票據法上之規定如下：

1. 票據上雖有無行為能力人或限制行為能力人之簽名，不影響其他簽名之效力」（票8）。

2. 票據之偽造或票據上簽名之偽造，不影響於真正簽名人之效力（票15）。

3. 被保證人之債務縱為無效，保證人仍負擔其義務（票61 II）。

   例如無行為能力之人大華，發行一票據給某小明，小明以之背書轉讓給張三，張三復讓與李四，則大華之發票行為雖屬無效，但小明、張三之背書行為或其其後之承兌行為，仍屬有效，不因大華行為之無效而有所影響（票8）；但因方式欠缺而無效。

(四) 無因性

所謂票據行為之無因性，亦稱抽象性或無色性，指票據行為成立後，其實質關係縱有瑕疵或無效，票據行為之效力，仍不因此而受其影響之謂。

亦即票據行為成立生效後，即創設了另一票據關係，而與其實質關係分離，故而其實質法律關係，縱有瑕疵或無效，亦不影響票據行為之效力。

按票據行為雖多基於買賣、借貸或其他原因關係而作成，然票據上之權利，依票據文義而發生，與其基礎之原因關係各自獨立，票據上權利之行使不以其關係存在為前提，故其原因關係不存在或無效時，執票人仍得依票據文義行使權利，此即為票據行為之無因性。

▌案例題型 ›››››››››

甲購買跑車一台，簽發本票一紙給乙以支付價款，乙背書轉讓與丙時，丙已知悉該跑車確實為泡水車，嗣後，甲於票據到期日前三天對乙解除汽車買賣契約。試問丙向甲行使票據權利時，依現行票據法之規定，甲得否以解約已解除為由對抗丙？

【102年公務人員特種考試身心障礙人員考試試題】

（五）協同性

各種票據行為均以確保一定金額之付款為其共同目的，各種票據行為為達此共同目的，故有協同性之特質，學者對此，稱之為「連帶性」。故票據法第五條第二項規定：「二人以上共同簽名時，應連帶負責。」，又票據法第九十六條第一項規定：「發票人、承兌人、背書人及其他票據債務人，對於執票人連帶負責。」

實務案例

票據行為「無因性」，在法院判決實務上，執票人經常援引作為行使票據權利的主要攻擊防禦方法。按票據係文義證券及無因證券，屬不要因行為，票據行為一經成立後，即與其基礎之原因關係各自獨立，而完全不沾染原因關係之色彩，亦即票據原因應自票據行為中抽離，而不影響票據之效力（或稱無色性或抽象性）。

此項票據之無因性，為促進票據之流通，應絕對予以維護，初不問其是否為票據直接前、後手間而有不同。

（參考資料：最高法院104年度台上字第39號民事判決。）

案例題型 ›››››››››

A公司之董事長甲，於民國102年8月1日，簽發票面金額為新臺幣100萬元、發票日為民國102年10月1日、付款人為B商業銀行、付款地為B商業銀行總行營業處之地址，且未記載「禁止背書轉讓」之無記名支票，交付給乙，以支付所積欠之款項。甲於代表A公司簽發該支票時，除於該支票上之發票人欄位中蓋用A公司及甲個人之印章（俗稱公司大、小章）外，又於發票人欄位之外親自簽名。其後，乙於民國102年8月15日為轉讓該支票給丙，遂在該支票正面之受款人處填上丙之姓名，並將該支票交付給丙。丙於受讓該支票後，在民國102年9月1日將票據背書轉讓給丁，並於該支票之背面記載「禁止背書轉讓」之字樣，但未於「禁止背書轉讓」字樣旁邊簽名。其後，丁於民國102年9月15日再將該票據背書轉讓給戊。戊乃於民國102年10月3日委託C商業銀行向B商業銀行提示請求付款，B商業銀行則以A公司之支票存款帳戶中存款金額不足為由，將該支票退票，並開立退票理由單。試問：若戊向甲個人請求支付票款，有無理由？又若甲拒絕付款，戊得否向乙或丙行使追索權？

【102年公務人員特種考試司法官考試第二試試題】

案例題型 >>>>>>>>>>>

　　甲簽發本票一紙（下稱系爭本票）予丙給付貨款，系爭本票之正面除甲於發票人欄位簽名外，由於乙與丙係舊識，甲請求乙見證，並於本票發票人欄處請乙簽名，乙於簽名之上記載有「甲之見證人」五字。嗣甲交付系爭本票予丙，丙與甲雖不認識，但基於對乙之信任乃接受該本票。嗣系爭本票於到期日提示，未獲付款，丙因而訴請甲、乙二人應負擔共同發票人之責任。試問除甲之部分外，乙是否亦應負擔本票發票人之責任？

【102年公務人員特種考試司法人員考試試題－公證人】

<<<<<<<<<<<<<<<

三》票據行為的要件

(一) 書面

　　票據行為，均須作成書面。例如發票及承兌，須於票據正面為之。

(二) 記載法定事項

1. 應記載事項

(1) 絕對必要記載事項

　　指依票據法之規定，所必須記載之事項，如不記載，該票據即歸無效（票11）；三種票據共通之事項有：

① 表明票據種類之文字（票24 I、120 I①、125 I①）。

② 一定之金額（票24 I②、120 I②、125 I②）。

③ 無條件支付之文字（票24 I⑤、120 I④、125 I⑤）：實務多以「憑票祈付」代替。

④ 發票年月日（票24 I⑦、120 I⑥、125 I⑦）。

⑤ 簽名蓋章（票2、3、4、6）。

（註：支票之絕對必要記載事項尚有付款人及付款地）

(2) 相對必要記載事項

　　即票據法所定票據上應記載事項時，法律另行擬制其效果，票據不因之無效（票11 I但）。例如匯票的受款人未記載，即以執票人為受款人（票24 IV），匯票的到期日漏未記載者，視為見票即付（票24 II）。

2. **得記載事項**

亦稱任意記載事項，即記載與否聽任當事人自由，如未記載不影響票據效力，但一經記載即生票據上之效力。如：

(1) 擔當付款人（票26 I、49 I）。

(2) 預備付款人（票26 II、35）。

(3) 付款處所（票27、50）。

(4) 利息及利率（票28）。

(5) 擔保承兌之免責（票29 I）。

(6) 禁止背書轉讓之記載（票30 II、30 III）。

(7) 付款貨幣種類之特約（票75 I但）。

(8) 免除作成拒絕證書之約定（票89 II）。

(9) 平行線之記載（票139）。

3. **不得記載事項**

分二種，一為此記載不生票據上效力事項（票12）或該「記載無效」事項（例如，票29、36，二法條中有「其記載無效」或「視為無記載」字樣）；另一則為記載將使「票據無效」事項，例如附條件之委託付款人付款。

▌案例題型﹀﹀﹀﹀﹀﹀﹀﹀

　　A、B均為股份有限公司，A唯一股東是B。A從事食品之製造與販售，主力產品保了一億元責任險，保費每年年初由A以支票方式支付，受款人為C保險公司，票面空白處記載「用以支付產品責任險保費」，該主力產品查出內含有毒物質，食用者易早衰，A遭數十億元之索賠。支票記載「用以支付產品責任險保費」是否構成附條件之支付委託，導致該票喪失票據效力？若該票仍為票據，是否持票人均被推定知道該票之簽發係用以支付保費？

【102年公務人員升官等考試、102年關務人員升官等考試】

﹤﹤﹤﹤﹤﹤﹤﹤﹤﹤﹤﹤﹤﹤

(三) 簽名

1. 簽名指票據行為人將自己姓名，親寫於據上之行為。在票據上簽名者，依票上所載文義負責（票5 I）。若為二人以上共同簽名時，應連帶負責（票5 I）。因此，為各種票據行為之人，均須簽名，以示負責。

2. 票據上的簽名，得以蓋章代之（票6），但不得以捺指印代替簽名。

(四) 交付

票據行為，須將票據交付，始為完成，惟票據非因票據行為人之意思交付（如被盜、遺失）而流通時，對善意執票人仍應負責。

四》票據行為的代理

票據行為之代理，在形式上，代理人須載明本人及為本人代理之句而簽名於票據，始得有效成立。在實質上代理人須有代理權存在。此兩要件缺一不可。故代理權或逾越授權而為票據行為，則構成無權代理或逾權代理。茲分述如下：

(一) 有權代理

1. 票據行為的代理，依票據法規定，須載明為本人代理之句，亦即在票據上記載代理字樣，例如記載「發票人某甲之代理人某乙」等字樣，此則由某甲負票據上責任。

2. 若實際上為代理，但代理人未載明代理之旨而簽名於票據者，代理人應自負票據上責任（票9），但在實務上則從寬解釋，並不硬性要求必須於票據上載明代理之字樣；例如在票據上蓋有商號印章之下，加蓋其經理人之印章，雖未載明代理或經理人之字樣，依社會一般觀念，亦得認為已有代理之旨之載明（參照四一臺上七六四）。

(二) 無權代理

無權代理者，行為人沒有代理權，而以代理人名義簽名於票據之謂。即指形式上已具備上述代理之要件，惟欠缺代理權授與之實質要件者而言。依票據法第十條第一項規定「無代理權而以代理人名義簽名於票據者，應自負票據上之責任」，故而無權代理人應自己負責。

(三) 越權代理

本人對代理人之代理權限有所限制時，依民法規定，不得對抗善意第三人（民107），此時，代理人逾越權限的行為，仍應由本人負責。但票據法規定，代理人逾越權限時，就其權限外的部分，代理人亦應自負票據上的責任（票10 II）；亦即權限內的金額，由本人負責，權限外的部分，則由代理人負責。

(四) 表見代理

1. 意義

無權代理之票據行為，若具有民法上表見代理之要件時，票據執票人仍得對本人請求其履行票據責任。

2. 種類

(1) 由本人之行為表示以代理權授與他人（民169）。

(2) 本人知他人表示為其代理人而不得為反對之表示（民169）。

(3) 代理權授與後又撤回（民107）。

3. 要件

(1) 主觀要件：第三人為行為時係善意且無過失（民169、107）。

(2) 客觀要件

    ① 須無代理權人為無權代理之行為。

    ② 須有表見情狀。

4. 效力

(1) 本人須負授權人之責任，不可以未授與代理權或代理權已消滅等理由對抗之，故其仍應負票據責任。

(2) 無代理權人亦應依票據法第十條之規定負責任。

五 空白授權票據

(一) 意義

空白授權票據係指票據行為人預行簽名於票據而將票據上其他應行記載之全部或一部，授權他人補充完成之票據。因其附有空白補充權，得依補充權之行為而成為完全票據，故屬未完成票據，而與已完成但因欠缺應載事項致無效之不完全票據不同。

（二）要件

1. 須有空白授權票據行為人之簽名於票上。
2. 須為相對人或第三人授與空白補充權。
3. 須票據上應記載事項之全部或一部有欠缺。
4. 須有空白授權票據之支付。
5. 須法有明文規定。

（三）效力

晚近實務上之見解係採限制肯定說，亦即承認空白授權票據，惟須基於票據法第十一條第二項之限制，否則票據無效。

1. 補充權行使前

(1) 補充權行使前，縱然為背書轉讓，執票人亦不得據以行使票據上之權利而票據債務人縱未付款，亦不生遲延給付責任。

(2) 該票據尚不生票據上之效力。

(3) 尚未完成補充權行使之空白授權票據若被盜或遺失，僅得向法院聲請公示催告及除權判決來宣告該票據無效。

2. 補充權行使後

(1) 使空白票據成為完全票據，自補充時起，發生票據行為之效力。

(2) 若補充權人超出補充時，亦即濫用補充權，授權人得直接抗辯之，但不得以之對抗善意第三人。

▌案例題型››››››››››

甲向乙購買汽車一部，並採分期付款方式，由甲簽發有記載金額但未填載發票日期之支票12張交予乙，並言明由乙於每月一日自行填寫發票日期提示兌領，以清償車款，第3期款之給付期日因乙出國，遂由乙之友人丙代為填寫發票日期並提示兌領，甲獲知此事後以其未囑託丙填寫發票日期，該支票因未記載發票日而無效。請說明甲之主張是否有理由？

【100年公務人員升官等考試試題 薦任 經建行政】

‹‹‹‹‹‹‹‹‹‹‹‹‹

六 》票據的瑕疵

可含「票據之偽造」、「票據之變造」及「票據之塗銷」等三種情形：

(一) 票據之偽造

1. 意義

票據之偽造，係指以行使之目的，假冒他人名義而為票據行為，依票據法第十五條分為「票據之偽造」與「票據上簽名之偽造」兩種。前者指假冒他人名義而為發票行為；後者指假冒他人名義而為發票行為以外之附屬票據行為（如背書、保證、承兌、參加承兌）。

2. 效力

(1) 對於偽造者之效力：偽造者因未簽自己之名，依文義證券之性質，自不負票據上之責任，但可構成刑法「偽造有價證券罪」（刑201），及民法上因侵權行為而形成之損害賠償責任（民184）。

(2) 對於被偽造者之效力：被偽造者因非自己之簽名，雖然票據上有其簽名，惟因非其本人所簽，故不負票據上之責任，但應負舉證之責。

(3) 對真正簽名人之效力：真正簽名於票據之人，仍應負票據上責任（票15）。換言之，縱使有發票的偽造或票據上簽名的偽造，不論其真正簽名之人係在偽造簽名之先或後，均仍就票據文義負責，且得就該票據繼續為各種有效之票據行為。

(4) 對執票人之效力：執票人如係自真正簽名者之手取得票據，得對真正簽名之人及其後手行使票據上之追索權，亦得對偽造人請求侵權行為損害賠償，但對被偽造人則不能取得票據上權利或為其他任何請求或主張。

(5) 對付款人之效力：付款人對偽造之票據付款，應依其與委託付款人間之債的關係，認定其是否有過失而定其責任。

▌案例題型 ⟫⟫⟫⟫⟫⟫⟫⟫

甲公司之會計A盜取甲公司尚未簽發之空白支票，並偽刻公司及公司代表人之印章，蓋於此一支票發票人處，受款人處則記載 A 自己之姓名，付款金額則記載新臺幣十萬元整。A嗣後憑此支票獲得付款銀行乙之付款，並逃逸無蹤。請問甲公司可否

請求乙銀行返還十萬元？乙銀行可否依據票據法第71條第2項之規定，主張其僅負重大過失責任，並拒絕返還十萬元？

【102年公務人員特種考試法務部調查局調查人員考試】

≪≪≪≪≪≪≪≪≪≪≪≪

（二）票據之變造

1. 意義

無變更票據文義權限者，以行使爲目的擅就票據上簽名以外之票據上記載事項爲變更也。

2. 效力

票據法第十六條規定：「票據經變造時，簽名在變造前者，依原有文義負責；簽名在變造後者，依變造文義負責；不能辦別前後時，推定簽名在變造前。前項票據變造，其參與或同意變造者，不論簽名在變造前後，均依變造文義負責」。然此項規定，僅對於善意執票人始有其適用，且以確知票據爲何人變造，始能依此而爲處理。倘無從辦別前後時，依責任從輕之原則，推定其簽名在變造前，故簽名人主張簽名在變造前，毋庸舉證；若票據債權人主張其簽名在變造後，則應舉證以明之。

▋案例題型 ▶▶▶▶▶▶▶▶▶

設臺北市民甲，簽發以臺灣銀行臺北市城中分行爲付款人，面額新臺幣（下同）柒萬元，票載日期爲民國102年9月5日，受款人爲乙之支票一紙，交付乙以清償貨款。乙復將該支票以空白背書轉讓於丙，丙未於票上簽名將之交付丁，丁背書轉讓於戊。戊經丁之同意，將該支票金額改爲柒拾萬元，然後將該支票背書交付於己，己持票向付款銀行請求付款被拒，乃向丁請求柒拾萬元之票據責任。試問此一主張是否適法？

【102年專門職業及技術人員高等考試律師考試第二試試題】

≪≪≪≪≪≪≪≪≪≪≪≪≪

（三）票據之塗銷

1. 意義

將票據上之簽名或其他事項，加以塗抹或消除；依票據法第十七條之規定：「票據上之簽名或記載被塗銷時，非由票據權利人故意爲之者，不影響票據上之效力」。

2. **要件**

(1) 須出於故意。

(2) 須票據權利人所為。

3. **效力**

(1) 權利人所為塗銷之效力

① 非故意的塗銷：票據法第十七條規定：「票據上之簽名或記載被塗銷時，非由票據權利人故意為之者，不影響於票據上之效力」。惟權利人應就非其故意為之及被塗銷之原文義內容負舉證責任。

② 故意的塗銷：票據權利人就票據原即具有處分權，故其故意塗銷票據上簽名或其他記載事項，表示有拋棄該部分權利之意思，其被塗銷之部分依票據法第十七條規定之反面解釋。

(2) 由非權利人所為塗銷之效力：塗銷如非由票據權利人所為者，無論是否出於故意（因其無票據上之權利），均不能影響票據上之效力（票17）。惟執票人行使權利時須負舉證責任，且倘係非票據權利人之故意塗銷，常構成票據偽造或變造之問題。

▋案例題型»»»»»»»»»

　　甲居住於臺北市，為向乙調借現金，逐於民國98年10月1日簽發受款人為乙、發票日為民國99年10月1日、票面金額為新臺幣100萬元、付款人為中國信託商業銀行總行、付款地為臺北市信義區松壽路3號之遠期支票一張，交付給乙。其後，乙因急需資金以繳納購屋款項，乃於民國99年9月1日將該支票背書轉讓給甲之摯友丙，並於該支票背面記載「禁止背書轉讓」及簽章於「禁止背書轉讓」之旁。惟丙於接受該支票之際，要求乙必須塗銷該「禁止背書轉讓」之記載，以確保該支票之流通性，乙即依丙之要求於該「禁止背書轉讓」之文字上劃「X」，但並未於劃「X」處再為簽章。詎料，甲於該支票即將屆至發票日前夕，自知無力支付票款，乃商得丙之同意，將發票日更改為「民國100年10月1日」，並由甲於發票日之改寫處簽章，丙則未於改寫處簽章。其後，丙於民國100年9月1日再將該支票背書轉讓給丁，丁於民國100年10月6日向中國信託商業銀行總行提示請求付款後，卻發生跳票之情事。

　　乙於該支票所記載「禁止背書轉讓」之文字上劃「X」，但並未於劃「X」處再為簽章，是否發生塗銷「禁止背書轉讓」之效力？

　　丁向甲請求支付票款時，甲得否主張該支票係於交付後始改寫發票日，故該改寫無效，而提出該支票權利已罹於時效之抗辯？

丁向丙行使追索權時，丙可否主張其未於該發票日之改寫處簽章，故該發票日之改寫對其不生效力？　　　　　　　　　【100年公務人員特種考試司法官考試第二試試題】

<<<<<<<<<<<<<<<<

11.4　票據權利

體系整理

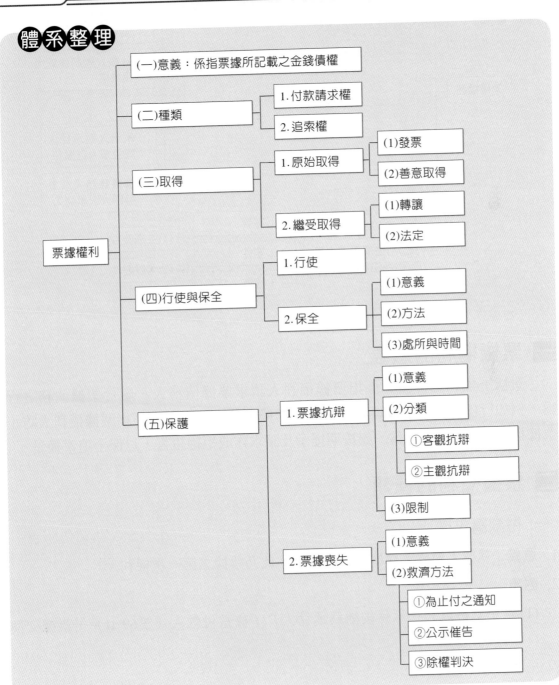

票據權利
- (一)意義：係指票據所記載之金錢債權
- (二)種類
  - 1.付款請求權
  - 2.追索權
- (三)取得
  - 1.原始取得
    - (1)發票
    - (2)善意取得
  - 2.繼受取得
    - (1)轉讓
    - (2)法定
- (四)行使與保全
  - 1.行使
  - 2.保全
    - (1)意義
    - (2)方法
    - (3)處所與時間
- (五)保護
  - 1.票據抗辯
    - (1)意義
    - (2)分類
      - ①客觀抗辯
      - ②主觀抗辯
    - (3)限制
  - 2.票據喪失
    - (1)意義
    - (2)救濟方法
      - ①為止付之通知
      - ②公示催告
      - ③除權判決

體系整理

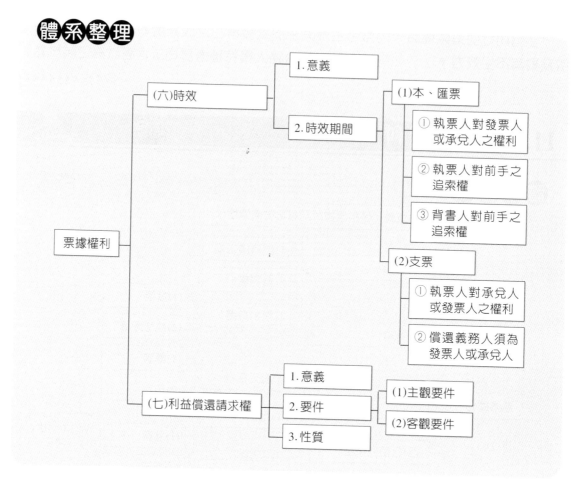

一»票據權利的意義

票據上權利之行使,係指票據權利人請求票據債務人,履行票據債務之行為,例如行使付款請求權以請求付款。票據權利之保全,則係指票據權利人防止票據權利消滅所為之行為,如按期提示及請求作成拒絕證書,以保全追索權是。

二»票據權利的種類

(一) 付款請求權

1. **意義**:執票人對於票據債務人之權利,此乃票據之第一次權利。

2. **對象**

(1) 匯票:付款人(承兌後稱為承兌人),擔當付款人(票69 II),票據交換所(票69 III)。

(2) 本票：發票人及其保證人（票124準用票61），擔當付款人或票據交換所（票124準用票69 II、III）。

(3) 支票：付款人、票據交換所（票144準用票69、131 III）。

從上述可知付款請求權行使之對象，原則上固為票據主債務人，但不以此為限。

(二) 利益償還請求權（追索權）

1. **意義**：原則上需行使付款請求權遭拒後，方得行使（例外情形為票85 II規定之期前追索）。

2. **對象**：追索權行使的對象為發票人、背書人，以及此等人之保證人。

三》票據權利的取得

(一) 原始取得

1. **發票**：發票乃發票人簽發票據之行為，票據權利因之而創設，故學者稱之為設權證券，因此而取得票據權利者，自屬原始取得。

2. **善意取得**

(1) 意義：自無處分權人之手，以相當之對價受讓票據，於受讓當時並無惡意或重大過失者，取得票據權利。

(2) 要件

① 自無權利人取得票據—若自權利人取得票據為繼受取得，自可享有票據權利，無適用善意取得之必要。

② 取得票據時，無惡意或重大過失。所謂「惡意」指明知或可得而知轉讓票據之人，就該票據無處分權而仍予取得者而言；所謂「重大過失」，即一般人皆能注意該票據權利有瑕疵，而受讓人竟不注意，貿然受讓該票據是也。

③ 須依據票據法規定的轉讓方法取得票據。亦即須依法定背書或支付的轉讓方法取得票據，且須信賴其外觀而取得。

④ 須有相當的對價。若無對價或以不相當的對價取得票據者，不得享有優於其前手的權利（票14 II）；又所謂「對價」者，指讓與票據時之代價

而言，至於是否相當，應以客觀之事實加以認定，執票人原始取得票據之所有權者，不問原執票人喪失票據之原因為何（遺失、被竊），均不得向取得人請求返還，且此時原票據上縱有負擔（如設定權利質權），亦歸消滅，故為原始取得。

⑤ 匯票及本票須在到期日前取得。蓋到期日後的背書僅有通常債權轉讓的效力（票41），自不發生票據權利善意取得的問題。

▌案例題型»»»»»»»

　　書商甲簽發支票一紙，支付作家乙之出版稿酬新臺幣15萬元。乙不慎遺失。丙撿到後，先於票據背面偽造乙之簽名，而後持該張支票向丁購買智慧型電視機一臺。乙遺失票據後向書商甲要求予以止付，因此，丁提示付款時被銀行拒絕。現丁向甲、乙主張票據責任。問依法甲、乙應否負票據法上責任？

【101年公務人員高等考試三級考試試題－法制、國際經貿法律】

‹‹‹‹‹‹‹‹‹‹‹‹‹

▌案例題型»»»»»»»

　　甲向乙借款，乙要求甲應同時簽發面額相同之支票一紙交予乙，其上並應有丙之背書，以作為乙之債權之擔保。

　　若乙嗣後不獲付款，向丙行使追索權時，丙得否以「乙明知丙之背書並非為轉讓票據為目的」，主張票據法第14條第 1 項：「以惡意或有重大過失取得票據者，不得享有票據上之權利。」對乙加以抗辯？

【100年公務人員特種考試司法人員考試試題 三等考試 公證人】

‹‹‹‹‹‹‹‹‹‹‹‹‹

（二）繼受取得

　　係指自票據權利人依轉讓或法定原因取得票據權利。

1. 轉讓

以背書或交付方式為之，據權利的取得以這種方式取得者最多。

2. 法定事項

以法定原因而取得票據權利者，首推繼承，其他如公司合併，轉付命令，及票據法上票據債務人因清償或付款而取得票據，亦為取得票據權利（票64、96）之法定原因。

▌案例題型 ﹥﹥﹥﹥﹥﹥﹥﹥﹥

甲因積欠賭債，受乙之脅迫，簽發一票面金額為10萬元的本票予乙，乙為清償對丙之債務，故將該本票背書轉讓予丙，丙對於甲係受脅迫而為發票之事一無所知。到期日屆至前，丙因有資金需求，故將本票背書轉讓予丁調現，由於丁與甲、乙熟識，知道甲受乙脅迫之事，但仍接受此一票據。請問：到期日屆至，甲可否以受脅迫而發票以及丁未善意取得票據為由，拒絕丁之付款請求？倘甲拒絕付款，丁可向何人主張票據權利？

【102年特種考試地方政府公務人員考試試題】

﹤﹤﹤﹤﹤﹤﹤﹤﹤﹤﹤﹤﹤

四》票據權利的行使與保全

(一) 票據權利之行使

意義：「票據權利的行使」者，乃票據權利人請求票據債務人履行票據債務的行為；例如行使付款請求權以請求付款，行使追索權以請求償還。

(二) 票據權利之保全

1. 意義

「票據權利保全的行使」者，乃防止票據權利喪失的行為。例如中斷時效以保全付款請求權及追索遵期提示及作成拒絕證書以保全追索權。

2. 方法

行使票據權利之方法為「提示」，即現實的出示票據於票據債務人，請求其履行票據債務；保全票據權利之方法為「按期提示」與「作成拒絕證書」。

3. **處所與時間**

(1) 處所

票據法第二十條規定，行使或保全票據上權利，對於票據關係人應爲之行爲，應在票據上指定之處所爲之，無指定之處所者，在其營業所爲之，無營業所者，在其住所或居所爲之。票據關係人之營業所、住所或居所不明時，因作成拒絕證書得請求法院公證處、商會成其他公共會所調查其人之所在，若仍不明時，得在該法院公證處、商會或其他公共會所作成之。

(2) 時間

對於票據關係人應爲之行爲，應於其營業日之營業時間內爲之；如無特定營業日或未訂有營業時間者，應於通常營業日之營業時間內爲之（票21）。

五 》票據權利的保護

（一）票據抗辯

1. 票據抗辯之意義

乃被請求清償票款之人對於執票人之請求，所得對抗之事由。

2. 票據抗辯之分類

(1) 客觀抗辯：物的抗辯係基於票據行爲不適法或票據權利不存在而生；其所爲的抗辯，可以對抗「一切」票據債權人的請求，不因執票人的變更而受影響。票據形式上要件的欠缺（票11）、票據的僞造（票15）或變造（票16）、票據罹於時效而消滅（票22），均可成爲抗事由。

(2) 主觀抗辯：人的抗辯係基於票據以外個人的實質關係而生。例如原因關係的無效、票據債權人受領能力的欠缺（如破產、扣押）、票據債務人對於票據權利人有債權時而主張抵銷等，均得據爲人的抗辯事由。

3. 票據抗辯之限制

(1) 理由：人的抗辯係由於個人的實質關係而生，非存於票據本身，無法由外部查知，如漫無限制，不僅有礙票據的流通，亦不足以保護善意取得票據的第三人，故票據法對於人的抗辯，特予以限制其範圍。

(2) 內容：一般債權的讓與，其債務人所得對抗讓與人（原債權人）的事由，均得以之對抗受讓人（民299 I）；然票據上權利的讓與則不同。票據法第十三條前段規定，凡依背書方法取得票據上權利者，票據債務人不得以自己與發票人或執票人的前手間所存抗辯的事由，對抗執票人。藉以保護善意執票人，促進票據流通。換言之，人的抗辯，係以直接當事人間為限，稱之為「直接抗辯」。

① 票據債務人不得以自己與發票人間所存抗辯的事由對抗執票人。例如大華向小明定購貨品，由大華簽發一張本票予小明，屆時小明向大華請求付款，如小明尚未交貨時，大華可向小明主張同時履行之抗辯而暫時拒絕付款；但若該匯票已轉讓給小珍，而小珍請求付款時，大華（票據債務人）即不得以小珍尚未交貨為由，對抗執票人小珍。

② 票據債務人不得以自己與執票人的前手間所存抗辯的事由對抗執票。例如大華簽發本票一紙予小明，當小明向大華請求付款時，大華得主張與小明前次所欠之款相抵銷而拒絕現實付款；但若該本票已轉讓於小華，而小華向大華請求時，則為票據債務人的大華，即不得以自己對於小明（執票人小華的前手）的債權與此項付款債務相抵為由，而對抗執票人小華。

(二) 票據喪失

1. 意義

稱票據之喪失者，謂票據被盜、遺失或滅失而失去票據占有之謂。

2. 救濟方法

(1) 為止付之通知：票據法第十八條規定：「票據喪失時，票據權利人得為止付之通知。但應於提出止付通知後五日內，向付款人提出已為聲請公示催告之證明。未依前項但書規定辦理者，止付通知失其效力。」止付通知俗稱掛失止付（參圖四），但業經保付之支票，依法不得掛失止付（票138 IV），所謂已為公示催告之證明，指向管轄地方法院提出公示催告聲請狀及收狀條。

(2) 公示催告：票據喪失時，票據權利人得為公示催告之聲請（票19 I）；所謂公示催告（參圖五），係指法院依當事人之聲請，以公示之方法，催告不明之利害關係人，使基於一定期間內申報權利，若未申報，即生失權效果之程序。

① 蓋止付通知僅能阻止他人領款，惟票據權利人因未執有票據，仍不能請求付款，故須進一步聲請公示催告；然公示催告應由票據權利人向法院聲請，並經法院核准後，法院應定六個月（自公示催告期之公告最後登載公報或新聞紙日起）以上之申報權利。待公示催告期滿，無人申報權利時，票據權利人得聲請法院為除權之判決，宣告票據無效（民事訴訟法545、564），然後依據該判決請求付款（民事訴訟法565 I）。

② 自聲請為公示催告起至取得除權判決止，須經過相當之時日，頗為不便，故票據法第十九條第二項規定「公示催告程序開始後，其經到期之票據，聲請人得提供擔保，請求票據金額之支付；不能提供擔保時，得請求將票據金額依法提存。其尚未到期之票據，聲請人得提供擔保，請求給與新票據。」

③ 又公示催告程序與止付之通知並無當然關係，喪失票據人雖未曾向付款人為止付通知，仍可逕為公示催告之聲請。

(3) 除權判決

① 公示催告期滿後，無人申報權利，公示催告之法院，即應依聲請而為除權判決，公示催告之聲請人，即得依據除權判決請求付款（民訴565 I）。於公示催告期滿前，若有人申報權利，則應由聲請人與申報人另以訴訟解決。

② 聲請除權判決應於申報權利期間，屆滿後三個月內為之，其已逾三個月者，法院應予駁回。然在申報權利期間未屆滿前，為除權判決之聲請者，亦有效力（民訴545），故一般於公示催告聲請狀內，均一併聲請法院，於期限屆滿時逕予除權判決（參見圖六），以免期限經過。

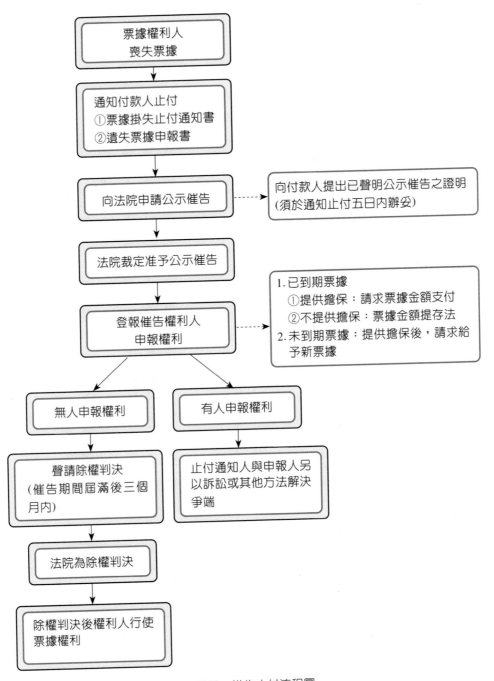

❖圖四　掛失止付流程圖

聲請人　張×富　住　○○市○○路○○號

為聲請隱權判決事：

一、應受判決事項之聲明：
　請求判決將李×志簽發民國一百零九年四月二十日期，面額新台幣壹佰萬元，台中市第○○信用合作社帳號○○○○票據號○○○○○支票乙紙，宣告無效。

二、原因事實：
　緣聲請人前因遺失上開支票，曾依法向鈞院聲請公示催告，亦經鈞院○年度（催）第○○號裁定照准，並於○○年○月○日登報在案。迄今已逾六個月，無人申報權利。為此依民事訴訟法第五四五條前段規定於申報權利期間屆滿後一個月內，聲請除權判決。

狀　請

鈞院鑒核

❖圖六　聲請除權判決之書狀

台灣○○地方法院公示催告

聲請人　劉×華　住　○○市○○路○巷○號

一、右聲請人因遺失李×中簽發以台中市第○信用合作社為付款人，民國一百零九年四月三十日期，金額新台幣壹佰萬元，第○○○○號之支票乙紙，聲請公示催告，應予照准。

二、現持有前項支票之人，應於本公示催告最後登載公報或新聞紙之日起六個月內，向本院申報其權利並提出該支票，如不為申報及提出該支票，本院將宣告該支票為無效，特此裁定。

中華民國一百零九年四月廿二日

台灣××地方法院民事第一庭推事陳×春

右正本證明與原本無異法院書記官劉×德

中　華　民　國　一　百　零　九　年　四　月　三　十　日

❖圖五　公示催告之公告

六》票據時效

(一) 意義

係指票據上權利之消滅時效，基於當事人間之法律關係及早確定之考慮，故有時效制度，時效有取得時效及消滅時效之分，在此係指消滅時效而言，其義乃指請求權於一定期間內繼續不行使而致權利消滅之法律事實，惟票據輾轉流通，牽連多數債務人，其權利宜迅速行使，故票據法有「短期消滅時效」之規定。

(二) 時效期間

1. 匯票、本票

(1) 執票人對承兌人或發票人之權利

票據上之權利，對匯票之承兌人及本票發票人，自到期日起算；見票即付之本票，自發票日起算；三年間不行使，因時效而消滅（票22 I）。

(2) 執票人對前手之追索權

匯票或本票之執票人，對前手之追索權，自作成拒絕證書日起算，一年間不行使，因時效而消滅。其免除作成拒絕證書者，自到期日起算（票22 II）。

(3) 背書人對前手之追索權

匯票、本票之背書人，對於前手之追索權，自為清償之日或起訴之日起算，六個月間不行使，因時效而消滅（票22 III）。

2. 支票

(1) 執票人對發票人之權利

票據上之權利，對支票發票人，自發票日起算，一年間不行使，因時效而消滅（票22 I）。此之發票日係指支票票面所載之日期；至發票人實際上簽發支票之日期，與此無關。

(2) 執票人對前手之追索權

支票之執票人，對前手之追索權，自作成拒絕證書日起算，四個月間不行使，因時效而消滅。其免除作成拒絕證書者，自到期日起算（票22 II）。

(3) 背書人對前手之追索權

支票之背書人對前手之追索權，自爲清償之日或起訴之日起算，二個月間
不行使，因時效而消滅（票22 III）。

七»利益償還請求權

（一）意義

利益償還請求權係指票據上之權利，因時效或手續之欠缺，而歸於消滅時，
執票人對於發票人或承兌人，於其實質上所得利益之限度，仍得請求返還其利益
之權利（票據法第22 IV）。

利益償還請求權雖規定於票據法，是票據法上一種特別請求權，但非票據上
的權利，爲票據法上的非票據關係；亦稱「受益償還請求權」或「利得償還請求
權」。

（二）要件

1. 主觀要件

(1) 請求權人須爲票據上權利消滅時之正當執票人（54臺上字第2308號）。

(2) 償還義務人須爲發票或承兌人（匯票、本票、支票之發票人或匯票之承兌
人）；背書人則不包括。

2. 客觀要件

(1) 須票據上權利有效成立。

(2) 須票據上權利因時效完成或手續欠缺而消滅。

(3) 須發票人或承兌人因而受票據上之利益。

（三）性質

票據法上之一種特別請求權，係基於衡平理念爲之特別規定；具有指名債權
之性質，並非票據權利，其轉讓須依民法上債權讓與之方式，而不依背書方式爲
之，行使此權之人，僅需證明其係票據上權利消滅當時實質之權利即可。

案例題型 ›››››››››

甲因向友人乙借款新臺幣500萬元，期限1年，約定民國96年1月10日返還，年息10%。甲為擔保本金及利息之支付，乃分別簽發面額新臺幣500萬元及50萬元之無記名本票各1張，本票正面均分別記載發票日為民國95年1月11日、到期日 為民國96年1月10日，該二張本票並由甲之配偶丙簽名保證。乙其後將票面金額500萬元之本票記名背書轉讓給友人丁，以清償對丁之借款，丁再將該本票背書轉讓給戊。其後，戊於民國96年1月1日死亡，戊之唯一繼承人己遲至民國102年7月1日始發現有該本票之存在。乙則因與甲交情甚篤，知悉甲之經濟情況不佳，亦遲未行使票據權利。若乙與己於民國102年7月5日向甲行使利益償還請求權，遭甲拒絕。甲對乙主張利息債權只有5年短期時效之抗辯，且對己抗辯其非正當權利人。試問：甲之主張有無理由？又若乙與己向保證人丙行使利益償還請求權，是否合法？

【102年公務人員高等考試三級考試試題－法制】

‹‹‹‹‹‹‹‹‹‹‹‹‹‹

案例題型 ›››››››››

甲對乙有新臺幣10萬元貨款債權，甲對丙有新臺幣10萬元借款債務，甲乃簽發以乙為付款人，丙為受款人，到期日為民國98年5月30日之匯票一張，交付給丙，並經乙為承兌，但丙直到民國101年6月30日仍未向乙請求付款。問丙可否向乙主張利益償還請求權？

【101年公務人員高等考試三級考試試題－經建行政】

‹‹‹‹‹‹‹‹‹‹‹‹‹‹

數 位 加 分

消滅時效與追索權喪失之不同：

追索權是一種請求權，自有消滅時效之適用。喪失追索權是喪失請求權，為法院應依職權主動行使者；而追索權罹於時效，只發生債務人取得抗辯權，若債務人不主張消滅時效，法院不能主動行使，此為應特別注意者。

11.5 票據黏單

體系整理

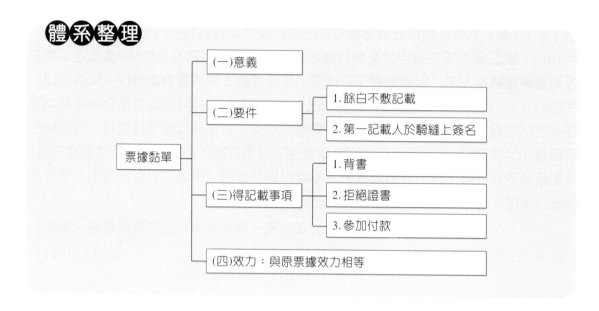

票據黏單
- (一)意義
- (二)要件
  - 1.餘白不敷記載
  - 2.第一記載人於騎縫上簽名
- (三)得記載事項
  - 1.背書
  - 2.拒絕證書
  - 3.參加付款
- (四)效力：與原票據效力相等

一»意義

係指發票人所發行之票據之餘白，若不敷記載時，於票據本體外，以空白紙片延長之；按票據行為中之背書行為可以不斷地為之，故票據法第二十三條規定：「票據餘白不敷記載時，得黏單延長之，黏單後第一記載人，應於騎縫上簽名。」

二»要件

1. 票據餘白，不敷記載。
2. 黏單後第一記載人，應於騎縫上簽名。

三»得記載事項

得於黏單上記載之事項以背書及拒絕證書為主，另因參加付款應於拒絕證書內記載之，故參加付款自亦得於黏單上為之。

四»效力

在黏單上所為之票據行為，與在原票據上所為之行為有同等效力。

▌案例題型▶▶▶▶▶▶▶▶▶

　　淡江公司董事長留得滑於八十九年九月九日開立支票乙張，票據號碼690525，票據金額為柒拾萬元，用來支付給台大公司貨款，不料，當日台大公司會計菜依玲在前往銀行途中，不慎把這張支票遺失了，請問：台大公司是否有補救之方法？

◀◀◀◀◀◀◀◀◀◀◀◀◀

▌案例題型▶▶▶▶▶▶▶▶▶

　　呂銹容經營一家川菜館已有五年，生意一向興隆，而他有一個朋友程隨和經常偕人至其店內光顧，兩人的感情因此格外融洽，程隨和的哥哥程隨機因為生意失敗，欠了長城公司一大筆債務，程隨和因念在親兄弟之情，遂在哥哥要求幫忙的情況下，答應幫他一起想辦法。恰巧有一天程隨和去呂銹容的餐廳消費時，呂銹容因其近來十分忙碌，便委託程隨和代理他去向客戶收款，並將帳單及印章（簽收時用）交付給程隨和，他在回家路上突然想起了哥哥的債務問題，於是便和哥哥相約在長城公司見面，兩兄弟與公司老闆詳談了一番，決定由程隨機簽發一張支票給公司老闆，代替債務的償還，程隨和此時竟偽稱自己是呂銹容，並蓋用呂銹容的印章在支票背面上，向公司老闆表示願意為此支票背書，在這種情形下，到底呂銹容、程隨和是否須負背書人責任？

◀◀◀◀◀◀◀◀◀◀◀◀◀

題庫練習

1. (　　)支票背書人追索權消滅時效，自清償日起算　(A)一年　(B)六個月　(C)四個月　(D)二個月不行使而消滅。

2. (　　)票據上之債權因時效或手續欠缺而消滅時，執票人對發票人或承兌人於所受利益之限度內，得請求償還利益之權，稱為　(A)追索權　(B)付款請求權　(C)抗辯權　(D)利益償還請求權。

3. (　　)自無處分權人之手，以相當之對價受讓票據，於受讓時並無惡意或重大過失，因而取得票據權利，稱為　(A)發票取得　(B)繼受取得　(C)善意取得　(D)法定取得。

4. (　)匯票上欠缺受款人之記載,則其效力為　(A)匯票無效　(B)匯票有效,任何執票人皆可受款　(C)由發票人補記受款人後才有效　(D)以付款人為受款人。

5. (　)票據權利之行使,不以原因關係存在為前提,故稱為　(A)無因證券　(B)要式證券　(C)提示證券　(D)流通證券。

6. (　)下列何種票據為信用證券　(A)支票、匯票　(B)支票、本票　(C)本票、匯票　(D)支票、股票。

7. (　)執票人喪失票據,應向何處為公示催告之聲請?　(A)付款人　(B)銀行　(C)背書　(D)法院。

8. (　)公示催告之法定催告申報期間至少要多久?　(A)三年　(B)一年　(C)六個月　(D)一個月。

9. (　)票據如欠缺法定必要記載事項,即歸無效,故票據是　(A)有價證券　(B)提示證券　(C)要式證券　(D)設權證券。

10. (　)票據為有價證券,故下列何種行為須持有此票據　(A)票據權利之發生　(B)票據權利之行使　(C)票據權利之移轉　(D)以上皆是。

11. (　)票據權利人於一定期間繼續不行使權利時,義務人即得拒絕權利人之請求,謂之　(A)票據移轉　(B)票據無效　(C)取得時效　(D)消滅時效。

12. (　)匯票付款請求權消滅時效,自到期日起算　(A)三年　(B)一年　(C)六個月　(D)二個月不行使而消滅。

13. (　)法院於公示催告期滿後,若無人申報權利,即應依聲請為下列何行為?　(A)駁回　(B)止付　(C)作成拒絕證書　(D)除權判決。

14. (　)匯票、本票之背書人,對前手之追索權,自清償日或起訴日起算,其時效經多久而消滅?　(A)一個月　(B)三個月　(C)六個月　(D)一年。

本章習題

1. 試簡述票據之分類方式。

2. 票據行為之要件為何？試簡述之。

3. 票據行為之代理可分為那些型式？

4. 何謂空白授權票據？其效力為何？

5. 試述票據變造之內容（意義、種類、效力）？

   【99 年公務人員特種考試 調查人員 法律實務組】

6. 何謂票據抗辯？其分類方式為何？

7. 何謂公示催告？其程序如何進行？

8. 何謂票據權利？其種類有何？

9. 若票據喪失，可採哪些方法救濟？

10. 票據權利之保全方法為何？

11. 票據權利之取得可分為哪些型式？

NOTE

12 匯票

12.1 基本概念

體系整理

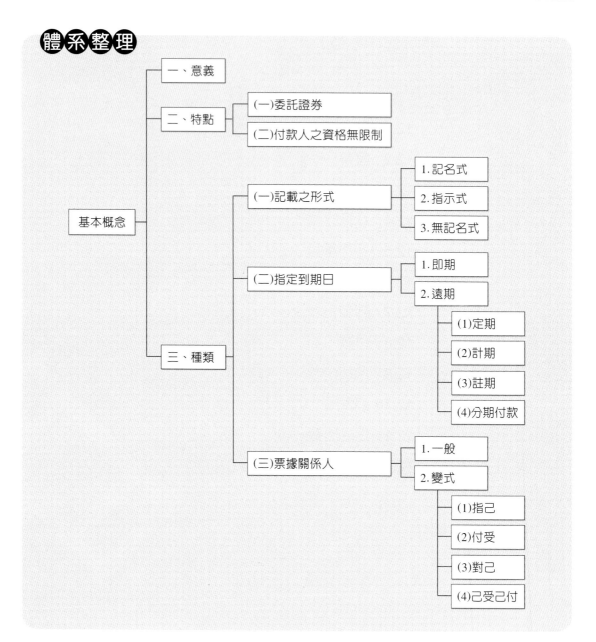

基本概念
- 一、意義
- 二、特點
  - (一)委託證券
  - (二)付款人之資格無限制
- 三、種類
  - (一)記載之形式
    - 1.記名式
    - 2.指示式
    - 3.無記名式
  - (二)指定到期日
    - 1.即期
    - 2.遠期
      - (1)定期
      - (2)計期
      - (3)註期
      - (4)分期付款
  - (三)票據關係人
    - 1.一般
    - 2.變式
      - (1)指己
      - (2)付受
      - (3)對己
      - (4)己受己付

一》意義

　　「匯票」謂發票人簽發一定之金額，委託付款人於指定之到期日，無條件支付與受款人或執票人之票據（票2）。故匯票之當事人有三，即發票人、受款人、

付款人。發票人並非票據上之主債務人，僅於付款人拒絕付款時，始負付款之責，故而應屬擔保給付之性質。

▤ »特點

(一) 匯票是委託證券

由發票人委託他人（付款人）付款。此點與支票同，與本票不同；故匯票係委託證券，而非自付證券。

(二) 匯票付款人的資格無限制

此點與支票付款人的資格有限制不同，又匯票之付款人，於承兌前並非債務人，須於承兌後，始成為票據債務人。

(三) 匯票為信用證券，原則上是將來付款，所以有到期日的問題

此和限於見票即付支票不同，與本票同。故匯票與本票同屬信用證券，而非支付證券。

▤ »種類

(一) 以記載之形式區分

1. **記名式匯票**：即發票人記載受款人之姓名或商號者是。
2. **指示式匯票**：除記載受款人姓名或商號外，更附加「或其指定人」之字樣。
3. **無記名式匯票**：即未記載受款人之姓名或商號或僅記載「來人」字樣之匯票，此種匯票，執行人得依交付方式轉讓之，執票人亦得於無記名匯票中記載自己或他人為受款人。

(二) 以指定到期日方式不同可分

1. **即期匯票**：見票即付之匯票（票65 I ③）。
2. **遠期匯票**
   (1) 定期匯票（一定日付款）（票65 I ①）。
   (2) 計期匯票（發票日後定期付款）（票65 I ②）。
   (3) 註期匯票（見票後定期付款，其到期日自提示承兌之日起算）（票65 I ④、45、46）。

(4) 分期付款匯票（票65 II，票據法施行細則第十條）。（銀行公會指示國內各金融機構暫不受理此項票據）

（三）依票據關係人可分

1. 一般匯票

指發票人、付款人、受款人各異其人而成為票據當事人之匯票。

2. 變式匯票

發票人、付款人、受款人三者中有一人兼任數票據當事人身分（票25）。

(1) 指己匯票：發票人以自己為受款人（發票人兼受款人）之匯票，例如售貨人發行記載自己為受款人，而以購貨人為付款人，並由其承兌→商業承兌匯票。

(2) 付受匯票：以付款人為受款人之匯票，其主要功用係便利付款人內部之結算，同時對外亦可背書轉讓使之流通，如總公司為付款人而以分公司為受款人，藉以結清債務。

(3) 對己匯票：發票人以自己為付款人之匯票，又稱己付匯票。如郵局匯票：依郵政國內匯票法，無背書轉讓及承兌制度。票據法第二十四條第三項未載付款人者，以發票人為付款人。

(4) 己受己付：發票人以自己為受款人兼付款人。例如同一銀行之各分行間所簽發之匯票，惟因係三種資格集於一人，倘基於匯票之流通性，雖非無法成立，但仍悉數罕見。

實務案例

目前我國票據往來上，使用匯票的機率相較於另兩種票據（即支票、本票）低，而且種類均以金融機構（例如郵局、銀行等）匯票較常見。出國旅行遊學時，亦經常有國人選擇攜帶金融機構匯票，避免隨身攜帶鉅額現金的風險，但因涉及跨國屬國際銀行處理流程，所以仍有一定的疑慮。

據新聞報導，曾有一名李小姐攜帶臺灣的台新銀行匯票去法國遊學，在法國當地歷時半年卻無法兌現取得票款，遲至返國後票款才存入李小姐在法國的金融帳戶，造成李小姐不僅在法國遊學時缺少可用資金，亦因已返國在臺灣無法提領法國的金融帳戶內的款項。

（參考資料：https://www.youtube.com/watch?v=F7CX9dffI-4）

12.2 發票

體系整理

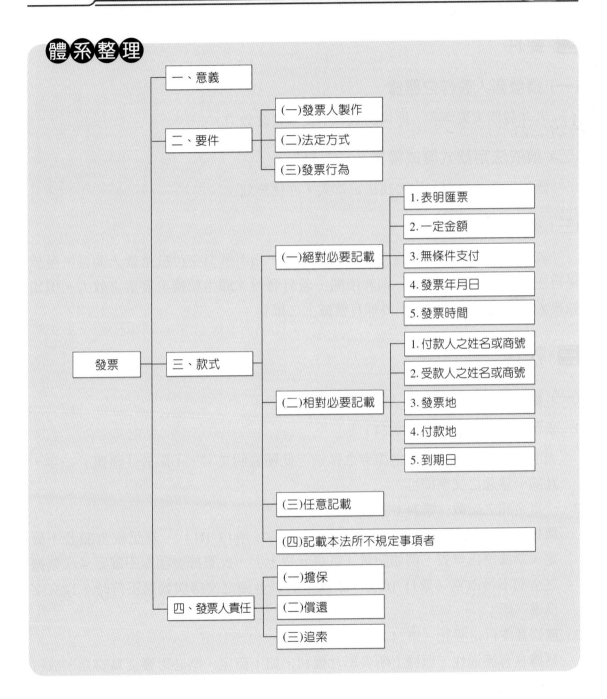

發票
- 一、意義
- 二、要件
  - (一)發票人製作
  - (二)法定方式
  - (三)發票行為
- 三、款式
  - (一)絕對必要記載
    - 1.表明匯票
    - 2.一定金額
    - 3.無條件支付
    - 4.發票年月日
    - 5.發票時間
  - (二)相對必要記載
    - 1.付款人之姓名或商號
    - 2.受款人之姓名或商號
    - 3.發票地
    - 4.付款地
    - 5.到期日
  - (三)任意記載
  - (四)記載本法所不規定事項者
- 四、發票人責任
  - (一)擔保
  - (二)償還
  - (三)追索

一 》意義

即發票人依法定款式，作成匯票並以之發行之基本票據行為也。

二 》要件

（一）須發票人製作之票據

若非發票人製作者，即係偽造，不生發票之效力。

（二）須依法定款式製成匯票

匯票為要式證券，倘欠缺法定款式，亦係無效。

（三）須有發票行為

若未發行，仍不得稱為發票。發行行為，指將匯票交付於付款人而言，至於係自主行為或非自主行為，則非所問，若有發行，即生票據上發票之效力，但如執票人係惡意取得者，則不得享有票據上之權利。

三 》款式

（一）絕對必要記載事項（票24 I）

1. 表明其為匯票之文字（票24 I ①）

   表明其為匯票，以與其他證券之區別。此種表明文字，不限於「匯票」二字，凡同一意義之文字即可。

2. 一定金額之記載（票24 I ②）

   票據金額之記載，須有一定性且不得改寫（票11 III），若記載金額若不確定，票據應為無效，例如記載「貳萬元以上」，此票據金額即不確定；又票據之金額不得改寫（票11 III），票據上記載金額之文字與號碼不符時，以文字為準（票7）。

3. 無條件支付之委託（票24 I ⑤）

   票據具有流通性，票據上所表彰之權利，如不確定，勢必影響交易安全，故付款之委託，不得附有任何條件，一般均以「憑票支付」字樣表示。

4. 發票年月日（票24 I ⑦）

即匯票票面形式上記載之年月日，發票之年月日，與發票人於發票時有無行為能力、發票日後定期付款之匯票到期日之計算，均有關係，故應記載。又若發票日所記之日期為曆法所無，如二月三十日，解釋上應以該月末日為發票日，以符當事人之真意。

5. 發票人簽名（票24 I）

（二）相對必要記載事項

欠缺應記載之事項，票據本應無效，但因票據法另有補充規定，因此並不影響票據效力（票10 I但書）。

1. **付款人之姓名或商號**：匯票未載付款人者，以發票人為付款人（票24 III）。

2. **受款人之姓名或商號**：匯票未載受款人者，以執票人為受款人，未記載受款人之姓名或商號之匯票即為「無記名匯票」（票24 IV）。

3. **發票地**：此種記載亦為意思表示之內容，而非事實之記載，故與實際上之發票地縱不一致，亦不影響票據之效力，匯票未載發票地者，以發票人之營業所、住所或居所所在地為發票地（票24 V）。

4. **付款地**：匯票未載付款地者，以付款人之營業所、住所或居所所在地為付款地，付款地必須單一，若複數付款地則該票據無效（票24 VI）。

5. **到期日**：匯票未載到期日者，視為見票即付（票24 II）。

（三）任意記載事項

1. 擔當付款人

擔當付款人為代付款人，實際付款之人。發票人得於付款人外記載一人為擔當付款人（票26 I）。發票人已指定擔當付款人者，付款人於承兌時得塗銷或變更之（票49 II），票上載有擔當付款人者，其付款之提示，應向擔當付款人為之（票69 II）；擔當付款人，並非票據債務人，故當執票人請求承兌時，仍應向付款人請求承兌。

2. 預備付款人

預備付款人者，指發票人或背書人，於付款人外，記載付款地之一人，於付款人拒絕承兌或付款時，由其參加承兌或參加付款之人（票26 II、35），匯票上

載有預備付款人者，在付款人拒絕承兌時，得請求其為參加承兌（票53 I），在付款人拒絕付款而又無參加承兌人時，應向其為付款之提示（票79 I）；此乃匯票專有之制度，而本票及支票則無。

3. 付款處所

即發票人或付款人於付款地內所指定之特定付款地點也。發票人得記載在付款地之付款處所（票27），如街道名稱、門牌號碼。付款人於承兌時，亦得於匯票上記載付款地之付款處所（票50）。票據上如有付款處所之記載，則行使或保全票據上之權利，均應在該處所為之（票20）。

4. 利息與利率

發票人得記載對於票據金額支付利息及其利率，其利率未經載明時，定為年利六釐（6%）此乃法定利率，利息自發票日起算，但有特約者，不在此限（票28）。

5. 免除擔保承兌

發票人得依特約免除擔保承兌之責（票29 I）。

6. 禁止轉讓之記載（票30 II、III）。

7. 請求承兌期限或禁止承兌期限之記載（票44）。

8. 承兌或付款提示期限縮短或延長之記載（票45、46）。

9. 免除作成拒絕證書之記載（票94 I）。

10. 指定應給付金額種類之記載（票75 I但書）。

11. 免除通知之記載（票90）。

12. 不得發行回頭匯票之記載（票102 I但書）。

(四) 記載本法所不規定事項者

票據上記本法所不規定之事項者，不生票據上之效力（票12），例如限額保證支票上記載「本支票拾萬元限額內保證付款，逾額退票」之記載，因支票不適用「保證」之規定，此記載不生票據上之效力，惟仍生民法「保證」之效力是。

▌案例題型

　　A公司向B公司採購原料一批，A公司以蓋有公司章、票面金額新臺幣200 萬元、發票日為民國（下同）100年9月15日、受款人為B公司之支票交付予B公司，作為貨款之支付。B公司董事長甲因個人投資失利，竟擅自拿此一支票向乙調頭寸。甲將該支票背面蓋上B公司之公司章及其個人私章，同時載明禁止轉讓後交付予乙，又在乙的要求下，甲於支票背面寫下連帶保證字樣。乙取得票據後，旋即背書轉讓予丙。丙於100年9月16日向支票付款行提示請求付款，付款行以存款不足為由拒絕付款。

　　倘丙向乙請求給付票款，乙為給付後轉向B公司與甲請求，請問B公司與甲是否應負擔票據背書、票據保證，或者民法保證之責？

【101年公務人員特種考試司法官考試第二試試題】

四》發票人責任

(一) 擔保責任

　　發票人應依匯票文義擔保承兌及付款（票29 I前）。

(二) 償還責任

　　發票人雖無條件委託付款，但付款人在對匯票承兌前，不負付款責任；故付款人一旦拒絕承兌，發票人對於執票人即負償還票面金額、利息及其他必要費用之責（票97、98）。

(三) 追索責任

　　執票人向付款人請求承兌或付款經付款人拒絕者，執票人依法完成法定手續後（如拒絕證書之作成），得向發票人行使追索權。

商事法
Commercial Law

12.3 背書

體系整理

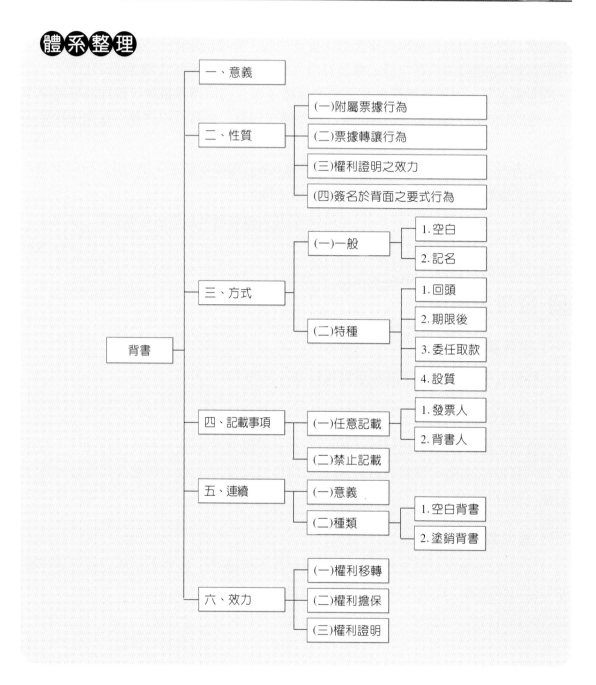

背書

- 一、意義
- 二、性質
  - (一)附屬票據行為
  - (二)票據轉讓行為
  - (三)權利證明之效力
  - (四)簽名於背面之要式行為
- 三、方式
  - (一)一般
    - 1. 空白
    - 2. 記名
  - (二)特種
    - 1. 回頭
    - 2. 期限後
    - 3. 委任取款
    - 4. 設質
- 四、記載事項
  - (一)任意記載
    - 1. 發票人
    - 2. 背書人
  - (二)禁止記載
- 五、連續
  - (一)意義
  - (二)種類
    - 1. 空白背書
    - 2. 塗銷背書
- 六、效力
  - (一)權利移轉
  - (二)權利擔保
  - (三)權利證明

一 》意義

　　稱背書者，謂執票人以移轉票據上權利或其他之目的，而在票據背面或其黏單上簽名，為一種附屬的票據行為。按得為背書之人，以執票人為限；而背書必經背書人於票據背面或黏單上簽名，方能生效。

二 》性質

1. **一種附屬之票據行為**：須發票行為完成方得為之。
2. **票據轉讓之單獨行為**：票據權利移轉（轉讓背書）或取得行使票據權利之（委任取款背書）。
3. **權利（轉讓背書）或權限（委任取款背書）證明之效力**：又稱資格授與效力，例如執票人應以背書之連續證明其權利（票37 I）。
4. **背書須簽名於票據背面之要式行為**：除空白背書，得以交付為票據之轉讓外，記名票據之轉讓，必須背書人於票據背面背書，始能轉讓，絕不可在票據正面為之，以免與發票、承兌、保證等記載混淆。又背書須在匯票背面為之，除非背面餘白不敷記載，不得於黏單上為之，否則不生票據背書之效力。

三 》方式

(一) 一般背書

1. 記名背書

由背書人在匯票的背面或其黏單上，記載被背書人，並由背書人簽名的背書為記名背書（票31 II）（參圖一）。記名背書再為轉讓時，必須由被背書人再為背書，否則背書不連續。

> 小明依記名背書轉讓於小華；小華再依記名背書並記載背書日期而轉讓於大華。大華再依空白背書方式，將票據轉讓執票人。
>
> | | 被背書人 | 背書人 | 年月日 |
> |---|---|---|---|
> | 記名背書 ➡ | 小華 | 小明 | |
> | 空白背書 ➡ | 大華 | 小華 | 109.5.1 |
> | | | 大華 | |

❖圖一

▌案例題型 ››››››››

甲簽發匯票一張給乙，付款人為A，發票日為2011年1月1日，未記載到期日。該票經乙背書轉讓給丙後，丙於2011年7月15日復將該票背書轉讓給丁。請問該項轉讓之效力為何？

【100年公務人員高等考試三級考試試題 經建行政】

‹‹‹‹‹‹‹‹‹‹‹‹‹

2. 空白背書

由背書人不記載被背書人，僅簽名於匯票者，為空白背書（票31 III）（參圖一）。空白背書之票據，(1)得依票據之交付轉讓之；(2)亦得以空白背書或(3)記名背書轉讓之（票32 II）；(4)匯票之最後背書為記名背書，再為轉讓（票33），惟於該空白內記載他人為被背書人變更為記名背書後，由該執票人再以背書方式轉讓時，易滋背書不連續之困擾。

▌案例題型 ››››››››

設臺北市民甲，簽發以臺灣銀行臺北市城中分行為付款人，面額新臺幣（下同）柒萬元，票載日期為民國102年9月5日，受款人為乙之支票一紙，交付乙以清償貨款。乙復將該支票以空白背書轉讓於丙，丙未於票上簽名將之交付丁，丁背書轉讓於戊。

試問丙應負如何之票據責任？

【102年專門職業及技術人員高等考試律師考試第二試試題】

‹‹‹‹‹‹‹‹‹‹‹‹‹

（二）特種背書

1. 回頭背書（還原背書、逆背書）

(1) 回頭背書者，即以原票據債務人為被背書人之背書，亦即執票人將票據讓與發票人，付款人或其他票據債務人所為之背書。

(2) 一般轉讓背書係以匯票債務人以外的第三人為背書；而回頭背書則以匯票上已有簽名之人為被背書人。

(3) 依票據法第三十四條第一項規定，匯票得依背書讓與發票人、承兌人、付款人或其他票據債務人；但付款人在承兌之前尚非票據債務人，其受讓自不構成此所謂的回頭背書，學者有以「準回頭背書」稱之。其為被背書人時，對於任何人均得行使追索權。

(4) 匯票債務人依回頭背書受讓票據時，依民法混同的原則，原應因債權與債務同歸一人而消滅（民224），但票據法為保護票據的流通性，排除混同原則的適用，容許受讓人於票據到期日前，更以背書轉讓之（票34 II）。

(5) 回頭背索權行使範圍

① 執票人為發票人時：發票人將票據背書轉讓給第三人（現執票人）時，該第三人之追索權不受任何限制，可向任何前手追索。但如向其直接前手（發票人）追索，該前手（發票人）清償後，即不得復向其前手追索。

② 執票人為承兌人時：無票據上之權利。因承兌人於匯票到期時，有付款之責，為匯票之主債務人，現為執票人，自不能向任何票據債務人主張票據上之權利。

③ 執票人為背書人時：對該背書之後手無追索權（票99 II）。例如小明簽發票據與小華，小華背書轉讓與小英，小英背書轉與小美，小美背書轉讓與小陳，小陳再背書轉讓小英；此時小英即不得對小美、小陳兩人行使追索權，惟對原有之前手小明、小華則仍可行使票據上之權利。

④ 執票人為預備付款人時：其情形與付款人在承兌前相同，對其前手有追索權。

⑤ 若以保證人或參加承兌人為被背書人時：則對被保證人或被參加承兌人之後手，無追索權（票56、64之反面解釋）。因若保證人能向被保證人之後手行使追索權，則該等後手亦得向被保證人追索，何異自搬磚頭打自己的腳，故不許其追索，但向被保證人及其前手，仍可追索。例如小明發票給小華，小華背書給小英，大華為小英保證，小英再背書給小珍，小珍又背書給小玲，小玲不得向小珍追索。但可向小英、小華、小明追索；參加承兌人為執票人，其效力與保證人為執票人相同。

▌案例題型 ››››››››

　　甲為債務簽發支票一紙，以乙為受款人，之後乙背書轉讓給丙，丙復背書轉讓給丁，丁因借貸關係將支票轉讓給乙，乙再讓與戊。戊向丙追索時，丙主張回頭背書故無庸負責，問丙之主張依法是否有理？

【101年特種考試地方政府公務人員考試試題－三等考試 法制、經建行政】

›‹‹‹‹‹‹‹‹‹‹‹‹‹

2. 期限後背書

(1) 意義：到期日後之背書，稱之為期限後背書。

(2) 效力

① 票據法第四十一條第一項規定「到期日後之背書，僅有通常債權轉讓之效力。」故而期限後背書所移轉者，僅為該票據之債權，執票人雖仍享有票據上之權利，惟不受票據之債權，執票人雖仍享有票據上之權利，惟不受票據抗辯限制之保護，且背書人亦不負票據上背書人責任。又如背書未記載日期，推定其作成於到期日前（票41 II）。

② 期後背書之被背書人仍得享有票據上權利，僅因被背書人係繼受背書人之地位，票據債務人得以對抗背書人之事由，轉而對抗被背書人。

▌案例題型 ››››››››

　　甲於民國101年4月1日簽發一張發票日為民國101年5月1日之支票予乙，乙於民國101年7月30日將該支票背書轉讓予丙，並於支票背面據實記載背書之日期。 請依實務、學說見解說明：若該支票不獲付款，丙對乙是否享有票據上之追索權？丙對甲是否享有票據上之追索權？

【101年民間之公證人考試】

‹‹‹‹‹‹‹‹‹‹‹‹‹

3. 委任取款背書（參圖二）

(1) 意義：執票人以委任取款之目的，所為之背書，稱之為委任取款背書（票41 I）。此種背書僅授與被背書人，代理取款之權，並非轉讓票據利，故與一般轉讓背書有別。

❖圖二　委任取款背書

(2) 效力

① 被背書人得行使匯票上一切權利，並得以同一目的更為背書（票40 II）。其次之被背書人所得行使之權利與第一背書人同（票40 III）。

② 票據債務人對於受任人所得提出之抗辯，以得對抗委任人者為限（票40 IV）。

③ 委任人未書明委任取款意旨而為背書者，對於善意執票人應負普通背書人之責任。亦發生票據權利移轉之效果。

4. **設質背書**

背書附記條件者，稱為設質背書（參圖三），因設質背書有礙票據之流通性，故而票據法明文規定，背書附記條件者，其條件視為無記載（票36），亦即該條件不生效力，惟背書轉讓仍屬有效。

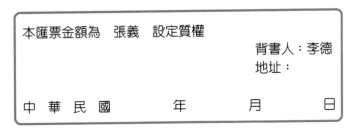

❖圖三　設質背書

四》背書記載事項

背書的記載事項，應在匯票的背面或其黏單上為之（票31 I），但無一定位置，可不按背書順序簽名（六三上字第七七一號）。

(一) 背書的任意記載事項

1. 禁止轉讓的記載

(1) 由發票人記載時

「記名」匯票的發票人，有禁止轉讓的記載者，不得轉讓（票30 II）；故發票人為此記載者，匯票即失其流通性。

案例題型››››››››

甲簽發本票時，在發票人之旁，蓋上「禁止背書轉讓」章後，將該本票交給受款人乙。乙隨之將該本票背書轉讓給丙。丙向甲請求支付票款時，甲主張因為乙未履約，甲乙雙方業已解除契約，故無需付款，且票上已記載「禁止背書轉讓」，故丙不得為付款之主張。丙表示，甲不得以對抗乙之事由對抗丙，且甲並未在「禁止背書轉讓」記載處簽名，故該記載無效。請問丙之主張是否有理？

【102年公務人員高等考試三級考試試題－經建行政】

‹‹‹‹‹‹‹‹‹‹‹‹‹

(2) 由背書人記載時

背書人於匯票上記載禁止轉讓者，仍得依背書而轉讓之。但禁止轉讓者，對於禁止後再由背書取得票據之人，不負責任（票30 III）。

案例題型››››››››

甲簽發記名受款人為乙之遠期支票一紙，面額新臺幣參拾萬元整，向乙購貨一批。乙得票後在該票背面簽名並記載被背書人丙禁止轉讓與禁止丙背書委任取款後讓與丙。試問乙記載被背書人丙禁止轉讓之效力如何？又乙記載禁止丙背書委任取款後，試問丙得否背書委任丁取款？

【101年公務人員特種考試法務部調查局調查人員考試】

‹‹‹‹‹‹‹‹‹‹‹‹‹

案例題型››››››››

A公司向B公司採購原料一批，A公司以蓋有公司章、票面金額新臺幣200萬元、發票日為民國（下同）100年9月15日、受款人為B公司之支票交付予B公司，作為貨款之支付。B公司董事長甲因個人投資失利，竟擅自拿此一支票向乙調頭寸。甲將該支票背面蓋上B公司之公司章及其個人私章，同時載明禁止轉讓後交付予乙，又在乙的要求下，甲於支票背面寫下連帶保證字樣。乙取得票據後，旋即背書轉讓予

丙。丙於100年9月16日向支票付款行提示請求付款，付款行以存款不足為由拒絕付款。

　　倘丙向B公司主張票據責任，B公司以董事長甲私自拿公司票據供己之用為由抗辯之，是否有理？倘丙向A公司、B公司與乙請求給付票款，A公司、B公司與乙皆以票據載明禁止轉讓為由抗辯之，是否有理？

【101年公務人員特種考試司法官考試第二試試題】

<<<<<<<<<<<<<<

2. 不生票據法上效力的背書記載事項

(1) 附條件的記載：背書附記條件者，其條件視為無記載（票36後）。但背書本身，仍有效力，亦即被背書人仍可依該背書而取得權利。

(2) 免除擔保付款的記載：票據最終目的，即在付款，惟免除擔保付款的記載，有違票據本質，其記載無效，惟背書行為並不因此無效，仍應負背書人的責任（票39）。

(二) 背書的禁止記載事項

1. 就票據金額一部背書的記載：
例如匯票金額為五萬元，僅轉讓二萬元，而自己保留三萬元是。

2. 就票據金額分別轉讓與數人的記載：
例如匯票金額為五萬元，以二萬元轉讓給小明，三萬元轉讓給小華。

五》背書之連續

(一) 意義

　　係指在票據上所為之背書，自最初受款人至最後之執票人間，須形式上前後連續不間斷，亦即票據上有受款人之記載時，第一次背書之背書人必須為受款人，第二次以下之背書應為各該前一背書之被背書人，否則即為背書不連續（參圖四、圖五）。

被背書人	背書人	年月日
小華	小明	
大華	小華	
小英	大華	

❖圖四　背書連續

被背書人	背書人	年月日
小華	小明	
小雄	小英	
小美	大雄	

❖圖五　背書不連續

（二）種類

1. **空白背書之連續**：背書中若來有空白背書時，形式上為背書之不連續，然空白背書（參圖六）既為法許可（票37 I），為免背書不連續而影響執票人權利之行使，故票據法特為擬制之規定，以為補充。

被背書人	背書人	年月日
	小明	
	小華	
	大英	

❖圖六　空白背書

2. **塗銷背書之連續**：背書之塗銷，須執票人故意為之（票38前段），非故意塗銷時，不影響於票據上之效力（票17）。

   (1) 背書塗銷之效果

   被塗銷的背書人，免除責任，在被塗銷背書人名次之後而於未塗銷以前為背書者，均免其責任（票38）。

   (2) 塗銷對背書連續性之影響

   塗銷之背書不影響背書之連續者，對於背書之連續，視為無記載。塗銷之背書，影響背書之連續者，對於背書之連續，視為未塗銷（票37 II、III）。此稱為擬制連續，被塗銷之背書人免責（票38）。

六》背書之效力

（一）權利移轉之效力

　　背書之目的，在轉讓票據上之權利，故票據權利因背書及交付行為而發生移轉，由被背書人繼受取得；惟背書移轉效力與一般債權移轉效力不同：前者之被背書人，原則上可取得優於前手之權利，而後者之受讓者，原則上不能取得優於讓與人之權利。

(二) 權利擔保之效力

背書人對於票據債權人所負之責任與發票人同，應照匯票文義擔保承兌及付款（票39、29 I），且其責任之範圍及於全體後手；惟擔保承兌可以特約免除之，擔保付款則不得免除，然執票人若不獲承兌或付款，亦可自背書人追索，背書人則有付款之義務。

(三) 權利證明之效力

執票人應以背書之連續證明其權利。但背書中有空白背書時，其次之背書人，視為前空白背書之被背書人（票37 I）。即以背書之連續證明執票人之票據權利為正當，若有不連續時，則推定其為不正當，其後手依理不受法律之保護，為無票據權利者，但若有反證，則仍得享有票據權利。

12.4 承兌

體系整理

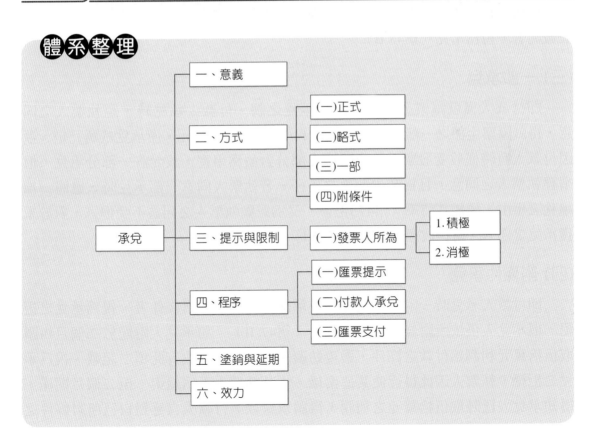

■》意義

　　所謂承兌係指匯票付款人對於發票人之付款委託表示承諾，願照票據文義付款，所為之票據附屬行為。按匯票付款人並不因發票人為付款委託而當然成為票據債務人，必付款人為承兌始成為票據債務人；又承兌制度為匯票所特有，本票及支票並無承兌制度。再者因承兌係以發票行為存在為前提，故而屬票據附屬行為。

■》方式

(一) 正式承兌

　　正式承兌亦稱完全承兌，即在匯票正面記載承兌字樣，而由付款人簽名之謂也（票43 I）。

(二) 略式承兌

　　即僅由付款人在匯票正面簽名，而不記載任何文字的承兌；故付款人僅在票面簽名者，視為承兌（票43 II）。

(三) 一部承兌

　　即付款人僅就匯票金額為一部分承兌之謂。付款人承兌時，經執票人之同意，得就匯票金額之一部分為之（票47 I）。如面額陸萬元，僅承兌貳萬元是。蓋因付款人有時僅收受發票人給予票據之部分對價為事實，故允許一部分承兌，但須經執票人之同意。且為減少前手之責任，若執票人同意一部承兌時，應將一部承兌之事由，通知其前手（票47 I但）。又為兼顧執票人之利益不受損害，對於未獲承兌之部分，應作成拒絕證書（票86 I）。

(四) 附條件承兌

　　即付款人承兌時，附以停止條件或解除條件。承兌附條件者，視為承兌之拒絕，但承兌人仍依所附條件，負其責任（票47 II）。如承兌人附記於二個月內賺取伍拾萬元利潤始付款之條件，嚴重妨礙匯票之流通，故有此項之記載，視為承兌之拒絕，執票人因此得行使其追索權。惟若執票人不為追索，至二個月期滿，得知承兌人已賺取伍拾萬元之利潤，得請求付款，付款人自應對自己所附條件之行為，負付款之責任。

三》承兌之提示與限制

「承兌之提示」謂匯票之執票人於到期日前，向付款人提示匯票請求承兌也（票42）。所謂提示，乃係現實出示票據，請求付款人為承諾付款之表示。又承兌之提示，原為執票人之權利，故而是否提示承兌，任由執票人自由為原則。惟法律上對此原則，設有下列限制：

(一) 發票人所為之限制

1. 積極限制

除見票即付之匯票外，發票人或背書人得在匯票上為應請求承兌之記載，並得定其期限（票44 I），蓋付款人是否願為承兌，與發票人之責任關係至巨，故而發票人得為此記載，以便知悉付款人是否承兌而有所準備。其次指定請求承兌期限之匯票，付款人於承兌時應記載承兌日期（票46 I），承兌日期未經記載且未作成拒絕證書者，以發票人所指定之承兌期限末日為承兌日（票46 II）。又見票付之匯票，本無須求承兌，自不得為此指定。此外，執票人違反積極之限制，不於指定承兌期限內為承兌者，對於發票人或背書人，喪失追索權（票104 II）。

2. 消極限制

發票人於一定日期前，得為禁止請求承兌之記載（票44 II）。蓋發票人有時因為與付款人間之資金關係尚未完成，故而自行留有相當期間，以免付款人拒絕承兌致損害票據之信用，且執票人若於該日期前請求承兌，而遭拒絕，亦不得作成拒絕證書行使追索權。

四》程序

(一) 匯票提示

執票人現實的向付款人出示匯票，請其承兌。

(二) 付款人承兌

由付款人在匯票上為承兌之記載並簽名。惟付款人雖在匯票上簽名承兌，未將匯票交還執票人之前，仍得撤銷其承兌，但已向執票人或匯票簽名人以書面通知承兌者，不在此限（票51）。

（三）匯票交付

承兌人將匯票交還執票人。

五》塗銷與延期

（一）塗銷

在執票人為承兌提示時，應將匯票交付與付款人暫時占有，承兌人為承兌後，將匯票返還與執票人，其承兌行為始為完成。故付款人雖在匯票上簽名承兌，在未將匯票交還執票人以前，依票據法第五十一條本文，仍得將其承兌的表示塗銷，以撤回（票據法誤為撤銷）其承兌。但若已向執票人或匯票簽名人（如發票人、背書人）以書面通知承兌者，則其承兌的意思表示，已到達相對人或關係人而發生效力，則不得再行塗銷（票51但），以免信其已為承兌之人受有不測之損害。

（二）延期

執票人請求承兌時，付款人原應即為承兌與否之表示，惟有時基於付款人與發票人間之資金關係尚未洽妥或其他原因，為維持票據信用，故法律特許付款人有三日之承兌考慮期限，此三日之期限，無待執票人同意。但僅以三日為限，不得再請求延長（票48）。又此三日之期限，解釋上不得逾法定或約定提示承兌之期限，以免使執票人誤期致喪失追索權。

六》效力

承兌之目的，係在確定付款人之責任。故付款人一經承兌，即生下述之效力，亦即承兌人應負付款之責（票52 I），成為匯票上之主債務人；且即使原發票人為執票人，亦得向承兌人請求付款（票52 II），此為對承兌人之支付義務之加重，但承兌人得對發票人主張人之抗辯。

12.5 參加承兌

體系整理

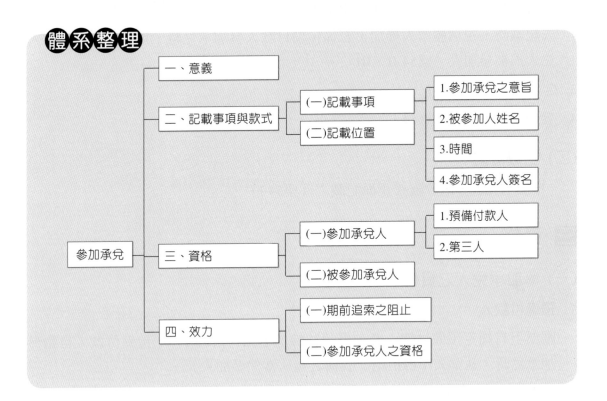

參加承兌
- 一、意義
- 二、記載事項與款式
  - (一)記載事項
    - 1.參加承兌之意旨
    - 2.被參加人姓名
    - 3.時間
    - 4.參加承兌人簽名
  - (二)記載位置
- 三、資格
  - (一)參加承兌人
    - 1.預備付款人
    - 2.第三人
  - (二)被參加承兌人
- 四、效力
  - (一)期前追索之阻止
  - (二)參加承兌人之資格

一 » 意義

參加承兌者，乃預備付款人或票據債務人以外的第三人，因匯票不獲承兌，於到期日前，爲防止執票人行使追索權所爲的一種附屬的票據行爲。其爲參加行爲之人，謂參加人；因參加行爲而直接享受利益之人，被謂被參加人。

二 » 記載事項與款式

(一) 記載事項

1. 參加承兌之意旨

   記載表明參加承兌之文義，如參加承兌或其同義文字如「到期由本人照兌」或「願代承兌」。

2. 被參加人姓名

參加承兌係為特定債務人之利益，故應記載被參加人之姓名，以確定係為何人利益參加，俾將來作為行使償還請求權之依據，惟此非絕對必要記載事項，若未記載時，視為發票人參加，若係預備付款人參加承兌時，以指定預備付款人之人為被參加人（票54 II、III）。

3. 年月日（票54 I ③）。

4. 參加承兌人簽名（票54 I）。

（二）記載位置

參加承兌者，應於匯票正面記載之（票54 I）。

三 》資格

（一）參加承兌人之資格

1. 預備付款人

匯票上有指定預備付款人者，得請其參加承兌（票53 I），預備付款人自動參加承兌時，執票人不得拒絕，故稱之為「當然參加人」。

2. 票據債務人以外之第三人

除預備付款人與票據債務人外，不問何人，經執票人同意，得以票據債務人中之一人為被參加人參加承兌（票53 II），稱之為「任意參加」，其所以需經執票人同意，係避免無資力人為參加人以阻止執票人期前行使追索權，致執票人因之受損。參加人非受被參加人之委託而為參加者，應於參加後四日內，將參加事由，通知被參加人。參加人怠於為前項通知，因而發生損害時，應負賠償之責（票55）。

（二）被參加承兌人的資格

被參加承兌人，為因參加承兌的行為而直接享受利益之人。原則上，凡屬票據債務人均得為被參加承兌人；但於票據上曾記明免除擔保承兌之責者（票29 I但、票39），本不負因拒絕承兌而被追索的義務，因此，追索權的期前行使若係由於拒絕承兌者，則不得以此種票據債務人為被參加承兌人。

四》效力

(一) 期前追索之阻止

執票人允許參加承兌後，不得於到期日前行使追索權（票56 I）。然被參加人及其前手仍得於參加承兌後，向執票人支付匯票金額，請其交出匯票及拒絕證書（票56 II），但求早日解除責任。

(二) 參加承兌人之責任

付款人或擔當付款人，經執票人為付款之提示，不於到期日或其後兩日為付款，或付款經執票人同意延期，而不於所延期限內為付款時，參加承兌人應負支付匯票金額、利息及作成拒絕證書及其他必要費用之責；亦即所謂償還之責任（票57）。

12.6 保證

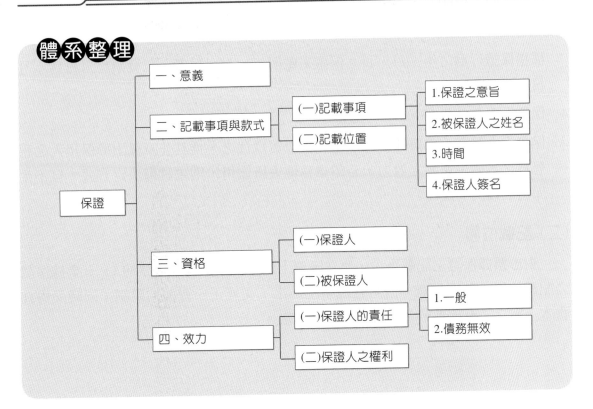

一 》意義

票據保證者，乃票據債務人以外的第三人，以擔保票據上債務的履行爲目的，所爲的要式、單獨而具有獨立性的附屬的票據行爲；保證僅適用於匯票及本票，支票則無。

二 》記載事項與款式

(一) 記載事項

1. 保證之意旨（票59 I ①）

票據保證應載明保證之意旨，使與其他票據行爲有所區別。但非必限於「保證」二字，凡由其文義觀之，足以表明保證之性質者皆可。

2. 被保證人之姓名（票59 I ②）

係指保證人之對象，使保證人之責任有所限制；保證未載明被保證人者，視爲爲承兌人保證，其未經承兌者，視爲發票人保證。但得推知其爲何人保證者，不在此限（票60）。

3. 年、月、日（票59 I）

係指保證行爲之年、月、日。保證未載明年、月、日者，以發票年月日爲年月日（票59 II）。

4. 保證人簽名（票59 I）

保證人之簽名，依票據法之規定，得以簽章代之，惟其簽章係出於保證人之意思爲之，始生簽名之效力，若印章爲他人所盜用，則未具備法定方式，自不生保證之效力（民73）。

(二) 記載位置

對於票據保證之記載事項，應在匯票上或其謄本上爲之（票59 I）。票據保證之記載位置，範圍較寬，既可在匯票上爲之，又無正、背面的限制；同時又得在謄本上爲之。至於黏單上，解釋上亦得爲之。

三 » 資格

(一) 保證人

保證人除票據債務人外，不論何人均得為之（票58 II），保證人之資格，法人或自然人皆得為之，但法人為公司者，原則上不可作保，若為票據保證者，亦屬無效（公司16）。

(二) 被保證人

凡票據債務人，如發票人、背書人、承兌人、參加承兌人，均得為票據的被保證人。且票據的被保證人亦以票據債務人為限；故指定非票據上的債務人為被保證人者，其保證無效。又付款人，因其承兌之前不負票據上責任，自亦不得充任被保證人。

四 » 效力

(一) 保證人的責任

1. 一般的責任

保證人與被保證人負同一責任（票61 I）；即以被保證人之票據責任為保證人之責任，此即票據保證人之從屬性，若為承兌人保證者，即應負付款責任，為發票人或背書人保證者，即應擔保承兌及擔保付款之責任。

2. 債務無效之責任

被保證人之債務，縱為無效，保證人仍負擔其義務，但被保證人之債務因方式之欠缺而為無效者不在此限（票61 II），此「無效」指欠缺實質件致歸無效情形而言。若該被保證人之票據行為欠缺法定要件而無效時，則保證人之保證行為亦歸無效。

(二) 保證人之權利

票據法第六十四條規定：「保證人清償債務後，得行使執票人對承兌人、被保證人及其前手之追索權。」此即保證人所得行使之追索權，僅為對承兌人、被保證人及其前手，此為基於法律之規定而移轉，為法定移轉。故被保證人或其前手，不得以對抗原執票人之事由對抗保證人。

	保　　　證	背　　　書
適用範圍	匯票、本票	匯票、本票、支票
背書連續	無關	有權利證明力（票37 I）
目　的	保證票據債務	移轉票據權利，背書人擔保責任則係法定之效果
責　任	與被保證人負同一責任，隨被保證人身份不同而異	擔保承兌與支付責任（票39、29）
公　司	不得為保證人	得為背書人

12.7 到期日

體系整理

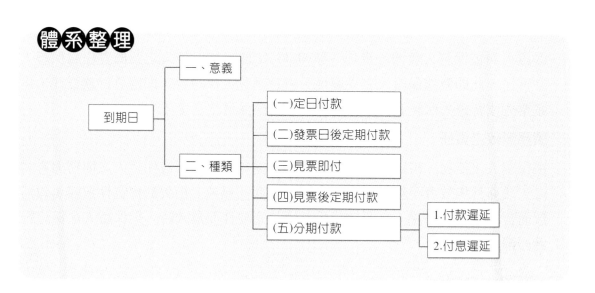

一》意義

　　到期日乃匯票上記載應為付款之時期；未記載到期日者，法律上視為見票即付（票24 II），到期日因須有確定性，故須於匯票上記載。

■»種類

(一) 定日付款

即在匯票上載明特定年月日，爲到期日，若票上僅記載月初、月中、月底者，則係指該月之一日、十五日、末日（票68 III）。若係曆法上所無之日者，則以該月之末日爲到期日。

(二) 發票日後定期付款

即以發票日後，一定期限之屆至爲到期日。例如記載發票日後二個月付款，發票日若爲八十四年三月一日，則八十四年五月一日爲到期；若無相當之日者，以該月末日爲到期日，如上例發票日爲十二月二十九日，然二月若非潤月則無二十九日，故以二十八日爲到期日。

(三) 見票即付

即於執票人提示票據請求付款，該提示日即爲到期日，執票人自發票日起六個月內爲承兌提示之責任，此期限發票日得以特約縮短或延長之，然其延長不得逾六個月（票66 I）。

(四) 見票後定期付款

見票後定期付款之匯票，依承兌日或拒絕承兌證書作成日，計算到期日（票67 I）；即以承兌日或拒絕證書作成日後，一定期間之末日爲到期日；然匯票經拒絕承兌而未作成拒絕承兌證書者，應以發票日起六個月之末日，或發票日以特約所定，自發票日起不逾一年期限之末日，計算到期日（票67 II）。

(五) 分期付款匯票

1. 付款遲延

分期付款的匯票，其中任何一期到期不獲付款時，未到期部分，視爲全部到期（票65 II）。

2. 付息遲延

利息經約定於匯票到期日前分期付款者，任何一期利息到期不獲付款時，全部匯票金額，視爲均已到期（票65 IV）。

12.8 付款

體系整理

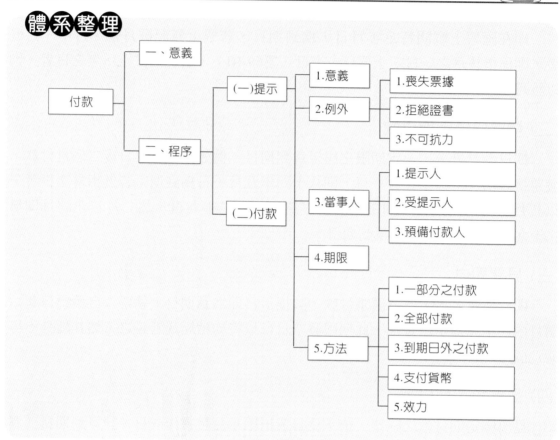

一 》意義

付款者，匯票付款人、承兌人或擔當付款人向執票人支付票載金額，而使票據關係消滅的行為。

二 》程序

(一) 提示

1. 意義

付款之提示乃執票人向付款人或擔當付款人，現實的提出票據，請求付款之行為也。

2. 例外

(1) 執票人喪失票據：此時票據既已喪失，則自無法為提示，僅可以公示催告程序，而以除權判決代之。

(2) 拒絕承兌證書作成後：此即無須再為付款之提示（票88 I）。

(3) 執票人因不可抗力之事變，不能於所定期限內為付款之提示，而其事變延至到期日後三十日以外時，執票人於此情形，亦無須為付款之提示，若事實延至到期日後三十日以外時，執票人得逕行行使追索權，無須提示或作成拒絕證書（票105 I）。

3. 當事人

(1) 提示人：執票人或執票人的代理人。

(2) 受提示人。

　① 付款人或承兌人或其代理人：此等人如已死亡，而有數繼承人時，得向繼承人中的一人提示付款。

　② 擔當付款人：匯票上載有擔當付款人者，其付款的提示，應向擔當付款人為之（票69）。

　③ 票據交換所：為交換票據而向票據交換所提示者，與對付款人的提示，有同一效力（票69）。

　④ 參加承兌人：付款人或擔當付款人不於票據法第六十九及七十條所定期限內付款，若有參加承兌人，則應向其為付款的提示（票79 I上）。

　⑤ 預備付款人：付款人或擔當付款人不於法定期限內付款，如無參加承兌人而有預備付款人，應向預備付款人為付款的提示（票79 I下）。

4. 期限

(1) 見票即付的匯票，以提示日為到期日（票66），其付款的提示，應自發票日起六個月內為之（票45、66），此項期間得以特約延長或縮短，但延長的期限，不得逾六個月（票45）。

(2) 見票即付的匯票，其執票人應於到期日或其後二日內，為付款之提示（票69）。匯票上雖有免除作成拒絕證書之記載，執票人仍應於所定期限內為付款之提示（票95）。

(3) 執票人如因不可抗力的事變，不能於所定期限內為付款之提示，對於前手或對於該約定之前手喪失追索權（票104）。匯票如尚未承兌，執票人喪失追索權後，僅得對於發票人，於其所受利益的限制，請求償還（票22）。

5. 方法

(1) 一部分之付款：執票人不得拒絕（票73），否則執票人就該部分之金額，喪失追索權然則爲維護未獲付款部分之票據權利，執票人仍須保留匯票，故付款人於爲一部付款時，僅得要求執票人在票上記載所收金額，並另給收據（票74 II）。執票人亦應於一部付款後，對於未獲付款之部分，另行作成拒絕證書，俾便行使追索權（票86 II）。

(2) 全部付款：付款人付款時，按文義證券之性質，自應依票據所載之金額全部付款。付款同時得要求執票人記載收訖字樣簽名爲證，並交出匯票（票74 I）。以便使匯票關係消滅。

(3) 到期日外之付款

　① 到期日前付款

　　票據未屆到期日，執票人固不得爲付款的請求，而付款人亦不得於到期日前預爲付款。故到期日前的付款，執票人得拒絕之（票72 I）。蓋在到期日前，執票人仍得利用票據的信用，以之轉讓，流通於市。即使付款人經執票人同意於到期日前付款者，仍應自負其責（票72 II）。

　② 到期日後付款

　　a. 匯票已經承兌時：則承兌人爲票據的主債務人，在法定付款提示期限過後，迄消滅時效完成前，仍不能免除其付款的義務。執票人若不於票據法第六十九條所定期限內爲付款的提示時，票據債務人得將匯票金額依法提存，其提存費用，由執票人負擔之（票76）。提存後，即免除債務。

　　b. 匯票未經承兌時：則付款人原不負付款的義務；執票人如未於法定期限內爲付款的提示，其追索權亦已喪失，票據上權利即隨之消滅，若付款人仍對執人付款者，自不發生付款的效力，得依民法上不當得利的規定，請求執票人返還（民179）。

(4) 支付之貨幣

　表示匯票金額之貨幣，如爲付款地不通用者，得依付款日行市，以付款地通用之貨幣支付之。但有特約者，不在此限。又表示匯票金額之貨幣，如在發票地與付款地，名同價異者，推定其爲付款地之貨幣（票75）。

(5) 效力

付款人就票據金額全部支付者，票據權利即歸消滅，付款人及其他票據債務人均免其責任。其為一部付款者，票據權利一部消滅，免除一部責任；其他債務人，例如背書人、保證人、發票人等，亦因付款人為全部付款或一部付款，而分別免除全部責任或免除一部責任，縱發票人未提供資金給付款人，而付款人已為付款者，亦發生付款的效力。

數位加分

	擔當付款人	預備付款人
1. 性質	代理為付款行為不負擔票據債務	參加承兌則變成債務人
2. 指定權人	發票人、付款人（票26 I、49）	發票人、背書人（票26 II、35）
3. 被指定人之限制	不限付款地	限於付款地
4. 適用範圍	匯票、本票	匯票

12.9 參加付款

體系整理

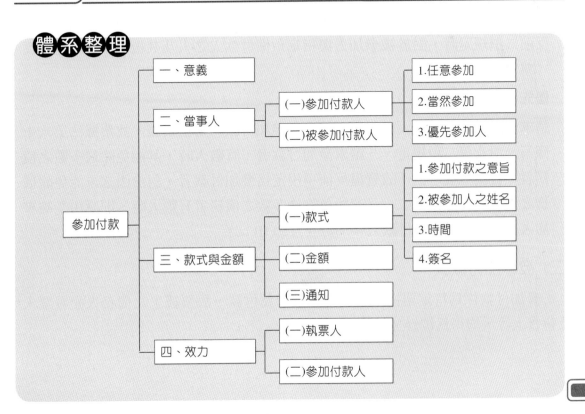

■ » 意義

參加付款者，承兌人或付款人以外的第三人，於票據被拒絕承兌或被拒絕付款時，為特定債務人的利益，向執票人付款，以防止追索權的行使。參加付款的人，稱為參加人，因參加付款而直接受益的票據債務人，稱為被參加人。

■ » 當事人

（一）參加付款人

1. 任意參加

參加付款，不問何人均得為之，執票人拒絕參加付款者，對被參加人及其後手喪失追索權（票78），因參加付款是現實的支付票據金額，執票人拒絕參加付款是損人不利己之行為，故予以喪失追索權限制執票人之拒絕參加付款。

2. 當然參加

參加承兌人及預備付款人為當然參加人，故付款人或擔當付款人不於票據法第六十九條及第十七條所定期限內付款時，有參加承兌人時，執票人應向參加承兌人為付款之提示，無參加承兌人而有預備付款人時，應向預備付款人為付款之提示（票79 I）。參加承兌人或預備付款人，不於付款提示時為清償者，執票人應請作成拒絕證書之機關，於拒絕證書上載明之（票79 II），執票人違反前二項規定時，對於被參加人與指定預備付款人之人及其後手，喪失追索權（票79 III）。

3. 優先參加人

請求參加付款者有數人時，應由何人為參加付款，易生疑義。故票據法第八十條第一項及第二項規定，「請求參加付款者，有數人時，其能免除最多數之債務者，有優先權。」「故意違反前項規定為參加付款者，對於因之未能免除債務之人，喪失追索權」。又若能免除最多數之債務者有數人時，則應由受被參加人之委託者或預備付款人參加之（票80 III）。

（二）被參加付款人

參加付款係為特定票據債務人之利益而為付款，故票據上之債務人如發票人及背書人等，均得為被參加付款人。

三》款式與金額

(一) 參加付款的款式

參加付款，應於拒絕證書內記載之（第82 I），但應記載之事項，則未明文規定，理論上應記載左列各款事項：

1. 參加付款之意旨。

2. 被參加人姓名，藉以確定參加人得行使權利之範圍。故參加承兌人付款，以被參加承兌人為被參加付款人；預備付款人付款，以指定預備付款人之人為被參加付款人。無參加承兌人或預備付款人，而匯票上亦未記載被參加付款人者，以發票人為被參加付款人（第82 II、III）。蓋發票人為最後之償還義務人，以之為被參加付款人，可免除票據上一切債人之責任。

3. 參加付款年、月、日。

4. 參加付款人簽名。

(二) 參加付款之金額

參加付款，應就參加人應支付金額之全部為之（第81）。因部份之付款，可減輕償還債務人之責任，而一部份之參加付款，不僅不能維持被參加人之信用，於被參加人及其前手償還金額時，復添一項參加付款之費用，對債務人既不利益，又失參加付款之意義，故為票據法所不許。

(三) 參加付款之通知

參加付款人非受被參加人委託而參加者，應於參加後四日內，將參加事由，通知被參加人。參加付款人怠於為上項通知，因而發生損害時，應負賠償之責（票82準用票55之規定）。

四》效力

(一) 對執票人的效力

執票人不得拒絕參加付款，否則，對於被參加人及其後手，喪失追索權（票78）。參加付款後，執票人應將匯票及收款清單交付參加付款人，有拒絕證書者，應一併交付（票83）。執票人若違反此一規定，對於參加付款人，應負損害賠償責任（票83）。

（二）對參加付款人的效力

參加付款人對於承兌人、被參加付款人及其前手，取得執票人的權利。但不得以背書再次轉讓（票84）。所謂取得執票人的權利，係指原始取得，故票據債務人不得以對抗執票人的事由，對抗參加付款人。

12.10 追索權

體系整理

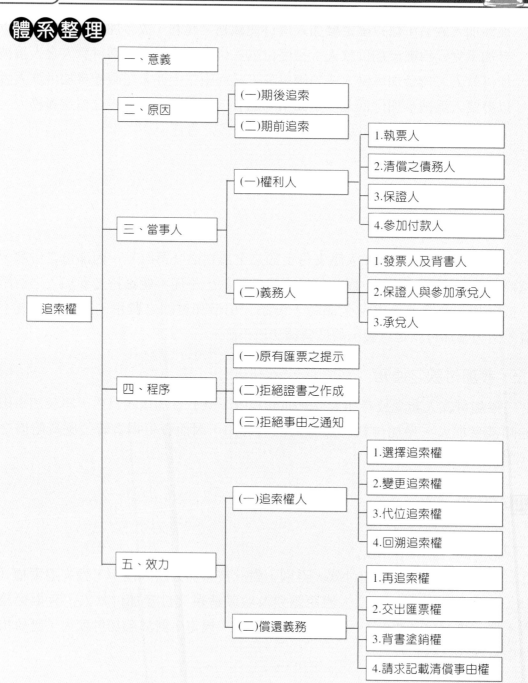

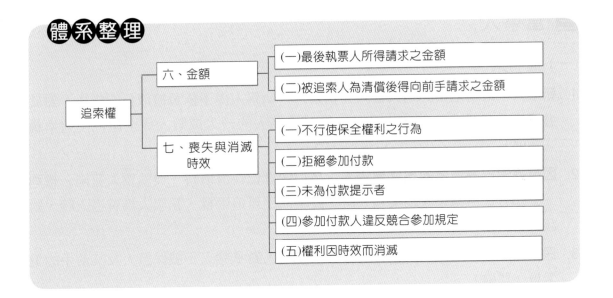

體系整理

- 追索權
  - 六、金額
    - (一)最後執票人所得請求之金額
    - (二)被追索人為清償後得向前手請求之金額
  - 七、喪失與消滅時效
    - (一)不行使保全權利之行為
    - (二)拒絕參加付款
    - (三)未為付款提示者
    - (四)參加付款人違反競合參加規定
    - (五)權利因時效而消滅

一》意義

所謂追索權乃票據不獲付款或不獲承兌或其他法定之原因時，執票人得向其前手請求償還票據金額利息及費用之一種票據上之權利；例如票據法第八十五條規定：匯票到期不獲付款時，執票人於行使或保全匯票權利之行為後，對於背書人、發票人及匯票上其他債務人得行使追索權。

二》原因

(一) 到期後追索

票據到期不獲付款時，執票人得對票據債務人行使追索權（票85I）。

(二) 到期前追索

票據既未到期，則票據債務人原可不付款，執票人亦不得行使追索權，惟有下列情形之一者，雖在到期日前，執票人亦得行使追索權（票85 II）。

1. 匯票不獲承兌時。
2. 付款人或承兌人死亡、逃避或其他原因無從為承兌或付款之提示時。
3. 付款人或承兌人受破產宣告時。

三 》當事人

(一) 權利人

1. **執票人**：最初追索的追索權人為執票人。執票人得不依負擔債務的先後，對於發票人、承兌人、背書人及其他票據債務人的一人或數人或全體行使追索權（票96）。

2. **因被追索已為清償的票據債務人**：被追索者已為清償時，與執票人有同一權利（票96）。但執票人為發票人時，對其前手無追索權，執票人為背書人時，對該背書的後手無追索權（票99）。

3. **保證人**：保證人清償債務後，得行使執票人對承兌人、被保證人及其前手的追索權（票64）。

4. **參加付款人**：參加付款人對於承兌人、被參加付款人及其前手，取得執票人的權利（票84）。

(二) 義務人

1. **發票人及背書人**：發票人與背書人對於匯票，均應依票載文義負擔保承兌及付款的責任（票29、219準用票29）。

2. **保證人與參加承兌人**：保證人與被保證人負同一責任（票61）。付款人或擔當付款人，不於票據法第六十九條及第十七條所定期限內付款時，參加承兌人應負支付第九十七條所定金額的責任（票57）。

3. **承兌人**：承兌人亦對於執票人連帶負責（票96）。

四 》程序

(一) 原有匯票之提示

1. 票據之提示乃是行使追索權之前提，所以執票人應向付款人提示。匯票上雖有免除作成拒絕證書之記載，執票人仍應於所定期限內，為承兌或付款之提示，但對於執票人主張未為提示者，應負舉證之責（票95）。

2. **例外**：執票人有下列情事之一，不必提示：

    (1) 執票人於法定或約定期限內為承兌之提示，遭付款人拒絕，經作成拒絕承兌證書者，無須再為付款的提示（票88）。

(2) 付款人或承兌人死亡、逃避或其他原因，無從為承兌提示時（票85）。

(3) 付款人或承兌人受破產宣告時（票85）。

(4) 執票人因不可抗力的事變如天災、戰爭，不能於所定期限內為承兌或付款的提示，應將其事由從速通知發票、背書人及其他票據債務人（票105）。

(二) 拒絕證書的作成

1. 意義

追索權的保全，除上述的提示外，尚須按期作成拒絕證書，始得追索。拒絕證書者，是證明執票人已在法定或約定期限內行使或保全匯票上權利而未獲結果，或無從為行使或保全行為的要式證書。

2. 作成的期限

(1) 拒絕承兌證書：應於提示承兌期限內作成（票87 I）。

(2) 拒絕付款證書：應於拒絕付款日或其後五日內作成；但執票人允許延期付款時，應於延期的末日，或其後五日內作成（票87 II）。

(3) 無從為承兌或付款提示拒絕證書：法無明文，解釋上亦應於承兌期限內或到期日前作成。

3. 未作成的制裁

執票人未在法定期限內作成拒絕證書，對前手喪失追索權（票85 I、104）。

(三) 拒絕事由之通知

執票人應於拒絕證書作成後四日內，對於背書人、發票人及其他匯票上債務人，將拒絕事由通知之。如有特約免除作成拒絕證書時，執票人應於拒絕承兌或拒絕付款後四日內，為前項之通知；背書人應於收到前項通知後四日內，通知其前手。背書人未於票據記載住所或記載不明時，其通知對背書人之前手為之（票89）。

五》效力

（一）對於追索權人之效力

1. 選擇追索權

依票據法九十六條第二項規定，執票人得不依負擔債務之前後，對於匯票發票人、承兌人背書人及其他或數人或全體行使追索權，亦即飛越追索權。

2. 變更追索權

依前條第三項規定，執票人對於債務人之一人或數人已爲追索者，對其他票據債務人仍得行使追索權，亦稱轉向追索權。

3. 代位追索權

被追索者已爲清償時，與執票人有同一權利（票96 IV），亦稱再追索。

4. 回溯追索權

(1) 回頭匯票的意義：回頭匯票者，乃有追索權者，以發票人或前背書人之一人或其他票據債務人爲付款人，向其住所所在地發行見票即付之匯票也（票102 II）。此種匯票亦稱還原匯票或回溯匯票。

(2) 回頭匯票之發行要件（票102）

① 發行人須爲匯票之執票人或其他有追索權之人。

② 付款人須爲被追索者。

③ 付款地須爲被追索人之住所所在地。

④ 須爲見票即付之匯票。

⑤ 須當事人間無相反之約定。

(3) 回頭匯票之金額：回頭匯票之金額，除票據法第九十七條及第九十八條所列者外，得加經紀費及印花稅（票102 II）。又回頭匯票如爲執票人所發行者，其金額依原匯票付款地匯往前手所在地之見票即付匯票之市價定之。如爲背書人所發行者，其金額依其所在地匯往前手所在地之見票即付匯票之市價定之。前二項市價，以發票日之市價爲準（票103）。

（二）對償還義務人的效力

1. 償還義務人的責任

發票人、承兌人、背書人及其他票據債務人對於執票人連帶負責票據責任。即票據債務人對執票人，各就被追索的金額，負全部清償的責任；但已為清償者，仍得向其前手再追索，直至發票人為止。

2. 償還義務人的權利

(1) 再追索權：被追索的票據債務人已為清償時，與執票人有同一之權利（票96），亦即得對於其前手，再行追索，亦即所謂的追索代位權。但執票人為發票人時，對其前手無追索權。執票人為背書人時，對該背書的後手無追索權（票99）。

(2) 請求交出匯票權：匯票上債務人為清償時，執票人應交出匯票。有拒絕證書時，應一併交出。如有利息及費用者，執票人應出具收據及償還計算書（票100）。

(3) 背書塗銷權：背書人為清償時，得塗銷自己及其後手的背書（票100）。

(4) 請求記載清償事由權：匯票金額一部分獲承兌時，清償未獲承兌部分的人，得要求執票人在匯票上記載其事由，另行出具收據，並交出匯票的謄本及拒絕承兌證書（票101）。

六》金額

（一）最後執票人所得請求之金額

執票人向匯票債務人行使追索權時，得要求下列金額（票97 I）。

1. 被拒絕承兌或付款之匯票金額，如有約定利息者，從其利息。

2. 自到期日起如無約定利率者，依年利六釐計算之利息。

3. 作成拒絕證書與通知及其他必要費用。

此外為免除執票人取得不當之利益，票據債務人於到期日前付款者，自付款日到到期日前之利息，應由匯票金額內扣除，無約定利率者，依年利六釐計算（票97 II）。

（二）被追索人為清償後得向前手請求之金額

被追索之票據債務人向後手清償後，得向承兌人或前手要求下列金額（票98 I）。

1. 所支付之總金額。

2. 前款金額之利息。

3. 所交出之必要費用。

此外若發票人為清償時，其得向承兌人要求之金額，與此相同（票98 II）。

七 》喪失

追索權喪失者，指匯票債權人喪失其向債務人行使償還請求權之謂也。其原因如下：

（一）執票人不為行使或保全匯票上權利之行為者

執票人不於票據法所定期限內為行使或保全匯票上權利之行為者，對於前手喪失追索權。執票人不於約定期限內為前項行為者，對於該約定之前手喪失追索權（票104）。所謂法定期限，係指承兌提示期限、付款提示期限及拒絕證書作成期限而言（票45、48、66、69、70、87）。所謂約定期限，係指發票人或背書人指定之承兌期限，發票人依特約縮短或延長之承兌或付款之提示限而言（票44、45 II、66 II）。

（二）執票人拒絕參加付款者

執票人拒絕參加付款者，對於被參加人及其後手喪失追索權（票78 II）。

（三）執票人未為付款之提示者

執票人未向參加承兌人或預備付款人為付款之提示，或未將參加承兌人或預備付款人不於付款提示為清償之事實，在拒絕證書上載明之者，對於被參加人與指定預定預備付款人之人及其後手，喪失追索權（票29）。

（四）參加付款人故意違反競合參加之規定者

參加付款人故意違反免除最多數之債務而為參加付款者，對於因之未能免除債務之人，喪失追索權（票80 II）。

(五) 票據上權利因時效而消滅

票據上之權利，既因時效而消滅，自然不得再為追索，縱然執票人行使追索權，票據債務人亦得以已罹時效消滅而抗辯之（票22 II、III）。

12.11 拒絕證書

體系整理

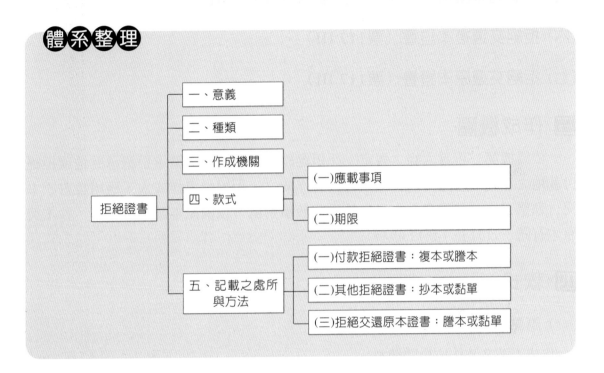

拒絕證書 —— 一、意義

二、種類

三、作成機關

四、款式 —— (一)應載事項

(二)期限

五、記載之處所與方法 —— (一)付款拒絕證書：複本或謄本

(二)其他拒絕證書：抄本或黏單

(三)拒絕交還原本證書：謄本或黏單

一》意義

拒絕證書者，謂證明執票人己為票據上權利之行使或保全之必要行為，未獲結果之一種要式證書。

二》種類

拒絕證書得為分：

(一) 拒絕承兌證書

此又可分為全部拒絕承兌證書及一部拒絕承兌證書。

（二）拒絕付款證書

此又可分為全部拒絕付款證書及一部拒絕付款證書。

（三）無從為承兌提示之拒絕證書。

（四）無從為付款提示之拒絕證書。

（五）拒絕見票證書：此為本票所獨有（票122 III、IV）。

（六）拒絕交還複本證書（票117 III）。

（七）拒絕交還原本證書（票117 III）。

三》作成機關

依票據第一百零六條之規定：「拒絕證書，由執票人請求拒絕承兌地或拒絕付款地之法院公證處、商會或銀行公會作成之。拒絕證書作成人，應將證書原本交付執票人，並就證書全文另作抄本存於事務處，以備原本滅失時之用。抄本與原本有同一效力」（票123）。

四》款式

（一）應載事項

1. 作成人簽名及作成機關蓋章。
2. 拒絕者及被拒絕者的姓名與商號。
3. 未得允許的意旨或不能會晤的事由及處所。
4. 拒絕日期。
5. 法定處所外作成的當事人合意。
6. 有參加者的種類與參加人的姓名或商號。

（二）期限

拒絕承兌證書應於提示期限內作成（票87）；拒絕付款證書，應於拒絕付款日或其後五日內作成。

五 » 記載之處所及方法

(一) 付款拒絕證書

付款拒絕證書，應在匯票或其黏單上作成之。匯票有複本或謄本者，於提示時僅須在複本之一份或原本或其黏單上作成之。但可能時，應在其他複本之各份或謄本上記載已作拒絕證書之事由（票108）。

(二) 付款拒絕證書以外之拒絕證書

付款拒絕證書以外之拒絕證書，應照匯票或其謄本作成抄本，在該抄本或其黏單上作成之（票109）。

(三) 拒絕交還原本證書

執票人以匯票之原本請求承兌或付款，而被拒絕，並未經返還原本時，其拒絕證書，應在謄本或其黏單上作成之（票110）。

拒絕證書之記載處所雖各有不同，惟均應接續匯票上、複本上或謄本上原有之最後記載作成之；其在黏單上作成者，並應於騎縫處簽名（票111）。又對數人行使追索權時，祇須作成拒絕證書一份（票112）。再者，拒絕證書作成人應將應證書原本交付執票人，並就證書全文另作抄本，存於事務所，以備原本滅失時之用；而抄本與原本有同一效力（票113）。

12.12 複本及謄本

體系整理

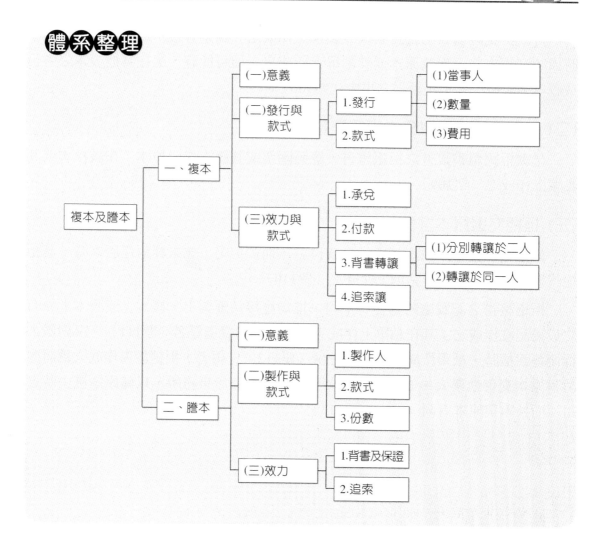

一》複本

(一) 意義

「複本」乃就單一匯票關係所發行的數份證書。此數份證書，每份皆謂之複本。其發行時間，容或有先後，但各份之間，並無正副主從的關係。

（二）發行與款式

1. 發行

(1) 當事人

複本發行人以發票人為限，至於複本的權利人，則以受款人或受款人以外的發票人。匯票的受款人得自己負擔費用，請求發票人發行複本，但受款人以外的執票人請求發行複本時，須依次經由其前手請求之，並由其前手在各複本上為同樣的背書（票114）。

(2) 發行的數量

請求發行複本以三份為限（票114）。

(3) 發行的費用

複本發行的費用，由請求人負擔。

2. 款式

複本應記載同一文句，標明複本字樣，並編列號數；未經標明複字樣並編列號數者，視為獨立的匯票（票115）。

（三）效力

1. 對於承兌之效力

執票人請求承兌時，僅提示複本一份即可，且承兌人在一份複本上承兌，其效力及於他份。

2. 付款之效力

就複本之一付款時，其他複本失其效力（票116 I）。但承兌人對於經其承兌而未收回之複本，應負其責（票116但書）。因承兌人在一份複本上為承兌，其效力及於其他複本，若於數份複本上為承兌，無異為數個獨立之票據行為，苟未能於付款時全部收回，自應負其責任。

3. 對於背書轉讓之效力

(1) 分別轉讓於二人以上時

背書人將複本分別轉讓於二人以上時，對於經其背書而未收回之複本，應負其責（票116 II）。

(2) 轉讓於同一人

將複本各份背書轉讓與同一人者,該背書人爲償還時,得請求執票人交出複本之各份。但執票人已立保證或提供擔保者,不在此限(票116 III)。

4. 關於追索的效力

(1) 將複本各份背書轉讓於同一人者,該背書人未償還時,得請求執票人交出複本的各份,執票人雖未交出複本的各份,但已立保證或提供擔保者,不在此限(票116 III)。

(2) 爲提示承兌送出複本之一者,應於其他各份上載明接收人的姓名或商及其地址(票117 I),匯票上有前項記載者,執票人得請求接收人交還其所接收的複本(票177 II)。

■》謄本

(一) 意義

「謄本」執票人就票據原本所作的謄寫本。製作謄本的目的,在於預防票據的遺失及助長票據的流通。謄本僅爲原本的補充,本身不發生票據上效力,故謄本上只可爲背書及保證。

(二) 製作與款式

1. 製作人

執票人有作成匯票謄本之權利。

2. 謄本之款式

應標本「謄本」字樣,謄寫原本上之一切事項,並註明迄於何處爲謄寫部份,又執票人作成謄本時,應將已作成謄本之旨記載於匯票原本,俾資結合。

3. 謄本之份數

法律並無限制。

(三) 效力

1. 關於背書及保證的效力

在謄本上所爲的背書及保證,與原本上所爲的背書及保證,有同一的效力(票118 IV)。

2. 關於追索的效力

　　為提示承兌送出原本者，應於謄本上載明原本接受人的姓名或商號及其住址（票119 I）。匯票上有前項記載者，執票人得請求接收人交還原本（票119 II），以便將謄本併入原本，行使追索權。若接收人拒絕交還時，執票人非將曾向接收人請求交還原本而未經其交還的事由以拒絕證書證明，不得行使追索權（票119 III）。可知執票人作成拒絕交還原本的證書，縱無原本，亦可僅憑謄本行使追索權。

數位加分

	複　　　本	謄　　　本
發行人	發票人	執票人
目　的	① 預防遺失 ② 助長票據流通	助長票據流通
份　數	三份	無限制
適　用	匯票、本票	匯票、本票

▌案例題型>>>>>>>>>>

　　愛車成癡的紹洋，跟車商訂購了一台賓士車，兩人約定要在五天後交付，屆時再商議雙方都合意的價錢。因此，紹洋便預先開立了一張支票，而支票上的票面金額，因為雙方達成合意，所以紹洋尚未填寫，但其他的應記載事項及簽名均已具備。五天後紹洋要出門前往車商住處時，他發現支票不見了，原來是紹洋幾天前開好後隨手放置在桌上，而支票被風吹到外面。然而，這張掉落在外頭的支票被登輝拾得，登輝帶回家後，擅自將票面上的金額填寫為伍萬新台幣，且向周泰英謊稱自己急需現金五萬元，希望泰英可以以五萬元現金向他受讓這張支票，泰英心想紹洋平日待人豪爽，人也還不錯，於是不多加懷疑，很爽快地答應了。而泰英幾日後前往支票上所委託的銀行提示付款，竟遭拒絕，泰英轉而持支票向紹洋行使追索權，試問紹洋是否應負發票人之責任？

<<<<<<<<<<<<<<

▋案例題型›››››››››

　　統一公司總經理蔡國文向長容公司購買貨物一批，開立一張面額壹仟萬元的支票給長容公司，並在支票發票人欄下方書明「禁止背書轉讓」字樣並用印，事後，長容公司欲將該支票再背書轉讓給鴻海公司，然卻遭鴻海公司拒絕，請問：

一、何謂「禁止背書轉讓」？「禁止背書轉讓」有何效力？

二、何以鴻海公司拒不接受載明有「禁止背書轉讓」字樣之支票？

三、「發票人之禁止背書轉讓」與「背書人之禁止背書轉讓」有何區別？

題庫練習

1. (　　) 何種票據必須以背書轉讓其權利？　(A)空白背書之匯票　(B)無記名匯票　(C)記名匯票　(D)定期匯票。

2. (　　) 背書人不記被背書人，僅簽名於匯票背面，稱為　(A)發票　(B)承兌　(C)空白背書　(D)記名背書。

3. (　　) 執票人將匯票轉讓與發票人之行為，稱為　(A)期後背書　(B)回頭背書　(C)回頭匯票　(D)設質背書。

4. (　　) 背書的塗銷，若影響背書的連續者，視為　(A)未塗銷　(B)無記載　(C)不連續　(D)票據無效。

5. (　　) 承兌如附記條件，則其效力　(A)匯票無效　(B)匯票有效，承兌無效　(C)承兌及條件均有效　(D)視為承兌之拒絕，但承兌人仍依所附條件負責。

6. (　　) 執票人請求匯票承兌時，法律上特許承兌人有幾日之考慮時間？　(A)一日　(B)二日　(C)三日　(D)四日。

7. (　　) 參加承兌係於何時為之？　(A)發票日　(B)到期日　(C)期前追索權　(D)期後追索時。

8. (　　) 參加承兌之目的在於　(A)防止期前追索　(B)防止期後追索　(C)確保承兌人之信用　(D)確保發票人之信用。

9. (　　) 何人得為匯票之保證人？　(A)承兌人　(B)背書人　(C)發票人　(D)票據債務人以外之人。

10.(　　) 票據保證人　(A)有先訴抗辯權　(B)無先訴抗辯權　(C)由債權人決定有無先訴抗辯權　(D)由法院決裁決之。

11.(　　) 保證人若為匯票金額一部分之保證,其效力　(A)保證無效　(B)保證須經執票人同意才有效　(C)保證無須執票人同意即屬有效　(D)視為保證之拒絕。

12.(　　) 到期日若為九月九日(星期六),則應於何日付款?　(A)九月八日　(B)九月九日　(C)九月十一日　(D)九月十二日。

13.(　　) 匯票上載明發票日後一個月到期,發票日如為八十二年四月三十日,則到期日為　(A)五月三十一日　(B)五月三十日　(C)六月一日　(D)五月廿九日。

14.(　　) 匯票之付款人之資格為　(A)發票人自己付款　(B)金融業　(C)限金融業以外之人　(D)並無資格限制。

15.(　　) 付款人為一部分之付款,執票人　(A)須拒絕之　(B)得拒絕之　(C)不得拒絕之　(D)視金額多寡而定。

16.(　　) 匯票上除付款人外,尚記有擔當付款人、預備付款人及保證人,則執票人應向何人為第一付款提示人?　(A)付款人　(B)擔當付款人　(C)預備付款人　(D)保證人。

17.(　　) 參加付款之金額　(A)不得為一部分付款　(B)執票人同意即可為一部分付款　(C)無須執票人同意也可一部分付款　(D)被參加付款人同意即可一部分付款。

18.(　　) 下列何人為當然參加付款人?　(A)承兌人　(B)保證人　(C)擔當付款人　(D)預備付款人。

19.(　　) 數人同時參加付款,何人有優先權?　(A)為發票人參加者　(B)為第一背書人參加者　(C)為保證人參加者　(D)為執票人參加者。

20.(　　) 得行使追索權之主體,通常為　(A)執票人　(B)發票人　(C)背書人　(D)付款人。

21.(　　) 票據到期不獲付款,執票人對於前手,有償還票據金額的請求權,稱為　(A)損害賠償請求權　(B)代位請求權　(C)追索權　(D)利益償還請求權。

22.(　　) 下列何人不得行使追索權?　(A)承兌人　(B)已清償之保證人　(C)執票人　(D)已清償之背書人。

23.(　　) 下列何者為拒絕證書應記載之事項?　(A)參加人之姓名或商號　(B)背書人姓名　(C)保證人姓名　(D)付款人姓名。

24.(　　)數人行使追索權，拒絕證書應作成幾份？　(A)一份　(B)二份　(C)三份　(D)四份。

25.(　　)複本發行份數限　(A)一份　(B)三份　(C)五份　(D)無限制。

26.(　　)何種票據有複本制度？　(A)支票　(B)本票　(C)匯票　(D)以上皆有。

27.(　　)複本之制作發行人，限　(A)受款人　(B)執票人　(C)背書人　(D)發票人。

28.(　　)得請求發行複本者，限　(A)受款人　(B)第一背書人　(C)承兌人　(D)保證人。

29.(　　)複本發行以幾份為限？　(A)一份　(B)二份　(C)三份　(D)四份。

30.(　　)證明執票人已為票據上權利之行使或保全之必要行為，未獲結果之一種要式證書，稱之為？　(A)拒絕證書　(B)承兌證書　(C)複本　(D)謄本。

31.(　　)匯票之付款係依承兌日或拒絕證書作成日，計算到期日者，稱之為？　(A)定日付款　(B)發票後定期付款　(C)見票即付　(D)見票後定期付款。

32.(　　)僅由付款人在匯票正面簽名，而不記載任何文字的承兌，稱之為？　(A)正式承兌　(B)略式承兌　(C)一部承兌　(D)附條件承兌。

1. 何謂匯票？其種類有那些？
2. 匯票發票、要件、款式為何？試簡述之。
3. 試簡述背書之方式。
4. 何謂背書連續？其種類有那些？
5. 何謂承兌？承兌之方式有那些？
6. 試簡述保證之記載事項與款式。
7. 試簡述付款之程序及相關之當事人為何？
8. 匯票債權人對債務人喪失追索權之原因為何？
9. 匯票追索權之型式有哪些？試簡述之。
10. 何謂飛越追索權、轉向追索權？試簡述之。

13 本票

13.1 基本概念

體系整理

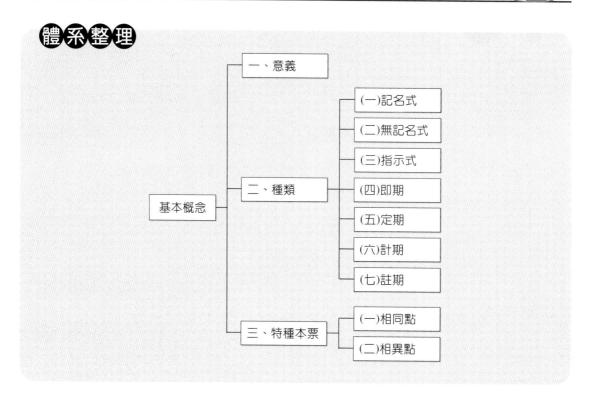

一»意義

「本票」謂發票人簽發一定之金額，於指定之到期日由自己無條件支付與受款人或執票人之票據（票3）。本票的特點由發票人自任付款人，不像匯票要委託第三人代為付款。

二»種類

(一) 記名式本票

發票人在本票上記載受款人姓名的本票。

(二) 無記名式本票

發票人未在本票上記載受款人姓名的本票，任何人均得為受款人。

(三) 指示式本票

發票人在本票上記載受款人姓名，並附加「或其指定人」字樣的本票。

(四) 即期本票

見票後立即付款的本票，以提示日為到期日。

(五) 定期本票

指定期日付款的本票。

(六) 計期本票

發票日後定期付款本票，如記載發票日後六個月付款。

(七) 註期本票

見票後定期付款本票，如記載見票後六個月付款。

三 》特種本票

委託金融業者為擔當付款人之本票（甲存本票）與一般本票之異同如下：

(一) 相同點

均為票據法上之票據，適用票據法之有關規定。

(二) 不同點

委託金融業者為擔當付款人之本票，與一般本票有下列不同：

1. 前者均由金融業者辦理付款工作，後者由發票人自己付款。
2. 前者均得經由票據交換所提示票款（俗稱託收），後者不得。
3. 前者於存款不足支付票款時，均作存款不足退票記錄，其退票三次即拒絕往來；後者發票人經提示不付款，執票人得請求法院為本票裁定。

	對 己 匯 票	本 票
承 兌	擔保承兌、付款	不須承兌，僅負擔保付款
付 款	承兌後	不須經承兌
提 示	應提示承兌	無承兌提示，但「見票」後定期付款有「見票」制度
追 索	① 提示付款遭拒 ② 延誤提示付款期限	① 提示付款遭拒 ② 延誤提示付款期限

13.2 發票

體系整理

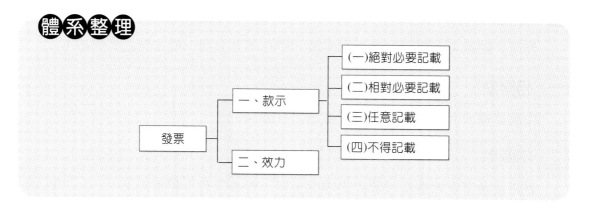

一》款式

（一）絕對必要記載事項

1. 表明其為本票之文字

2. 一定之金額

此應注意者，即見票即付，並不記載受款人之本票，其金額須在五百元以上（票120 VI），否則其本票無效。

3. 無條件擔任支付

所謂無條件擔任支付，於本票係由發票人自己為支付，且其擔任支付之責任，不得附有任何條件。

4. 發票年月日

（二）相對必要記載事項

1. 受款人之姓名或商號

本票未載受款人者，以執票人為受款人（票120 III）。

2. 發票地

未載發票地者，以發票人之營業所、住所或居所所在地為發票地（票120 IV）。

3. 付款地

未載付款地者，以發票地為付款地（票120 V）。

4. 到期日

未載明到期日者，視為見票即付（票120 II）。

（三）任意記載事項

1. 擔當付款人

本票付款人為事實上的便利，委託他人代為付款，應無不可（票124、26 I）。財政部為鼓勵工商業普遍使用本票，以逐漸代替遠期支票的行使，曾頒有「銀行受託為本票擔當付款人要點」，以資因應。

2. 利息及利率（票124、26）

本票記載的約定利息如超過發票時當地中央銀行核定放款日拆款利率時，執票人依利率管理條例第五條規定，不得向發票人請求超過部分的利息。又執票人向發票人行使追索權，依票據法第一二四條準用第九十七條第一項第二款規定，得請求自到期日起之法定利息。

3. 禁止背書轉讓的記載（票124、30 II）。

4. 見票或付款提示期限縮短或延長的特約（票124、45、66）。

5. 應給付金種的特約（票124、75 I）。

6. 免除拒絕事實通知的文句或免除作成拒絕證書的文句（票124、90、94 I）。

7. 禁發回頭本票（票124、102）。

(四) 不得記載事項

1. 記載本法所不規定之事項如本票上劃平行線，即不生票據上效力。

2. 若記載與本票性質相牴觸之事項（有害事項）如付款附記條件，因與無條件擔任支付之規定牴觸，此本票無效。

二 效力

　　本票發票後，即生票據上之權利義務，由於本票係由發票人兼任付款人，故本票發票人所負之責任，與匯票承兌人同（票121）。蓋匯票發票人委託第三人支付票據金額，須經第三人同意承兌，方負其責，本票之發票人兼任付款人，自無待承兌之後負責，故與匯票承兌人之責任相同，同為票據主債務人。

數 位 加 分

　　本票之到期日在發票日前，應以未載到期日之本票視之，不應認為無效，如為不可能之任期，似可認為係到期日之欠缺，解釋上應視為無記載，而應以發票日為到期日。

▌案例題型 ﹥﹥﹥﹥﹥﹥﹥﹥

　　甲於民國（下同）100年7月1日簽發一張本票予乙，以A銀行為擔當付款人，但將發票日記載為100年8月1日，而將到期日倒填為100年7月1日。該張本票之執票人得否於100年7月1日或100年8月1日請求付款？倘甲不幸於100年7月25日車禍身故，則該張本票是否生票據上之效力？

【100年專門職業及技術人員高等考試律師考試第二試試題】

﹤﹤﹤﹤﹤﹤﹤﹤﹤﹤﹤﹤﹤

13.3 見票

體系整理

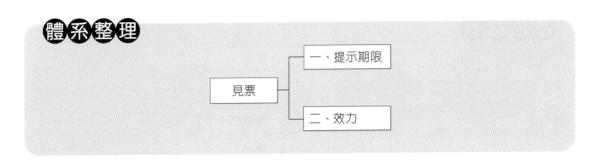

見票
一、提示期限
二、效力

一》提示期限

1. 見票後定期付款之本票，應自發票日起六個月內為之，並得以特約縮短或延長之，但延長之期限不得逾六個月（即最長一年＝六個月＋六個月）（票122 I）。

2. 發票人發票時，未載見票日期者，應以所定提示見票期限之末日為見票日（票122 II）。

二》效力

1. 發票人如於提示見票時拒絕簽名者，執票人應於提示見票期限內請求作成拒絕證書（票122 III）。執票人依此規定作成見票拒絕證書後，無須再為付款的提示，亦無須再請求作成拒絕付款證書（票122 IV）。

2. 執票人就見票後定期付款的本票，未於法定或約定期限為見票的提示或作成拒絕證書者，對於發票人以外的前手喪失追索權（票122 V）。

案例題型>>>>>>>>>>

未載到期日之本票之執票人聲請強制執行時，若發票人主張，提示日期已逾該本票發票日後之六個月期限，法院應否准予強制執行？

【100年公務人員特種考試 調查人員 三等考試 法律實務組】

<<<<<<<<<<<<<<

13.4 強制執行

體系整理

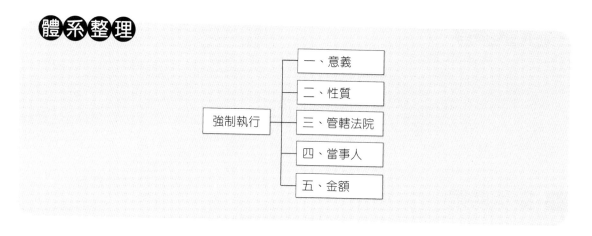

強制執行
- 一、意義
- 二、性質
- 三、管轄法院
- 四、當事人
- 五、金額

一》意義

執票人向本票發票人行使追索權時，得聲請法院裁定後強制執行（第一百二十三條）即將債務人之財產查封、拍賣，就其賣得之價金以為債權之清償。所以有此規定，乃為鼓勵一般民眾使用本票，期以達到減少遠期支票之目的，而加強本票之索償性，以助長其流通；票據裁定後得以強制執行之制度，為本票所獨有，匯票、支票無之。且僅限於對本票發票人行使追索權時方可適用。

二》性質

本票強制執行的性質屬於非訟事件。換言之，係非以訴訟方法確定私權的程序，故裁定法院，只就本票作形式上審查，如絕對必要記載事項是否欠缺等。形式要件若已具備，法院即應為許可強制執行的裁定。至於真實關係的爭執，如主張本票債務已因清償而消滅，則須提起民事訴訟解決。即發票人主張本票係偽造、變造者，應於接到法院本票強制執行裁定後二十日之不變期間內，對執票人向為裁定法院提起確認之訴。發票人證明已依前項規定提起訴訟時，執行法院應停止強制執行。但得依執票人聲請，許其提供相當擔保，繼續強制執行，亦得依發票人之聲請，許其提供相當擔保，停止強制執行（非訟195）。

三》管轄法院

依非訟事件法第194條規定，就本票聲請法院裁定強制執行事件，由票據付款地之法院管轄，如票據上無付款地之記載，則以發票地為付款地，如發票地亦無記載，則以發票人之營業所、住居所地為付款地（票120 IV、V），發票人如有人而其營業所、住居所不同一法院管區域內者，有主張各該住居所、營業所所在地之法院均有管轄權，反之則有主張因反推之結果有數個付款地，而本票之付款地以單一為限，複數付款地之本票，該本票為無效，應為駁回其聲請之裁定。若法院未駁回其聲請，則應提起確認本票債權不存在之訴。

四》當事人

(一) 聲請人

係本票執票人，蓋執票人得聲請法院裁定後強制執行（票123），執票人提出聲請必須證明本票權利存在（提示正本）。

(二) 相對人

係本票發票人，蓋本票發票人所負責任與匯票承兌人同（票121），但其他票據債務人如保證人則不包括（最高法院五十年八月八日民刑庭總會決議）。

五》金額

1. 本票上如有利息之記載，則聲請本票裁定時可就利息一併為之；但違約金因非票據法規定得記載於票據之事項，不得併請法院裁定強制執行。

2. 本票裁定之費用，依非訟事件法第13條之規定，按其標的之金額，依下列標準徵收：

   (1) 未滿十萬元者者，五百元。

   (2) 十萬元以上未滿一百萬元者，一千元。

   (3) 一百萬元以上未滿一千萬元者，二千元。

   (4) 一千萬元以上未滿五千萬元者，三千元。

   (5) 五千萬元以上未滿一億元者，四千元。

   (6) 一億元以上者，五千元。

執票人若欲向發票人之繼承人求償,應以訴訟程序為之,不得依非訟程序為之。

實務案例

本票的特色是執票人得逕向法院聲請裁定予以強制執行,與一般追討債務必須要透由法院訴訟取得勝訴判決後再據以聲請強制執行不同,相較之下便利許多,但近年亦容易成為討債集團催討債務或藉由不法手段取得本票之問題,也因而開始有存廢本票制度的爭執。

2020年人氣YouTuber放火捲入桃色糾紛,傳出疑似遭有心人士設局仙人跳,在事件中不止被拍下不雅照片,甚至被逼簽30萬本票。整起事件讓台灣的本票制度是否被濫用,再次成為焦點。

本票真的這麼「萬用」嗎?事實上,本票在台灣社會被普遍使用超過50年,不只是公司行號愛用的金融支付工具,一般民眾在日常生活中,不管是租車、找工作、買房子等情況,都有可能遇到對方要求簽署本票作為擔保。其實,即便只是一張白紙,只要有寫上「本票」、「無條件擔任支付」或「無條件擔任兌付」字樣、金額、發票人簽名、發票日期等五大條件,就算是有效票據,簽名即會生效。而坊間文具店出售的本票用紙,大多也具備這些應記載的事項。也因為本票具有容易取得和容易迅速成立債權等特性,往往讓民眾有「一旦不小心簽了名,就像簽下賣身契」般的負面聯想,甚至常有詐騙集團、討債集團、地下錢莊等濫用本票的便利性作為犯罪工具。

面對本票遭有心人士濫用,時任金管會銀行局副局長黃光熙強調,不應因為這一些犯罪行為,而去全面廢止本票裁定,一旦要廢止,可能對工商業的交易行為產生巨大的影響。立委江永昌也指出,本票提供即時、方便、迅速的支付方式,不應全盤否定其便利性,目前能做的就是加強民眾的法律宣導。

（參考資料：https://news.ltn.com.tw/news/society/breakingnews/3337078）

13.5 匯票規定的準用

體系整理

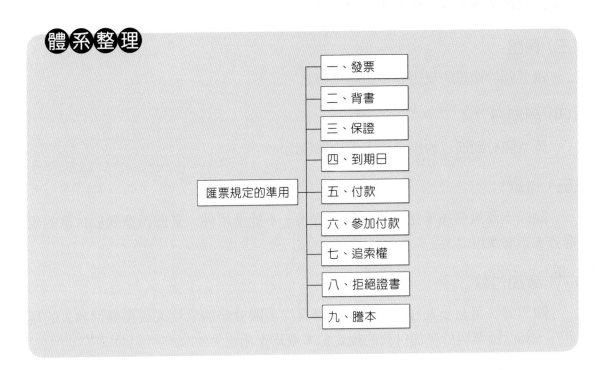

匯票規定的準用
- 一、發票
- 二、背書
- 三、保證
- 四、到期日
- 五、付款
- 六、參加付款
- 七、追索權
- 八、拒絕證書
- 九、謄本

一 »準用原則

　　本票之其他法律關係，與匯票頗多相同，故關於匯票之發票、背書、保證、到期日、付款、參加付款、追索權、拒絕證書、謄本等之規定，凡與本票性質不相抵觸者，均可準用。

二 »準用內容

　　準用之明細內容，依票據法第一二四條所載，並於下列分述之。

(一) 發票

1. 本票未載受款人者，執票人得於無記名本票的空白內，記載自己或他人為受款人，變更為記名本票（票25）。

2. 本票發票人得於付款人外，記載一人為擔當付款人（票26）。

3. 本票發票人得記載對於票據金額支付利息及利率（票28）。

(二) 背書

除背書人得記載付款地之一人為預備付款人的規定（票35），不得準用於本票外，其餘匯票各規定於本票均準用之。

(三) 保證

匯票關於保證的規定於本票均準用之。

(四) 到期日

匯票關於到期日的規定於本票均準用之。

(五) 付款

除因本票無參加承兌人或預備付款人，不能準用外，其餘匯票關於付款的規定於本票均準用之。

(六) 參加付款

除票據法第七十九條及第八十二條第二項關於參加承兌人或預備付款人的規定外，其餘匯票關於參加付款的規定於本票均準用之。

(七) 追索權

除票據法第八十七條第一項、第八十八條及第一百零一條關於參加承兌的規定外，其餘匯票關於追索權的規定於本票均準用之。

(八) 拒絕證書

匯票關於拒絕證書的規定，於本票準用之。

(九) 謄本

除票據法第一百一十九條關於承兌的規定外，其餘匯票關於謄本的規定於本票均準用之。

▌案例題型›››››››››

　　留德華向鄭壹健借款，並交付一張文具店購買之「玩具本票」，該本票上蓋有留德華之印章，並有發票日為八十九年六月一日，到期日為九十年五月三十一日，新台幣伍佰萬元整，及該本票免除作成拒絕證書等記載，留德華為應鄭壹健求，另覓得保證人章非於該本票上為保證，試問該本票之效力為何？若留德華主張該本票，係經他人偽造時，其應如何維護應有之權益？若鄭壹健將該本票背書轉讓於蔡一玲，若蔡一玲屆期向鄭壹健提示不獲付款時，則蔡一玲得聲請對何人為本票裁定？又其依本票裁定得請求之金額為何？

‹‹‹‹‹‹‹‹‹‹‹‹‹‹

練習題庫

1. (　)本票之付款人為　(A)承兌人　(B)預備付款人　(C)保證人　(D)發票人。

2. (　)發票日後定期付款之本票，其名稱為　(A)記名式本票　(B)無記名之本票　(C)計期本票　(D)定期本票。

3. (　)下列何者為絕對必要記載事項？　(A)發票地　(B)付款地　(C)到期日　(D)發票年月日。

4. (　)下列何者為不得記載事項　(A)劃平行線　(B)利息及利率　(C)擔當付款人　(D)禁止背書之記載。

5. (　)見票後定期付款之本票，應自發票日起幾日為之？　(A)六個月　(B)三個月　(C)十五日　(D)一年。

6. (　)執票人就見票後定期付款之本票，未於法定或約定期限內為見票提示或作成拒絕證書者，對於何人以外之前手喪失追索權？　(A)發票人　(B)背書人　(C)執票人　(D)付款人。

7. (　)本票強制執行裁定費用，係依　(A)強制執行法　(B)票據法　(C)非訟事件法　(D)刑事訴訟法徵收。

8. (　)本票強制執行管轄之法院為　(A)付款地之法院　(B)發票地之法院　(C)受款人住所所在地之法院　(D)執票人住所所在之法院。

9. (　)本票未載受款人，何人得於無記名本票之空白內，記載自己或他人為受款人變更為記名本票？　(A)發票人　(B)背書人　(C)執票人　(D)保證人。

10.( )匯票關於何者之規定於本票均準用之 (A)保證 (B)付款 (C)參加付款 (D)追索權。

11.( )發票日後定期付款之本票,稱之為 (A)定期付款 (B)計期本票 (C)註期本票 (D)即期本票。

1. 何謂本票?其種類有那些?

2. 試簡述本票之款式。

3. 本票之提示期限為何?試簡述之。

4. 本票裁定之費用依標的金額分別為何?

5. 本票準用匯票之原則與內容為何?試簡述之。

6. 試簡述本票之種類。

7. 本票強制執行之管轄法院如何認定?試簡述之。

14 支票

14.1 基本概念

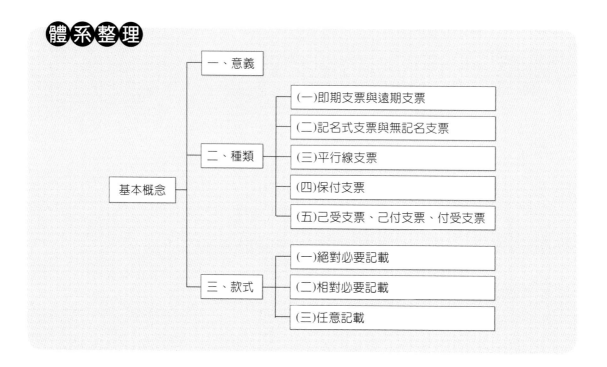

體系整理

```
                    ┌─ 一、意義
                    │
                    │              ┌─ (一)即期支票與遠期支票
                    │              │
                    │              ├─ (二)記名式支票與無記名支票
                    │              │
        基本概念 ───┼─ 二、種類 ───┼─ (三)平行線支票
                    │              │
                    │              ├─ (四)保付支票
                    │              │
                    │              └─ (五)己受支票、己付支票、付受支票
                    │
                    │              ┌─ (一)絕對必要記載
                    │              │
                    └─ 三、款式 ───┼─ (二)相對必要記載
                                   │
                                   └─ (三)任意記載
```

一》意義

　　稱支票者，謂發票人簽發一定之金額，委託金融業者於見票時，無條件支付與受款人或執票人之票據（票4 I）。支票限於見票即付，有相反之記載者，其記載無效（票28 I）。由於前二條之規定，可知支票係支付證券，故祇有發票日而無到期日，與匯票及本票可遲填到期日，使成為信用證券，大不相同。

二》種類

(一) 即期支票與遠期支票

1. 「即期支票」指實際發票日與票載發票日一致，受款人或執票人於取得支票後即得向付款人提示付款者。支票本為支付工具，故票據法第一百二十八條第一項規定：「支票限於見票即付，有相反之記載者，其記載無效」。

2. 「遠期支票」指發票人於簽發支票，將票載發票日記載在實際發票日之後數日或數月的日期，而以之為見票付款之日期，習慣上稱為「遠期支票」或「預開支票」。

(二) 記名式支票與無記名支票

1. 記名式支票：我國票據法第一二五條，規定支票須記載受款人之姓名或商號，未記載受款人者，以執票人為受款人。例如，支票載稱：憑票祈付「王小明」新台幣貳佰萬元。其中「王小明」，即是這張支票的受款人，由於此支票是記名式，銀行或其他金融業者只能把票載金額支付給王小明或其代理人。如果，受款人要轉讓這張支票的權利必須以背書的方式為之。

2. 無記名支票：在票上並不記載受款人之姓名或商號，也就是受款人一欄保留空白，拿到無記名支票時，應立即記上執票人之名字，以免遺失而無從追查。

(三) 平行線支票

平行線支票，通常稱為「劃線支票」(crossed check)，即在支票正面劃平行線二道，習慣上在支票正面左上角劃之。平行線支票之付款人僅得對金融業者支付票據金額（票139 I），非金融業者之一般執票人僅得委託金融業者代收（俗稱託收）。

(四) 保付支票

支票經付款人於支票上記載照付或保付或其他同義字樣並簽名者為保付支票。

(五) 己受支票與己付支付及付受支票

發票人亦得以自己為受款人，稱為己受支票。發票人亦得以自己為付款人（但發票人限於金融業者），稱為己付支票。又發票人亦得以付款人為受款人，稱為付受支票。

三》款式

支票須由發票人簽名，而簽名得以蓋章代之（票6），一般發票人通常均蓋用與存於付款人處印鑑相同之印章，惟此乃發票人與付款人為防止冒領，而有印鑑之約定。

　　支票如上述應由發票人簽名或蓋章，至其他記載事項，依其效力亦可分為絕對必要記載事項，相對必要記載事項與任意記載事項，茲分述如下（參圖一）：

❖圖一　支票款式

（一）絕對必要記載事項

1. 表明其為支票之文字。

2. 一定之金額。

3. 付款人之商號

　　支票之付款人以金融業者為限，若發票人本身為金融業者，亦得以自己為付款人（票125 IV）。

4. 無條件支付之委託。

5. 發票人年、月、日

　　發票年月日之記載，關係是否依期提示之效力，故為絕對必要記載事項。

6. 付款地

　　支票之付款地，與付款之提示日期有關（票130），故為絕對必要記載事項。

(二) 相對必要記載事項

1. 受款人之姓名或商號

   支票未載受款人者，以執票人為受款人（票125 II），而發票人亦得以自己或付款人為受款人（票125 IV）。

2. 發票地

   未載發票地者，以發票人之營業所、住所或居所為發票地（票125 III）。

(三) 任意記載事項

1. 平行線之記載（票139）。

2. 禁止背書之記載（票144、30 II）。

3. 免除拒絕事由通知或免除作成拒絕證書（票144、90、94）。

	保　　付	保　　證
適用範圍、作用	支票：擔保票據債務及承兌	匯票、本票：擔保票據債務之履行
主體之限制	付款人	票據債務人外之第三人
責　　任	保付人負絕對責任，發票人與背書人則免責	保證人責任與被保證人同（票61 I），發票人與背書人不能免責
法律效果	保付人無追索權，票據關係消滅、保付人與發票人有資金關係	得行使執票人對被保證人及前手之追索權

14.2 付款

體系整理

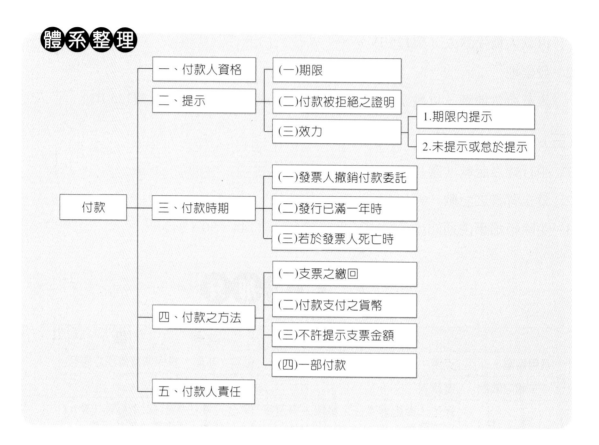

付款
- 一、付款人資格
- 二、提示
  - (一)期限
  - (二)付款被拒絕之證明
  - (三)效力
    - 1.期限內提示
    - 2.未提示或怠於提示
- 三、付款時期
  - (一)發票人撤銷付款委託
  - (二)發行已滿一年時
  - (三)若於發票人死亡時
- 四、付款之方法
  - (一)支票之繳回
  - (二)付款支付之貨幣
  - (三)不許提示支票金額
  - (四)一部付款
- 五、付款人責任

一 » 付款人資格

匯票之付款人無資格之限制，本票之付款人為發票人本人，亦無資格之限制，惟有支票之付款人，依票據法第四條之規定，僅限於金融業者，且須經財政部核准辦理支票存款業務之銀行、信用合作社、農業及漁會。

付款人同意接受發票人之委託辦理付款，必因其與發票人間存有一定之資金關係。例如支票付款人，必須先接受發票人之申請，開立支票存款戶，與存款戶訂立支票存款往來契約，始對存款戶簽發之支票負付款之責。

二 » 提示

(一) 期限

支票之執票人，應於下列期限內，為付款之提示（票130）：

1. 發票地與付款地在同一省（市）區內者，發票日後七日內。

2. 發票地與付款地不在同一省（市）區內者，發票日後十五日內。

3. 發票地在國外，付款地在國內者，發票日後二個月內。

   發票地與付款地，以是否在同一省或與省同級的院轄市為準。如發票地為台東縣，而付款地為台中市，應於七日內為付款提示。或如發票地為嘉義縣，付款地為高雄市，則應於十五日內為付款提示。

   提示期限，應自發票日次日起算，發票日不算入（民120）。至於期限的末日為星期日、紀念日或其他休息日時，以其休息日約次日代之（民122）。執票人因不可抗力事變，不能於提示期限內為付款之提示，於事變終止後，應即對付款人提示（票144條準用105）。

（二）付款被拒絕之證明

1. 執票人於法定提示期限內為付款的提示而被拒絕時，應於拒絕付款日或其後五日內，請求作成拒絕證書（票131 I）。

2. 拒絕證書的作成，與匯票相同，惟如付款人於支票或黏單上記載拒絕文義及其年、月、日並簽名者，與作成拒絕證書有同一效力（票131 II）。

3. 若僅在票面上蓋有「拒絕往來戶」的戳記，而未經付款人記明年、月、日並簽名者，或另由付款人出具證明書證明其曾為付款提示者，均不得認與拒絕證書有同一效力。

（三）效力

1. 期限內提示

執票人於法定期限內為付款之提示而被拒絕時，對於前手得行使追索權。但應於拒絕付款日或其後五日內，請求作成拒絕證書。付款人於支票或黏單上記載拒絕文義及其年、月、日並簽名者，與作成拒絕證書，有同一效力（票131）。依我國金融業者習慣，支票被拒絕付款時，均由付款人作成退票理由單（見匯票之拒絕證書），黏連於支票上，其效力與拒絕證書同。執票人向支票債務人行使追索權時，得請求自付款提示日起之利息，如無約定利率者，依年利六釐計算（票133）。

2. 未提示或怠於提示

(1) 執票人不於法定期限內爲付款之提示，或不於拒絕付款日或其後五日內請求作成拒絕證書者，對於發票人以外之前手，喪失追索權（票132）。此與匯票不同，匯票執票人不於法定期限內，爲行使或保全票據上權利之行爲者，對於一切前手（包括發票人），均喪失追索權（票104 I）。而支票發票人雖於提示期限經過後，對於執票人仍負責任。

(2) 執票人應賠償發票人票面金額內之損失：按發票人雖於提示期限經過後，對於執票人仍負責任。但執票人怠於提示，致使發票受損失時，應負賠償之責，其賠償金額，不得超過票面金額（票134）。

(3) 發票人得撤銷付款委託：票據法第一三五條規定：「發票人於第一百三十條所定期限內，不得撤銷付款之委託」。據此反面解釋而言，則於法定提示期限經過後，發票人即得撤銷付款之委託。

(4) 執票人未提示付款前，不得逕向發票人請求給付票款：執票人未於期限內提示付款，雖未失對發票人之追索權，惟實務上認爲，依誠信原則，執票人如欲對發票人直接請求給付票款，仍應爲付款提示，經付款人拒絕（俗稱跳票）後，始得爲之。

三》付款時期

　　支票應見票即付，因此無到期日的概念，也無期前付款的問題。執票人在提示期間未爲提示，只是對發票人以外的前手喪失追索權，對於發票的權利仍不喪失。換言之，發票人在提示期經過後，應負票據上的責任。因此付款人，在提示期限經過後，付款人仍得付款，但發票人撤銷付款委託時與支票發行已滿一年，除保付支票外，不得再行付款（票136），否則應對委任人負損害賠償責任（民544）。分述如下：

(一) 發票人撤銷付款之委託時

　　發票人在票據法第一百三十條法定提示期限內，不得撤銷付款的委託（票135），但提示期限經過後，發票人自可撤銷付款的委託，此時付款人應受此項撤銷付款委託的拘束。

▌案例題型›››››››››

　　設臺北市民甲，簽發以臺灣銀行臺北市城中分行為付款人，面額新臺幣（下同）柒萬元，票載日期為民國102年9月5日，受款人為乙之支票一紙，交付乙以清償貨款。乙復將該支票以空白背書轉讓於丙，丙未於票上簽名將之交付丁，丁背書轉讓於戊。戊收到面額柒萬元支票後，於民國102年9月30日，始向臺灣銀行臺北市城中分行提示。試問臺灣銀行臺北市城中分行得否予以付款？惟甲之前已向該銀行撤銷該票付款之委託，致生退票。試問戊得否對乙行使追索權？

【102年專門職業及技術人員高等考試律師考試第二試試題】

‹‹‹‹‹‹‹‹‹‹‹‹‹‹‹

（二）發行已滿一年時

　　票據上權利，對於支票的發票人，因一年不行使，即因時效而消滅（票22 I），在支票「發行滿一年」時，則支票上權利可能已罹消滅時效，故規定付款人不得再行付款，以資呼應。

（三）若發票人死亡時

　　發票人與付款人間之委託關係於發票人死亡時消滅，付款人依法不得付款，故付款人應於接獲存戶（即發票人）死亡之通知時起，即刻停止付款。

四》付款之方法

（一）支票之繳回

　　付款人於付款時，得要求付款提示人簽名與蓋章後，交出支票。

（二）付款支付之貨幣

　　此與匯票之說明相同（票144、75）。

（三）不許提存支票金額

　　支票之付款人，非票據之主債務人，故不生提存之問題。

（四）一部付款

付款人於發票人之存款或信用契約所約定之數不敷支付支票金額時，得就一部分支付之（票137 I）；付款人為一部分付款時，勿須得到執票人之同意，執票人亦不得拒絕（票144準用票73），為一部分付款時，執票人應於支票上記明實收之數目（票137 II）。惟民國四十二年四月十七日銀行公會決議稱：免處理上困擾，各行庫一律不辦理一部分付款。

（五）轉帳或抵銷

支票為支付工具，原應現實支付，惟若轉帳或抵銷時，其效與現實支付無異，故視為支票之支付（票129）。

五》付款人之責任

付款人於發票人之存款或信用契約所約定之數足敷支付支票金額時，除收到發票人受破產宣告之通知者外，應負支付之責（票143）。

14.3　特殊種類支票

體系整理

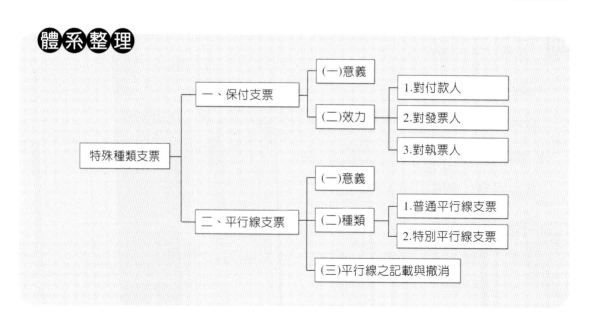

一》保付支票

(一) 意義

　　保付支票者（參圖二），付款人在支票上記載照付或保付或其他同義字樣，而由其簽名，並負絕對付款責任的支票。即付款人於支票上記照付或保付或其他同義字樣並簽名後，其付款責任與匯票承兌人同（票138），成爲票據主要債務人，使發票人及背書人全體免除責任。

(二) 效力

1. 對付款人的效力

　　付款人爲保付後，其付款責任與匯票承兌人同（第一百三十八條），亦即負有絕對付款責任。縱支票發行已滿一年，付款人仍負付款的責任，惟保付支票的消滅時效，法律未作明文規定，大多數學者認爲保付支票付款人的付款責任既與匯票承兌人相同，因此保付支票的消滅時效亦應以三年爲宜。

　　此外，付款人不得爲存款額外或信用契約所約定數目以外的保付。倘有違反此項規定而爲保付，其保付仍具效力，然付款人應科以罰鍰，但其罰鍰不得超過支票金額（票138）。

2. 對發票人的效力

　　支票一經保付，發票人或背書人即免除其責任。執票人不得對發票人或背書人行使追索權。支票經保付後，發票人不得撤銷付款的委託（票138）。

3. 對執票人的效力

　　經付款人保付的支票，不適用第十八條、第一百三十條及第一百三十六條之規定（票138）。即保付支票的付款人負絕對的付款責任，保付人即爲付款人，支票一經保付，縱有遺失，執票人亦應自行負責，不得止付通知。但票據權利人仍得依公示催告程序聲請爲除權判決，以免付款人帳目無法了結，而正當權利人又無法領取款項。金融業者應通知該當事人先向法院聲請禁發支付之命令，否則不予受理，以免重複付款。其次，支票經保付者，提示期限經過，付款人仍應付款，縱發票人撤銷付款委託或支票發行滿一年者，亦然。

❖圖二　保付支票

■》平行線支票

（一）意義

平行線支票即在支票正面劃平行線兩道（票139 I），又稱「劃線支票」或「橫線支票」。此種支票付款人僅得對金融業者支付票據金額，其目的在防止支票被竊或遺失等情形，致不當取得支票之人受領票款。平行線支票之執票人若非金融業者，則執票人無法請求現實付款，而必須委託金融業者代為取款，如此委託人即必須表明身份，自可減少票款被人冒領。又平行線之記載僅支票有之。

（二）種類

1. 普通平行線支票（參圖三、圖四）

支票經在正面劃平行線二道者，為普通平行線支票。普通平行線支票，付款人僅對金融業者支付票據金額。除非執票人為金融業，否則執票人應將該平行線支票存入其在金融業者的帳戶，委託其代為取款（票139）。

支票號碼FJ6355420　中華民國 109 年 11 月 20 日　　帳號0123
憑票支付　王小明　　　　　　　　　　　　　NT$ 30,000
支　新　臺　幣　參萬圓整
此　致
○○○銀行土城分行　　　台照　　　　　　陳大華
票　付款地：新北市土城區新泰路○○號
科　目：（借）支票存款　　　　　　　　（發票人簽章）

❖圖三　普通平行線支票

```
┌──────────────────────────────────────────────────────────┐
│╲銀 行╲  支票號碼FJ6355420   中華民國 109 年 11 月 20 日   帳號0123 │
│ ╲  ╲   憑票支付  王小明                    NT$ 30,000      │
│ 支     新 臺 幣  參萬圓整                                    │
│                                                          │
│         此 致                                             │
│       ○○○銀行土城分行      台照        陳大華            │
│  票   付款地：新北市土城區新泰路○○ 號                       │
│       科 目：（借）支票存款             （發票人簽章）       │
└──────────────────────────────────────────────────────────┘
```

❖圖四　普通平行線支票

2. 特別平行線支票

支票上平行線內記載特定金融業者（參圖五），付款人僅得對特定金融業者支付票據金額，但該特定金融業者為執票人時，得以其他金融業者為背書人，背書後委託其取款（票139 II及但書）。

```
┌──────────────────────────────────────────────────────────┐
│╲彰化銀行╲ 支票號碼FJ6355420   中華民國 109 年 11 月 20 日   帳號0123 │
│ ╲  ╲   憑票支付  王小明                    NT$ 30,000      │
│ 支     新 臺 幣  參萬圓整                                    │
│                                                          │
│         此 致                                             │
│       ○○○銀行土城分行      台照        陳大華            │
│  票   付款地：新北市土城區新泰路○○ 號                       │
│       科 目：（借）支票存款             （發票人簽章）       │
└──────────────────────────────────────────────────────────┘
```

❖圖五　特別平行線支票

平行線支票之執票人，如非金融業者，應將該項支票存入其在金融業者之帳戶，委託其代為取款。支票上平行線內，記載特定金融業者，應存入其在該特定金融業者之帳戶，委託其代為取款（票139 III、IV）。

付款人違反上述規定而為付款者，應負賠償損害的責任，但賠償金額不得超過支票金額（票140）。

（三）平行線之記載與撤銷

1. 平行線之記載權人

發票人、背書人或執票人均得在其為票據權利人時，為平行線之記載。

2. 平行線之撤銷

劃平行線之支票，得由發票人於平行線內記載照付現款或同義字樣，由發票人簽名或蓋章於其旁，支票上有此記載，視為平行線之撤銷（用「改寫」字樣較妥當），但支票經背書轉讓者，不在此限（票139 IV），依此規定，只有發票人有改寫權，縱此平行線係由執票人為此記載，但支票經背書轉讓者，發票人無權改寫，若改寫則為票據變造問題。

特別平行線支票是否可撤銷？事實上票據法並無限制，僅普通平行線支票可撤銷，且平行線之撤銷，係為執票人利益而設之規定，故無限制必要。

14.4 追索權暨發票人責任

體系整理

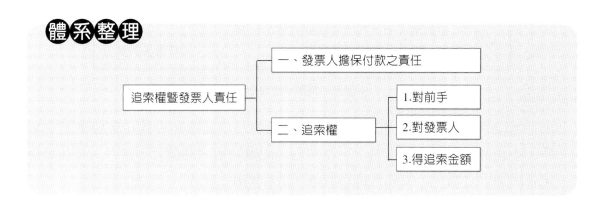

一》發票人擔保付款之責任

1. 支票發票人應照支票文義，擔保支票的支付（票126），在付款人拒絕付款時，對於受款人及其後手，應負絕對最後償還責任。

2. 發票人有二人以上者，應就票載文義負連帶責任（票5）。

3. 執票人向支票債務人行使追索權時，得請求自為付款提示日起的利息，如無約定利率者，應依中央銀行核定放款日拆二分之一計算（票133，利率管理條例6）。所謂「得請求自為付款提示日起的利息」，係明示起算利息的期日點，而非指示期間如何計算，故無民法規定始日不算入問題。

4. 支票並無承兌，故發票人僅負支付擔保責任，且不得依特約予以免除。發票人義務，為以付款人的拒絕付款為前提的擔保義務，亦即為償還責任而非主債務。

■»追索權

(一) 對於發票人之追索權

發票人為支票之主債務人，故執票人縱未於票據法第一百三十條所定期限內為付款之提示，或不於拒絕付款日或其後五日內請求作成拒絕證書者，對於發票人仍得行使追索權（票132）。

(二) 對於前手之追索權

執票人於票據法第一百三十條所定期限內，為付款之提示，而被拒絕時，對於前手得行使追索權。但應於拒絕付款日或其後五日內。請求作成拒絕證書（票131 I），否則喪失追索權（票122）。

(三) 得追索之金額（票144準用票97）

1. 支票所載之金額。

2. 作成拒絕證書與通知及其他必要費用。

3. 執票人向支票債務人行使追索權時，得請求遲延利息，即自為付款提示日起之利息。如無約定利率者，依年利六釐計算（票133）。

14.5　匯票規定的準用及支票刑罰

體系整理

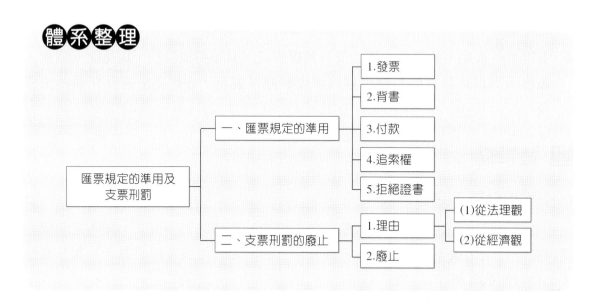

一》匯票規定的準用

　　支票與匯票同為委託付款人無條件支付與受款人或執票人之票據。故匯票規定中，除其特有規定者外，支票亦得準用之（票144）。茲列舉於後：

(一) 發票

　　匯票未載受款人者，執票人得於無記名匯票的空白內，記載自己成他人為受款人，變更為記名匯票（票25）。

(二) 背書

　　除背書人得記載付款地之一人為預備付款人的規定（票35），不得準用於支票外，其餘匯票背書各規定於支票均準用之。

(三) 付款

　　除付款提示期限（票69）、擔當付款人（票69）、執票人同意延期付款（票70）、到期日前付款（票72）、票據金額提存（票76）、分期付款（票65）不能準用外，其餘匯票關於付款的規定於支票均準用之。

(四) 追索權

關於追索權之規定，除以承兌為基礎之事項（票85 II(A)(B)）、拒絕證書之作成期限（票87、88）、到期之利息計算（票97 I(B)、II）及清償之方式（票101）外，均準用之。

(五) 拒絕證書

關於拒絕證書之規定，除有關複本（票108 II）、抄本（票109）及謄本（票110）各事項外，均準用之。

■ 》支票刑罰的廢止

(一) 理由

1. 從法理觀點

今日刑罰之目的在於安定社會秩序，而非昔日報復主義之產物，刑罰不斷加重，並無遏止功效；此乃一般人誤認刑罰為替其懲罰開發空頭支票者之工具，即以刑罰處罰民事債務之不履行，而不論有無詐欺之故意，顯非合理，故應予以廢除。

2. 從經濟觀點

若廢除空頭支票之刑責，則收受支票時，自需查詢發票人之信用，空頭支票之泛濫將可稍戢，對社會經濟之穩定必有助益。

(二) 廢止

票據法第一百四十一條及第一百四十二條有關刑罰之規定，於民國七十五年六月修正票據法時，規定此兩條文之施行期限至七十五年十二月三十一日止，並於七十六年六月二十九日修正公布票據法時廢止此兩條文。

惟支票之發票人簽發支票時，若有以支票為犯罪之工具，如詐欺，仍適用刑法有關刑罰之規定，論罪科刑，不可不慎，切勿以支票刑罰已廢除而亂開空頭支票。

匯票、本票與支票的區別

1. 從性質言：匯票為預約證券、信用證券及委託證券；本票為預約證券、信用證券及自付證券；支票則為委託證券及支付證券。

2. 從發票人與付款人間資金關係言：匯票不必存在；本票無此問題；支票則必須存在。

3. 從法律關係的構成言：匯票是由發票人、付款人與受款人三方面構成；本票則由發票人與受款人二方面構成；支票則與匯票相同。

4. 從主債務人言：匯票的主債務人為承兌人；本票的主債務人為發票人。

5. 從發票人責任言：匯票發票人負擔保承兌及支付責任；本票發票人自負付款責任；支票發票人負擔保支付責任。

6. 從到期日言：匯票及本票均不以見票即付為限；支票則限於見票即付。

案例題型>>>>>>>>>

留德華執有一張鄭壹健所簽發之支票一紙，票載日期為八十九年十二月十五日，王大有於九十年三月九日為付款之提示，嗣於九十一年五月一日向鄭壹健起訴請求其給付票款，鄭壹健抗辯說留德華請求權已罹於時效，請問：鄭壹健之抗辯是否有效？且票據法上支票的提示期限又是為何？

<<<<<<<<<<<<<<

案例題型>>>>>>>>>

留德華與統一公司訂購玩具趴趴熊一批，簽立支票一紙，發票人留德華於支票正面的左上角劃平行線二道，且平行線內記載第二銀行，嗣交付與統一公司；而統一公司總經理鄭壹健持票至銀行兌現時，卻遭付款銀行拒絕，試問：支票正面加劃兩條平行線有何功能？而僅劃兩條平行線與在兩條平行線內加記特定銀行又有何異？如鄭壹健要取款，有何方法？如統一公司總經理鄭壹健認為平行線支票太過麻煩，有無何方法撤銷平行線之劃記？

<<<<<<<<<<<<<<

實務案例

　　我國票據法不僅曾經有支票刑罰，甚至有加重刑期之歷程。簡單來說，當年如果開無法兌現的空頭支票是要被抓去關的，最長可以關一年，導致當時我國刑事一審審理的案子中超過50%都是票據犯。政府一看情況不對，非抑止不可，於是把刑期提高到二年，希望能威嚇亂開支票的歪風，四年後票據犯佔一審刑事案到將近70%。

　　不意外的，票據犯刑期再被調高到三年（1977年），結果票據犯比例愈來愈高，至1980年代中期我國的票據犯約有十八萬人，是支票刑罰立法初期的八倍。

（參考資料：https://wealth.businessweekly.com.tw/GArticle.aspx?id=ARTL000071039）

練習題庫

1. (　　) 下列那一項不是支票　(A)第一銀行支票　(B)旗山信用合作社支票　(C)永安鄉農會支票　(D)紐約銀行支票。

2. (　　) 限由金融業付款之票據為　(A)匯票　(B)本票　(C)支票　(D)股票。

3. (　　) 支票之發票人，屬於何種記載事項？　(A)絕對必要　(B)相對必要　(C)任意　(D)不得記載事項。

4. (　　) 支票記載　(A)付款地　(B)平行線　(C)預備付款人　(D)擔當付款人。

5. (　　) 特定平行線支票，是指　(A)不得背書轉讓　(B)由特定金融業付款　(C)具有保付作用　(D)不得掛失止付之支票。

6. (　　) 保付支票之付款人　(A)得就支票金額為保付　(B)不得為存款額外或信用契約所約定數目以外之保付　(C)可任意保付　(D)視付款人間之約定。

7. (　　) 下列何人非支票之付款人？　(A)銀行　(B)信用合作社　(C)經財政部核准辦理支票存款業務之漁會　(D)商會。

8. (　　) 支票執票人未於法定期間為付款之提示，會產生何種效果？　(A)對一切前手喪失付款請求　(B)對銀行喪失付款請求　(C)對最後背書人喪失付款請求。

9. (　) 何人可於支票上劃平行線？　(A)發票人　(B)背書人　(C)執票人　(D)以上皆可。

10.(　) 何人得撤銷支票上之平行線？　(A)發票人　(B)金融業　(C)受款人　(D)以上皆可。

11.(　) 發票人幾人以上須就票載文義負連帶責任　(A)一人　(B)三人　(C)二人　(D)四人。

12.(　) 執票人向支票債務人行使追索權，得請求遲延利息，其利率為何？　(A)六厘　(B)三厘　(C)四厘　(D)一厘。

13.(　) 下列何者適用於支票準用匯票關於付款之規定　(A)擔當付款人　(B)到期日前付款　(C)分期付款　(D)付款人之審查責任。

14.(　) 下列何者不適用於支票準用匯票關於背書之規定　(A)預備付款人　(B)回頭背書　(C)背書之連續　(D)背書之塗銷。

15.(　) 執票人於法定提示期限內為付款的提示而被拒絕時，應於拒絕付款日或其後幾日內作成拒絕證書？　(A)一日　(B)三日　(C)五日　(D)七日。

16.(　) 支票之執票人，若發票地與付款地在同一省(市)區內者，應於幾日內為付款之提示？　(A)七日　(B)十五日　(C)三十日　(D)六十日。

本章習題

1. 試簡述支票之種類。
2. 支票款式之內容為何？試簡述之。
3. 支票付款人之資格為何？
4. 試針對特殊種類之支票加以分類說明？
5. 試述保付支票之內容？【99年公務人員特種考試 調查人員 法律實務組】
6. 試分析支票發票人擔何付款責任。
7. 試簡述支票持票人對發票人或其前手之追索權。
8. 試簡述平行線支票之種類有哪些？
9. 票據法中有關匯票之規定，何者支票亦得準用之。

15 海商法通則與船舶

15.1 海商法的意義與規範內容

一》海商法的意義

海商法主要係以航海商業事件為規範對象的一種商事法，即規定船舶在海上或與海相通之水面或水中航行時，所生私法上權利義務關係的法律。在我國因未於民法以外另訂商法，採取「民商合一」之立法體例，但對海商、公司、票據及保險等重要特別的商事行為另訂單行法律，一般將此等法典合稱為「商事法」，性質上屬於民事特別法。

二》海商法的規範內容

我國海商法計分八章，共有一百五十三條，除了第一章的通則，第八章的附則外，其於主要可分為海上組織、海上活動（海上運送）、海上事故及海上保險四大部分，按我國現行海商法之全部條文，將之整理如下圖所示：

	第一章　通則（§1－§5）
海上組織	第二章　船舶（§6－§37） 　　　　第一節　船舶所有權（§6－§23） 　　　　第二節　海事優先權（§24－§32） 　　　　第三節　船舶抵押權（§33－§37）
海上活動	第三章　運送（§38－§93） 　　　　第一節　貨物運送（§38－§78） 　　　　第二節　旅客運送（§79－§91） 　　　　第三節　船舶拖帶（§92－§93）
海上事故	第四章　船舶碰撞（§94－§101） 第五章　海難救助（§102－§109） 第六章　共同海損（§110－§125）
海上金融	第七章　海上保險（§126－§152） 第八章　附則（§153）

15.2 海商法的船舶

按前所述，海商法主要規範船舶在海上或與海相通之水面或水中航行時，所生私法上權利義務關係的法律。是海商法中主要的規範客體之一即為船舶，但並非所有的船舶皆有海商法的適用，故何種船舶始有海商法的適用，即為研究海商法的前提之一。而究竟何種船舶才是海商法上所稱的船舶呢？

海商法第一條規定：「本法稱船舶者，謂在海上航行，或在與海相通水面或水中航行之船舶。」又同法第三條規定：「下列船舶除因碰撞外，不適用本法之規定：一、船舶法所稱之小船。二、軍事建制之艦艇。三、專用於公務之船舶。四、第一條規定以外之其他船舶。」，故海商法所規範之船舶為具有以下要件之船舶：

實務案例

西元2017年7月30日尼莎颱風席捲臺灣，停泊在基隆港的麗娜輪，因颱風緣故繩纜斷裂，撞擊到軍艦，造成蘭陽軍艦艦艉左舷艦體裂痕進水，淮陽軍艦艦艉門垂直壁凹陷變形，及主甲板左舷後段欄杆五根折斷，軍方預估需要二週才能修復完成。

依海商法第1條規定：「本法所稱船舶者，謂在海上航行，或在與海相通水面或水中航行之船舶。」所以新聞中「麗娜輪」是海商法所指「船舶」。另同法第3條第1項第2款規定：「下列船舶除因碰撞外，不適用本法之規定：二、軍事建制之艦艇。」而因新聞中「蘭陽軍艦」及「淮陽軍艦」屬軍事建制之艦艇且有發生碰撞，故亦是海商法所指「船舶」。

（參考資料：https://www.chinatimes.com/realtimenews/20170730001614-260417?chdtv）

一》須供航行之用

指具有一定體積，能裝載人或貨物，具有航行設備，能往來一定海上通路者而言。故雖具船舶形體而不供航行之用，如水上住家、修理船；或已失船舶實體性者，如無法打撈的沉船、在港口中已完成報廢待解體的廢船等，皆非屬海商法上之船舶。

■ ≫須限於在海上或在與海相通水面或水中航行

船舶在海上或海中航行者固屬海商法上所稱之船舶，至於「在與海相通水面或水中航行」者，係指船舶能直接到達之水面或水中，若其中有淺灘阻塞或其他阻隔者即無本法之適用。故如航行在內陸河川或湖泊中之船舶，皆非本法所稱之船舶。

■ ≫須為大船

按上開海商法第三條第一款規定反面解釋，船舶法上所稱之「小船」（船舶法第一條第三款），僅於船舶碰撞事件中始有本法之適用，故本法原則上所適用之船舶以「大船」為限。所謂「大船」，指總噸位五十噸以上之非動力船舶，或總噸位二十噸以上之動力船舶。

四 ≫須具有營利性

指船舶須藉航海而獲取商業利益者而言，至於船舶有無因航海而獲利，仍須就具體個案實際認定。故如船舶具有營利性質，無論貨輪、客輪、遊艇或漁船等，皆為本法所規範之船舶。

15.3 船舶的特性

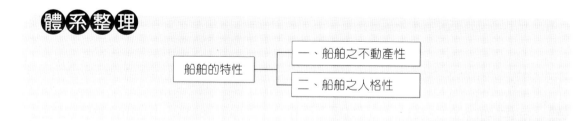

船舶的特性 ─┬─ 一、船舶之不動產性
　　　　　　└─ 二、船舶之人格性

■ ≫船舶的不動產性

我國海商法第六條（以下簡用「海6」）規定：「船舶除本法有特別規定外，適用民法關於動產之規定。」惟船舶雖然是動產，可是因一艘船的價值往往造價甚鉅，較一般動產不易轉讓；且其用於承載貨物、人員，功能上類同於不動產，

經濟效用遠非一般動產可比；更加上船舶之得喪變更，影響一國經濟、貿易甚鉅，因此現代各國均加強對船舶之監督與管理，法律上並常將船舶視為不動產處理，故船舶有「不動產性」，在海商法中所規定的某些特殊事項，將之視為不動產處理。船舶之不動產性除了在刑法或國際法上將船舶視為國土之延伸外，更表現在以下幾點：

(一) 船舶登記

船舶關於所有權、抵押權及租賃權之取得、設定、喪失及變更，非經向航政主管機關登記，不得對抗第三人，（海9、海36及船舶法3、4參照），故採「登記對抗主義」。

(二) 船舶讓與

海商法第八條規定：「船舶所有權或應有部分之讓與，非作成書面並依下列之規定，不生效力：一、在中華民國，應申請讓與地或船舶所在地航政主管機關蓋印證明。二、在外國，應申請中華民國駐外使領館、代表處或其他外交部授權機構蓋印證明。」

(三) 船舶抵押

海商法第三十三條及第三十四條規定，船舶得為抵押之標的，且其設定應以書面為之；建造中之船舶亦同。

(四) 船舶強制執行

強制執行法第一百一十四條規定：「海商法所定之船舶，其強制執行，除本法另有規定外，準用關於不動產執行之規定；建造中之船舶亦同。」

■ 船舶的人格性

船舶的人格性係指船舶雖為動產，惟其極類似自然人或法人，有一定之名稱、國籍及船籍港，故稱之。船舶的人格性得分析如下：

(一) 船名

船舶的名稱與自然人的姓名或法人的名稱相同，而船名依船舶法第十條規定：「船名由船舶所有人自定。但不得與他船船名相同。」

（二）船舶國籍

船舶有國籍與自然人有國籍相同。至於船舶國籍之決定立法例上有採船舶所有人主義者；有採資本歸屬主義者；有採船長國籍歸屬主義者；有採海員國籍歸屬主義者；有採造船地主義者；而我國依船舶法第二條第二項規定係採「船舶所有人主義」者。另依船舶法第七條規定：「中華民國船舶，非領有中華民國船舶國籍證書或中華民國臨時船舶國籍證書，不得航行。」

（三）船籍港

船舶之船籍港乃船舶活動所生法律關係之中心地，猶如自然人之住所或法人之營業所。依船舶法第十一條：「船舶所有人應自行認定船籍港」，至於船籍港之認定與船舶所有人之戶籍所在地並無關連。

三》船舶的適法次序

海商法第五條規定：「海商事件，依本法之規定者，本法無規定者，適用其他法律之規定。」所謂其他法律如船舶法、船舶登記法、民法、公司法、保險法等。

▌案例題型»»»»»»»

以下何者為海商法上所稱之船舶？

1.修理船塢　　2.日月潭內的遊艇　　3.竹筏　　4.海研一號

5.長榮貨輪　　6.麗星郵輪

案例題型 ›››››››››

你知道嗎？在法律上買賣一本書與買賣一艘船有何區別？為什麼每艘船上都會懸掛國旗？都會稱呼他是哪一國籍？

‹‹‹‹‹‹‹‹‹‹‹‹‹‹

15.4　船舶所有權

■»船舶所有權之範圍

海商法第九條規定：「除給養品外，凡於航行上或營業上必需之一切設備及屬具，皆視為船舶之一部。」，故船舶所有權之範圍如下：

1. 船舶本體。指構成船舶形體之部分，如龍骨、甲板等船舶之主要部分。

2. 船舶航行上或營業上必需之船舶設備及船舶屬具。「設備」與「屬具」實不易區分，惟一般學理上認為：所謂「設備」，係指船舶上之一切設施，如電信設備、通訊設備、救火設備等。而所謂「屬具」，指附屬於船舶上的各種用具或機械，如救生艇、桌椅、鐵錨等。上開船舶設備或船舶屬具，不問與船舶本體是否屬同一人所有，依海商法第九條規定皆視為船舶之一部，而不得為個別權利之標的，為民法第六十八條之特別規定。

至於船舶上之給養品，如食物、未注入油管或機器之燃料，縱為船舶航行上或營業上所必需，則非屬於船舶所有權範圍，其與船舶之關係則仍適用民法第六十八條之規定。

數位加分

「船舶上之設備」可參船舶法第五十一條之一規定：「船舶設備之檢查與證書、各級船舶救生設備、救火設備、燈號與旗號設備、航行儀器設備、無線電信設備、居住與康樂設備、衛生與醫藥設備、通風設備、冷藏設備、貨物裝卸設備、排水設備、操舵、起錨與繫船設備、帆裝、纜索設備、危險品與大量散裝貨物之裝載儲藏設備、海上運送之貨櫃及其固定設備等事項之規則，由交通部定之。」，惟不以此為限。

二»船舶所有權之得喪變更

船舶所有權之取得，按其取得之依據，可分為公法上之取得與私法上之取得。前者如因捕獲、沒收、徵收或徵購而取得，皆屬原始取得。後者則因其取得原因不同，又有原始取得與繼受取得之分，原始取得者，如船舶建造、取得時效完成等；繼受取得者，如讓與、繼承、委棄、委付等。

船舶所有權之喪失，則有絕對喪失與相對喪失之分，前者如沉沒、燒毀、拆除等；後者如捕獲、沒收、讓與、拋棄等。

三»船舶所有權之讓與

船舶屬於動產，民法就一般動產物權之移轉或設定，原則上未規定須踐行一定之方式，僅須將動產交付移轉占有即可（參照民法761）。惟前已論及船舶因其價值高昂，經濟效能幾與不動產同，甚至將船舶讓與外國人，將減少本國噸位總數，影響國力，故海商法上對於船舶之讓與有別於一般動產物權之讓與，依海商法第八條規定：「船舶所有權或應有部分之讓與，非作成書面並依下列之規定，不生效力：

1. 在中華民國，應申請讓與地或船舶所在地航政主管機關蓋印證明。
2. 在外國，應申請中華民國駐外使領館、代表處或其他外交部授權機構蓋印證明。」

由此可知，船舶所有權之移轉乃採「要式的意思主義」，亦即僅須當事人間對船舶所有權之移轉合意，並做成書面及申請蓋印證明，即發生效力，無須依上開民法規定移轉船舶占有，亦無須辦理登記。海商法第九條所規定：「船舶所有權之移轉，非經登記，不得對抗第三人。」，僅為對抗要件而非生效要件。

四»建造中之船舶

所謂建造中之船舶，是指自安放龍骨或相當於安放龍骨之時起，至其成為海商法所定之船舶為止之船舶。因船舶價昂，故建造中船舶之所有權歸屬，頗有爭議，且法律亦有對定造人之保障規定，分別說明如下：

(一) 建造中船舶所有權之歸屬

建造中船舶所有權，究應屬造船廠？或定造人？學說上有不同意見。第一說認為除當事人另有約定外，應屬造船廠所有。第二說則以全部或主要材料由誰

提供，而決定所有權人，即由定造人提供者，以定造人為所有權人；如由造船廠提供者，則由造船廠取得所有權。以上二說，以第一說較合承攬契約及加工之法理，自值贊同。

（二）建造中船舶定造人之權利保障

依本法第十條規定：「船舶建造中，承攬人破產，而破產管理人不為完成建造者，船舶定造人，得將船舶及業經交付或預定之材料，照估價扣除已付定金給償收取之，並得自行出資在原處完成建造；但使用船廠，應給與報償。」即定造人有給償收取權及完成建造權之規定。

五》船舶所有人責任標的

船舶所有人責任限制是指船舶無論是在航行中或停泊時，凡因船長在執行職務時的作為或不作為，或因其他航海事故而產生的重大民事責任，船舶所有人在法律規定的最高限度之內承擔損害賠償責任。所稱「船舶所有人」包括船舶所有權人、船舶承租人、經理人及營運人（海21 II）。

依海商法第二十一條第一項規定，船舶所有人所負之責任，原則以本次航行之船舶價值、運費及其他附屬費為限（船價主義），但其價值低於一定標準時，則船舶所有人須補足之（金額主義）。以下分別說明之：

（一）船舶價值

1. 限於本次航行之船舶價值。所稱本次航行，依海商法第二十一條第三項規定係指船舶自一港至次一港之航程而言。
2. 另依海商法第二十三條規定，船舶所有人，如依第二十一條之規定限制其責任者，對於本次航行之船舶價值應證明之。

（二）運費

指船舶運送旅客或貨物所得之報酬，為託運費，且不包括依法或依約不能收取之運費及票價（海21 III）。

（三）附屬費

係指船舶因受損害應得之賠償；但不包括保險金（海21 III）。

（四）船舶價值之補足

海商法第二十一條第四項規定，「第一項責任限制數額如低於下列標準者，船舶所有人應補足之：

1. 對財物損害之賠償，以船舶登記總噸，每一總噸為國際貨幣基金，特別提款權五四計算單位，計算其數額。

2. 對人身傷亡之賠償，以船舶登記總噸，每一總噸特別提款權一六二計算單位計算其數額。

3. 前二款同時發生者，以船舶登記總噸，每一總噸特別提款權一六二計算單位計算其數額。但人身傷亡應優先以船舶登記總噸，每一總噸特別提款權一○八計算單位計算之數額內賠償，如此數額不足以全部清償時，其不足額再與財物之毀損滅失，共同在現存之責任限制數額內比例分配之。

4. 船舶登記總噸不足三百噸者，以三百噸計算。」

15.5　海事優先權

■》海事優先權之概念

「海事優先權」係指債權人對於船舶之營運直接所生的特定債權，法律許其得就船舶及其附屬物，有優先受償之權利。

海事優先權之特色，乃海商法所創設的特種物權，其效力高於一般債權，甚至船舶抵押權。其次，船舶優先權因未經登記而不具公示性，也無須占有標的物，且債權發生在後者優先受償，與一般的擔保物權不同，其效力足以排除先成立之他種擔保物權。

■》海事優先權之項目

依海商法第二十四條第一項規定，下列各款為海事優先權擔保之債權，有優先受償之權：

1. 船長、海員及其他在船上服務之人員，本於僱傭契約所生之債權。

2. 因船舶操作直接所致人身傷亡，對船舶所有人之賠償請求。

3. 救助之報酬、清除沉船費用及船舶共同海損分擔額之賠償請求。

4. 因船舶操作直接所致陸上或水上財物毀損滅失，對船舶所有人基於侵權行為之賠償請求。

5. 港埠費、運河費、其他水道費及引水費。

惟本法第二十二條第四款至第六款之賠償請求，不適用本法有關海事優先權之規定（海24）。此乃考量這幾種情形，損害額度皆相當龐大，又此時船舶所有人應負無限責任，故如不將這些情形排除在船舶優先權外，恐將剝奪其他海事優先權人之求償，故乃仿一九七六年統一海事優先權及抵押權國際公約所為之規定。

三》海事優先權之效力

海事優先權之效力，依其與其他權利之比較受償位次先後而定，可分為以下說明之：

(一) 海事優先權恆優先於一般債權而受償。

(二) 海事優先權與海事優先權間之位次

1. 不同航次之海事優先權

即不屬於同次航行之海事優先權，其後次航行之海事優先權，先於前次之海事優先權（海30）。

2. 相同航次之海事優先權

海商法第二十九條規定，屬於同次航行之海事優先權，其位次依第二十四條各款之順序（第一項），而同一款中有數債權者，不分先後，比例受償（第二項），但第二十四條第三款所列之債權，如有二個以上屬於同一種類，其發生在後者應優先受償，救助報酬之發生應以施救完成時為準（第三項），惟若因同一事變所生之債權，無從辨識其先後，則視為同時發生之債權（第五項）。而共同海損之分擔，應以共同海損行為發生之時為準（第四項）。

3. 綜上所述，數種海事優先權間之位次；簡單的說是先以「後來居上」為原則（海30）；同一航次時，再以「法定順序」為第二原則（海29）。

(三) 海事優先權與船舶抵押權、船舶留置權之位次

海事優先權之位次，在船舶抵押權之前（海24 II）。至建造或修繕船舶所生債權，其債權人留置船舶之留置權位次，在海事優先權之後，船舶抵押權之前（海25）。

數位加分

三者之前後位次為：

海事優先權＞船舶留置權＞船舶抵押權。

(四) 海事優先權移轉之效力

依海商法第三十一條規定，海事優先權，不因船舶所有權之移轉而受影響，一般稱為「海事優先權之追及效力」。

(五) 海事優先權除斥期間

依海商法第三十二條規定：第二十四條第一項海事優先權自其債權發生之日起，經一年而消滅。但第二十四條第一項第一款之賠償，自離職之日起算。此乃海事優先權消滅之規定。惟尚須說明如下：

1. 所消滅者只是優先受償之權利，債權本身並不因而消滅。
2. 二年期間之性質，有認係除斥期間，有認是消滅時效，亦有認應分別認定；惟因前述海事優先權之性質，既為物權，故應認屬「除斥期間」為妥。

▌案例題型››››››››

甲以其所有之A貨輪，裝載乙所有之貨物一批，由布袋港運送至馬公港，航行途中，因貨物裝載不當，致乙所有之貨物遭受損失新臺幣1,000萬元。A貨輪要進港時，僱用引水人丙，引導該輪進入馬公港卸貨，引水費新臺幣300萬元。又 A貨輪並積欠船員丁薪資新臺幣200萬元。二個月後，甲拍賣 A 貨輪，得款新臺幣2,000萬元。問乙、丙、丁之債權有無海事優先權？

【101年公務人員高等考試三級考試試題－經建行政】

A航運公司因融資需要，向銀行團聯貸，並擬將其所屬之「勝利輪」為銀行團提供擔保。海商法規定A航運公司可以在勝利輪上設定抵押權，是否表示不得設定質權？若勝利輪船舶屬A與B公司共有之船舶，A公司就其應有部分設定抵押權後，將其共有之部分讓與C公司，請問C公司是否受抵押權之拘束？

【101年特種考試地方政府公務人員考試試題－三等考試法制、經建行政】

<<<<<<<<<<<<<<

15.6 船舶抵押權

一》船舶抵押權之概念

「船舶抵押權」為對於債務人或第三人不移轉占有，而供擔保的船舶，除海商法另有規定外，得就其賣得價金，優先受償之權利。

二》船舶抵押權之設定與方式

海商法第三十五條規定：「船舶抵押權之設定，除法律別有規定外，僅船舶所有人或受其特別委任之人始得為之。」

至於船舶抵押權之設定方式，依海商法第三十三條規定，應以書面為之，否則無效。此於一般抵押權之設定方式相同。但同法第三十六條卻規定：「船舶抵押權之設定，非經登記，不得對抗第三人。」，登記僅為對抗要件，與民法第七百五十八條對一般抵押權之設定，以登記為成立要件不同，此須辨明。

另船舶抵押權之標的物當然以船舶充之。惟依海商法第三十四條規定：「船舶抵押權，得就建造中之船舶設定之。」，故建造中之船舶亦得設定船舶抵押權。如此，一方面可以達到造船資金融通，另一方面則保障船舶定造人所投下資金。又船舶如為共有關係，共有人亦得以其應有部分，設定船舶抵押權，不過須依海商法第十三條規定，應得其他共有人過半數之同意。

三》船舶抵押權之效力

船舶抵押權設定後之效力如下：

1. 船舶抵押權之設定，非經登記，不得對抗第三人。（海36）。

2. 船舶共有人中一人或數人，就其應有部分所設定之抵押權，不因分割或出賣而受影響（海37）。

3. 船舶所有人因船舶滅失毀損所生之損害賠償請求權，共同海損分擔請求權等，船舶抵押權人可代位行使。

4. 關於抵押權之其他效力，海商法無特別規定，則適用民法關於抵押權的規定。

特別法優於普通法原則

法規對其他法規所規定之同一事項而為特別之規定者，應優先適用之。（中央法規標準法第十六條規定）例如海商法與民法：則海商法為特別法，民法為普通法。

練習題庫

一、是非題

1. （　　）我國海巡署海上緝私船亦屬海商法所規範的船舶。

2. （　　）船名由船舶所有人自定，但不得與他船船名相同。

3. （　　）海商法規定，船舶之給養品亦屬船舶所有權之範圍。

4. （　　）海商法所稱「船舶所有人」係包括船舶所有權人、船舶承租人、經理人及營運人。

二、選擇題

1. （　　）下列何者非為船舶具有的人格性？　(A)船長名　(B)船名　(C)船舶國籍　(D)船籍港。

2. （　　）以下何者非為海商法所稱之「船舶」？　(A)軍艦　(B)碰撞之小船　(C)20噸以上動力船　(D)麗星客輪。

3. （　）讓與船舶所有權時，下列何者為生效之必需要件？　（A)須經登記並以書面為之　(B)須經登記並由主管機關蓋印證明　(C)以書面為之並由主管機關蓋印證明　(D)須經登記，並以書面為之，且須主管機關蓋印證明。

4. （　）在同一航次，船舶抵押權所擔保之債權與引水費之優先受償位次，何者優先？　（A)船舶抵押權所擔保之債權優先　(B)引水費優先　(C)後發生者優先　(D)不分先後，比例受償。

本章習題

1. 海商法的規範內容，主要有那四大部分？

2. 海商法所稱之「船舶」，須具備那些要件？

3. 海商法所稱的「船舶」，主要具有那兩種特性？

4. 為表現船舶之人格性，海商法有那些具體規範？

5. 請說明為何海商法上之船舶具有不動產性？
   【100 年公務人員升官等考試試題 薦任 經建行政】

6. 海商法所指「船舶所有權」的範圍為何？救生艇、通訊設備、食物何者屬之？

7. 船舶所有權之移轉採行何種主義，依規定如何讓與？

8. 船舶經理人如何選任？有何權限與義務？

9. 試述海事優先權之內容？【99 年公務人員特種考試 調查人員 法律實務組】

NOTE

16

海上運送、海上事故與海上保險

PART 4　海商法

16.1 海上運送

體系整理

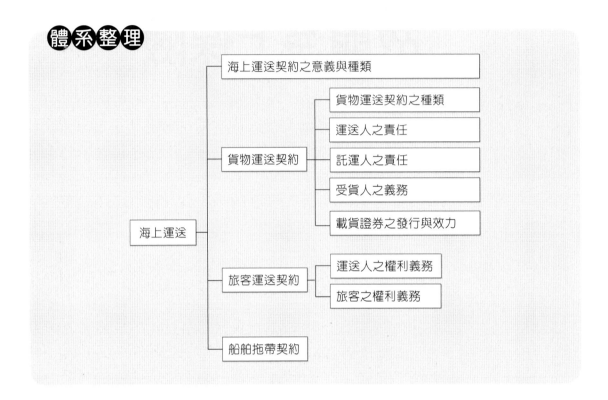

海上運送
- 海上運送契約之意義與種類
- 貨物運送契約
  - 貨物運送契約之種類
  - 運送人之責任
  - 託運人之責任
  - 受貨人之義務
  - 載貨證券之發行與效力
- 旅客運送契約
  - 運送人之權利義務
  - 旅客之權利義務
- 船舶拖帶契約

一》海上運送契約之意義與種類

海上運送契約乃當事人間約定，一方（運送人）利用船舶將承運之客、貨或船舶由特定場所運送之另一特定場所，而他方（託運人或旅客）俟運送完成時，給付報酬之契約。

我國海商法上之海上運送契約，計有下列三種：

1. 貨物運送契約（「船運貨」契約）。
2. 旅客運送契約（「船運人」契約）。
3. 船舶拖帶契約（「船運船」契約）：（省略介紹）。

■»貨物運送契約

「貨物運送契約」指運送人以收取運費為條件，承擔將貨物自一港口運到另一港口之海上運送義務之契約。

(一) 貨物運送契約之種類

貨物運送契約依海商法第三十八條規定，分為下列二種：

1. 件貨運送契約

以件貨之運送為目的，並按照貨物之件數或重量計算運費之契約。此類契約，託運人不預訂船舶艙位之全部或一部，而是以貨物交付給船舶所有人，由船舶所有人自行支配艙位，將貨物運送之目的地交與受貨人。

2. 傭船契約

乃運送人或船舶所有人以提供船舶之全部或一部供運送貨物為目的而收取運費之契約，俗稱「包船契約」，性質上屬民法承攬契約。「傭船契約」依船舶使用範圍之全部或一部，又可分為「全部傭船契約」或「一部傭船契約」；依傭船人支付運費之方法，亦可分為「航程傭船」與「期間傭船」。

「航程傭船」運費之計算以「航次」為準，如高雄港至西雅圖為一航次，當事人以此一航次而訂之運送契約故屬航程契約，即以數航次而訂立之運送契約，如高雄港至西雅圖三次，每一航次若干運費或或三航次共計若干運費，亦屬之。

「期間傭船」又稱為「論時傭船」，乃係以船舶之全部於一定時期內供運送者而言，其運費之計算，或以「月」為之，或以整段期間計算，均無不可。

(二) 物運送契約之訂立

1. 傭船契約之訂立

海商法第三十九條規定，傭船契約應以書面為之，並應載明下列事項：

(1) 當事人姓名或名稱，及其住所、事務所或營業所。

(2) 船名及對船舶之說明。

(3) 貨物之種類及數量。

(4) 契約期限或航程事項。

(5) 運費。

2. 件貨運送契約之訂立

有關件貨運送契約之訂定，海商法並無特別規定，解釋上得適用民法運送之規定，無須具備特定方式，為不要式契約。

3. 運送人之責任

運送人有違反前述義務，而無免責事由時，對於受損害之人，即負有損害之責任。惟貨物之運送，包含陸上之裝卸及海上之承載期間，是否在此期間中皆屬海上運送人之責任？其責任之範圍及賠償額如何認定？以下說明之：

(1)「強制責任制」之適用

強制責任指貨物自裝載上船至卸載離船之在船期間（或稱「固有海上期間」），運送人應依海商法之規定負其運送責任，且其責任具有強制性，依海商法第六十一條有免責約款禁止規定的適用（有關強制責任乃始於海牙規則之規定而來，嗣後於美國法院則發展出「鉤至鉤之原則」）。

(2)「責任分割說」之採用

貨物收受後裝載前與貨物卸載離船後交付前之「在陸期間」，若當事人未有特別約定其權義關係時，此時究應適用民法或海商法以為其權益規範之依據？

我國採「責任分割說」，認為貨物在陸期間，應依民法有關運送契約及倉庫之規定；此乃海商法第七十五條規定：「連續運送同時涉及海上運送及其他方法之運送者，其海上運送部分適用本法之規定。貨物毀損滅失發生時間不明者，推定其發生於海上運送階段。」

(3)「全額賠償」為原則

海商法第七十條第二項規定：「除貨物之性質及價值於裝載前，已經託運人聲明並註明於載貨證券者外，運送人或船舶所有人對於貨物之毀損滅失，其賠償責任，以每件特別提款權六六六‧六七單位或每公斤特別提款權二單位計算所得之金額，兩者較高者為限。」

可知於貨載毀損滅失之場合，如於裝載前已經託運人聲明並註明於載貨證券者外，運送人或船舶所有人對於貨物之毀損滅失，應負「全額賠償」

之責任。否則，即以每件特別提款權六六六‧六七單位或每公斤特別提款權二單位計算所得之金額，兩者較高者為限，負「單位限制」責任（海70 II）。

「件數」係指貨物託運之包裝單位。其以貨櫃、墊板或其他方式併裝運送者，應以載貨證券所載其內之包裝單位為件數。但載貨證券未經載明者，以併裝單位為件數。其使用之貨櫃係由託運人提供者，貨櫃本身得作為一件計算。

4. 運送人之免責事由

海商法第六十九條規定，運送人或船舶所有人對下列事由所發生之毀損或滅失，不負賠償責任：

(1) 船長、海員、引水人或運送人之受僱人，於航行或管理船舶之行為而有過失。

(2) 海上或航路上之危險、災難或意外事故。

(3) 非由於運送人本人之故意或過失所生之火災。

(4) 天災。

(5) 戰爭行為。

(6) 暴動。

(7) 公共敵人之行為。

(8) 有權力者之拘捕、限制或依司法程序之扣押。

(9) 檢疫限制。

(10) 罷工或其他勞動事故。

(11) 救助或意圖救助海上人命或財產。

(12) 包裝不固。

(13) 標誌不足或不符。

(14) 因貨物之固有瑕疵、品質或特性所致之耗損或其他毀損滅失。

(15) 貨物所有人、託運人或其代理人、代表人之行為或不行為。

(16) 船舶雖經注意仍不能發現之隱有瑕疵。

(17) 其他非因運送人或船舶所有人本人之故意或過失及非因其代理人、受僱人之過失所致者。

〈〈〈〈〈〈〈〈〈〈〈〈〈〈〈〈

▌案例題型〉〉〉〉〉〉〉〉〉

我國公司甲向美國公司乙進口蔬果一批，由乙公司在其工廠內將蔬果裝入貨櫃，並將貨櫃運至貨櫃場，送交丙海運公司運送。貨物到達我國進行拆櫃時，發現貨櫃有破損，研判運送過程中因此無法保持低溫狀態，導致蔬果腐壞，甲公司據此欲向丙公司求償。請就我國海商法第62條、第63條以及第69條之規定及其彼此關聯，說明、分析甲公司主張之依據。

【102年公務人員特種考試法務部調查局調查人員考試】

〈〈〈〈〈〈〈〈〈〈〈〈〈〈〈〈

▌案例題型〉〉〉〉〉〉〉〉〉

甲於民國101年9月間，委請乙運送人自日本承運20個已裝貨物之貨櫃至我國高雄港。在運送途中，因遇強烈颱風，致10個貨櫃落海。若經證實乙運送人對於貨櫃之堆存未為必要之注意，乙運送人得否主張免責？

【102年公務人員特種考試司法人員考試試題－公證人】

〈〈〈〈〈〈〈〈〈〈〈〈〈〈〈〈

▌案例題型〉〉〉〉〉〉〉〉〉

設有我國進口商甲向澳洲之乙貿易公司，以FOB雪莉港之交易價格的折算為新臺幣參仟萬元購買奶品一批，裝入丙航運公司所有之貨櫃，委由丙航運公司之大安貨櫃輪運送來臺灣。惟在來臺之航途中，該輪之輪機長丁，因夜間駕駛時打盹，致該輪誤觸礁石，輪上裝載奶品之貨櫃落海，奶品遭受毀損。甲乃向丙航運公司及輪機長丁請求損害賠償。試問丙航運公司及輪機長丁，應否負損害賠償之責？

【101年公務人員特種考試法務部調查局調查人員考試】

〈〈〈〈〈〈〈〈〈〈〈〈〈〈〈〈

5. **託運人之責任**

(1) 正確通知貨物之責任

海商法第五十五條第一項規定：「託運人對於交運貨物之名稱、數量，或其包裝之種類、個數及標誌之通知，應向運送人保證其正確無訛，其因通知不正確所發生或所致之一切毀損、滅失及費用，由託運人負賠償責任。」

(2) 未報明貨物之責任

海商法第六十五條規定：「運送人或船長發見未經報明之貨物，得在裝載港將其起岸，或使支付同一航程同種貨物應付最高額之運費，如有損害並得請求賠償。」；「前項貨物在航行中發見時，如係違禁物或其性質足以發生損害者，船長得投棄之。」

(3) 託運人之責任限制

海商法第五十七條規定：「運送人或船舶所有人所受之損害，非由於託運人或其代理人受僱人之過失所致者，託運人不負賠償責任。」

6. **受貨人之義務**

(1) 遵守卸貨期間之義務

運送人依海商法第五十二條第一項規定，於卸貨準備完成後通知受貨人卸貨，受貨人自應依約定期間完成卸貨，否則按同條第二項規定，即須對船舶所有人依所超過之日期給予合理補償。

(2) 交還載貨證券之義務

載貨證券具有換取或繳還證券之性質，運送貨物經發給載貨證券者，貨物之交付，應憑載貨證券為之，即使為運送契約所載之受貨人，苟不將載貨證券提出及交還，依海商法第六十條第一項準用民法第六百三十條規定，仍不得請求交付運送物，不因載貨證券尚在託運人持有中而有所不同。故運送契約所載之受貨人不憑載貨證券請求交付運送物，運送人不拒絕而交付，如因而致託運人受有損害，自應負損害賠償責任（最高法院67年度台上字第1229號判例，86年度台上字第2509號判例參照）。

7. 載貨證券之發行與效力

(1) 發行之時期：依海商法第五十三條規定，運送人或船長於貨物「裝載後」，因託運人之請求，應發給載貨證券。

(2) 載貨證券之內容：海商法第五十四條規定，發行載貨證券時，應由運送人或船長簽名，並為以下之記載：船舶名稱、託運人之姓名或名稱、依照託運人書面通知載明貨物資訊、裝載港及卸貨港、運費交付、載貨證券之份數、填發之年月日。

(3) 不知條款與載貨證券之發行

發行載貨證券應為前揭事項之記載，此時如運送人於載貨證券上載明貨物名稱、件數或重量，或其包裝之種類、個數及標誌，而未明確註明貨物或其包裝有不良情狀者，學說上稱為「清潔載貨證券」。如運送人認託運人書面通知載明貨物名稱、件數或重量，或其包裝之種類、個數及標誌與所收貨物之實際情況有顯著跡象，疑其不相符合，或無法核對時，運送人或船長得在載貨證券內載明其事由或不予載明。載貨證券如未為上開事項之記載，或明確註明貨物或其包裝有不良情況者（海54 II），則稱之為「不清潔載貨證券」。

(4) 載貨證券之效力

海商法第六十條第一項準用民法第六百二十八條規定，交付載貨證券於有受領物品權利之人時，其交付就物品所有權移轉之關係，與物品之交付有同一之效力，此為載貨證券之物權效力。

海商法第七十四條規定：「載貨證券之發給人，對於依載貨證券所記載應為之行為，均應負責。」「前項發給人，對於貨物之各連續運送人之行為，應負保證之責。但各連續運送人，僅對於自己航程中所生之毀損滅失及遲到負其責任。」

實務案例

　　Steelbase LTD.公司，在民國97年9月間，向高興昌鋼鐵股份有限公司購買一百四十八卷冷軋鋼卷後，將貨物交由SK Shipping Co.,Ltd以船舶承運，由臺灣高雄港運送至美國路易斯安那州紐奧良港。SK Shipping Co.,Ltd於同年9月間（按99年5月26日涉外民事法律適用法修正）簽發載貨證券交付予高興昌公司。其後所運送之貨物因鏽蝕造成損害，所投保之保險公司Allianz Global Corporate & Specialty AG，於98年4月29日依保險契約賠償Steelbase LTD.公司，並受讓損害賠償債權後，轉向SK Shipping Co.,Ltd求償。

　　案中載貨證券背面約款第32條有關準據法，記載為：應以西元1936年4月16日批准之美國海上貨物運送法為準據法。該載貨證券係SK Shipping Co.,Ltd簽發，保險公司Allianz Global Corporate & Specialty AG因而爭執該準據法之約款，對於託運人、運送人及載貨2證券持有人不具拘束力，但SK Shipping Co.,Ltd抗辯該約款有拘束力。

　　最高法院民事大法庭宣示裁定，認為載貨證券背面所記載有關準據法之約款，對於託運人、運送人及載貨證券持有人均有拘束力。主要理由有二：

　　第一、載貨證券屬具物權效力之有價證券（等同於取得所有權），亦有運送契約成立生效之證明效力（同時是所有權之證明文件），該證券雖由運送人或船長簽發，然係受託運人之請求而為，一般海運實務，除有特殊情況，託運人對載貨證券背面有關準據法約款通常有知悉機會，而於收受後不提出反對意見，且將之出讓於他人，其收受、不為異議、交付他人之行為，可認為已默示同意該約款之效力。

　　第二、從國際海運實務及載貨證券之流通性，認有關準據法之記載，係雙方當事人之約定，修正前涉外民事法律適用法，雖無現行法第43條之規定，惟本於相同法理，修正前有關準據法適用，亦應為相同之解釋。

（參考資料：最高法院民事大法庭108年度台上大字第980號裁定意旨）。

三 »旅客運送契約

旅客運送契約乃當事人間約定，一方（運送人）利用船舶將承運之旅客及行李，運送至目的港，而他方（通常為旅客）給付票價之契約。

(一) 旅客運送人之權利與義務

1. 旅客運送人之權利

旅客運送人除負有下款各項義務外，其最主要之權利乃在收取票價。票價部分依海商法第八十條及第八十一條之規定，原則上包含膳費及強制意外保險費。而如遇有以下三種情形時，旅客應依下列規定支付票價：

(1) 旅客於發航二十四小時前，解除契約時，應給付票價十分之二；其於發航前因死亡、疾病或其他基於本身不得已之事由，不能或拒絕乘船者，運送人得請求票價十分之一。

(2) 旅客在船舶發航或航程中不依時登船，或船長依職權實行緊急處分迫令其離船者，乃應給付全部票價（海85）。

(3) 旅客在航程中自願上陸時，仍負擔全部票價，其因疾病上陸或死亡時，僅按其已運送之航程負擔票價（海87）。

2. 旅客運送人之義務

(1) 供給膳食之義務：海商法第八十條所規定，膳費原則上包含於票價中，故除非有特別約定外，否則旅客運送人應提供膳食。

(2) 強制投保之義務：海上航行具有相當之危險性，為保障旅客基本之權益，海商法實施強制保險制度。即「旅客於實施意外保險之特定航線及地區，均應投保意外險，保險金額載入客票，視同契約，其保險費包括於票價內，並以保險金額為損害賠償之最高額。」（海81 I）。此乃最基本之保障，如旅客認為上開保險額度仍有未足，自可另行加保意外險，其損害賠償依其約定，但應以書面為之（海82）。

(3) 依約運送之義務：運送人或船長應依船票所載，運送旅客至目的港。運送人或船長違反規定時，旅客得解除契約，如有損害，並得請求賠償（海83）。甚至縱因不可抗力不能繼續航行時，運送人或船長仍應設法將旅客運送至目的港（海88）。但目的港如發生天災、戰亂、瘟疫，或其他特殊事故致船舶不能進港卸客者，運送人或船長得依旅客之意願，將其送至最近之港口或送返乘船港（海89）。

(4) 修繕時之照顧義務：海上航行除因自然因素外，機械故障也時有發生。故海商法第九十條規定：「運送人或船長在航行中為船舶修繕時，應以同等級船舶完成其航程，旅客在候船期間並應無償供給膳宿。」此應屬契約履行誠信原則之具體化條文。

(二) 旅客之權利與義務

1. 旅客之權利

海上運送旅客之權利原則上與海上運送人之義務恰為相對，故其除有權要求海上運送人提供膳食、強制投保意外險、依約運送及提供修繕時之照顧外，並得於船舶不於預定之日發航者，有法定解除契約之權利（海86）。

2. 旅客之義務

旅客之主要義務即為支付票價之義務，此外，依海商法第九十一條規定，旅客於船舶抵達目的港後，有應依船長之指示即行離船之義務。

練習題庫

1. (　　) 下列何者為運送人或船舶所有人之免責事由？ (A)經商業習慣所許可之甲板運送 (B)為載運旅客而變更船程者 (C)貨物之性質價值未載明於載貨證券 (D)為救助海上人命而變更航程者。

2. (　　) 載貨證券應載明事項，不包括下列何者？ (A)船舶名稱 (B)託運人之姓名或名稱 (C)運送人之姓名或名稱 (D)裝載港及卸貨港。

16.2 海上事故

體系整理

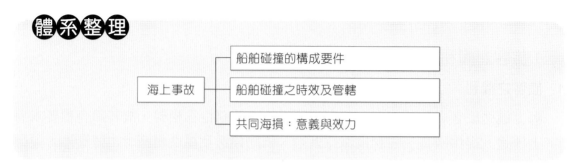

海上事故 ─── 船舶碰撞的構成要件
　　　　　─── 船舶碰撞之時效及管轄
　　　　　─── 共同海損：意義與效力

　　船舶在海上航行常有發生碰撞之危險，雖然隨著科技發達，衛星導航系統設備之廣泛應用，已使船舶碰撞事故有所減少，惟在能見度極差之夜間航行及在狹窄、擁擠水域航行時碰撞事故，仍時有發生。

　　所謂船舶碰撞，係指二艘或二艘以上之船舶，在海上或水中相互接觸，致一方或雙方發生損害而言。凡船舶之碰撞，不論是否海商法之船舶均有適用（海5）；又船舶之碰撞，不論發生何地，均依本法規定處理之（海94）。所謂接觸者，非僅指船舶之直接接觸，亦包括間接接觸在內；例如一船觸及他船之錨，或如大船於航行之際掀起巨浪致小船受損等均屬之。

■»船舶碰撞的構成要件

　　船舶碰撞的構成要件有下列三項：

(一) 必須要有接觸

　　沒有接觸不能構成船舶碰撞。間接碰撞，依此意義而言，應不屬於船舶碰撞範圍。惟學者及國際公約皆認為應予以適用，船舶碰撞以二艘船為常見，然非僅限於二艘，三艘以上發生船舶碰撞時，亦適用船舶碰撞之規定。

(二) 必須要有損害

　　碰撞之結果須使一方或數方發生損害，碰撞法律之所以必要即為解決賠償問題，故其本質為侵權行為。換言之，若有任何一方無損害，則侵權行為無從成立，自不能構成船舶碰撞。

（三）必須發生在船舶間

　　此要件排除船舶與非船舶間之碰撞，如船舶碰撞碼頭、燈塔、燈船、防波堤，或其他固定建築物，非屬船舶碰撞。

侵權行為

▸ 一般侵權行為：民法第一八四條。

▸ 特殊侵權行為：民法第一八五條至第一九一條之三，其他：如海商法第九十六條至第九十八條之「船舶碰撞」亦屬之。

實務案例

　　西元2012年3月19日凌晨2時42分，1982年建造，船齡將近30年的「海翔8號」砂石船，自基隆港出海，2小時後海巡人員獲報船隻傾斜，最後沉沒，船上共15人，計尋獲13名船員中有6人死亡，仍有2人失蹤。次日，全國各大媒體都紛紛的關心起海事安全，議論為什麼每隔幾年就要沉一艘砂石船？議論為什麼輪機長沒上船卻能開船？

　　不過依彙整各港及交通部的海事統計年報資料顯示，西元1993-2010年間，臺灣平均每年計有270.9起海事案例。平均每年失蹤38.4人、死亡33.8人；船損117.3艘、船沉41.9艘。換句話說，臺灣每不到一天半的時間就有一件海事案例，每三天有一艘船損，每五天有一人失蹤或死亡，每九天就沉一艘船。反觀近年海事安全的成果，比起當年統計的一天二個海事案例，三天死一個人，四天沉一艘船，已有長足的進步。

　　而從海商法第62條的角度思考，運送人或船舶所有人於發航前及發航時對於：

1. 使船舶有安全航行之能力。

2. 配置船舶相當船員、設備及供應。

3. 使貨艙、冷藏室及其他供載運貨物部分適合於受載、運送與保存應為必要之注意及措置。

在這個新聞案例中，很明顯的不符合第二點的要求，但是，這船是否具安全航行能力？是否具適合載運貨物能力？這些也是值得深思的議題。

事實上，如果船東真的依照海商法第62條去做，在這個年代，要沉一艘船還真不容易。特別是船舶有那麼多國內外法規及公約在管轄，有船級協會在不時地檢驗，又有船旗國管制，也有港口國管制在打擊次標準船！理論上，如果每個環節都做好了，其實海事的風險是可以很低的。

（參考資料https://talk.ltn.com.tw/article/paper/569861）

船舶碰撞的時效與管轄

(一) 時效

因船舶碰撞所生之請求權，自碰撞之日起算，經過兩年不行使而消滅（海99）；另有船舶在我國領海內水港口河道內碰撞者，法院對於加害之船舶，得扣押之。

至於碰撞不在我國領海內水港河道內者，而被害者為我國之船舶或國民，法院於加害船舶，進入我國領海時，亦得加以扣押。但被扣押船舶得提供擔保，請求放行，此擔保得由適當之銀行或保險人出具書面保證書代之（海100）。

(二) 管轄

關於船舶碰撞之訴訟依海商法第一百零一條之規定得向下列法院起訴：

1. 被告之住所或營業所所在地之法院。
2. 碰撞發生地之法院。
3. 被告船舶船籍地之法院。
4. 船舶扣押地之法院。
5. 當事人合意地之法院。

三》共同海損意義與效力

海商法第一百一十條規定為：「稱共同海損者，謂在船舶航程期間，為共同危險中全體財產安全所為故意及合理處分，而直接造成之犧牲及發生之費用。」因船舶遇有海上事故，若犧牲一部分之利益（共同海損之債權，即條文上所稱之「直接造成之犧牲及發生之費用」），而能保存其餘部分之利益（共同海損之債務）時，應由所保存之利益，依比例補償犧牲之利益，而為相互補償，以符公平，是為共同海損之基本原則。

(一) 共同海損之要件

1. 須在船舶航程期間所發生者。

2. 須有共同危險之存在

   即危險須係船舶、貨載或其他財產之共同危險，是以僅其一之危險即無共同海損可言，且此一共同危險，須係一現實之危險，若僅是預想而不確定之危險，縱其預想與將來之事實相符，不得為共同海損之原因。

3. 須有為全體財產之安全所為故意及合理處分之行為

   處分行為須係出於故意及合理之行為，且其目的係為全體財產之安全。

4. 須有直接造成犧牲或發生費用

   此即共同海損所犧牲之利益而所謂「直接」者，是與處分具有相當因果關係生之犧牲與費用。

5. 須船貨均有所保留

   此即共同海損所保存之利益但所保存之範圍。

(二) 共同海損之效力

1. 支付分擔額

海商法第一百十一條規定：「共同海損以各被保存財產價值與共同海損總額之比例，由各利害關係人分擔之。」故共同海損經理算後，各利害關係人應支付分擔額。

2. 留置貨物權

海商法一百二十二條規定：「運送人或船長對於未清償分擔額之貨物所有人，得留置其貨物。但提供擔保者，不在此限。」此為法定留置權。

3. **返還分擔額**

海商法第一百二十三條規定：「利害關係人於受分擔額後，復得其船舶或貨物之全部或一部者，應將其所受之分擔額返還於關係人。但得將其所受損害及復得之廢用扣除之。」以免享有不當利益。

4. **委棄權**

海商法第一百二十四條規定：「應負分擔義務之人，得委棄其存留物而免分擔海損之責。」委棄不必經承諾，即可免其分擔之責任，此與海上保險之委付須經保險人承諾或法院之判決不同。

5. **海事優先權**

海商法第二十四條第一項第三款之規定：「救助之報酬、清除沉船費用及船舶共同海損分擔額之賠償請求。」有海事優先權，且因係為「為使航行可能所生之債務」，不受保全程序強制執行「於船舶發航準備完成起，以迄航行至次一停泊港時止，不得為之。」限制。

6. **共同海損之時效**

海商法第一百二十五條之規定：「因共同海損所生之債權，自計算確定之日起，經過一年不行使而消滅。」所謂計算確定之日，係指海損計算經各利害關係人議定之日，其由仲裁機構仲裁者，自仲裁人之判斷交付或送達於當事人之日；其由法院裁判者，應以法院裁判確定之日。

案例題型 ﹥﹥﹥﹥﹥﹥﹥﹥

　　A船與B船因共同過失發生碰撞，致C船受損100萬元，A船受損60萬元，B船受損50萬元；而A船有百分之七十之過失，B船有百分之三十之過失，則A船應賠償C船70萬元（100萬元乘以百分之七十）；B船應賠C船30萬元，此即分割責任；至A船則得向B船請求18萬元（60萬元乘以百分之三十），B船則得向A船請求35萬元（50萬元乘以百分之七十），此二者間得否抵銷？通說採認否定見解，故雙方各得主張其請求。

練習題庫

1. (　　) 下列對共同海損之敘述，何者正確？　(A)裝載於甲板上之貨物經投棄者，認為共同海損　(B)裝載於甲板上之貨物如為貴重物品，經投棄者，認為共同海損　(C)裝載於甲板上之貨物雖被投棄，但經撈救者，其投棄不認為共同海損　(D)裝載於甲板上之貨物為航運習慣所許者，其投棄不認為共同海損。

2. (　　) 船貨在海上遇險後，經由第三人施救而獲救，此第三人可獲得之報酬稱為　(A)損害防止費用　(B)單獨費用　(C)額外費用　(D)施救費用。

16.3 海上保險

體系整理

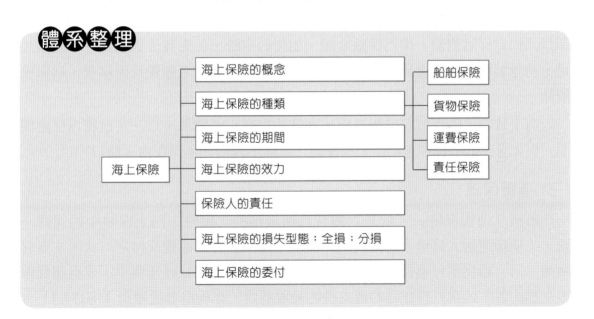

海上保險，簡稱水險，亦即海上運輸保險。凡屬航海中的一切事變及災害，對保險標的所生之毀損、滅失、費用，以及責任，由保險人負賠償責任之保險（海商法第一百二十九條）。此處所稱之保險標的，有進出口貨物、船舶，運費，以及船東對第三人所負的賠償責任等。至於航海中的一切事變及災害，舉凡航海中所生之一切事變及災害，包含自然的及人為的原因，除契約另有約定外，皆為海上保險之保險事故。

一»海上保險的種類

（一）船舶保險

所謂的「船舶保險」，乃以船舶為保險標的之保險。至於所謂的「船舶」，如前述除包含船殼以外，舉凡機器、鍋爐、設備、燃料、糧食，以及供給船舶及機器使用的各項儲備物品等皆屬之。但其中有些項目如燃料糧食之類，在保險單上有除外不保之約定時，則不包含在內。船舶保險大都按期間投保，通常以一年為期，有時亦按照航程投保，亦即承保某一特定航程，或連續數個航程。而船舶保險之價額依海商法第一百三十四條規定，乃以保險人責任開始之船舶價格及保險費，為保險價額。

（二）貨物保險

海上貨物保險，亦即進出口貨物的運輸保險。此種保險所承保的標的，舉凡積貨、貨物，以及商品等。但如無任何相反之習慣時，甲板上所載之貨物必須於投保時向保險人特別聲明。海上貨物保險大都採取定額保險單，於此場合通常都以「約定保險價額」作為保險金額。如無約定時，依海商法第一百三十五條規定，乃以裝載時、地之貨物價格、裝載費、稅捐、應付之運費及保險費，為保險價額。

海上貨物保險都按照航程投保，亦即採取航程保險單，以一定航程為保險期間。但如全部的航程中包括陸上運輸時，其陸上運輸亦承保在內（海127 II）。

（三）運費保險

所謂「運費保險」，就是以運費為保險標的之保險。海上保險中的運費一語，主要指運送人為他人運輸貨物，其所得報酬而言。運費交付之方式，主要有兩種：第一種為預付運費；第二種為後收運費。在上述二種運費中，成為運費保險之標的者，通常只有在目的港支付的後收運費，亦稱為普通運費（海137 I）。運費並得包括船舶之租金及依運送契約可得之收益。

（四）責任保險

船舶在海上經營運送貨物業務，難免因技術上之原因及其他無法預防或控制之偶發事故而致使第三者遭受損失。此種損失一旦發生，即加害者依法應負賠償責任。例如在船舶碰撞事件下，對他船及船上貨物所遭受的損失，應負賠償責任。

■»海上保險的期間

保險期間為保險人應負擔之責任期間。以此為區別標準，則海上保險得分為：

1. 航程保險，指以一定之航程（如基隆至東京）為保險期間之保險而言。
2. 航期保險，指一定之時間（如九十二年二月一日至九十二年四月三十日）而應之保險而言。
3. 混合保險，即合併航程、航期兩者（九十二年二月一日至九十二年四月三十日，由高雄到東京）而定保險期間之保險。

保險期間，本得由當事人自由約定；其未約定者，海商法規定，保險期間除契約別有訂定，關於船舶及其設備屬具，自船舶起錨或貨物解纜之時，以迄目的港投錨或繫纜之時，為其期間；關於貨物自貨物離岸之時，以迄目的港起岸時，為其期間（海128）。

■»保險人的責任

保險人對於保險標的物，除契約另有規定外，因海上一切事變及災害所生之毀損、滅失及費用負賠償責任（海129）。

所謂保險責任，主要是指保險金之理賠，依海商法第一百五十條規定，保險人應於收到要保人或被保險人證明文件三十日內給付保險金額；而保險人對於此項證明文件如有疑義，如要保人或被保險人提供擔保時，仍應將保險金額全部給付；若日後證明保險人無給付保險金額之義務者，保險人對已給付之金額有返還請求權；惟此權利自給付後經過一年不行使而消滅。

又海商法第一百三十條規定：「保險事故發生時，要保人或被保險人應採取必要行為，以避免或減輕保險標的之損失，保險人對於要保人或被保險人未履行此項義務而擴大之損失，不負賠償責任（第一項）。保險人對於要保人或被保險人，為履行前項義務所生之費用，負償還之責，其償還數額與賠償金額合計雖超過保險標的價值，仍應償還之（第二項）。保險人對於前項費用之償還，以保險金額為限。但保險金額不及保險標的物之價值時，則以保險金額對於保險標的之價比例定之。」

另海商法第一百三十一條又特別規定保險人之免責原因為：「因要保人或被保險人或其代理人之故意或重大過失所致之損失，保險人不負賠償責任。」

四》海上保險的損失型態

損失型態可分「全損」與「分損」兩種：

（一）全損：即全部損失，其認定方式又可區分如下：

1. 實際全損

凡保險標的被毀滅，或毀損至不復爲被保險之原物，或標的物喪失後不能歸復被保險人者，即爲實際全損；又凡冒險中船舶失蹤經過相當時間而仍未獲音訊時，亦視爲實際全損。

2. 推定全損

凡保險標的在航行中遭遇保險事故，因實際全損顯然無法避免或因保險標的雖未全損，但回復時所需之費用，將超過回復後之價值，謂之推定全損。

3. 協議全損

被保險人之標的，由於保險事故所致之損害既非實際全損又未能符合推定全損之標準，但基於種種因素之考量，保險人及被保險人認爲如以全損基礎賠償，將較嚴格執行保單上之規定爲有利，此即爲協議全損。

4. 可劃分部分之全損

如保險標的可明確劃分，則該可劃分部分之全損，可以用全損來處理，也就是將釐訂全損之標準，縮小至保險標的的任一可劃分部分，而不以全部保險標的爲必要。

（二）分損

1. 共同海損

共同海損者，指在海難中，船長爲避免船舶及積貨之共同危險所處分而直接發生之損害及費用，由所有利益者共同分擔。共同海損既爲保全船舶及積貨所有人之共同利益而發生，故應由全體利害關係人按比例分擔。

共同海損的分擔比例＝
共同海損的犧牲額÷（船價＋貨價＋共同海損的犧牲額＋運費半價）

2. 單獨海損

保險標的由於保險事故所致非屬共同海損之部分損失。換言之，無共同海損之分損稱爲單獨海損。至於各種單獨海損隻損失額度之計算，則依海商法第一百三十八條至第一百四十一條規定爲標準計算之。

五》費用

保險之費用可分成「單獨費用」及「施救費用」兩類：

(一) 單獨費用

凡被保險人或其代理人爲保險標的之安全支付之費用，稱爲單獨費用。單獨費用以損害防止費用爲主，額外費用爲輔。

(二) 施救費用

凡船舶及貨物在海上遭遇危險受第三人自動救助脫險，依法應予第三人報酬之費用稱之。

六》責任

係指因故意或過失，侵害他人權益，而負損害賠償責任。責任範圍有碰撞他物時、對乘客、對貨物等應負的責任。

練習題庫

1. (　　) 海上保險之保險人對於因戰爭所致之損害，是否應負賠償責任？　(A)因屬不可抗力，故無需負責　(B)除契約明訂應負責外，無需負責　(C)除契約有相反的訂定外，仍應負責　(D)縱使契約有相反的訂定，仍應負責。

2. (　　) 船體保險可承保之船體包括下列何種標的：　(A)客輪　(B)漁船　(C)航空器　(D)直昇機。

1. 海商法上之海上運送契約，計有那三種？

2. 貨物運送契約依海商法規定，可分為那二種？

3. 貨物運送契約運送人依法有那些免責事由？

4. 貨物運送契約託運人之責任有何項規定？

5. 貨物運送契約受貨人之義務，有何項規定？

6. 試述載貨證券效力之內容？【99 年公務人員特種考試 調查人員 法律實務組】

7. 旅客運送契約運送人之權利與義務，有何項規定？

8. 船舶碰撞的構成要件為何？

9. 船舶碰撞的訴訟管轄，依海商法有何規定？

10. 甲船與乙船在日月潭互撞，經調查結果，甲船有 40% 的過失，乙船有 60% 的過失，試問應否適用海商法所規定的船舶碰撞理賠？

11. 共同海損之效力與時效，依法有何規定？

12. 海上保險的種類，主要包含那四種？

13. 海上保險之「運費保險」，其運費交付的方式主要有那二種？

14. 海上保險的期間，主要可區分為那三種標準？

15. 「海上保險」的損失型態主要可分那兩種？

17 保險法總論

17.1 保險的起源、意義與適用

一 》保險的起源

現行保險制度的歷史緣由，大略區分爲兩種：

1. 透過合作式結合之相互性危險承擔（例如古希臘時期，有宗教團體對其成員在遭遇特定事故時給予金錢協助或埋葬屍體）。

2. 以商人營利目的作爲基礎之契約式危險承擔（例如巴比倫漢摩拉比法典規定如商人向金錢支助人借錢組織商對從事商業貿易行爲，並於貿易行爲的過程中遭劫害，那麼所生損失由金錢支助人承擔）。而臺灣的保險業發展始於西元一八三六年英商利物浦保險公司在臺北設立辦事處，歷經臺灣光復、政府遷台後，開始有更多保險公司的設立，加劇保險業之競爭。

二 》保險的意義

保險是當事人間約定，一方交付保險費於他方，他方對於因不可預料或不可抗力的事故所導致的損害，負擔賠償財物的行爲（保險法第一條，以下簡寫「保1」）。也就是說，保險即是保險契約。

三 》保險的適用

我國是民商合一法制的國家，民法是保險法的普通法，保險法未規定或有疑義時，應回歸民法；而保險法是民法的特別法，遇保險相關事項，優先適用保險法。又本法可分爲保險之法律關係與保險業之管理，前者爲規範保險之各該當事人之權利義務，後者爲管理保險業者之規範。

練習題庫

1. (　　)保險是互助、利他也利己，具有社會公益性。

2. (　　)在我國，社會保險亦適用保險法。

3. (　　)我國是採民商分立法制的國家。

4. (　　)運用保險可分散危險，由參加保險的全體單位合理的分攤。

5. (　　)保險法是民法的特別法。

17.2 保險的種類

體系整理

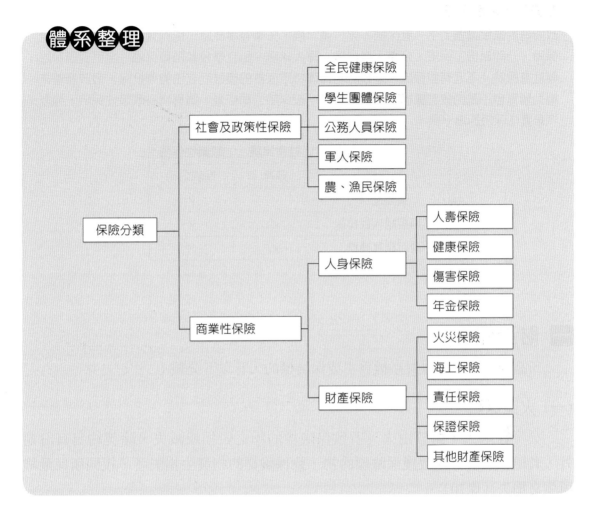

　　保險的種類相當繁多，可大致分為「社會及政策性保險」及「商業性保險」兩大類。

　　依保險法第一七四條規定，社會保險（即社會及政策性保險）另以法律訂之。故以下保險的範圍以「商業保險」為主。保險法第十三條又依保險法第一七四條規定，社會保險（即社會及政策性保險）另以法律訂之。故以下保險的範圍以「商業保險」為主。保險法第十三條又以保險所連接之標的物將保險區分為「財產保險」及「人身保險」（如是以財產為標的物者，為財案保險；以人之生命、身體、健康為標的物者，為人身保險）。

社會及政策性保險

政府為對國民遭遇到生、老、病、死、傷、殘、失業等事故時，能夠獲得基本的生活安全保障，乃開辦勞工保險、公務人員保險、軍人保險、私立學校教職員保險、全民健康保險等社會保險。不過有些保險，是政府為保障特定族群的福祉而立法強制投保，但政府並未編列預算也不是由政府機構所經營，是由一般保險公司經營，這種稱為政策性保險，強制汽車責任保險即為一例。

	社會保險	政策性保險
經營者	政府	保險公司
強制投保	✓	✓
不得拒絕人民投保	✓	✓
政府預算補助	✓	✗

一»財產保險

所謂財產保險即以財產權為主要保險標的，有以下分類：

(一) 火災保險

火災保險人，對於由火災所致保險標的物之毀損或滅失，除契約另有訂定外，負賠償之責。因救護保險標的物，致保險標的物發生損失者，視同所保危險所生之損失（保70）。

保險依可否單獨投保的保險險種，再區分為「主險」與「附加險」。而附加險只能附加於主險投保的保險險種，主險如因失效、解約或期滿等原因致影響效力時，附加險的效力亦會連帶受影響。目前我國有開辦附加險的項目種類如下：1.爆炸險；2.地震險；3.颱風及洪水險；4.地層下陷滑動及山崩險；5.水漬險；6.罷工、暴動、民眾騷擾及惡意破壞行為險；7.恐怖主義險；8.航空器墜落、機動車輛碰撞險；9.自動消防裝置滲漏險；10.煙燻險；11.竊盜險；12.第三人意外責任險；13.租金損失險；14.營業中斷險；15.傷害險（部分公司個別銷售）。

(二) 海上保險

海上保險人對於保險標的物，除契約另有規定外，因海上一切事變及災害所生之毀損、滅失及費用，負賠償之責（保83）。海上保險另可細分為海上運輸保險、船體保險等。

1. 海上運輸保險

為海上運送的貨物或商品於運送途中因火災、爆炸、雷閃、船艦觸礁、擱淺、沉沒或翻覆等導致毀損或滅失時，由保險人予以理賠的保險。

2. 船體保險

為船舶及船上的機器、設備等器具因約定的海上災變導致毀損或滅失時，由保險人予以理賠的保險。

(三) 陸空保險

陸上、內河及航空保險人，對於保險標的物，除契約另有訂定外，因陸上、內河及航空一切事變及災害所致之毀損、滅失及費用，負賠償之責（保85）。陸空保險可細分為陸上運輸保險、航空運輸保險、航空保險等。

1. 陸上運輸保險

為陸上運送的貨物或商品在於運送途中因火災、爆炸、雷閃、運輸工具的翻覆、出軌或碰撞等導致毀損或滅失時，由保險人予以理賠的保險。

2. 航空運輸保險

為航空運送的貨物或商品載運送途中因約定承保以外的意外事故導致毀損或滅失時，由保險人予以理賠的保險。

3. 航空保險

為航空器在飛行中、滑行中或停泊中發生意外事故導致航空器的毀損或滅失及對乘客與第三人傷亡應負賠償責任，並受賠償請求時，由保險人予以理賠的保險。

(四) 責任保險

責任保險人於被保險人對於第三人，依法應負賠償責任，而受賠償之請求時，負賠償之責（保90）。責任保險可細分為一般責任保險與專門職業責任保險。

1. **一般責任保險**

   包含公共意外責任保險、僱主意外責任保險、電梯意外責任保險、產品責任保險、營繕承包人意外責任保險、高爾夫球員責任保險等。

2. **專門職業責任保險**

   包含專門職業人士（如醫師、建築師、工程師、保險代理人、保險經紀人、保險公證人等）責任保險、保全業責任保險、旅行業綜合保險、醫院（診所）綜合意外責任保險等。

(五) 保證保險

保證保險人於被保險人因其受僱人之不誠實行為或其債務人之不履行債務所致損失，負賠償之責（保95之1）。保證保險有員工誠實保證保險與工程保證保險。工程保證保險可以分為下列六種保險：

1. 工程押標金保證保險。

2. 工程履約保證保險。

3. 工程支付款保證保險。

4. 工程保固保證保險。

5. 工程預付款保證保險。

6. 工程保留款保證保險。

(六) 其他財產保險

其他財產保險為不屬於火災保險、海上保險、陸空保險、責任保險及保證保險之範圍，而以財物或無形利益為保險標的之各種保險（保96）。其他財產保險有現金保險、金融業保管箱責任保險、銀行業綜合保險、藝術品綜合保險、信用卡旅遊不便保險。

▇》人身保險

人身保險為各種以人身危險（例如死亡、傷殘、疾病、老年等）為承保標的之保險險種；包含人壽保險、健康保險、傷害保險、年金保險等。

(一) 人壽保險

人壽保險人於被保險人在契約規定年限內死亡，或屆契約規定年限而仍生存時，依照契約負給付保險金額之責（保101）。前者稱死亡保險，後者稱生存保險，兩者亦可合併，稱生死合保險。

目前壽險商品大多以終身壽險、生死合險為主約的設計方式。且不論是終身壽險或生死合險，又有增值型、還本型、多倍型的設計方式。

(二) 健康保險

健康保險人於被保險人疾病、分娩及其所致殘廢或死亡時，負給付保險金額之責（保125 I）。健康保險主要有醫療費用保險、失能所得保險、癌症保險（防癌保險）、重大疾病保險等。

另外，保險公司尚有針對特殊族群所設計的長期照護保險、終身醫療保險、婦女保險、愛滋病保險、先天性疾病保險等健康保險商品。

(三) 傷害保險

傷害保險人於被保險人遭受意外傷害及其所致殘廢或死亡時，負給付保險金額之責（保131 I）；又稱為意外保險。傷害保險除一般意外保險外，尚有旅行平安保險提供保障；且為因應消費者的需要，保險公司另外提供「海外急難救助服務」。

(四) 年金保險

年金保險人於被保險人生存期間或特定期間內，依照契約負一次或分期給付一定金額之責（保135之1）。

目前年金保險分為即期式年金保險與遞延式年金保險兩種。

1. **即期式年金保險**：在保險契約訂立後，保險公司即開始定期給付年金金額，通常採用躉繳保費方式（即一次繳費方式）。

2. **遞延式年金保險**：在保險契約訂立經過一段期間後（如10年、20年），或被保險人到達一定年齡（如60歲、65歲）時，保險公司才開始給付的年金保險，通常採用分期繳費方式，且配合被保險人退休時才開始給付。

投資型保險是將保險及投資合而為一的商品，但基本的性質仍為保險，受保險法規的規範，所有投資型保險皆須經行政院金融監督管理委員會核准銷售，基本上具有下列幾種特色：

1. 盈虧自負：投資型保險商品所產生的投資收益或虧損，大部分或全部由保戶自行承擔。

2. 專設帳簿：投資型保險商品分為一般帳戶和專設帳簿進行管理。專設帳簿內之保單投資資產，由保險公司採個別帳戶管理。且依保險法之規定，該筆資產於保險公司破產時，得不受保險公司債權人之扣押或追償。

3. 費用揭露：投資型保險商品的相關費用，要攤在陽光下，讓保戶充份了解保費結構。

其歸類主要可分為變額壽險，變額年金及變額萬能壽險。

(相關資料請參考：財團法人保險事業發展中心網站http：//www.tii.org.tw)

三》其他保險分類

其他各種不同之保險分類，如單一保險與複保險；原保險與再保險；定值保險與不定值保險等。以下先介紹定值保險與不定值保險，依保險法第五十條規定，保險契約分不定值保險契約及定值保險契約。

(一) 定值保險

保險契約上載明保險標的一定價值之契約（保50 I）。一般對於市價無法確定、損失不易估計的標的，則由雙方當事人以約定保險標的價值的方式，載明保險契約中，避免將來事故發生時對於保險標的的價值產生爭論；當保險事故發生時，保險人即以此約定的價值，作為賠償時的計算標準，以便迅速賠償被保險人，填補其損害。如藝術品、古玩、書畫等因不易確定保險標的之價值，所以多採定值保險的方式。

(二) 不定值保險

保險標的之價值不事先約定，並於保險契約上載明保險標的價值須至保險事故發生後才估計之保險契約（保50 II）。但賠償的額度不得超過保險金額，大多數的財產保險（特別是火災保險）皆是屬於不定值保險契約。

練習題庫

1. (　)保險法的分類包括商業保險與社會保險。

2. (　)火災保險中因救護保險標的物，致保險標的物發生損失者，視同所保危險所生之損失。

3. (　)海上保險人對於保險標的物，除契約另有規定外，因海上一切事變及災害所生之毀損、滅失及費用，負賠償之責。

4. (　)藝術品、古玩、書畫等因不易確定保險標的之價值，所以多採不定值保險的方式。

5. (　)傷害保險人於被保險人遭受意外傷害而死亡時，不負給付保險金額之責。

17.3 名詞解釋

一 » 保險人

保險法所稱「保險人」，指經營保險事業之各種組織，在保險契約成立時，有保險費之請求權；在承保危險事故發生時，依其承保之責任，負擔賠償之義務（保2）。經營保險事業之各種組織有保險公司和保險合作社。

二 » 被保險人

「被保險人」是指以其生命、身體、財產為保險標的，於保險事故發生時，遭受損害，享有賠償請求權之人。要保人也可以為被保險人（保4）。

三》要保人

要保人即投保人；是向保險公司申請訂立保險契約，並負有交付保險費義務的人。要保人必須是有完全行為能力，且與保險標的有保險利益關係的人（保3）。

四》受益人

保險法所稱「受益人」，指被保險人或要保人約定，享有賠償請求權之人，要保人或被保險人均得為受益人（保5）。因此若以非要保人之第三人為受益人，則該受益人非保險契約之當事人。

五》保險標的

「保險標的」是指保險事故所由發生的客體或對象；如人的生命、身體或財產。保險標的乃指保險契約所訂立之對象，即保險事故發生所在之本體。

保險標的不外財物與人身，財務之毀損或滅失或因而負賠償之責任，固為經濟上之損失，而人之死亡，孤寡生活失依，人之年老傷病或疾病，或影響於收入，或贍養治療之費，亦莫不為經濟上之損失，保險即在為此等損失取得財物補償。

(一) 財產保險

財產保險之保險標的為「財產」。財產，乃只具有經濟價值之財貨而言，可為動產，例如海上保險之船舶或貨物；亦可為不動產，例如火災保險之房屋。惟不限於經濟上有形之財物，即無形之權利（例如債權）或以財務為給付內容之一定責任（例如責任保險之責任）亦包括之。其以有形之財物為標的時，法律上稱之為「保險標的物」，保險標的物不限於單一物（例如書）、尚及於集合物（圖書館之書）。

(二) 人身保險

人身保險之保險標的為「人之生命、身體」，但須為具有生命之自然人始可。

在人身保險中，其保險標的與被保險人屬於一體。此點與財產保險在保險標的（物）之外另有被保險人者，大不相同。人身保險之保險標的不限於單一之人，集合之多數人亦得為人身保險之保險標的。

六 》責任準備金

保險法所稱各種責任準備金，包括責任準備金、未滿期保費準備金、特別準備金、賠款準備金及其他經主管機關規定之準備金(保11)。

七 》解約金

係指人壽保險之要保人終止保險契約，而保險費已付足一年以上者，保險人應於接到通知後一個月內償付解約金；其金額不得少於要保人應得保單價值準備金之四分之三。

償付解約金之條件及金額，應載明於保險契約（保119 II）。

八 》主管機關

保險法所稱主管機關為行政院金融監督管理委員會。但保險合作社除其經營之業務，以行政院金融監督管理委員會為主管機關外，其社務以合作社之主管機關為主管機關。

練習題庫

1. (　　) 財產保險僅承保有形財產，不承保如著作權、專利權等無體財產。

2. (　　) 保險標的不外財物與人身，包括屍體、胎兒。

3. (　　) 保險法所稱之主管機關為經濟部。

4. (　　) 當要保人終止保險契約，而保險費已付足一年以上者，保險人應償付解約金；其金額不得少於要保人應得保單價值準備金之四分之三。

5. (　　) 保險法中的各種責任準備金包括違約準備金和意外準備金。

17.4 保險要件

保險要件主要指下列四項：

一》保險事故

係指保險契約所承保之危險，即指在保險契約中足以構成保險（金）給付條件之特定危險事故，乃保險人所以發生給付義務之事實。如在火災保險中之「火災」，人身保險中之「死亡」。保險事故之要件可分如下：

(一) 危險需確實存在，但不一定發生

保險契約訂立時，保險標的之危險已發生或已消滅者，其契約無效（保51 I）。

(二) 危險之發生須不確定，並屬偶然

如果危險之發生係出於要保人或被保險人的故意行為，如自殺、謀殺被保險人等，皆屬道德危險，保險人不因此而負擔責任。

(三) 危險之發生需屬未來，且其範圍應經約定

保險人應負保險責任之範圍，僅以要保書或保險契約中所明文約定者為限。

二》保險利益

保險利益又稱可保利益，為要保人或被保險人與保險標的間因各種利害關係而產生的經濟利益（請參閱本章第五節之說明）。

三》填補損害

傳統的保險中，保險人之保險金給付目的，乃在於填補損害而非使受益人因之而獲利。惟民國九十二年一月修正之保險法，已隨世界之潮流趨勢，承認新種保險——「投資型保險」（請參閱本章第二節保險的種類）之合法性。因此，該等新種保險之要件，除原有的填補損害外，尚有投資獲利。

四》給付僅限財產權

保險法第一條規定，本法所稱保險，謂當事人約定，一方交付保險費於他方，他方對於因不可預料，或不可抗力之事故所致之損害，負擔賠償財物之行為。保險契約是互為對價之有償契約；且為當事人互負履行義務之雙務契約，要保人負給付保險費，而保險人則負給付保險金之義務，雙方之給付皆限財產權。

實務案例

保險事故之要件，必須「危險之發生不確定，並屬偶然」。如保險事故係出於要保人或被保險人的故意行為，保險人即沒有給付保險金的義務。

民國九十二年時，發生著名的「臺鐵南迴線連續破壞事件」（即俗稱南迴搞軌案）。民國九十二年開始，臺鐵南迴鐵路接續有毀壞之跡象，並於民國九十五年的時候，有一列九十六次莒光號火車發生出軌事故，列車上一位越南籍配偶陳氏紅琛的不尋常死亡引起檢察官注意，而將偵查轉往破壞軌道之外的方向進行。事故中喪生的陳氏為臺鐵知本車站售票員李雙全的第三任妻子。由於事故後李雙全在自宅附近自殺，令檢察官懷疑李雙全及其胞兄李泰安可能涉入案情。經由科學鑑定後得知，陳氏並非死於事故，而極可能是人為加工才致命，謀害意圖是要讓保險事故發生並領取鉅額保險金。

案經檢察官起訴、法院確定判決，認李泰安與李雙全兩兄弟共謀搞軌、詐領鉅額保險金，最終判處李泰安有期徒刑13年定讞，且應賠償台鐵公司新臺幣合計5476萬元。

（參考資料：最高法院一〇五年度台上字第六八七號刑事判決。）

練習題庫

1. （ ）保險事故以將來「可能」發生的危險為限。

2. （ ）要保人或被保險人的故意自殺或謀殺被保險人，保險人不負賠償責。

3. （ ）保險人之保險金給付目的，原在於填補損害。

4. （ ）保險契約訂立時，保險標的之危險已發生或已消滅者，其契約無效。

5. （ ）保險人應負保險責任之範圍，以要保書或保險契約中所明文約定者為限。

17.5 保險利益

體系整理

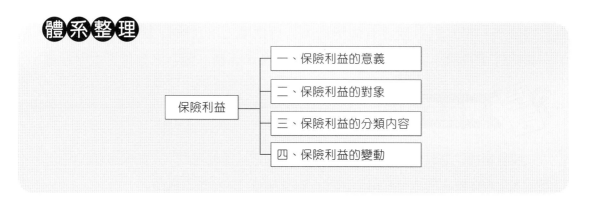

保險利益 ─┬─ 一、保險利益的意義
　　　　　├─ 二、保險利益的對象
　　　　　├─ 三、保險利益的分類內容
　　　　　└─ 四、保險利益的變動

一»保險利益的意義

保險利益又稱可保利益，為要保人或被保險人與保險標的間因各種利害關係而產生的經濟利益。換言之，保險利益是指要保人或被保險人對於保險標的所存有之經濟關係。

而規範「保險利益」有其以下功能：

(一) 避免賭博行為

由於保險若不以保險利益的存在為保險契約成立的條件，則將與賭博行為無異，因此為避免保險淪為賭博，有損公序良俗，故規定須有保險利益存在。

(二) 防止道德危險

由於若保險標的與要保人或被保險人間無保險利益關係存在，則較容易誘發道德危險，即要保人或被保險人故意促使保險事故發生，以取得保險給付，因此規定須有保險利益存在，以防止道德危險的發生。

(三) 限制被保險人之最高賠償數額

為防止被保險人所獲得的賠償超過其實際的損失，因此補償時，以保險利益作為賠償最高限度的評量標準之一，即以要保人或被保險人與保險標的的保險利益為範圍，以評量其應獲得的補償額度。

■》保險利益的對象

（一）法定對象

我國保險法規定，要保人對於下列各人的生命、身體有保險利益（保16）：

1. 本人或其家屬。
2. 生活費或教育費所仰給之人。
3. 債務人。
4. 爲本人管理財產或利益之人。

■》保險利益的分類內容

保險利益可分爲「財產上之保險利益」及「人身上之保險利益」兩類，其主要內容如下：

（一）財產上之保險利益

得以用金錢估算或約定，並具有經濟價值者；要保人對於財產上之現有利益，或因財產上之現有利益而生之期待利益，有保險利益（保14）。

財產上之保險利益又可分以下兩點：

1. 財產上之責任利益

運送人或保管人對於所運送或保管之貨物，以其所負之責任爲限，有保險利益（保15）；惟財產上之責任利益並不限於運送人，其他之人如承租人、留置權人、行紀、受託人、遺囑執行人、遺產管理人或破產管理人等，依保險法第九十條責任保險之規定，皆有財產上之責任利益。

2. 有效契約之保險利益

凡基於有效契約而生之利益，亦得爲保險利益（保20）。凡依民法所成立之契約，如買賣、承攬、租賃等契約均有保險利益，得訂立有效之財產保險契約。

（二）人身上之保險利益

要保人對於下列各人之生命或身體，有保險利益：（保16）

1. **本人**：要保人對自己的生命或身體當然具有保險利益。
2. **家屬**：所謂家屬者，指以永久共同生活爲目的，而同居一家之人。惟縱具有親

屬之關係，但不共同居住者，如以出嫁別居之女兒，仍不屬於家屬之範圍。另外，配偶相互間亦有保險利益，雖然保險法上未明文規定，但依民法之規定夫妻互負同居之義務（民1001），且生活關係密切，應可視為有永久共同生活之目的，而同居一家。因此，配偶相互間有保險利益。

1. 未婚之女兒對於未同住父母，有無保險利益？

　答：有。要保人與被保險人為父女至親，且要保人未婚，依民法第一一四條規定互負扶養義務，依社會經濟活動關係，顯然不應以非同住一處，非同財共居否定之。故要保人（未婚之女兒）對被保險人（未同住父母）仍應有保險法第十六條規定之保險利益（82年度保險簡上字第15號判決）。

2. 父母對於已出嫁獨立生活之女兒，有無保險利益？

　答：(1)肯定說：

　　　　保險法為明文規定親屬間彼此具有保險利益，但由於民法估定值系血親相互間、兄弟姊妹相互間、夫妻之一方與他方之父母同居者，互負扶養義務（民1114）。可推定此等親屬，相互間有保險利益，而實際上是否同居一家，或兼有金錢上的期待利益，均可不論。因此父母對於已出嫁獨立生活之女兒投保，其契約有效。

　　　　(2)否定說：

　　　　　（實務上採此說──司法業務研究會第三期座談會、司法院第一廳見解）

　　　　　已出嫁獨立生活之女兒，並非保險法第十六條所稱「家屬」或「生活費或教育費所仰給之人」，所以父母對於已出嫁獨立生活之女兒並無保險利益。因民法所規定的扶養義務，與保險利益在本質上並不相同。保險利益本只在確保保險標的的安全，減少道德危險發生，故除有法律明文規定外，不能以有法定扶養義務，即認為有保險利益。

3. 生活費或教育費所仰給之人（保16(2)）

係指實際供給生活費或教育費之人而言，其對象為受生活費或教育費之人。

4. 債務人（保16(3)）

債務人與債權人之間有一債權債務關係，債務人之生存死亡對於債權人之理關係重大，因此規定債權人對於債務人有保險利益。惟其保險利益，僅及於債務人所積欠之本金、利息與保險費，對於超出上述實際利益額之部分，則無保險利益。且債務人對債權人無保險利益，故不得以債務人之生命、身體為保險標的，訂立人身保險契約。

5. **為本人管理財產或利益之人（保16(4)）**

所謂「為本人管理財產或利益之人」，係指為要保人管理財產或利益之人而言。此人與要保人之間，具有經濟上之利害關係，得以其身體、生命為標的，投保人身保險。其人可分如下：

(1) 委任人對於受任人。

(2) 信託人對於受託人。

(3) 為藝人安排表演事業經紀人。

(4) 公司對於執行業務股東、董事或監察人或有管理公司業務之重要職員。

(5) 保證人。

(6) 破產管理人。

(7) 海商法上之船舶經理人、船長。

6. **基於有效契約而發生之利益（保20）**

此不僅為財產保險之保險利益，有時亦可作為人身保險之保險利益。

(1) 合夥人間：基於合夥契約，各個合夥人相互間，互負連帶債務，故其相互間具有保險利益。

(2) 保證人對主債務人之生死具有利害關係得為主債務人投保人壽保險。

1. 對於同居但非親屬關係之人 → 有保險利益。

2. 對於不同居但有親屬關係扶養義務之人 → 有保險利益。

3. 對於不同居之非親屬，但實際提供生活費或教育費用之人 → 有保險利益。

4. 對於不同居且無親屬關係扶養義務之人 → 無保險利益。

四 » 保險利益的變動

保險利益的變動主要有下列三種方式：

(一) 繼承

於財產保險，被保險人死亡時，保險契約除另有訂定外，仍為繼承人之利益而存在（保18）。

於人身保險，被保險人死亡時，若為死亡保險契約，即為保險事故的發生；若為傷害保險，被保險人死亡時，即為保險標的之消滅，為保險賠償金之給付或保險契約終止。

（二）讓與

保險標的物所有權移轉時，保險契約除另有訂定外，仍為受讓人之利益而存在（保18）。

合夥人或共有人聯合為被保險人時，其中一人或數人讓與保險利益於他人者，保險契約不因之而失效（保19）。

（三）消滅

要保人或被保險人，對於保險標的物無保險利益者，保險契約失其效力（保17）。

▋案例題型›››››››››

志明和春嬌兩人原為夫妻，志明以春嬌為被保險人訂立人壽保險契約。嗣後志明和春嬌離婚，仍繼續繳付保險費，其後發生保險事故時，保險公司可否以志明和春嬌已離婚，喪失保險利益，不理賠？

答：依學者通說之見解，人身保險的保險利益於訂約時存在即可，且基於人壽保險契約寓有投資、儲蓄的特性，此人壽保險仍屬有效。於發生保險事故時，由受益人向保險公司請求保險金。

‹‹‹‹‹‹‹‹‹‹‹‹‹‹

▋案例題型›››››››››

志明和春嬌兩人是感情十分穩定的男女朋友，目前因為尚未有穩定的經濟基礎，決定幾年後再結婚，志明可否以春嬌為被保險人投保人壽保險？

答：男女朋友關係，不合於保險法第十六條各款規定的要件，因此志明不可以春嬌為被保險人投保人壽保險。志明和春嬌已經訂婚，雖然學說上肯定認為未婚夫妻可互為要保人即被保險人。但實務上認為保險法第二十條僅適用於財產保險，人身保險不適用之，因此未婚夫妻彼此間並無保險利益存在。因此，為避免日後發生保險契約效力的爭議，不論志明和春嬌為男女朋友或是已經訂婚之未婚夫妻，皆不宜考慮以對方為被保險人。

‹‹‹‹‹‹‹‹‹‹‹‹‹‹

練習題庫

1. ( ) 要保人對於財產上之現有利益而生之期待利益，有保險利益。

2. ( ) 保險標的物所有權移轉時，保險契約除另有訂定外，仍為受讓人之利益而存在。

3. ( ) 運送人或保管人對於所運送或保管之貨物，以其所負之責任為限，有保險利益。

4. ( ) 基於有效契約而發生之利益，不得為保險利益。

5. ( ) 要保人或被保險人，對於保險標的物無保險利益者，保險契約失其效力。

17.6 保險費

體系整理

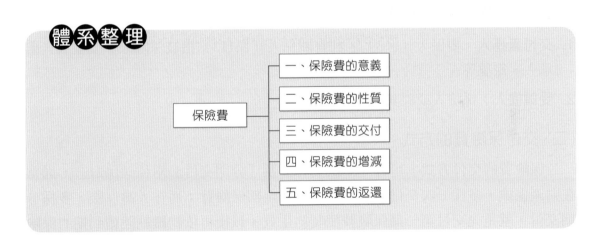

保險費 ─┬─ 一、保險費的意義
　　　　├─ 二、保險費的性質
　　　　├─ 三、保險費的交付
　　　　├─ 四、保險費的增減
　　　　└─ 五、保險費的返還

一》保險費的意義

係指要保人對保險人負擔保險責任所給付之對價金額，通常包括兩部分：一為純保險費；二為附加保險費。純保險費加入附加保險費，由要保人繳付，稱為總保險費。

■ » 保險費的性質

(一) 財產保險

保險費為承擔危險之對價，保險契約生效後，全部保險費成為既得債權，保險人得以訴訟請求之。

(二) 人身保險

人身保險中，保險費為要保險人之投資，具有儲蓄之性質。在實務運作上，保險契約在交付約定第一期保險費之前，不生效力。因此，第一期之保險費成為保險人之既得債權，得以訴訟請求。至於第二期以後之保險費，基於人壽險具有之投資儲蓄性質，不得以訴訟請求。

■ » 保險費的交付

保險費的交付可分下列三點論述：

(一) 交付保險費的當事人

1. **交付義務人**：要保人（保3）、利害關係人（保113）指被保險人、受益人、繼承人、家屬等。
2. **受領權人**：保險人或經其授權之人（保2）。

(二) 交付保險費的方式

保險費的交付方式，可分「一次交付」及「分期交付」兩種（保21）。通常在財產保險，多採一次交付，就是一次付清全部保險費；而在人壽保險，多採分期交付，就是先交付第一期保險費使契約生效，以後再依約繳納陸續到期的保險費。

(三) 交付保險費的方法

1. **現金**：保險費以現金支付為原則，如保險人同意，亦得以其他方式（如信用卡扣款、金融機構匯款或轉帳等）交付之。
2. **票據**：因票據之使用在現今社會中日益普遍，保險實務上容許可以票據交付保險費，惟為避免收取間可能的弊端，多以指定保險人為受款人，禁止背書轉讓之票據交付保險費。

（四）交付保險費的時期

1. **到期日**：以保險單上所約定之到期日為準。

2. **寬限期**：在財產保險中，因保險費係為一次給付，故無寬限期。寬限期只能適用於人身保險中。惟有下列兩項特殊規定：

   (1) 人壽保險之保險費到期未交付者，除契約另有訂定外，經催告到達後逾三十日仍不交付時，保險契約之效力停止（保116 I）。

   (2) 保險費如不在寬限期內交付，保險人於寬限期滿後，有終止契約之權。終止後保險契約應溯及保險費到期日失效；被保險人於保險單上所享有之權利，應至到期日為止，而非寬限期之屆滿日。

四》保險費的增減

（一）危險增加

　　保險人對於保險契約內所載增加危險之情形認為須增加保費者，則待要保人同意即可增加。如要保人不同意增加保費，其契約即為終止。但保險人知危險增加後，仍繼續收受保險費，或於危險發生後給付賠償金額，或其他維持契約之表示者，喪失前項之權利（保60）。

（二）危險減少

　　危險減少時，被保險人得請求保險人重新核定保費（保59 IV）。保險費依保險契約所載增加危險之特別情形計算者，其情形在契約存續期內消滅時，要保人得按訂約時保險費率，自其情形消滅時起算，請求比例減少保險費（保26 I）。

五》保險費的返還

（一）「應予返還」之情形

1. 保險人對於減少保險費不同意時

　　保險費依保險契約所載增加危險之特別情形計算者，其情形在契約存續期內消滅時，要保人得按訂約時保險費率，自其情形消滅時起算，請求比例減少保險費。保險人對於減少保險費不同意時，要保人得終止契約。其終止後之保險費已交付者，應返還之（保26）。

2. 善意複保險超額保險時

以同一保險利益，同一保險事故，善意訂立數個保險契約，其保險金額之總額超過保險標的之價值者，在危險發生前，要保人得依超過部分，要求比例返還保險費。保險契約因第三十七條之情事而無效時，保險人於不知情之時期內，仍取得保險費（保23）。

3. 保險契約訂立時危險已發生或已消滅

保險契約訂立時，保險標的之危險已發生或已消滅者，其契約無效。但為當事人雙方所不知者，不在此限。訂約時，僅保險人知危險已消滅者，要保人不受契約之拘束。即須返還保費（保51 I、III）。

4. 危險增加而要保人不同意

保險遇危險增加而要保人不同意增加其保費時，得終止契約。要保人對於另定保險費不同意者，其契約即為終止，所交之保費按比例返還（保60）。

5. 保險人破產

保險人破產時，保險契約於破產宣告之日終止，其終止後之保險費，已交付者，保險人應返還之（保27）。

6. 要保人破產

要保人破產時，保險契約仍為破產債權人之利益而存在，但破產管理人或保險人得於破產宣告三個月內終止契約。其終止後之保險費已交付者，應返還之（保28）。

7. 保險標的物完全滅失

保險標的物非因保險契約所載之保險事故而完全滅失時，保險契約即為終止（保81）。終止後所交之保費須返還之。

(二)「無須返還」之情形

1. 惡意複保險

要保人故意不為複保險之通知，或意圖不當得利而為複保險者，其契約無效（保37）。保險契約因惡意複保險而無效時，保險人於不知情之時期內，仍取得保險費（保23 II）。

2. 要保人違反據實說明義務

基於「共同團體互濟性」及保險契約是最大善意契約的觀點，訂立保險契約時，要保人對於保險人之書面詢問，應據實說明。以便保險人衡估保險費，或決定是否承保。

要保人有爲隱匿或遺漏不爲說明，或爲不實之說明，足以變更或減少保險人對於危險之估計者，保險人得解除契約；其危險發生後亦同。但要保人證明危險之發生未基於其說明或未說明之事實時，不在此限。（保64 II）。

保險契約因要保人違反據實說明義務情事而解除時，保險人無須返還其已收受之保險費（保25）。

3. 保險契約訂立時危險已發生或已消滅

保險契約訂立時，保險標的之危險已發生或已消滅者，其契約無效。但爲當事人雙方所不知者，不在此限。訂約時，僅要保人知危險已發生者，保險人不受契約之拘束（保51 I、II）。即保費不用返還。

▌案例題型 ▸▸▸▸▸▸▸▸▸▸

　　阿明於九十二年六月二十日訂立人壽險契約時，開了一張七月一日到期支票支付第一期保險費，不料阿明於六月二十九日死於車禍，試問保險公司可否對阿明拒絕理賠？（潘秀菊，人身保險策略P.100）

　　答：可，交付保費原則上應以現金交付，但若保險公司同意以支票支付者，應以支票經提示並收到款項時，才能產生效力。阿明雖於六月二十日訂立保險契約，由於阿明以支票繳交第一期的保險費，保險契約應於七月一日保險公司收到款項時，才能生效。對於阿明於六月二十九日發生保險事故，保險公司不負理賠責任。

◂◂◂◂◂◂◂◂◂◂◂◂◂◂

▌案例題型 ▸▸▸▸▸▸▸▸▸▸

　　阿明於九十二年七月一日以自己爲要保人兼被保險人，向保險公司投保人壽險，投保當日（尚未有暫保單或保險單）並預先繳納第一期保險費，不幸於七月二日因車禍死亡，問保險公司得否拒絕承保以推卸責任？

　　答：阿明已經繳納第一期保費，只要保險公司同意承保，就應該溯及收到第一期保費時起生效。所以，若保險公司不能證明要保人於投保時有不合於「可保條件」之正當理由，縱然阿明於保險公司同意承保前（尚未有暫保單或保險單）死亡，保險公司仍須負理賠責任。

◂◂◂◂◂◂◂◂◂◂◂◂◂◂

案例題型 ›››››››››

　　甲與乙保險公司洽談住宅火災保險事宜，雙方意思表示一致，乙接受甲之要約後，甲於次日繳交保費途中該住宅發生火災以致燬損。請問甲向乙請求保險金給付時，乙可否以甲尚未繳交保險費及未有保險契約書面之簽訂為由，拒絕保險金之給付？

【102年公務人員高等考試三級考試試題－經建行政】

‹‹‹‹‹‹‹‹‹‹‹‹‹

練習題庫

1. (　　) 保險費係指要保人對保險人負擔保險責任所給付之對價金額。

2. (　　) 保險契約因惡意複保險而無效時，保險人於不知情之時期內，仍取得保險費。

3. (　　) 保險人知危險增加後，仍繼續收受保險費，喪失增加保費之權利。

4. (　　) 危險減少時，被保險人得請求保險人重新核定保費。

5. (　　) 保險費的交付方式通常在財產保險，多採分期交付。

17.7　保險人的責任

體系整理

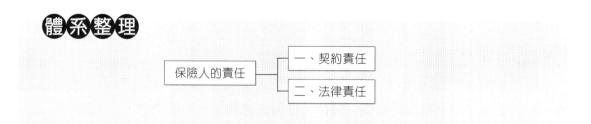

保險人的責任 ─── 一、契約責任
　　　　　　　└── 二、法律責任

一 ›› 契約責任

　　保險契約雙方當事人之權利義務，原則上以暫保單或保險單為準，其契約內容未規定或違法時，依法律定。

二 》法律責任

1. 保險人對於由不可預料或不可抗力之事故所致之損害，負賠償責任。但保險契約內有明文限制者，不在此限（保29 I）。

2. 保險人對於由要保人或被保險人之過失所致之損害，負賠償責任。但出於要保人或被保險人之故意者，不在此限（保29 II）。

3. 保險人對於因履行道德上之義務所致之損害，應負賠償責任（保30）。

4. 保險人對於因要保人，或被保險人之受僱人，或其所有之物或動物所致之損害，應負賠償責任（保31）。

5. 保險人對於因戰爭所致之損害，除契約有相反之訂定外，應負責任（保32）。

6. 保險人對於要保人或被保險人，為避免或減輕損害之必要行為所生之費用，負償還之責。其償還數額與賠償金額，合計雖超過保險金額，仍應償還。保險人對於此項費用之償還，以保險金額對於保險標的之價值比例定之（保33）。

7. 保險人應於要保人或被保險人交齊證明文件後，於約定期限內給付賠償金額。無約定期限者，應於接到通知後十五日內給付之。保險人因可歸責於自己之事由致未在前項規定期限內為給付者，應給付遲延利息年利一分（保34）。

▌案例題型 >>>>>>>>>

　　阿明於九十二年六月二十日訂立人壽險契約時，開了一張七月一日到期支票支付第人壽保險之要保人某甲，一日行經火車平交道，柵欄已下，火車已近，仍冒險穿越，致被撞成重傷致死，受益人請求保險公司給付保險金，有無理由？（參考72.5.14司法院第三期司法業務研究會，司法院第一廳研究意見）

　　答：本案例某甲行經火車平交道，柵欄已下，火車已近，仍冒險穿越，致被撞成重傷致死，甲雖有重大過失，但與保險法第二十九、一○九條等保險人免責之情形均有未合，保險人自應負給付保險金之全責。

練習題庫

1. (　)保險人對於由不可預料或不可抗力之事故所致之損害，不負賠償責任。

2. (　)保險人對於因履行道德上之義務所致之損害，應負賠償責任。

3. (　)保險人對於因要保人，或被保險人之受僱人，或其所有之物或動物所致之損害，應負賠償責任。

4. (　)保險人對於由要保人或被保險人之過失所致之損害，負賠償責任。

5. (　)對於要保人或被保險人，為避免或減輕損害之必要行為所生之費用，負償還之責。其償還數額與賠償金額，合計超過保險金額，不須償還。

17.8 複保險

體系整理

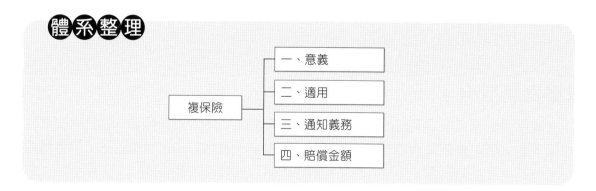

一》意義

　　複保險，謂要保人對於同一保險利益，同一保險事故，與數保險人分別訂立數個保險之契約行為（保35）。複保險之成件要件如下：

1. 須為同一要保人。

2. 須為同一保險利益。

3. 須為同一保險事故。

4. 須在同一保險期間：保險法上無明文規定。此為學界、實務上之通說。

5. 須與數個保險人分別訂立數個保險契約。

6. 保險金額之總和超過保險標的價值。

二»適用

此處「適用」之涵意，即指複保險之規定對人身保險可否適用？

釋字第 576 號（民國 93 年 04 月 23 日），根據保險法第三十六條規定：「複保險，除另有約定外，要保人應將他保險人之名稱及保險金額通知各保險人。」第三十七條規定：「要保人故意不為前條之通知，或意圖不當得利而為複保險者，其契約無效。」係基於損害填補原則，為防止被保險人不當得利、獲致超過其財產上損害之保險給付，以維護保險市場交易秩序、降低交易成本與健全保險制度之發展，而對複保險行為所為之合理限制，符合憲法第二十三條之規定，與憲法保障人民契約自由之本旨，並無牴觸。

人身保險契約，並非為填補被保險人之財產上損害，亦不生類如財產保險之保險金額是否超過保險標的價值之問題，自不受保險法關於複保險相關規定之限制。最高法院七十六年台上字第一一六六號判例，將上開保險法有關複保險之規定適用於人身保險契約，對人民之契約自由，增加法律所無之限制，應不再援用。

三»通知義務

複保險，除另有約定外，要保人應將他保險人之名稱及保險金額通知各保險人（保36）。要保人故意不為前條之通知，或意圖不當得利而為複保險者，其契約無效（保37）。

四»賠償金額

善意之複保險，其保險金額之總額超過保險標的之價值者，除另有約定外，各保險人對於保險標的之全部價值，僅就其所保金額負比例分擔之責。但賠償總額，不得超過保險標的之價值（保38）。

▌案例題型»»»»»»»»»

甲有A屋一棟價約三百萬元，同時向賦邦產險投保三百萬的火災保險，向鳴台產險公司投保二百萬元火災險，則在火災發生，致房屋全毀時，賦邦產險公司應負擔（房屋全損價額）三百萬中的五分之三，即一百八十萬元；鳴台產險公司應賠償其餘的五分之二，即一百二十萬元。

▌案例題型››››››››

　　設甲在臺北市大安區有房屋一幢，於民國93年市價為新臺幣（下同）2,000 萬元。甲以該金額為保險價額，分別向「智山產物保險股份有限公司」投保火災保險，保險金額為1,500萬元，保險期間自民國93年4月1日起至103年3月31日止：向「仁山產物保險股份有限公司」投保火災保險，其保險金額為1,000萬元，保險期間自民國94年4月1日起至104年3月31日止：向「勇山產物保險股份有 限公司」投保地震保險，其保險金額為800萬元，保險期間自民國95年11月1日起至105年10月31日止。嗣後，該保險標的之房屋於民國100年9月1日，因甲之受僱人乙抽菸所棄之菸蒂，悶燒起火焚燒全燬，惟當時該屋市價已漲至 5,000萬元。甲分別向「智山產物保險股份有限公司」、「仁山產物保險股份有限公司」及「勇山產物保險股份有限公司」請求賠償。試問：

　　上述各保險公司應負擔賠償之數額如何？「智山產物保險股份有限公司」及「仁山產物保險股份有限公司」得否向乙請求如數賠償？

【102年專門職業及技術人員高等考試律師考試第二試試題】

‹‹‹‹‹‹‹‹‹‹‹‹‹‹

練習題庫

1. (　　)複保險，謂要保人對於同一保險利益，同一保險事故，與數保險人分別訂立數個保險之契約行為。

2. (　　)目前學術界之通說認為複保險不適用於人身保險。

3. (　　)複保險，除另有約定外，要保人應將他保險人之名稱及保險金額通知各保險人。

4. (　　)複保險中要保人故意不為前條之通知，或意圖不當得利而為複保險者（惡意之複保險），其契約無效。

5. (　　)善意之複保險，其保險金額之總額超過保險標的之價值者，除另有約定外，各保險人對於保險標的之全部價值，僅就其所保金額負比例分擔之責。

17.9 再保險

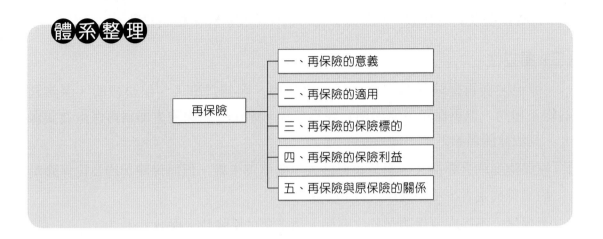

體系整理

再保險 ─┬─ 一、再保險的意義
        ├─ 二、再保險的適用
        ├─ 三、再保險的保險標的
        ├─ 四、再保險的保險利益
        └─ 五、再保險與原保險的關係

一》再保險的意義

再保險，謂保險人以其所承保之危險，轉向同業之他保險人為保險之契約行為（保39）；其性質乃屬責任保險的一種（保90）。

二》再保險的適用

「再保險」對於財產保險及人身保險均有適用。因財產保險方面（尤其是水險、火險或是核能保險等）的保險金額較龐大，故我國保險業實務上，再保險原本是以財產保險為主，但近年亦開始較普遍使用於人身保險。

三》再保險的保險標的

再保險之保險標的為原保險人所承擔之風險，即其理賠責任。故再保險須適用責任保險之有關規定。

四》再保險的保險利益

再保險屬於責任保險之一種，其保險利益為財產上之責任利益。凡基於有效契約而生之利益，亦得為保險利益（保20）。

五 » 再保險與原保險的關係（效力）

（一）依存性

原保險契契約之無效、解除或終止，再保險契約亦生相同效果。

（二）獨立性

原保險與再保險係各自完全獨立之契約，因其當事人、保險標的、保險利益均不相同。但再保險以原保險存在為前提，原保險之保險人即為再保險之要保人。其法律關係如下：

1. 原保險契約之要保人，對於再保險人無賠償請求權。但原保險契約及再保險契約另有約定者，不在此限（保40）。
2. 再保險人不得向原保險契約之要保人請求交付保險費（保41）。
3. 原保險人不得以再保險人不履行再保險金額給付之義務為理由，拒絕或延遲履行其對於被保險人之義務（保42）。

▌案例題型 »»»»»»»

志明向鳴台保險公司投保火險，鳴台保險公司轉向中央再保險公司再保，嗣後火險標的物為阿丁所縱火燒毀，鳴台保險公司於理賠後，對阿丁行使代位權，惟阿丁抗辯指出，鳴台保險公司索賠出之款，其中半數係由中央再保險公司所攤付，因此，鳴台保險公司僅得向其請求半數之賠償金額，其抗辯有無理由？

答：有理由，因財產保險之目的在於填補損失，故其保險人代位行使之權利不得超過所賠償之金額，阿丁抗辯有理由。鳴台保險公司僅得向其請求半數之賠償金額，其餘半數，則因中央再保險公司之賠償，應由中央再保險公司代位鳴台保險公司向阿丁請求。

‹‹‹‹‹‹‹‹‹‹‹‹‹‹

案例題型>>>>>>>>>>

　　甲以自己所有，價值150萬之休旅車一輛，向A產物保險公司（下稱A）投保車體綜合損失險，保險金額120萬。某日，休旅車停放於路邊合法停車格時，遭躲避警方追緝之通緝犯乙駕車追撞，甲之車爆炸起火，經鑑定後該車全損。A對其車損險之部分，30%轉分給國外再保險公司M（下稱M），則M於本案中就其應分攤比例給付與A後，對乙有無任何權利？

【102年特種考試地方政府公務人員考試試題】

<<<<<<<<<<<<<<<<

練習題庫

1. （　　）再保險人不得向原保險契約之要保人請求交付保險費。

2. （　　）再保險不適用於人身保險。

3. （　　）再保險是責任保險的一種。

4. （　　）原保險契約之要保人，對於再保險人無賠償請求權。

5. （　　）原保險人不得以再保險人不履行再保險金額給付之義務為理由，拒絕或延遲履行其對於被保險人之義務。

本章習題

1. 要保人為已出嫁獨立生活之女兒，訂立人壽保險契約，其保險契約有無效力？

2. 何謂危險增加通知之義務？違反時，有何效果？

3. 何謂定值保險及不定值保險？不定值保險是否應記載保險金額？

4. 保險契約有那特性？試說明之。

5. 哪些情形保險人應予返還保險費？

6. 複保險成立之要件為何？
　　【100年公務人員特種考試司法人員考試試題 三等考試 公證人】

7. 試述財產上保險利益與人身上保險利益之區別？試述年金保險之內容？
　　【99年公務人員特種考試 調查人員 法律實務組】

NOTE

18 保險契約

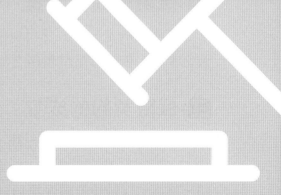

18.1 保險契約的概念

體系整理

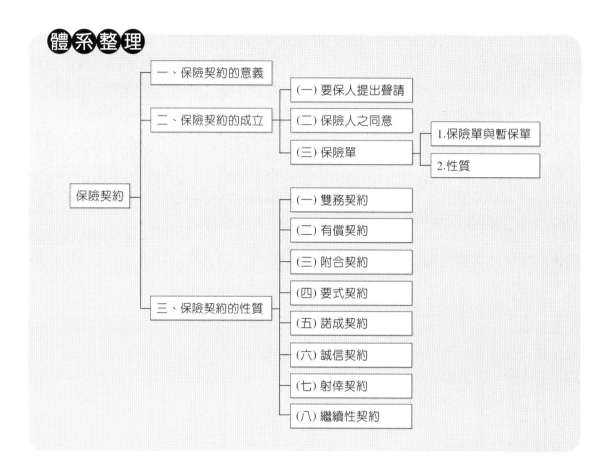

```
                ┌─ 一、保險契約的意義
                │                      ┌─ (一) 要保人提出聲請
                ├─ 二、保險契約的成立 ─┼─ (二) 保險人之同意
                │                      │                    ┌─ 1.保險單與暫保單
                │                      └─ (三) 保險單 ──────┤
 保險契約 ──────┤                                           └─ 2.性質
                │                      ┌─ (一) 雙務契約
                │                      ├─ (二) 有償契約
                │                      ├─ (三) 附合契約
                │                      ├─ (四) 要式契約
                └─ 三、保險契約的性質 ─┼─ (五) 諾成契約
                                       ├─ (六) 誠信契約
                                       ├─ (七) 射倖契約
                                       └─ (八) 繼續性契約
```

一 » 保險契約的意義

當事人約定，一方交付保險費於他方，他方對於因不可預料，或特定事故所致之損害，依約負給付義務之契約（保1 I）。

二 » 保險契約的成立

保險契約屬於契約之一種，依照民法之規定，係由當事人之一方，發出「要約」，而經他方同意承諾，雙方意思表示相互一致時，即為成立。但依保險法第四三條而以保險單或暫保單為其特別成立要件。

(一) 要保人提出聲請

　　通常由要保人填寫要保聲請書為表示。要保聲請書，為要保人向保險公司敘述要保意思之書面文件，要保書之內容通常可以決定保險契約之內容，故其記載有保險種類、保險標的、保險金額、要保人及被保險之詳細資料。其格式均由保險印製，要保人詳實填寫後直接交給保險人之經紀人、代理人或業務員。

(二) 保險人之同意

　　保險法第四四條第一項規定：「保險契約，由保險人於同意要保人聲請後簽訂。」保險人就要保人提出之聲請加以表示同意，保險契約方可成立。

(三) 保險單

　　保險法第四三條：「保險契約，應以保險單或暫保單為之。」保險契約成立時，保險人有發給保險單與暫保單之義務。

1. 保險單與暫保單

(1) 所謂保險單，係指保險人所簽發，用以證明保險契約成立之正式書面文件。

(2) 所謂暫保單，又稱臨時保險單，係指保險人為證明保險契約之簽訂及其內容，對要保人所簽發的一種臨時書據，以作為日後換取正式之保險單。此種書據，性質上屬於雙方書面紀錄，在正式保險單交付前，與保險單具有相同之效力。

2. 保險單的性質

(1) 保險單是保險契約之證明書面文件；保險單上所載之條款，為當事人行使權利履行義務之主要依據。

(2) 保險單並非為有價證券。

三 》保險契約的性質

(一) 雙務契約

　　保險人給付保險金義務與要保人給付保險費義務，具有對價關係。

(二) 有償契約

保險契約，乃要保人以支付保險費作為換取保險人危險負擔之承諾，故為有償契約。

(三) 附合契約

保險契約之內容由保險人一方面決定，要保人只能依保險人所定之條款同意訂約與否之自由，對契約內容並無置喙之餘地。

(四) 要式契約

要式契約依法律之規定或當事人之約定以一定方式之履行為其成立要件之契約，不要式契約，係指契約之成立無須履行一定之方式，而保險契約應以保險單或暫保單為之（保43），且保險契約應記載法定事項（保55），由保險人於同意要保人聲請後簽訂（保44），故原則上保險契約為要式契約，然亦有部份學者提出論證認為係不要式契約。

(五) 諾成契約

即是否以保險費之交付為要件？契約，以其是否須以標的物之交付為成立要件或生效要件為區別標準，可分為要物契約或諾成契約。要物契約亦稱為踐成契約或實踐契約，係指契約當事人，除雙方意思表示一致外，尚須將標的物交付始能成立或生效之契約。諾成契約，亦稱不要物契約，指須雙方當事人意思標示一致即可成立或生效之契約。

(六) 誠信契約

保險契約之訂立，雙方當事人均須出於善意，故有「最大善意契約」之稱。保險契約訂立之時，要保人依有「據實說明」義務（保64 I），有約定特約條款者，應切實履行，保險人於表示意思或行使契約上之權利時，亦不得違背誠信原則。

(七) 射倖契約

保險契約具「射倖性」，乃指保險事故之發生與否或發生之時機（如人身保險之死亡事故）不確定之偶然狀態。

（八）繼續性契約

有私法上情事變更原則之適用，其具體落實體現之條文為保險法第五十九條之危險增加通知義務，且當事人之權義關係不得任意移轉。

▌案例題型▸▸▸▸▸▸▸▸▸▸

甲為A保險公司之業務員，其向乙推銷一保費高昂之投資型保單，佯稱投資報酬率驚人。乙頗為心動，數日之後即簽訂要保書交付予甲，並將保險費匯入甲之銀行帳戶。因遲無下文，乙遂向A公司查證，始知其簽訂要保書之前一日，甲已遭A公司解僱。請問：乙與A公司間之保險契約是否生法律效力？

【102年公務人員特種考試法務部調查局調查人員 考試】

◂◂◂◂◂◂◂◂◂◂◂◂◂◂

▌案例題型▸▸▸▸▸▸▸▸▸▸

甲以其所有之房屋一棟設定抵押權予乙銀行，擔保乙銀行對甲之債權。甲並應乙銀行之要求，以該房屋為標的物，向丙保險人投保火災保險附加抵押權條款，指定乙銀行為被保險人。

丙保險人審查甲所提出的要保申請書後，表示同意承保，但於保險單上加註「須繳納保險費後，保險契約才能生效」之文字，而該加註之文字為要保申請書所沒有。請問：甲、丙間的保險契約是否成立生效？

【102年公務人員特種考試司法官考試第二試試題】

◂◂◂◂◂◂◂◂◂◂◂◂◂◂

18.2 保險契約的主體

體系整理

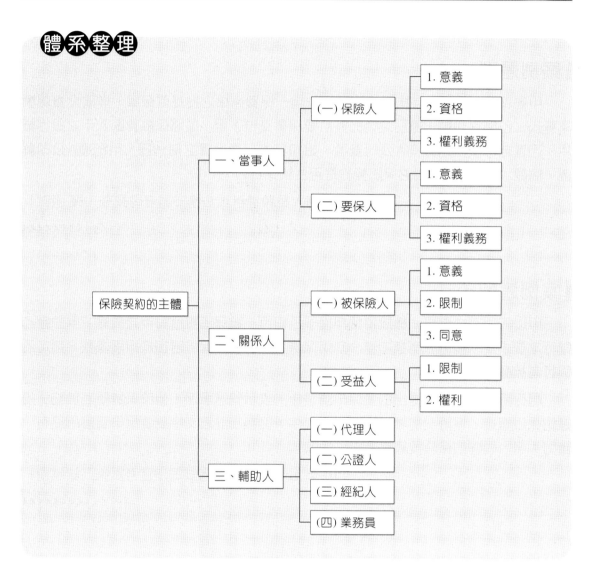

保險契約的主體
- 一、當事人
  - (一) 保險人
    - 1. 意義
    - 2. 資格
    - 3. 權利義務
  - (二) 要保人
    - 1. 意義
    - 2. 資格
    - 3. 權利義務
- 二、關係人
  - (一) 被保險人
    - 1. 意義
    - 2. 限制
    - 3. 同意
  - (二) 受益人
    - 1. 限制
    - 2. 權利
- 三、輔助人
  - (一) 代理人
  - (二) 公證人
  - (三) 經紀人
  - (四) 業務員

一》當事人

保險契約之當事人，指與保險契約具有直接利害關係之人，爲保險人與要保人。

(一) 保險人

1. **意義**：係指經營保險事業之各種組織，在保險契約成立時，有保險費之請求權；在承保危險事故發生時，依其承保之責任，負擔賠償之義務（保2）。

2. **資格**

   (1) 依法登記：本法所稱之保險業，指依本法組織登記，以經營保險為業之機構（保6 I）。

   (2) 股份有限公司或合作社之形態：「保險業之組織，以股份有限公司或合作社為限。但依其他法律規定設立者，不在此限。」

   (3) 其他依特別法組織設立之保險機構：如勞工保險局、健康保險局。

3. **權利義務**

   (1) 有收取保險費之權利。

   (2) 依其承保之責任負給付賠償之義務。

(二) 要保人

1. **意義**：指對保險標的具有保險利益，向保險人申請訂立保險契約，並負有交付保險費義務之人（保3）。

2. **資格**

   (1) 對保險標的須有保險利益。

   (2) 應具備行為能力。

3. **權利義務**

   (1) 有交付保險費之義務（保3、保22 I）。

   (2) 人身保險中，要保人亦為受益人時，享有保險金給付之請求權；財產保險中，要保人亦為被保險人。

二 》關係人

保險契約的關係人，係指與保險契約有間接關係之人。

(一) 被保險人

1. **意義**：被保險人，指於保險事故發生時，遭受損害，享有賠償請求權之人。此外，要保人亦得為被保險人在財產保險，保險標的物之所有人或對之有利害關係之人；在人身保險，指以其生命、身體為保險標的之人。

2. **限制**：保險制度目的旨在填補損害，而保險事故發生時，受有損害及具有賠償請求權之人均為被保險人，又損害之反面即為利益，故被保險人須具有保險利益。另以未滿十五歲之未成年人為被保險人訂立之人壽保險契約，其死亡給付於被保險人滿十五歲之日起發生效力；被保險人滿十五歲前死亡者，保險人得加計利息退還所繳保險費，或返還投資型保險專設帳簿之帳戶價值（保107 I）。

3. **意思表示**

(1) 在財產保險，保險契約之訂立，無須被保險人之同意（保45）。

(2) 在人身保險，要保人以他人為被保險人，而訂立死亡保險契約者，須經被保險人書面同意，並約定保險金額（保105）。

（二）受益人

受益人，指被保險人或要保人約定享有賠償請求權之人（保5），要保人或被保險人均得為受益人。

1. **限制**：財產保險中，為與保險標的物具有一定利害關係之人，通常為被保險人本人；在人身保險則無此限制。

2. **權利**：保險事故發生後，有請求保險人給付保險金之權利。

三 》輔助人

保險多涉及專門知識或技術，故於契約訂立或履行上，則有輔助人之設。

1. **代理人**：保險代理人，指根據代理契約或授權書，向保險人收取費用，並代理經營業務之人（保8）；由代理人簽訂者，須載明代訂之意旨（保46）。

2. **經紀人**：本法所稱保險經紀人，指基於被保險人之利益，洽訂保險契約或提供相關服務，而收取佣金或報酬之人（保9）。

3. **公證人**：公證人，指向保險人或被保險人收取費用，為其辦理保險標的之查勘、鑑定及估價與賠款之理算、洽商，而予證明之人（保10）；此公證人與公證法所定公證人不同。

4. **業務員**：本法所稱保險業務員，指為保險業、保險經紀人公司、保險代理人公司或兼營保險代理人或保險經紀人業務之銀行，從事保險招攬之人。（保8之1）。

18.3 保險契約的內容

體系整理

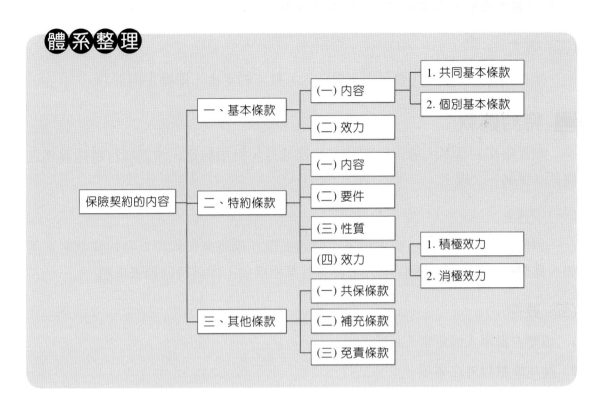

保險契約的內容
- 一、基本條款
  - (一) 內容
    - 1. 共同基本條款
    - 2. 個別基本條款
  - (二) 效力
- 二、特約條款
  - (一) 內容
  - (二) 要件
  - (三) 性質
  - (四) 效力
    - 1. 積極效力
    - 2. 消極效力
- 三、其他條款
  - (一) 共保條款
  - (二) 補充條款
  - (三) 免責條款

一»基本條款

指保險契約應記載之法定事項（保55）。

(一) 內容

1. **共同基本條款**：依保險法第五五條的規定，其所規定之條款，皆為一般保險契約應記載之事項。

   (1) 當事人之姓名及住所：要保人與保險人。

   (2) 保險之標的物：特定財產、生命、身體。

   (3) 保險事故之種類：確定保險人之責任範圍。

   (4) 保險責任開始之日、時及保險期間：可約定於契約成立前或成立後。

   (5) 保險金額：保險人應賠償之金額。

   (6) 保險費：要保人所交付之對價。

(7) 無效及失權之原因：保險法第五十四條。

(8) 訂約之年、月、日：保險責任開始之日。

2. **個別基本條款**：個別種類之保險契約應記載之事項。

(二) 效力

基本條款經當事人（要保人、保險人）雙方約定後，即發生拘束力。

■》特約條款

指保險契約當事人於保險契約基本條款外，另加約定，承認履行特種義務之條款（保66）之規定：

(一) 內容

與保險契約有關之一切事項，不問過去現在或將來，均得以特約條款定之例如人壽契約內，會特約被保險人未曾患有某種疾病，即為特約過去事項。

(二) 要件

1. 須雙方當事人同意。

2. 基本條款以外之事項。

3. 係為了履行特種義務。

4. 須載明於保險單。

(三) 性質

特約條款是保險人控制危險之方法，對於過去、現在或未來之事項無論其本質上是否重要，一經約定載明於保險單而成為保險契約之一部分，除其特約有違法律強制或禁止之規定外，有絕對之效力，法院無須審查特約內容是否重要，可直接作有利於保險人之判決。

(四) 效力

1. **積極效力**

(1) 保險契約當事人之一方違背特約條款時，他方得解除契約，其危險發生後亦同（保68 I前段）。因所有特約條款無論客觀上是否重要，在當事人間視為重要，只要違反，即可解除保險契約。

(2) 自保險人知有解除原因後，經過一個月不行使，其解除契約權即消滅；契約訂立後經過二年，即有可以解除之原因，亦不得解除契約（保68 II）。

2. 消極效力

關於未來事項之特約條款，於未屆履行期前危險已發生，或其履行為不可能，或在訂約地為不合法而未履行者，保險契約不因之而失效（保69）。

☰》其他條款

(一) 共保條款

指保險人得約定保險標的物之一部分，應由要保人自行負擔由危險而生之損失（保48 I），此即合有保險條款。

(二) 補充條款

指保險契約訂立後，對內容條款之增刪變更，作為內容之補充。此為保險契約之變更，非經當事人雙方同意，不得為之。

(三) 免責條款（除外條款、不包括條款）

若保險事故係保險契約之除外條款所及，保險人即可根據保險契約之規定不負保險責任。

▌案例題型 ›››››››››››

甲為商場巨亨，以自己為被保險人就其所有價值新臺幣2億元之A豪華洋房，向乙保險公司投保住家火災保險。該契約約定被保險人甲應於保險事故發生後十日內通知乙保險公司，並約定被保險人之保險金請求權自得請求之日起經過三年不行使而消滅。試問此等約款之效力如何？

【101年特種考試地方政府公務人員考試試題－三等考試 法制、經建行政】

‹‹‹‹‹‹‹‹‹‹‹‹‹

18.4 保險契約的變動及消滅

體系整理

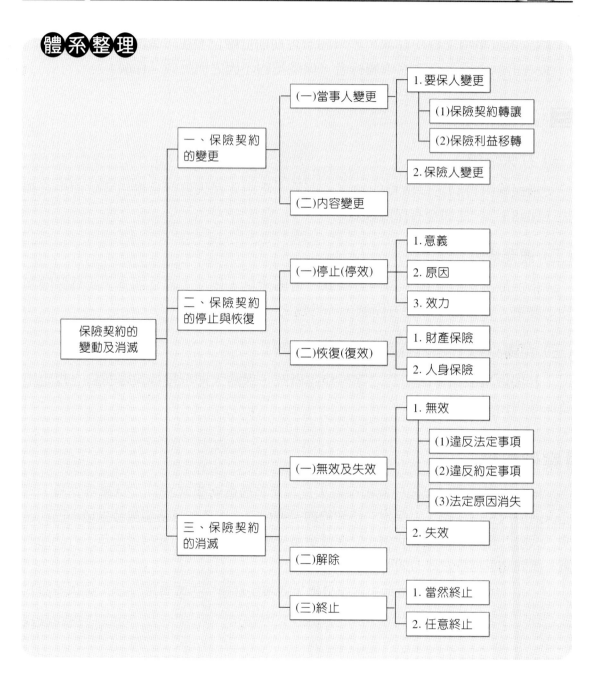

保險契約的
變動及消滅

一、保險契約
的變更
- (一)當事人變更
  - 1.要保人變更
    - (1)保險契約轉讓
    - (2)保險利益移轉
  - 2.保險人變更
- (二)內容變更

二、保險契約
的停止與恢復
- (一)停止(停效)
  - 1.意義
  - 2.原因
  - 3.效力
- (二)恢復(復效)
  - 1.財產保險
  - 2.人身保險

三、保險契約
的消滅
- (一)無效及失效
  - 1.無效
    - (1)違反法定事項
    - (2)違反約定事項
    - (3)法定原因消失
  - 2.失效
- (二)解除
- (三)終止
  - 1.當然終止
  - 2.任意終止

一 » 保險契約的變更

(一) 當事人變更

保險契約存續中，要保人或保險人之一方或雙方難免有所變動，是謂當事人之變更。

1. 要保人變更

(1) 即保險契約之轉讓：保險契約除人身保險外，得為指示式或無記名式（保49 I），此時保險人對於要保人所得為之抗辯，亦得以對抗保險契約受讓人（保49 II）。

(2) 保險利益之移轉：如被保險人死亡或保險標的物所有權移轉時，保險契約除另有訂定外，仍為繼承人或受讓人之利益而存在（保18）。

2. 保險人變更：即保險人將保險契約之全部或一部移轉於其他保險人，如保險公司因合併、分割或變更組織而變更，此時應適用股份有限公司合併、分割及變更組織之規定，其權利義務關係由合併、分割或變更組織後之新公司承受（公司319條準用75條）。

(二) 內容變更

指保險契約存續期間，因情事變更而使保險契約之內容變更，如保險標的物價值或保險金額之增減，當事人自得以合意加以變更；此外，於財產保險契約中，保險人於接到通知後十日內不為拒絕者，視為承諾（保56）。

二 » 保險契約的停止與恢復

(一) 停止（停效）

1. 意義：指在保險契約存續期間，因法定事由發生，使其效力暫時停止。

2. 原因

(1) 當事人約定。

(2) 在人壽保險，要保人之保險費到期未交付者，除契約另有訂定外，經催告到達後逾三十日仍不交付者，保險契約之效力停止（保116 I）。

(3) 保險契約載有保險人故意自殺，保險人仍應給付保險金額之條款者，其條款於訂約二年後，始生效力；恢復停止效力之保險契約，其二年期間應自恢復停止效力之日起算（保109 II）。

3. **效力**：保險契約停止效力期間內發生保險事故者，保險人不負給付保險金之責。

（二）恢復（復效）

爲避免不利，要保人得向保險人請求恢復保險契約之效力（復效）如下：

1. 財產保險

變更保險契約或恢復停止效力之保險契約時，保險人於接到通知後十日內不爲拒絕者，視爲承諾復效（保56）。

2. 人身保險

停止效力之保險契約，於停止效力之日起六個月內清償保險費、保險契約約定之利息及其他費用後，翌日上午零時起，開始恢復其效力。要保人於停止效力之日起六個月後申請恢復效力者，保險人得於要保人申請恢復效力之日起五日內要求要保人提供被保險人之可保證明，除被保險人之危險程度有重大變更已達拒絕承保外，保險人不得拒絕其恢復效力。（保116 III）。

三》保險契約的消滅

保險契約訂立後，因違反法定事項或約定事項，其效力當然或任意歸於消滅。

（一）無效及失效

1. **無效**：因一定事由的發生，契約效力當然消滅，無當事人主張而溯及既往於契約成立時不生效力。

   (1) 違反法定事項：如保險標的之危險已發生或滅失、複保險中要保人故意不爲通知、超額保險之一部無效、死亡保險未經被保險人書面承認及被保人年齡不實且超過保險人保險年齡。

   (2) 違反約定事項，如保費欠繳六期，保險契約即無效。

   (3) 法定失效原因，如要保人對保險標的無保險利益。

2. **失效**：保險契約自失效原因發生之時起，向將來喪失其效力，而無須當事人主張。例如：要保人對於保險標的無保險利益（保17）。

（二）解除

保險契約因之解除係指有解除權之當事人一方，於一定事由契約成立之時，而視為自始不發生。發生時，依法律或契約所賦予之解除權，以其單獨行為使契約效力自始消滅。

1. **法定解除權**：當事人依法律規定而取得解除契約之權。

   (1) 要保人違反通知義務（保57）。

   (2) 要保人違反據實說明義務（保64）。

   (3) 當事人之一方違背特約條款（保68）。

   (4) 當事人之一方意圖詐欺之超額保險（保76）。

   (5) 海上保險契約之保險人破產時（海175）。

2. **約定解除權**：當事人不違反強制規定或公序良俗之前提下，於契約以合意約定在一定事由發生時，當事人之一方或雙方均有權據以解除契約。

（三）終止

指在契約關係存續中，由於一定事由之發生，基於法律規定當然終止或由於當事人一方之意思表示而終止。

1. **當然終止**

   (1) 因標的危險之增減欲重訂保險費，當事人一方不同意（保60）。

   (2) 保險標的物非因契約所載之保險事故而完全滅失時（保81）。

   (3) 保險人破產（保27）。

   (4) 違反危險增加通知義務（保60）。

   (5) 要保人領取解約金。

2. **任意終止**：係指一定事由發生時，應由當事人一方向他方行使終止權，方便契約之效力終止。

   (1) 優惠期間屆滿，要保人仍未交付保險費（保116 III）。

   (2) 危險於保險契約存續期間內增加或減少者（保60前、保26 II）。

   (3) 要保人破產（保28前）。

▌案例題型▸▸▸▸▸▸▸▸▸

甲以其所有之房屋一棟設定抵押權予乙銀行，擔保乙銀行對甲之債權。甲並應乙銀行之要求，以該房屋為標的物，向丙保險人投保火災保險附加抵押權條款，指定乙銀行為被保險人。

若保險期間屆滿前，經丙保險人訂定合理期間通知甲繳納續期保險費，惟於繳納期限屆至後，甲仍未繳納，丙保險人得否終止保險契約？

【102年公務人員特種考試司法官考試第二試試題】

‹‹‹‹‹‹‹‹‹‹‹‹‹

▌案例題型▸▸▸▸▸▸▸▸▸

A以自己為被保險人，向甲保險公司投保人壽保險，約定按月分期繳付保險費，A在繳費滿二年後，因自己經濟惡化未繼續繳交保險費。問：A未續繳保險費時，甲保險公司得否逕行終止保險契約？A於申請保險契約復效時，甲保險公司可否拒絕同意其復效？

【101年公務人員高等考試三級考試試題－經建行政】

‹‹‹‹‹‹‹‹‹‹‹‹‹

18.5 當事人的義務與權利

體系整理

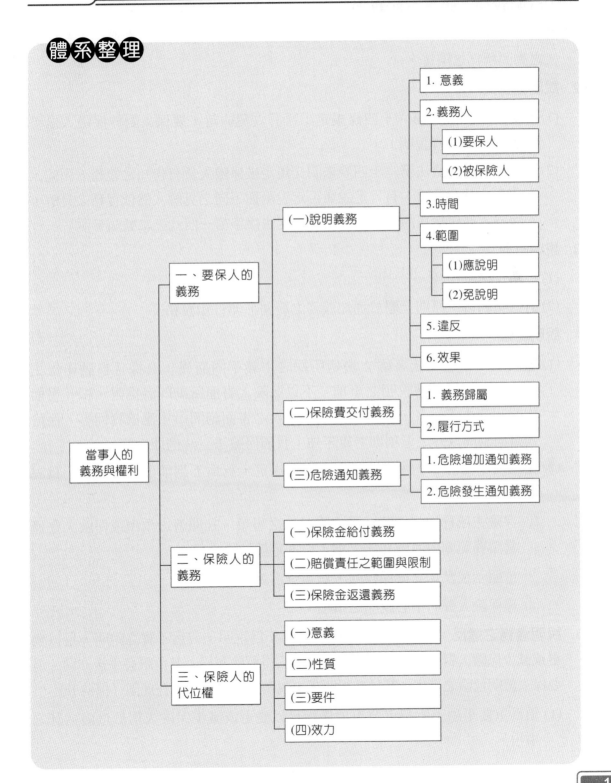

一 » 要保人的義務

(一) 說明義務（據實告知義務）

1. **意義**：要保人對保險人之詢問有陳述之義務，所謂「說明」即指要保人對保險人之詢問所為之陳述。

2. **說明義務人**

   (1) 要保人：保險法第六十四條規定：「訂立契約時，要保人對於保險人之書面詢問，應據實說明」。

   (2) 被保險人：保險法第六十四條未明文規定被保險人負有告知之義務，因此，在學說上就有爭議，有肯定說與否定說兩種不同之見解，然依實務之見解，被保險人亦包括在內（法務部八十年度法律字第一四八三二號函參照）。

3. **說明時期**

   (1) 訂立保險契約時。

   (2) 訂立契約後：原則上屬於通知義務之範圍，非告知義務。

4. **說明範圍**

   (1) 應說明之事項：依各國立法例所採之主義不同而異；有採「自動申告主義」者，要保人應說明之事項，不以保險人書面所詢問者為限，採「書面詢問回答主義」者，要保人對於保險人之書面詢問事項應據實回答，保險人書面詢問以外之事項則勿庸告知，我國保險法立法例即採此。

   (2) 免為說明之情形：保險法第六十二條規定，認為下列情形，要保人不負說明義務：

   ① 保險人所已知之事項或推定為已知之事項，凡顯著之事項或保險人在通常業務範圍內所應知之事項，均推定為保險人已知。

   ② 依明示或默示之擔保條款，無須更為說明之事項。

   ③ 經保險人聲明不必說明之事項。

5. **說明義務之違反**：要保人有為隱匿或遺漏不為說明，或為不實之說明，足以變更或減少保險人對於危險之估計者，保險人得解除契約；其危險發生後亦同。但要保人證明危險之發生未基於其說明或未說明之事實時，不在此限（保64 II）。

   (1) 須為重要事項：所謂重要事項係指足以變更或減少保險人對於危險估計之事項。

(2) 出於要保人之故意或過失：指要保人對知悉或應知之事項；而故意隱匿、過失遺漏或為不實之說明。

(3) 須非屬於意見或觀念之表示。

(4) 須非客觀上存在之事實或保險人應知或可得而知之事項。

(5) 須與危險之發生具有因果關係。

6. **違反之效果**：保險人得解除保險契約。

7. **保險人解除契約權之限制**：前項解除契約權，自保險人知有解除之原因後，經過一個月不行使而消滅；或契約訂立後經過二年，即有可以解除之原因，亦不得解除契約。（保64 III）

實務案例

　　基於保險契約是誠信契約（最大善意契約）的觀點，保險法規定要保人有據實告知義務（保64），如有違反保險人得據以解除保險契約。而我國保險契約招攬實務上，通常是在要保人簽訂保險契約時，檢附要保書（要保書上會列出要保人在簽訂保險契約前，如果曾經罹患例如糖尿病等特定疾病，要勾選讓保險公司知悉）。

　　保險業務員在招攬實務上，為促成保險契約簽訂，未詳細詢問要保人是否曾罹患特定疾病，僅概括的詢問要保人：「身體有沒有問題？」、要保人回覆：「沒有」，保險業務員即當場幫要保人在要保書上勾選未曾罹患特定疾病，嗣後經保險公司同意承保。但保險事故發生時，保險公司發現要保人曾經有糖尿病史，而拒絕理賠並以要保人違反據實告知義務解除保險契約。

　　雖要保書上關於要保人應告知事項之記載有不實，卻因保險業務員未履行詢問義務所致，要保人即無違反據實告知義務之情事，故不許保險公司據以解除保險契約。

（參考資料：臺灣嘉義地方法院一○二年度嘉保險簡字第二號民事判決。）

▌案例題型▸▸▸▸▸▸▸▸▸

被保險人呂銹憐於投保前已有心臟病，並曾昏倒就醫，但其投保時並未據實向國太保險公司告知，呂銹憐並於體檢前服食使心臟得以正常之藥物，致保險公司特約醫師未發現銹憐之心臟有異之情事，嗣後銹憐因心肌梗塞而亡，國太保險公司得否以呂銹憐違反告知義務而解除契約並拒絕理賠？

◂◂◂◂◂◂◂◂◂◂◂◂

▌案例題型▸▸▸▸▸▸▸▸▸

甲現年30歲，患有先天性心臟病，經A人壽保險公司（以下稱A公司）業務員乙之推介，於民國100年6月1日向A公司投保人壽險及意外傷害險，保險金額分別為新臺幣200萬元及500萬元，並以其配偶丙為受益人。惟甲於填寫要保書時，係由業務員乙代為填寫及勾選。乙為業績考量，並未將甲陳述其患有先天性心臟病之事項據實填寫。A公司遂於民國100年6月10日通過核保，並於同日與甲訂立上開保險契約。其後甲於民國102年5月1日時，與友人打籃球帶球上籃時，不幸與丁碰撞跌倒，雖甲之手腳僅有輕微擦傷，卻因而導致心臟病發，送醫不治死亡。

試問：若丙向A公司請求給付保險金時，A公司則主張甲隱匿重要事項，A公司已依法解除保險契約，爰拒絕給付人壽險之身故保險金。有無理由？

【102年公務人員高等考試三級考試試題－法制】

◂◂◂◂◂◂◂◂◂◂◂◂

▌案例題型▸▸▸▸▸▸▸▸▸

甲於民國102年2月10日以其子乙為被保險人，與A保險人訂立終身壽險契約附加醫療保險，並於民國102年2月10日依約繳納保險費。乙於民國102年6月1日因頭痛急診住院治療，於民國102年6月5日向A保險人請領醫療保險金。A保險人查知乙曾於民國102年1月11日至14日因頭痛前往B醫院住院治療，乃以甲要保時違背據實說明義務為理由，於民國102年6月20日以存證信函解除保險契約，拒絕保險理賠。試問：A保險人主張甲違背據實說明義務，解除契約是否有據？

【102年公務人員特種考試司法人員考試試題－公證人】

◂◂◂◂◂◂◂◂◂◂◂◂

▌案例題型▶▶▶▶▶▶▶▶▶▶

　　甲以自己為要保人，以其妻乙（乙為肝炎患者）為被保險人，向A保險公司投保死亡保險契約。A保險公司要求乙至指定醫院進行體檢，其中包括肝炎之檢查。若乙之前曾就保險業務員出具之要保書上關於「被保險人是否有肝炎病史」之詢問為不實之答覆，而指定醫院之體檢結果亦未能正確檢驗出乙患有肝炎，因此順利核保。嗣後A保險公司發現此一情形，其得否以乙違反保險法第64條之據實說明義務為由，主張解除契約？

【101年民間之公證人考試】

◀◀◀◀◀◀◀◀◀◀◀◀◀

▌案例題型▶▶▶▶▶▶▶▶▶▶

　　甲患有視網膜剝離之疾病，雙眼視力於數月間由萬國視力表視力值0.5，降低至視力值0.2，甲於住院就醫後經醫師告知，未來將有失明的可能。甲於出院後向乙人壽保險公司購買「安和樂利終身壽險」，保險金額為新臺幣500萬元，甲於要保書所詢問事項：「過去五年內，是否曾經因患視網膜病變而接受醫師診療？」中，勾選「否」；乙人壽保險公司安排甲至特約診所，由醫師丙進行體檢，甲於丙詢問是否有視網膜病史時，回答「無，僅因閱讀習慣不佳而患有近視。」甲順利通過體檢，乙人壽保險公司隨後同意承保。一個月後，甲於家中浴室跌倒，臉部撞擊地面後產生視網膜出血嚴重剝離，終致雙眼失明。甲向乙請求失明殘廢理賠，乙拒絕理賠並主張解除契約。乙主張解除契約是否有理由？

【101年公務人員高等考試三級考試試題－法制、國際經貿法律】

◀◀◀◀◀◀◀◀◀◀◀◀◀

▌案例題型▶▶▶▶▶▶▶▶▶▶

　　甲某日駕駛其所有之自用轎車載其妻乙外出，途中，因某執行勤務中之警備車違規逆向行駛，侵入其車道，致發生碰撞。甲車輛毀損，身受重傷；乙因素患高血壓症，遭受傷害，驚嚇過度，腦溢血死亡。乙曾以其自己為被保險人向C保險人投保傷害保險。就乙之死亡，雖然保險契約訂立後已逾二年，保險人C仍然以乙係以故意隱匿其罹患高血壓症之方法詐欺保險人為理由，主張撤銷其同意承保的意思表示，拒絕受益人的請求。C保險人撤銷其同意承保的意思表示是否有理？

【101年專門職業及技術人員高等考試律師考試第二試試題】

◀◀◀◀◀◀◀◀◀◀◀◀◀

案例題型 ››››››››››

甲以其妻乙為被保險人，經乙同意向丙人壽保險公司投保人壽保險。甲於填寫申請書時，並未據實告知其妻乙患有先天性心臟病之事實，經丙公司承諾並交付保險單。乙因車禍心臟病發不治死亡。

若契約訂立半年後乙發生車禍，經鑑定確認當時過於驚嚇，致心臟病發而死，丙公司可否依保險法之規定解除契約、拒絕理賠？

若車禍係發生於契約訂立三年後，此時丙公司才知悉乙罹患心臟病之事實，可否依保險法之規定解除契約、拒絕理賠？

又該項規定是否排除民法第92條規定之適用，即保險人丙公司可否主張該保險契約係被詐欺而為意思表示，而撤銷其意思表示？

【100年公務人員特種考試 調查人員 三等考試 法律實務組】

‹‹‹‹‹‹‹‹‹‹‹‹‹

案例題型 ››››››››››

甲因工作過勞而經常疲倦，體能狀況極為惡劣，遂於2010年3月赴醫院進行檢查，經診斷甲罹患肝硬化及脂肪肝等症狀。因家中仍有高堂妻小須照養，甲遂以自己為被保險人，向A保險公司投保終身壽險附加住院醫療費用保險。於填寫要保書時，對於既往病症之詢問事項，甲均勾選「無」並親自簽名。由於甲年齡尚輕，A保險公司並未要求體檢而同意承保，保險契約自2010年6月1日起生效。甲於2011年1月間因盲腸發炎住院七天，醫療費用支出三萬元，A保險公司於2012年2月1日依約理賠。之後，甲因併發猛爆性肝炎而於2012年3月12日死亡，受益人乙因恐A保險公司主張解除契約，故意遲延至2012年7月1日始通知A保險公司。

A保險公司能否以要保人甲違反告知義務為由，解除本保險契約？

【100年公務人員特種考試司法官考試第二試試題】

‹‹‹‹‹‹‹‹‹‹‹‹‹

（二）保險費交付義務

1. **義務歸屬**：保險費應由要保人依契約規定交付（保22 I）信託業依信託契約有交付保險費義務者，保險費應由信託業代為交付之。要保人為他人利益訂立之保險契約，保險人對於要保人所得為之抗辯，亦得以之對抗受益人（保22 III）。

2. **履行方式**：保險費通常以金錢交付，交付之時期視保險費係一次交付抑或分期交付而不相同，一次交付應於契約失效前交付之；而分期交付者，其各期之交付時期，法無明定，惟第一期保費亦應於契約失效前交付之，保險契約簽訂時，保險費未能確定者，不在此限（保21）。

(三) 危險通知義務

要保人於契約訂立後，對於危險之發生或增加，基於誠實信用原則及對價平衡，亦有通知保險人的義務，使保險人得依據通知內容為危險評估；如有違反，要保人及被保險人對保險人因此所受之損失，應負賠償責任（保63）。

1. 危險增加之通知義務

(1) 通知義務之發生：為契約所載增加危險之情形：要保人對於保險契約內所載增加危險之情形應通知者，應於知悉後即時通知保險人（保59 I）。

非契約所載增加危險之情形：

1. 危險增加，由於要保人或被保險人之行為所致，其危險達於應增加保險費或終止契約之程度者，要保人或被保險人應先通知保險人（第59 II）。

2. 危險增加，不由於要保人或被保險人之行為所致者，要保人或被保險人應於知悉後十日內通知保險人（第59 III）。

(2) 危險增加通知義務履行後之效果：依法有保險人得終止契約、得提議另行核定新的保險費等。但如保險人知道危險增加後，仍繼續收受保險費，或於危險發生後給付賠償之保險金額，或其他維持契約之表示者，喪失終止契約、提議另定保險費之權（保60）。

(3) 未履行危險增加之通知義務：當事人之一方對於他方應知之事項而怠於通知者，除不可抗力事故外，不問是否故意，他方得據為解除保險契約（保57）。當然亦得請求損害賠償。

(4) 通知義務之免除：要保人或被保人免通知之規定有「損害之發生不影響保險人之負擔者」、「為防護保險人之利益者」及「為履行道德上之義務者」。契約當事人均免通知之規定則有「為他方所知者」、「依通常注意為他方所應知或無法諉為不知者」及「一方對於他方經聲明不必通知者」。

2. **危險發生之通知義務**

(1) 立法目的：對保險人而言，保險人能在知悉事故發生後，立即採取必要措施，以防止損失擴大，並保留保險標的物之殘餘部分，亦可及早調查事實、蒐集證據；對被保險人而言，儘速通知保險人即得儘速獲得理賠，且如能因及早通知而減少損失，亦可以減少整個危險共同團體之支出。

(2) 通知義務人：要保人、被保險人、受益人。

(3) 通知時間：知悉後五日內（保58）。

(4) 違反效果：保險人得解除或終止契約或另訂保險費。

■»保險人義務

(一) 保險金之給付義務

1. **意義**：保險人於約定保險事故發生後，對被保險負給付保險金義務，此即保險人所應付之賠償責任。

2. **賠償責任之範圍與限制**

(1) 得以契約限制（非強制條款）

① 不可預料或不可抗力：保險人對於不可預料或不可抗力之事故所致之損害，負賠償責任，但契約有明文規定者，不在此限（保29 I）。

② 因戰爭所致：保險人對於因戰爭所致之損害，除契約有相反之訂定外，應負賠償責任（保32）。

(2) 不得以契約限制（強制性條款）

① 因要保人過失所致之損害：保險人對於由要保人或被保人之過失所致之損害負賠償責任，但出於要保人或被保險人之故意者，不在此限（保29 II）。

② 因履行道德義務所致之損害：保險人對於因履行道德上之義務所致之損害，應負賠償責任（保30）；例如死亡保險之被保險人為拯救其母親而輸血過多至死。

③ 因受僱人或物所致之損害：保險人對於因要保人或被保險人之受僱人或其所有之物或動物所致之損害，應負賠償責任（保31）。

3. **履行方式**：以金錢賠償為原則，以其他方法賠償為例外。

4. **賠償數額**：原則上以保險金額爲限。

5. **賠償時期**：保險人於約定期限給付賠償金額，無約定期間者，應於接到通知後十五日內給付之（保34 I）。

(二) 保險金返還義務

若保險人因保險法或保險契約之特殊規定而免除賠償責任時，保險人即有將受領自要保人之保險費予以返還義務。

1. **保險契約無效時**：保險契約訂立時，保險人知道危險已消滅，而要保人不受拘束時，保險人不得請求保險費及償還費用，其已收受者，應返還要保人（保24 II、51 III）。

2. **保險契約終止時**：保險契約終止後要保人所交付之保險費，應由保險人予以返還（保24 III、26 II、27、28、60、81、82、82 I）。

3. **保險契約解除時**：保險契約因第六四條第二項之情事而解除時，保險人無須返還其已收之保險費（保25）。

4. **複保險之保險費**：要保人以同一保險利益，同一保險事故，善意訂立數個保險契約，其保險金額總額超過保險標的之價值者，在危險發生前，要保人得依超過部分，要求比例返還保險費。

5. **保險人破產時**：保險契約於破產宣告之日終止，其終止後之保險費，已交付者，保險人應返還之（保27）。

■ 保險人的代位權

(一) 意義

保險人之代位權，又稱保險代位或權利代位，其義乃係被保險人因保險人應負保險責任之損失發生，而對於第三人有損失賠償請求權者，保險人得於給付賠償金額後，代位行使被保險人對於第三人之請求權（保53 I），但其所請求之數額，以不逾賠償金額爲限（保53 I但）。

(二) 性質

1. 其係法律規定而產生，屬於法定當然代位，不須被保險人之讓與移轉。

2. 本權宗旨在於避免被保險人獲得雙重賠償及減輕保險人之負擔。

3. 保險人之代位權，只適用於財產保險之保險人，至於人身保險之保險人，則無此保險人代位權之適用（保103、130、135）。因基於生命、身體之無價性，即使人身保險之被保險人或其受益人自保險人處及第三侵害人處獲得雙重給付，亦非不當得利，因此無保險代之適用。

（三）要件

1. 須保險人已依保險契約之約定，給付賠償之保險金額與被保險人（保53 I）。

2. 保險事故之發生係由於第三人之故意、過失所導致。

3. 被保險人對第三人有損害賠償請求權。

4. 保險人代位向第三人請求之數額，不得超過保險人所給付之賠償數額。

5. 可歸責之第三人須非被保險人之家屬或受僱人，但損失係由其故意所致者，不在此限（保53 II）。

   (1) 家屬：係指同財共居之人。

   (2) 受僱人：第三人不僅須受被保險人僱用，並須被保險人對其行為負責任。

（四）效力

1. 保險代位既是一債權的法定移轉，則具備保險代位之要件後，即發生債權移轉之法定效果。保險人得以自己名義，對第三人行使代位權，被保險人不得以任何行為妨害其行使，蓋保險法上之代位權為法定當然代位，一經保險人行使，即取得被保險人對第三人之請求權，此項請求權行使之結果，為保險人所享有，故保險人應以自己名義為之。

2. 保險人之代位權本質上係源自於被保險人對第三人之求償權；因此，受如下之限制：

   (1) 抗辯權：第三人得以之對抗被保險人之事由，均得以之對抗被保險人。（最高法院六十六年台上字的一○一六號民事判決參照）

   (2) 責任之免除：被保險人自保險人處受領賠償金後，對於負有賠償責任之第三人，不得免除其責任。且保險人行使代位權時，被保險人不得為任何不利妨礙於保險人行使代位權的行為。被保險人如對第三人為責任之免除者，保險人得向被保險人追回已給付之保險金額。

(3) 求償權之拋棄

① 訂立保險契約前：被保險人得拋棄其對第三人之損害賠償請求權，惟須通知保險人，若保險人知情，或保險單上無代位權之規定，保險人應受該拋棄之拘束，不得行使代位權向第三人請求損害賠償。

② 訂立保險契約後拋棄：保險人得據以免除給付保險金之責。

(4) 和解：被保險人與第三人間所成立之和解，未經保險人之參與或同意者，保險人自不受和解合約之拘束，保險人仍得向第三人代位行使被保險人之損害賠償請求權。

▌案例題型》》》》》》》

留德滑於八十歲考取駕照後，立刻向疼他之舅舅借了一台年份很新之賓士車，並與朋友一起駕車至東區逛街，在其好不容易找好停車位，並將該台賓士車停於該車位之際，留德滑卻誤踩油門，致賓士車與前後之車子撞成一團，幸好他與朋友僅受輕傷，並無大礙；舅舅的賓士車係向國滑保險公司投保，在保險公司賠償其舅舅修車費用後，就轉向留德滑提出損害賠償請求權，但德滑拒絕履行，且向國滑公司表示：車子係經舅舅之同意後借用，而舅舅目前亦將賓士車賣給他人，既已賣出，國滑公司即不必賠償，又如何有權向他行使代位請求權？試依保險法相關規定分析之。

《《《《《《《《《《《《《

▌案例題型》》》》》》》

甲以自己所有，價值150萬之休旅車一輛，向A產物保險公司（下稱A）投保車體綜合損失險，保險金額120萬。某日，休旅車停放於路邊合法停車格時，遭躲避警方追緝之通緝犯乙駕車追撞，甲之車爆炸起火，經鑑定後該車全損。問：A對甲給付全額保險金後，對乙得否主張任何權利？該權利之行使有無任何前提要件？

【102年特種考試地方政府公務人員考試試題】

《《《《《《《《《《《《《

▌案例題型》》》》》》》

　　A公司為在臺北展示一批珠寶,特別請B保全公司擔任展示會場保全工作,另並向C保險公司投保財產保險,孰知展示第1天晚上,該批珠寶即遭偷竊,而B保全公司因在展示現場裝置的警報系統故障以致無法保護該批珠寶,事發後C保險公司全數理賠A公司珠寶價值之損失,並代位A公司向B保全公司請求賠償,B保全公司則抗辯其非珠寶損失之侵權行為人,C保險公司無權代位A公司向其求償。C保險公司是否有權代位A公司向B保全公司求償?

【100年公務人員升官等考試試題 薦任 經建行政】

《《《《《《《《《《《《《

練習題庫

一、是非題

1. (　　)暫保單在正式保險單交付前,與保險單具有相同之效力。

2. (　　)複保險指要保人就同一保險利益,同一保險事故,與數個保險人分別訂立數個保險契約之行為。

3. (　　)要保人在保險事故發生後,有請求保險人給付保險金之權利。

4. (　　)補充條款為保險契約之變更,非經當事人雙方同意,不得為之。

5. (　　)保險人可任意終止保險契約。

6. (　　)要保人對於保險人之書面詢問,應據實說明。

二、選擇題

1. (　　)保險法明文規定,若發生保險事故,出於要保人或被保險人過失所致之損害,保險人應　(A)不負賠償責任　(B)負賠償責任　(C)只負一半賠償責任　(D)以上皆非。

2. (　　)被保險人若欲終止契約時,應於幾日前事先通知保險人?　(A)三個月　(B)十日　(C)十五日　(D)三十日。

3. (　　)當事人於保險契約基本條款外,仍須承認履行特種義務之條款,稱為　(A)基本條款　(B)承認條款　(C)法定條款　(D)特約條款。

本章習題

1. 保險契約之性質為何？

2. 保險契約當事人為何？

3. 特約條款要件與效力為何？

4. 保險契約要保人變更為何？

5. 保險人行使代位請求權之要件為何？

   【100 年公務人員升官等考試試題薦任經建行政】

6. 保險法對於要保人及被保險人據實說明義務之規範內容為何？保險人行使解除契約權之限制為何？【102 年公務人員特種考試身心障礙人員考試試題】

NOTE

19 財產保險

19.1 火災保險

19.2 責任保險

19.3 保證保險

財產保險，亦稱「產物保險」，乃指以財產為保險標的之保險，被保險人的財產利益，因保險事故之發生所致的損害，由保險人負責賠償的契約。依保險法第十三條第二項規定：「財產保險，包括火災保險、海上保險、陸空保險、責任保險、保證保險及經主管機關核准的其他財產保險。」因此，財產保險有六種：火災保險、海上保險、陸空保險、責任保險、保證保險及經主管機關核准的其他財產保險（竊盜保險、輸出保險）。

19.1 火災保險

體系整理

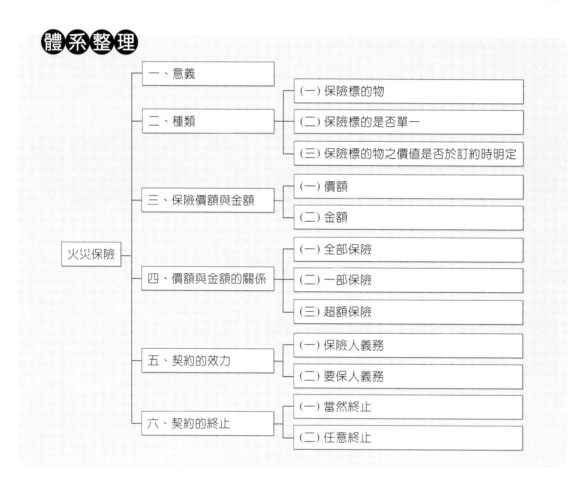

一 》意義

火災保險，簡稱火險，乃指補償因火災所致保險標的物之毀損或滅失，負賠償責任之一種保險型態。故火災保險人，對於由火災所致保險標的物之毀損或滅失，除契約另有訂定外，負賠償之責（保70 I）。

　　所謂火災，就是不按照通常用法之燃燒作用所致之損害，由於火災係以火災為保險事故發生之原因，為確定保險人責任，火災須具備下列要件：(一)此火災必須具有燃燒作用，發生灼熱與火焰之破壞作用；(二)火焰係超出吾人所可控制範圍外之不友善之火；(三)火災係發生於意外；(四)火與災害有因果關係；雖戰爭與地震會造成符合上述火災保險要件之火災，然於實務上，則將之除外，拒絕承保。

　　另外，因救護保險標的物，致保險標的物發生損失者，視同所保危險所生之損失（保70 II）。

二》種類

(一) 以保險標的物為分類標準

1. **不動產火災保險**：以不動產為保險標的之火災保險。所謂不動產依民法第六十六條第一項之規定，係指土地及其定著物，惟土地並無投保火災保險之必要，因此，不動產火災保險之不動產，應以「土地之定著物」為限。

2. **動產火災保險**：以動產為保險標的之火災保險。所謂動產，依民法第六十七條第一項之規定，係指不動產以外之物。

數 位 加 分

例如：商品、器具、機械、衣服、家俱、書籍、收藏物等均屬於動產。原則上，所有動產均得成為火災保險之標的，惟有例外之情形；下列標的物，在現行火災保險契約中，除另有特別約定外，保險人不負保險責任：

1. 古玩、藝術作品，屬於高價或無價者（應以特種保險契約承保）。

2. 金銀條塊及其製品：首飾、玉石、珠寶或未經裝鑲之珍珠寶石。

3. 文件、手稿、圖畫、圖樣、圖案、模型等。

4. 錢幣、票據、股票、債券、郵票、印花稅票及其他有價證券。

5. 各種文件證件、帳簿或其他商業憑證簿冊。

6. 爆炸物或其他危險物品。

3. 以無形利益為保險標的之火災保險。如房租保險，是指房屋所有人以其房屋之租金為保險標的之火災保險。

4. **混合火災保險**：指同時以動產及不動產為保險標的之火災保險。如以一房屋及其屋內之傢俱、衣物為保險標的之火災保險。

（二）以保險標的是否單一為區別標準，可分為

1. **單獨火災保險**：亦稱個別火災保險，以某一特定之財物為保險標的之火災保險，例如以某一房屋、某一工廠。

2. **集合火災保險**：以集合之財物為保險標的之火災保險，例如工廠內之設備、圖書館內之書籍，有特定性。

3. **總括火災保險**：以一個保險金額而包括在一地或不止一地的數種財物為保險標的之契約。

（三）以約定保險標的物之價值為區分標準，可分為（保50）

1. **定值保險**：保險法第七十三條第一項規定：「保險標的，得由要保人，依主管機關核定之費率及條款，作定值或不定值約定之要保。」

2. **不定值保險**：保險契約上載明保險標的之價值，須至保險事故發生後估計損失而訂立之火災保險契約。

三》保險價額與保險金額

（一）保險價額

指保險標的物之價值，換言之，保險標的物在某特定時期得以金錢估計之價值總額；保險價額之估計有二種方式：一為依市價評定，多見於不定值保險契約；二為當事人約定，多於定值保險契約見之。

（二）保險金額

指保險契約當事人約定，於保險事故發生時，保險人對於要保人或被保險人所應給付之金額。而保險費之多寡，亦以保險金額為計算之標準，此外，保險人應於承保前，查明保險標的物之市價，不得超額承保（保72）。

四 》保險價額與金額之關係

(一) 全部保險

保險價額之全部為保險金額，此類保險稱為全部保險或金額保險。

(二) 一部保險

保險金額不及保險價額，亦即以保險價額之一部去投保之保險，此保險稱為一部保險或不足保險。

(三) 超額保險

保險金額超過保險價額，此保險稱為超過保險或超額保險，此保險亦釀成道德危險（如要保人縱火索賠），因此法律加以禁止。

五 》契約之效力

(一) 保險人的義務

1. 損失賠償義務

(1) 保險標的以約定價值為保險金額者，發生全部損失或部分損失時，均按約定價值為標準，計算賠償（保73 II），所謂「全部損失」簡稱全損，係指保險標的全部毀損或滅失，達於不能修復或其修復的費用超過保險標的的恢復原狀所需者（保74）。

(2) 保險標的未經約定價值者，發生損失時，按保險事故發生時，實際價值為標準，計算賠償，其賠償金額不得超過保險金額（保73 III）。

(3) 給付保險金的期限：應給付的保險金確定後，保險人應於約定期限內給付之，無約定者，應於接到通知後十五日內給付之（保34 I）。

(4) 估計遲延的效果：損失的估計，因可歸責於保險人的事由而遲延者，應自被保險人交出損失清單一個月後加給利息。損失清單交出二個月後，損失尚未完全估定者，被保險人得請求先行交付其所應得的最低賠償金額（保78）。

2. 費用償還義務

(1) 避免或減輕損害費用的償還：保險人對於要保人或被保險人為避免或減輕損害的必要行為所生的費用，負償還之責，保險人對於前項費用的償還，以保險金額對於保險標的之價值比例定之（保33）。

(2) 證明及估計損失之必要費用的負擔：保險人或被保險人為證明及估計損失所支出的必要費用（給付公證人之費用），除契約另有訂定外，由保險人負擔之（保79 I），故該項費用，若由被保險人墊付時，保險人自應償還。

(二) 要保人之義務

1. 交付保險費之義務（保22）。

2. 告知、通知之義務

(1) 據實說明之告知義務（保64）。

(2) 危險通知之義務：危險增加（保59）、危險發生（58）。

3. 保險標的物變更禁止之義務：保險事故發生後，保險人必須赴現場查勘估價，以作為賠償之標準；因此，除為公共利益或避免擴大損失外，要保人未經保險同意，對於保險標的不得加以變更（保80）。

六 》契約的終止

(一) 當然終止

火災保險標的物「全部」滅失時，火災保險契約當然終止。若係由於保險事故而全部滅失者，保險人須負給付保險金之責任；若非因保險事故而使保險標的物滅失者，保險契約終止（保81），終止後之保險費已交付者，保險人應返還之；但以非時間為計算基礎者不在此限（保24）。

(二) 任意終止

火災保險標的物受「部分」損失時，保險人與要保人均有終止契約之權。終止後已交付未損失部分的保險費應返還之（保82 I），又保險人終止契約時，應於十五日前通知要保人（保82 III），以便要保人另行投保。

實務案例

位於桃園市蘆竹區，屬製藥國家隊一員的「旭富製藥廠」於2020年12月20日中午發生嚴重火警，現場不僅傳出爆炸聲，火勢更一發不可收拾，一路延燒至附近其他5間廠房，業者損失慘重。

事實上，總統蔡英文曾在同年4月8日參訪，當時表示從原料到製藥，整合上游到下游的廠商，皆組成製藥國家隊；她要代表臺灣人民感謝大家，在這段時間對防疫的支持，更感謝大家在臺灣經濟發展的過程中，照顧臺灣人的健康，也照顧臺灣的產業。

如今卻不幸發生火災，重創桃園廠區也波及其他廠家，公司帳務財產損失粗估新台幣8億元，另波及隔鄰家五家廠商，此部分損失無法評估。此外，公司財產損失理賠金額，預估應可全額理賠，波及隔鄰廠商理賠金額為新臺幣3,000萬元。

（參考資料：https://www.cna.com.tw/news/firstnews/202012200200.aspx）

19.2 責任保險

體系整理

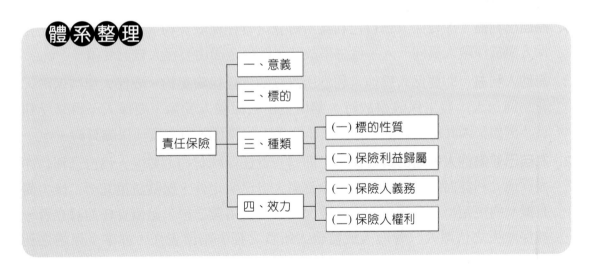

責任保險
- 一、意義
- 二、標的
- 三、種類
  - (一) 標的性質
  - (二) 保險利益歸屬
- 四、效力
  - (一) 保險人義務
  - (二) 保險人權利

一 》意義

責任保險(liability insurance)，乃保險人於被保險人對於第三人，「依法」應負賠償責任，而受賠償之請求時，負賠償之責財產保險契約（保90）。由上可知，責任保險之目的係為補償被保險人之法定責任發生時，所受財產上之損失。

██» 保險標的

(一) 須為被保險人在法律上對第三人應負之損害賠償責任

(二) 須具備責任保險標的之要件

1. 須為法律責任；
2. 須為民事責任；
3. 須為過失責任。

(三) 須為被保險人受第三人賠償之請求

██» 種類

(一) 依保險標的性質為區別標準

1. **個人責任保險**：即被保險人個人行為所發生的賠償責任為標的之保險。例如：醫師的責任保險、機車駕駛人之責任保險等。

2. **企業責任保險**：即被保險人企業上所發生的賠償責任為標的之保險。例如：運送人或倉庫營業人對於運送物寄託物所負責任之保險等。

(二) 依保險利益的歸屬為區別標準

1. **為自己利益**：即要保人為自己利益所訂立之責任保險契約。此種保險契約之要保人與被保險人為同一人，發生事故時，賠償金額由要保人自己受領。

2. **為他人利益**：即要保人為他人利益所訂立的責任保險契約，要保人與被保險人非為同一人，發生保險事故時，賠償金由被保險人受領，要保人不得享受利益。例如父因其子為醫師，而以其子職業上的責任，訂立責任保險契約。

3. **為自己並為他人利益的責任保險**：即同一責任保險契約，要保人為自己利益亦兼為他人利益而訂立。此種契約除當事人自己明定外，保險法第九十二條，尚有擬制的規定：「保險契約係為被保險人所營事業之損失賠償責任而訂立者，被保險人之代理人、管理人或監督人所負之損失賠償責任，亦享受保險之利益，其契約視同並為第三人之利益而訂立。」

四》效力

(一) 保險人之義務

1. **賠償責任的負擔**：於受損害之第三人向被保險人請求時，責任保險人負賠償責任；責任保險契約原則上無所謂保險價額的問題，保險人只在所約定的保險金額限度內負責任（保90）。

2. **必要費用的負擔**：被保險人在受第三人的請求而為抗辯，係屬有利於被保險人，其因此支出的訴訟上或訴訟外的必要費用，除契約另有約定外，自應由保險人負擔。被保險人就此項費用，得請求保險人墊給（保91）。

3. **保險金額的給付**：責任保險係被保險人將其對第三人的賠償責任，轉嫁給保險人，故保險人於第三人由被保險人應負責任之事故所致之損失，未受賠償前，不得以保險金額的全部或一部，給付被保險人（保94 I），以保護第三人權利。但保險人得經被保險人之通知，直接對第三人為賠償金額的給付（保95）。

(二) 保險人之權利（保險人之參與權）

責任保險契約成立後，損失賠償額的多少，與保險人利害有關，保險人得事先約定被保險人對於第三人就其責任所為之承認、和解或賠償，未經其參與者，保險人不受其拘束。但經要保人或被保險人通知保險人參與而無正當理由拒絕或藉故遲延者，不在此限。（保93）

所謂不受拘束，係指保險人不受被保險人與被害人和解條件之拘束，但非指保險人不必理賠。

被保險人與被害人之和解、賠償條件，對於保險人不生效力，保險人不必依其所決定之責任範圍，負賠償義務。

▌案例題型▸▸▸▸▸▸▸▸▸▸

甲之兒子乙16歲，就讀於某高中。甲因慮及乙喜好鬥毆，素行不良，唯恐乙對第三人發生侵權行為，自己必須連帶負損害賠償責任，乃以甲、乙為被保險人，以乙對第三人的侵權行為且受第三人請求損害賠償為保險事故，向A保險人投保責任保險，保險金額新臺幣（下同）300萬元。某日，乙在學校撞見同學丙調戲其女友，一時氣憤，以隨身扁鑽刺殺丙致死。

　　保險契約有保險人參與權的約定，但要保人未通知保險人，就與損害賠償請求權人達成和解，該和解契約在被保險人與保險人、被保險人與損害賠償請求權人之間，效力各如何？

　　保險契約有保險人參與權的約定，且要保人已經通知保險人，但是保險人藉詞推託，拒不派員參與和解，甲乃自行與損害賠償請求權人達成和解。該和解契約在被保險人與保險人、被保險人與損害賠償請求權人之間，效力各如何？

　　A保險人獲得被保險人的授權而與損害賠償請求權人進行和解，在和解過程中，損害賠償請求權人提出300萬元的和解要約，但A保險人以金額太高為由拒絕，致和解不成立。其後，損害賠償請求權人提起訴訟，請求甲、乙連帶負損害賠償責任，經法院判決甲、乙應該連帶賠償請求權人精神上損害賠償及財產上損害賠償合計500萬元確定。請問：就超出保險金額300萬元部分，甲、乙得否請求A保險人賠償？

【100年專門職業及技術人員高等考試律師考試第二試試題】

<<<<<<<<<<<<<<

▌案例題型>>>>>>>>>

　　甲為藥品製造人，向保險人乙投保商品責任險。甲之藥品上市之後，有消費者投訴，服用藥品後，胎兒發育異常，請求損害賠償。若甲因為擔心損失擴大，未通知保險人參與，即與該消費者達成和解。該和解的效力為何？若保險人乙擔心潛在的損失無法估計，雖經通知，仍然藉故不參與和解。甲不得已仍與該消費者達成和解，該和解契約的效力又如何？

【99年新制司法官及律師國家考試模擬試題】

<<<<<<<<<<<<<<

實務案例

　　按被保險人有違反道路交通管理處罰條例第21條或同條第21-1規定而駕車，致被保險汽車發生汽車交通事故者，保險人仍應負保險給付之責。但得在給付金額範圍內，代位行使請求權人對被保險人之請求權。

　　而強制汽車責任險之請求權人未經保險人同意而與被保險人和解，致有礙保險人行使代位權者，無論和解契約當事人成立和解之真意如何，其和解均無拘束保險人之效力。

　　簡言之，如汽車駕駛人有投保汽車駕駛人責任保險，而與第三人發生車禍事故，雙方要和解時，必須取得所投保責任保險之保險人同意，否則和解不拘束保險人。

（參考資料：臺灣高等法院106年度保險上字第36號民事判決。）

19.3　保證保險

體系整理

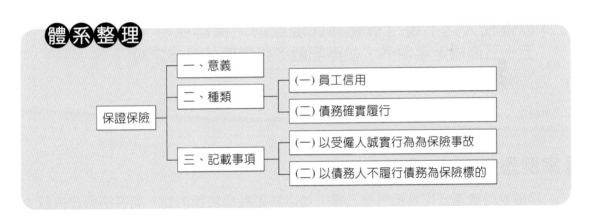

一》意義

　　保證保險，乃保險人於被保險人因其受僱人之不誠實行為或其債務人之不履行債務所致損失，負賠償責任的一種保險契約（保95之1）。

二 》種類

(一) 員工信用保證保險

以受僱人之不誠實行為（如竊盜、詐欺、侵占、毀損、偽造、挪用公款等）為保險事故，致損害僱用人（被保險人）之財產時，保險人應負賠償責任之保險契約。

(二) 債務確實履行保證保險

以債務人之不履行債務，致被保險人之財產受損時，保險人應負賠償責任之保險契約。

三 》記載事項

(一) 以受僱人之不誠實行為為保險事故之保證保險，其契約除記載第五十五條規定事項外，並應記載下列事項（保95之2）

1. 被保險人之姓名及住所。
2. 受僱人之姓名、職稱或其他得以認定為受僱人之方式。

(二) 以債務人之不履行債務為保險標的之保證保險，契約除記載第五十五條規定事項外，並應記載下列事項（保95之3）

1. 被保險人之姓名及住所。
2. 債務人之姓名或其他得以認定為債務人之方式。

▌案例題型 »»»»»»»»

程隨便向統連公司承租房屋乙棟，並以該屋為保險標的物，與保險公司簽訂火險契約，並以統連公司為受益人，除首期保險費由程隨便交付外，其餘各期約定由統連公司交付，惟統連公司並未依約交付，並由公司代表人向保險公司表示不願為受益人，後該房屋因火災而滅失，程隨便或統連公司是否得向保險公司賠償？理由何在？

‹‹‹‹‹‹‹‹‹‹‹‹‹

▌案例題型 ›››››››››

　　程隨便之別墅價值一仟貳佰萬元,他以此屋向國大產物保險公司投保伍佰萬元,一年後,該屋因電線走火而燒掉一部分,損失約伍佰萬元,國太公司應理賠程隨便多少金額,若程隨便係投係參仟萬元,則保險公司應理賠多少金額?

‹‹‹‹‹‹‹‹‹‹‹‹‹‹

▌案例題型 ›››››››››

　　甲以其所有之房屋出租予乙,乙以該屋向保險公司投保火災保險新臺幣(下同)2,000萬元,雙方並未約定保險標的價值。於保險契約有效期間內,該屋因隔壁相鄰之丙屋失火延燒而致毀損,失火時該屋之實際價值為2,500萬元,損失金額為1,000萬元,試問:何人得向保險公司請求多少保險金?

【101年公務人員特種考試司法官考試第二試試題】

‹‹‹‹‹‹‹‹‹‹‹‹‹‹

練習題庫

一、是非題

1. (　　)因救護保險標的物,致保險標的物發生損失者,視同所保危險所生之損失。

2. (　　)保險金額為保險契約的要件,其數額必須約定;保險價額可以事前約定,也可於危險發生後估計。

3. (　　)責任保險之保險標的須為財產保險。

4. (　　)責任保險的保險標的,為被保險人對第三人應負的賠償責任。

二、選擇題

1. (　　)火災保險中若以動產為保險標的物者,多以　(A)個別　(B)定值　(C)不定值　(D)集合　方式為之。

2. (　　)火災保險構之要件為:　(A)須具有燃燒作用　(B)須有爆炸性　(C)須釀成災害　(D)須有易燃性。

3. (　　)運送人以其所運送貨物為責任之保險,稱為　(A)運送保險　(B)陸空保險　(C)保證保險　(D)責任保險

1. 何謂「定值保險」？試舉例說明之。

2. 何謂「責任保險」？

3. 保險契約之終止可分為「當然終止」與「任意終止」兩種，請分別說明此兩種終止之原因各為何？

4. 何謂「保險人參與權」？

20 人身保險

「人身保險」主要內容可分人壽保險、健康保險、傷害保險及年金保險等四項。

20.1 人壽保險

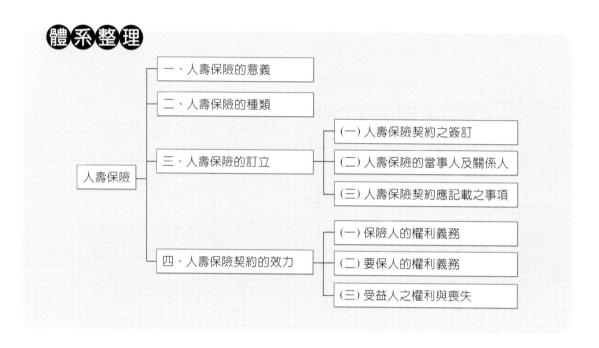

一》人壽保險的意義

按保險法第一百零一條規定：「人壽保險人於被保險人在契約規定年限內死亡，或屆契約規定年限而仍生存時，依照契約負給付保險金額之責。」故人壽保險乃以被保險人之生命為保險標的，並以死亡或生存為保險事故，保險人於保險事故發生時，依契約之約定給付保險金額的一種人身保險，簡稱「壽險」。

二》人壽保險的種類

以保險事故為區分標準，人壽保險分為以下三種：

(一) 生存保險

約定被保險人於一定期間或達一定年齡，仍生存者，須給付保險金之保險。即以被保險人的生存為保險事故的保險。

(二) 死亡保險

約定被保險人於一定期間或不定期間，死亡時，須給付保險金之保險。即以被保險人的死亡為保險事故的保險。

(三) 生死混合保險

即被保險人在保險期間中死亡，或期滿仍生存者，均須給付保險金額的保險。此種保險，由於被保險人不論於保險期間死亡或期滿後生存，皆可受領保險金，故兼有上開兩種保險之利，而免其弊。換言之，保險人無須擔心若投保生存保險，如於保險期間中死亡時，則所繳之保費將有如白交；僅投保定期死亡保險，如屆期未死亡時，保費也如同白交。

三 》人壽保險的訂立

(一) 人壽保險契約的簽訂

一般而言，保險契約之簽訂，乃先由要保人填具要保書，除簡易人壽保險外，經保險人特約或指派之醫師對被保險人之身體為檢查合格後，再經保險人為同意承保之表示後，簽訂保險單始成立保險契約。

(二) 人壽保險的當事人及關係人

1. 當事人

人壽保險的當事人為保險人和要保人，要保人與被保險人為個別不同的兩個人時，為「由第三人訂立之保險契約」，這種情況要保人對被保險人須具有保險法第十六條所定之保險利益始可。此外，由第三人訂立之保險契約為死亡保險時，依保險法第一百零五條規定：「由第三人訂立之死亡保險契約，未經被保險人書面同意，並約定保險金額，其契約無效。」「被保險人依前項所為之同意，得隨時撤銷之。其撤銷之方式應以書面通知保險人及要保人。」「被保險人依前項規定行使其撤銷權者，視為要保人終止保險契約。」

2. 關係人

(1) 被保險人：須為自然人。如前段所述，在第三人訂立之保險契約中，要保人對被保險人須具有保險利益，如係第三人訂立之死亡保險契約，更應經被保險人以書面為同意之表示，並約定保險金額。又為符合身心障礙者權

利公約第二十五條健康權之保障，如係以受監護宣告尚未撤銷者為被保險人，除喪葬費用之給付外，其餘死亡給付部分無效（保107-1及其立法理由）。以未滿十五歲之未成年人為被保險人訂立之人壽保險契約，其死亡給付於被保險人滿十五歲之日起發生效力；被保險人滿十五歲前死亡者，保險人得加計利息退還所繳保險費，或返還投資型保險專設帳簿之帳戶價值（保107 I）。

(2) 受益人：保險契約中明定享有賠償請求權之人。受益人的資格，在保險法上沒有限制，自然人、法人皆可，且人數不限於一人。胎兒以將來非死產為限，亦得為受益人。惟人壽保險之受益人並得以下列三種方法產生：

① 約定：受益人的確定，通常係在訂立保險契約時，由要保人或被保險人約定（保108 I），約定時以要保人自己作受益人時，稱為「為自己利益人壽保險契約」；以要保人以外的人為受益人時，「稱為為他人利益的保險契約」。

② 指定：保險契約未約定受益人時，依保險法規定，要保人得通知保險人，以保險金額的全部或一部，給付其所指定的受益人一人或數人（保110 I）。受益人經指定後，要保人對其保險利益，除聲明放棄處分權者外，仍得以契約或遺囑處分之（保111 I）。要保人行使處分權，非經通知，不得對抗保險人。

③ 法定：受益人如未約定，亦未指定，或雖經約定或指定，但發生疑義時，保險法第一百十三條規定：「死亡保險契約未指定受益人者，其保險金額作為被保險人之遺產。」此際，被保險人的法定繼承人即為受益人。又如保險契約中，受益人有疑義時，推定要保人為自己之利益而訂立（保45）。

(三) 人壽保險契約應記載之事項

保險法第一百零八條規定：「人壽保險契約，除記載保險法第五十五條規定事項外，尚應載明下列事項：

1. 被保險人的姓名、性別、年齡及住所。

2. 受益人姓名及與被保險人的關係或確定受益人的方法。如有待調查的受益人，則證明其調查方法。

3. 請求保險金額的保險事故及時期。

4. 依保險法第一百十八條規定，有減少保險金額的條件者，其條件。」

四》人壽保險契約的效力

(一) 保險人的權利義務

1. **保險金額的給付**：保險法第一百零一條規定：「人壽保險人於被保險人在契約規定年限內死亡，或屆契約規定年限而仍生存時，依照契約負給付保險金額之責。」

2. **代位請求的禁止**：保險法第一百零三條規定：「人壽保險之保險人，不得代位行使要保人或受益人因保險事故所生對於第三人之請求權。」。

3. **保險人的免責事由**：保險人有下列情事時，不負給付保險金額的責任：

   (1) 被保險人故意自殺者，保險人不負給付保險金之責任，但應將保險的責任準備金返還於應得之人（保109 I）。惟保險契約載有被保險人故意自殺，保險人仍應負給付保險金額的條款者，其條款於訂約二年後始生效力，恢復停止效力的保險契約，其二年期限應自恢復停止效力之日起算（保109 II）。

   (2) 被保險人因犯罪處死或拒捕或越獄致死，保險人亦不負給付保險金之責（保109 III）。

   (3) 受益人故意致被保險人於死或雖未致死者，喪失其受益權（保121 I）。

   (4) 要保人故意致被保險人於死者，保險人不負給付保險金額之責（保121 III）。

4. **責任準備金的返還**

   (1) 責任準備金之意義：保險公司收取了保險費，就負擔了給付死亡保險金及滿期生存保險金的責任，所以保險公司必須平日有所準備。準備的方法，就是將純保險費部份，扣除應給付的保險金後的大部份資金，提存保管；通常還必須分別按照保險種類，依一定比率，計算出各種保險的準備金，記載於特設的帳簿（保145 I），以備將來發生保險事故或約定情況，能夠完全履行給付保險金的責任。這就是保險公司的責任準備金。

(2) 責任準備金之返還：被保險人故意自殺（保109 I但書）、被保險人因犯罪處死或拒捕或越獄致死（保109 III但書）要保人故意致被保險人於死（保121 III但書）、或保險契約終止（保116 VII）時，除被保險人故意自殺者外，其餘三種情形，如已付足二年以上的保險費時，保險人須將責任準備金返還於應得之人。

(3) 此外，依保險法第一百二十四條規定：「人壽保險之要保人、被保險人、受益人，對於保險人為被保險人所提存的責任準備金，有優先受償之權。」

5. 解約金之償還

要保人，得隨時以單方之意思，終止保險契約，保險費如已付足一年以上者，保險人應於接到終止契約的通知後一個月內償付解約金，償付解約金的條件及金額，應載明於保險契約，並不得少於要保人應得的責任準備金四分之三（保119）。

（二）要保人的權利義務

1. 保險費交付的義務

(1) 保險費之交付與義務之無強制性及無專屬性：要保人應有依保險契約約定交付保險費之義務（保22 I），但此義務之履行就人壽保險契約而言，並無強制性及專屬性，此乃因為人壽保險本兼有儲蓄性質，除非社會保險，否則法律上無強迫人儲蓄之理由。換言之，保險費縱不交付，保險人不得強迫其交付，即不得以訴訟請求交付（保117 I），僅得以催告（保116 I、II）使之產生下述保險契約停止、終止契約或減額保險之效果。此外，要保人不交付保險費時，利害關係人均得代要保人交付保險費（保115）。

何謂社會保險？

所謂「社會保險」是指政府為實施社會福利措施及落實社會福利政策所開辦的社會福利制度，主要目的是在於實施既定的社會政策，實施對象乃是以社會大多數人為對象，所提供之保障亦為滿足社會大多數人某種最低程度之保障。目前我國開辦的社會保險主要有勞工保險、全民健康保、公教人員保險及農民健康保險等四種。

(2) 保險費未付的效果

① 保險契約之效力停止

保險法第一百十六條第一項及第二項規定：「人壽保險之保險費到期未交付者，除契約另有訂定外，經催告到達後屆三十日仍不交付時，保險契約之效力停止。」「催告應送達於要保人，或負有交付保險費義務之人之最後住所或居所。保險費經催告後，應於保險人營業所交付之。」

上述催告到達之翌日起三十日內，為寬限期間。在寬限期間內發生保險事故時，保險人仍須負擔保險責任，但得由給付保險金內扣除欠繳的保險費。要保人於上開寬限期限屆滿前，仍未繳納保險費時，保險契約之效力停止。

② 終止契約

保險人依法催告後，於上開寬限期限屆滿後，有終止契約之權（保116 VI）。但以被保險人終身為期，不附生存條件之死亡保險契約，或契約訂定於若干年後給付保險金額或年金者，如保險費已付足二年以上而有不交付時，保險人不得終止契約，僅得減少保險金額或年金（保117 II）。又保險契約終止時，保險費已付足二年以上者，保險人應返還其保單價值準備金（保116 VII）。

③ 減額保險

保險費如有未能依約交付時，保險人得依保險契約所載條件減少保險金額或年金。為保護契約上相對弱勢之要保人，保險法特於第一百十八條規定：「保險人依前條規定，或因要保人請求，得減少保險金額或年金。其條件及可減少之數額，應載明於保險契約。」「減少保險金額或年金，應以訂原約時之條件，訂立同類保險契約為計算標準。其減少後之金額，不得少於原契約終止時已有之保單價值準備金，減去營業費用，而以之作為保險費一次交付所能得之金額。」「營業費用以原保險金額百分之一為限。」「保險金額之一部，係因其保險費全數一次交付而訂定者，不因其他部分之分期交付保險費之不交付而受影響。」

2. 據實告知被保險人年齡的義務

保險法第六十四條規定，要保人有據實說明之義務，在人壽保險契約中，年齡涉及生存或死亡之機率及保費之計算，故八十六年保險法修正時，將第

一百二十二條第一項及第二項訂為：「被保險人年齡不實，而其真實年齡已超過保險人所定保險年齡限度者，其契約無效，保險人應退還所繳保險費。」「因被保險人年齡不實，致所付之保險費少於應付數額者，要保人得補繳短繳之保險費或按照所付之保險費與被保險人之真實年齡比例減少保險金額。但保險事故發生後，且年齡不實之錯誤不可歸責於保險人者，要保人不得要求補繳短繳之保險費。」

3. 保險契約質借的權利

保險法第一百二十條第一項及第二項規定：「保險費付足一年以上者，要保人得以保險契約為質，向保險人借款。」「保險人於接到要保人之借款通知後，得於一個月以內之期間，貸給可得質借之金額。」

（三）受益人的權利與喪失

1. 受益人的權利

(1) 保險金約定於被保險人死亡時，給付於其所指定的受益人者，其保險金額不得作為被保險人的遺產（保112）。

(2) 受益人權利是原始取得，其所領得保險金，不在被保險人之債權人的債權執行範圍。

(3) 人壽保險契約的指定受益人，經要保人的同意，或保險契約載明允許轉讓者，得將其利益轉讓他人（保114）。

(4) 投資型保險契約之投資資產，非各該投資型保險之受益人不得主張，亦不得請求扣押或行使其他權利（保123 II）。

(5) 人壽保險之受益人，對於被保險人之保單價值準備金，有優先受償之權（保124）。

2. 受益權的喪失

保險法第一百二十一條第一項及第二項規定：「受益人故意致被保險人於死或雖未致死者，喪失其受益權。」「前項情形，如因該受益人喪失受益權，而致無受益人受領保險金額時，其保險金額作為被保險人遺產。」受益人故意致被保險人於死或雖未致死者，受益人顯有圖財害命之嫌，有背於公序良俗，不論既遂或未遂，均應剝奪其受益權。此外，要保人或被保險人所指定之受益人，如因受益權被剝奪致無其他受益人受領保險金時，保險金賠償請求權原應回復

於被保險人，惟被保險人既因身亡而無法行使該請求權，則應由被保險人之法定繼承人享有該保險契約之利益為宜，故保險金額應作為被保險人遺產。

3. 當事人破產對受益人的影響

保險法第一百二十三條第一項規定：「保險人破產時，受益人對於保險人得請求之保險金額之債權，以其保單價值準備金按訂約時之保險費率比例計算之。要保人破產時，保險契約訂有受益人者，仍為受益人之利益而存在。」

▌案例題型>>>>>>>>>>

甲與乙保險公司簽訂二十年之定期人壽保險契約，契約中並約定以甲之義子丙為受益人，試請按照保險法之規定，說明：(1)在何種情形下，丙的受益權會喪失或變更？(2)丙之受益權，在何種情形下能轉讓予其他人？

<<<<<<<<<<<<<<

練習題庫

1. (　　)甲向乙人壽保險公司之業務員丙洽商並決定為其妻丁簽立一份定期死亡保險契約，依照此一法律關係，甲是：　(A)保險人　(B)被保險人　(C)保險代理人　(D)要保人。

2. (　　)由第三人訂定之死亡保險契約，未經被保險人書面承認，並約定保險金額，其契約：　(A)失效　(B)終止　(C)解除　(D)無效。

3. (　　)除聲明放棄處分權者外，人壽保險契約受益人之指定與變更，為下列何者行使之權利？　(A)要保人　(B)被保險人　(C)受益人　(D)法定繼承人。

4. (　　)依據人壽保險單示範條款之規定，在受益人與被保險人同時身故時，受益人為被保險人之法定繼承人，設若被保險人僅有「配偶與父母」者，則該保險金給付比例為何？　(A)配偶與父母依人數均分　(B)配偶1/2，父母1/2　(C)配偶2/3，子女1/3　(D)配偶獲得全部。

5. (　　)人身保險契約之保險人是否給付保險金，繫乎偶然事故或情況是否發生，因此人身保險契約是一種　(A)諾成契約　(B)繼續性契約　(C)射倖性契約　(D)有償契約。

6. (　　)死亡保險契約之被保險人身故時，其指定受益人先於被保險人死亡或同時死亡者，該死亡保險金應：　(A)不得列為被保險人之遺產　(B)部分列為被保險人之遺產　(C)列為被保險人之遺產　(D)視情況而定。

7. (　　)在寬限期間內，被保險人發生保險事故時，保險公司應：　(A)不必負保險責任　(B)等到收到應繳保險費後，始負保險責任　(C)負部分保險責任　(D)負給付保險金之責任，但應扣除所欠繳之保險費。

8. (　　)下列有關受益人之陳述何者不正確？　(A)指定之受益人以於請求保險金額時生存者為限　(B)受益人之指定得以遺囑變更　(C)人壽保險之保險人，不得代位行使受益人因保險事故所生對於第三人之請求權　(D)受益人故意致被保險人於死者，保險人不負給付保險金之責。

9. (　　)下列何種保險契約要保人可以申請復效？　(A)失效之保險契約　(B)解除之保險契約　(C)終止之保險契約　(D)停效之保險契約。

10.(　　)下列有關保險法第一百二十條保險單借款規定之敘述，何者正確？　(A)繳付保險費累積達有保單價值準備金時　(B)繳費滿一年時　(C)收到保單時　(D)繳交第一期保費後即可。

20.2 健康保險

體系整理

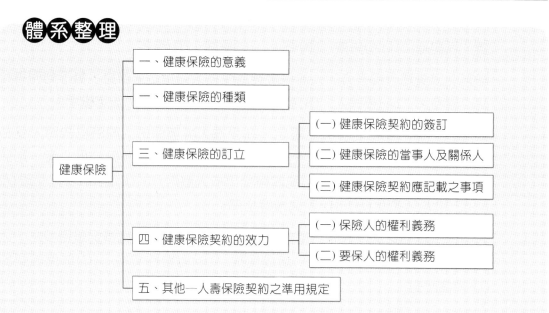

一》健康保險的意義

依保險法第一百二十五條規定，健康保險，乃保險當事人約定，於被保險人疾病、分娩及其所致失能或死亡時，負給付保險金額責任之一種人身保險。

二》健康保險的種類

(一) 疾病保險

乃以被保險人之疾病及因疾病所致之殘廢或死亡為保險事故之人身保險。

(二) 生育保險

乃以被保險人之生育及因生育所致之殘廢或死亡為保險事故之人身保險。分娩採廣義解釋，除分娩外（不問活產或死產），並包含產前檢查及其他預防治療。

三》健康保險契約的訂立

(一) 健康保險契約之簽訂

健康保險契約之簽訂，乃先由要保人填具要保書，經保險人特約或指派之醫師對被保險人施以健康檢查後，再經保險人為同意承保之表示後，簽訂保險單始成立保險契約。其費用由保險人負擔（保126）。

(二) 健康保險的當事人及關係人

健康保險的當事人為保險人和要保人，而同上一節之人壽保險契約一樣，健康保險契約中也有受益人及被保險人為契約關係人。故如要保人與被保險人為個別不同的兩個人時，為「由第三人訂立之保險契約」，這種情況要保人對被保險人須具有保險法第十六條所定之保險利益始可（保130準用保104）。

(三) 健康保險契約應記載之事項

保險法第一百二十九條規定：被保險人不與要保人為同一人時，保險契約除載明保險法第五十五條規定事項外，並應載明下列事項：

1. 被保險人的姓名、性別、年齡、職業及住所。
2. 被保險人與要保人的關係。

四》健康保險契約的效力

(一) 保險人的權利義務

1. **保險金額的給付**：健康保險保險人於被保險人疾病、分娩及其所致失能或死亡時，負給付保險金之責（保125 I）。

2. **代位請求之禁止**：保險人不得代位行使要保人或受益人因保險事故，所生對第三人的請求權（保130準用保103）。

3. **保險人之免責事由**：保險人有下列情事時，不負給付保險金額的責任：

   (1) 保險契約訂立時，被保險人已在疾病或妊娠情況中者，保險人對是項疾病或分娩，不負給付保險金額的責任（保127）。

   (2) 被保險人故意自殺或墮胎所致疾病、失能、流產或死亡，保險人不負給付保險金額之責（保128）。

(二) 要保人的權利義務

要保人應有依保險契約約定交付保險費之義務（保22 I），健康保險保險費之交付，利害關係人得代為要保人交付之（保130準用保115）。

五》其他—人壽保險契約之準用規定

保險法第一百三十條規定：「第一百零二條至第一百零五條、第一百十五條、第一百十六條、第一百二十二條至第一百二十四條，於健康保險準用之。」

練習題庫

1. (　　) 健康保險被保險人死亡時給付其所指定受益人之保險金額　(A)不準用保險法第一百十二條不得作為被保險人遺產之規定　(B)準用保險法第一百十二條不得作為被保險人遺產之規定　(C)身故保險金得準用保險法第一百十二條不得作為被保險人遺產之規定　(D)醫療保險金得準用保險法第一百十二條不得作為被保險人遺產之規定。

2. (　　) 在被保人罹患疾病不能工作時，由保險人補償醫療費用及收入損失之保險，稱之為：　(A)人壽保險　(B)傷害保險　(C)健康保險　(D)責任保險。

3. (　　)下列何種情況下，健康保險之保險人不為保險之給付？　(A)死亡　(B)殘廢 (C)心神喪失　(D)分娩。

20.3 傷害保險

體系整理

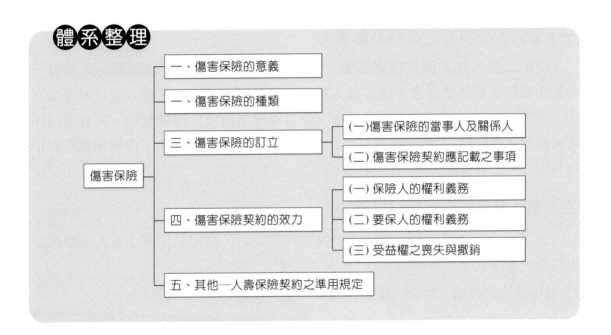

傷害保險
- 一、傷害保險的意義
- 二、傷害保險的種類
- 三、傷害保險的訂立
  - (一)傷害保險的當事人及關係人
  - (二)傷害保險契約應記載之事項
- 四、傷害保險契約的效力
  - (一)保險人的權利義務
  - (二)要保人的權利義務
  - (三)受益權之喪失與撤銷
- 五、其他—人壽保險契約之準用規定

一 » 傷害保險的意義

依保險法第一百三十一條規定，「傷害保險」乃保險當事人約定，於被保險人因遭受意外傷害及其所致失能或死亡時，負給付保險金額責任之一種人身保險。所謂意外傷害，指非由疾病引起之外來突發事故所致者。實務上更認為，所謂外來之事故，應係指來自自身以外之事故而言，故如酒後反逆嘔吐物阻塞呼吸道窒息致死（91年度台上字第760號判決、91年度台上字第2228號判決、86年度台上字第1043號判決參照），非屬意外傷害。

■»傷害保險的種類

(一) 普通傷害保險與特種傷害保險

已發生傷害之事故為標準而為區分，後者如旅行傷害保險、交通傷害保險。

(二) 個人傷害保險與團體傷害保險

以被保險人人數之多寡區分。

■»傷害保險契約的訂立

(一) 傷害保險契約之簽訂及當事人

同前二節所述，傷害保險亦屬人身保險之一種，故傷害保險契約之簽訂，乃先由要保人填具要保書，經保險人特約或指派之醫師對被保險人施以健康檢查後，再經保險人為同意承保之表示後，簽訂保險單始成立保險契約。其費用由保險人負擔（保126）。至於傷害保險的當事人為保險人和要保人，傷害保險契約中也有受益人及被保險人為契約關係人。

(二) 傷害保險契約應記載之事項

依保險法第一百三十二條規定：傷害保險契約，除記載保險法第五十條規定事項外，並應載明下列事項：

1. 被保險人的姓名、性別、年齡、職業、住所及與要保人之關係。
2. 受益人的姓名及與被保險人的關係，或確定受益人的方法。
3. 請求保險金額的保險事故及時期。

■»傷害保險契約的效力

(一) 保險人的權利義務

1. **保險金額的給付**：傷害保險保險人於被保險人遭受意外傷害及其所致失能或死亡時，負給付保險金之責（保131 I）。
2. **代位請求之禁止**：保險人不得代位行使要保人或受益人因保險事故，所生對第三人的請求權（保135準用保103）。
3. **保險人之免責事由**：被保險人故意自殺，或因犯罪行為，所致傷害、失能或死亡，保險人不負有給付保險金額之責（保133）。

（二）要保人的權利義務

要保人應有依保險契約約定交付保險費之義務（保22 I），傷害保險保險費之交付，利害關係人得代為要保人交付之（保135準用保115）。

（三）受益權的喪失與撤銷

保險法第一百三十四條第一項及第二項規定：「受益人故意傷害被保險人者，無請求保險金額之權。」「受益人故意傷害被保險人未遂時，被保險人得撤銷其受益權利。」

五》其他—人壽保險契約之準用規定

保險法第一百三十五條規定：「第一百零二條至第一百零五條、第一百零七條、第一百零七條之一、第一百十條至第一百十六條、第一百二十三條、第一百二十四條及第一百二十五條第二項，於傷害保險準用之。」

實務案例

在傷害保險理賠實務上，經常爭執被保險人究竟是否係遭受「意外傷害及其所致失能或死亡」？如保險人有質疑，而受益人復位能舉證證明失能或死亡確屬意外傷害所致，則極可能遭保險人拒絕理賠。但衡情受益人不易舉證，法院判決上雖可適度減輕受益人的舉證責任，受益人仍有舉證之困難。

臺灣高等法院臺中分院102年保險上字第15號民事判決揭示：「按意外傷害保險，對被保險人或受益人而言，因涉有舉證困難之問題，固得依民事訴訟法第277條但書規定，主張減輕其舉證責任，並以被保險人或受益人如證明該事故確已發生，且依經驗法則，其發生通常係外來、偶然而不可預見者，應認其已盡舉證之責，惟被保險人或受益人就被保險人非由疾病引起之外來突發事故所致傷殘或死亡之事實，未善盡證明度減低之舉證責任者，保險人仍無給付保險金之義務。」

所以是被保險人雖發生意外事故，嗣後亦發生死亡之結果，然不能肯定兩者間具有因果關係，而依法醫鑑定報告，不排除係被保險人自身因素導致死亡結果，家屬就此部分亦不爭執，故法官依常情自可認被保險人猝死非因意外事故所致，並認受益人未盡舉證之責。

（參考資料：臺灣高等法院臺中分院102年度保險上字第15號民事判決）

練習題庫

1. ( )傷害保險被保險人職業或職務變更，危險性增加（未達拒保範圍）未通知保險公司而發生保險事故者，保險公司　(A)得斟酌情況決定理賠金額　(B)因違反保險法第五十九條規定，得依第五十七條規定解除契約　(C)應依原保險金額給付保險金　(D)按其原收保險費與應收保險費比例折算保險金給付。

2. ( )依現行傷害保險的保險事故係指：被保險人於保險契約有效期間內，因遭受　(A)疾病　(B)酗酒　(C)意外傷害　(D)以上皆是　事故，致其身體蒙受傷害而致殘廢或死亡時，保險公司依約支付保險金。

20.4 年金保險

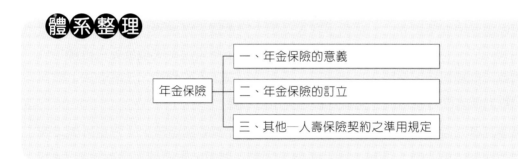

一》年金保險的意義

依保險法第一百三十五條之一規定，「年金保險」乃保險當事人約定，保險人於被保險人生存期間或特定期間內，依照契約負一次或分期給付一定金額責任的一種人身保險。

「年金保險」係屬新型態的保險種類，乃政府有鑑於台灣地區的人口結構逐漸的趨向於高齡化，年金保險可作為安排子女教育、養老，或企業機構配合員工退休、撫卹員工家屬等，維持其生活穩定的最佳方式，可藉此保障社會安定，特有專節規定之必要。此外，歐美、日本等先進國家之個人年金保險及企業年金保險相當發達，國內保險業目前僅部分公司經營教育年金保險及可改採年金給付壽險，爰於八十一年二月保險法修正時，增訂專節，俾促進其健全發展。

年金保險契約的訂立

有關年金保險契約之簽訂、當事人與關係人之說明，請參前三節相關論述。但依保險法第一百三十五條之二規定，年金保險契約，除記載保險法第五十五條規定事項外，並應載明下列事項：

1. 被保險人的姓名、性別、年齡、職業及住所。

2. 年金金額或確定年金金額之方法。

3. 受益人之姓名及與被保險人關係。

   由於年金保險在保障被保險人生存期間之生活費用，故保險法第一百三十五條之三第一項乃規定，受益人在被保險人生存期間為被保險人本人。至於保險契約約定被保險人死亡後給付年金者，依同條第二項則規定，其受益人準用第一百十條至第一百十三條之依據。

4. 請求年金之期間、日期及給付方法。

5. 依第一百十八條之規定，有減少年金之條件者，其條件。

其他—人壽保險契約之準用規定

1. 保險法第一百三十五條之四規定：「第一百零三條、第一百零四條、第一百零六條、第一百十四條至第一百二十四條規定，於年金保險準用之。」

2. 由於在年金給付期間如准許終止契約或保單貸款，其將產生以下影響：

   (1) 使保險人成本提高，結果將反映於保費，這對其他大多數保戶而言，顯不符合公平合理負擔原則。

(2) 逆選擇結果，扭曲精算成本與給付間之關係而造成入不敷出，亦可能影響保險人對年金之給付能力，影響保戶權益。

因此，為整體年金保險財務穩健，年金給付期間不宜準用第一百十九條及第一百二十條之規定，以利未來年金保險業務之推展。並於保險法第一百三十五條之四但書規定：「但於年金給付期間，要保人不得終止契約或以保險契約為質，向保險人借款。」

▌案例題型▸▸▸▸▸▸▸▸▸

阿達是一位年輕有為的青年，大學畢業後受僱於ＸＸ房屋仲介公司，每日辛勤工作，逐步建立自己的夢想。一日，在新新銀行信用卡部擔任業務員的好友小Ｙ打電話給阿達，希望阿達辦一張信用卡，除了送辦卡禮手提包一個外，一但核卡完成，在開卡後，還免費加送紐紐保險公司之一百萬的意外險六個月，阿達欣然同意。孰料，阿達從來便對牛奶敏感，在開卡後三個月的一個早晨，阿達在早餐時竟因喝牛奶引起噁心而嘔吐，其嘔吐物留在口內吸入呼吸道致窒息死亡。小Ｙ在參加阿達的告別式時，看見阿達的父母手中握著阿達的信用卡，突然想起這一張信用卡所送的意外險，乃跟阿達的父母說明此事。怎料，當阿達的父母跟紐紐保險公司要求理賠時，該公司卻以保險契約條款第二條所定：「被保險人於本契約有效期間內，因遭遇外來突發之意外傷害事故，並以此意外傷害事故為直接且單獨原因，致其身體蒙受傷害或因而殘廢或死亡時，依照本契約約定，給付保險金之要件不符拒絕理賠，請問紐紐保險公司之主張是否有據？

◂◂◂◂◂◂◂◂◂◂◂◂◂◂

練習題庫

1. (　　)保險人於被保險人生存期間或特定期間內，依約分期給付保險金為下列何種保險？　(A)年金保險　(B)死亡保險　(C)責任保險　(D)健康保險。

2. (　　)年金保險如要保人已交付保險費，但保險公司尚未簽發保險單前，被保險人即死亡，則　(A)保險契約仍成立，保險公司應依契約約定負擔義務　(B)保險契約不成立，保險公司應返還所繳保險費　(C)保險契約不成立，保險公司除須返還所繳保險費外，尚須加年息一分之利息　(D)保險契約不成立，保險公司將所繳保險費扣除行政費用後退還。

3. (　　)下列那些保險中途解約時，其已交付未到期之保險費應返還之　(A)終身壽險、傷害保險、年金保險、團體健康保險　(B)養老保險、一年定期壽險、傷害保險、健康保險　(C)一年定期壽險、健康保險、傷害保險　(D)以上皆是。

4. (　　)保險法第一百三十五條之三條規定：年金保險之受益人在「被保險人生存期間」為　(A)身故受益人　(B)要保人　(C)保險人　(D)被保險人本人且不得接受指定或變更。

5. (　　)有關年金保險，下列何者為非？　(A)年金保險人於被保險人生存期間或特定期間內，依照契約負一次或分期給付一定金額之責　(B)年金保險係個人安排子女教育、養老之一種方式　(C)企業機構為配合員工退休、撫卹員工家屬可採用年金保險　(D)一般而言購買年金保險之目的，在於保障自身死後家庭經濟生活之安全。

本章習題

1. 人身保險主要內容可分那四項？

2. 人壽保險以「保險事故」為區分標準，可分為那三種？

3. 人壽保險之受益人得以那三種方式產生？

4. 人壽保險契約保險費未付的效果有那些？

5. 請就保險法相關規定，說明人身保險人得終止保險契約之事由？

6. 保險法第一百廿四條所定要保人、被保險人、受益人對責任準備金之優先權，其性質如何？

7. 健康保險的種類可分那兩種？

8. 傷害保險契約保險人的權利義務為何？

NOTE

21 保險業

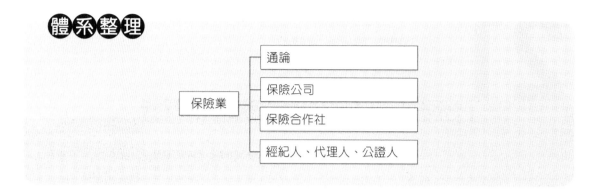

21.1 通論

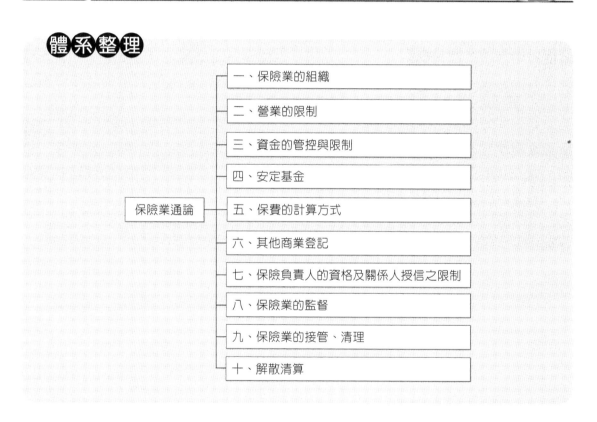

一》保險業的組織

　　保險業由於關係國民經濟及社會安定，具備公益性，且所需資金龐大，為確保保險人權益及業者有效經營，保險法乃規定保險業之組織，以股份有限公司或合作社為限。但經主管機關核准者，不在此限（保136 I）。如中央信託局人壽保險處既非公司，亦非合作社，其經營保險業務，係依照中央信託局條例辦理。

■》營業的限制

有關保險業務之經營，須受下列限制：

(一) 非保險業不得兼營保險（保136 II）

(二) 保險業須領得營業執照後，始得開始營業

1. 保險業非申請主管機關核准，並依法為營業登記，繳存保證金，領得營業執照後，不得開始營業（保137 I）。

2. 保險業申請設立許可應具備之條件、程序、應檢附之文件、發起人、董事、監察人與經理人應具備之資格條件、廢止許可、分支機構之設立、保險契約轉讓、解散及其他應遵行事項之辦法，由主管機關定之。（保137 II）。

(三) 營業範圍之限制

1. 財產保險業經營財產保險，人身保險業經營人身保險，同一保險業不得兼營財產保險及人身保險業務。但財產保險業經主管機關核准經營傷害保險及健康保險者，不在此限（保138 I）。而其條件、業務範圍、申請核准應檢附之文件及其他應遵行事項之辦法，由主管機關定之（保138 II）。

2. 保險業不得兼營本法規定以外之業務。但經主管機關核准辦理其他與保險有關業務者，不在此限（保138 III）。

3. 保險合作社不得經營非社員之業務（保138 IV）。

(四) 外國保險業營業之限制

1. 外國保險業非經主管機關許可，並依法為設立登記，繳存保證金，領得營業執照後，不得開始營業（保137 III）。

2. 外國保險業，除本法另有規定外，準用本法有關保險業之規定。（保137 IV）。

3. 外國保險業申請設立許可應具備之條件、程序、應檢附之文件、廢止許可、營業執照核發、增設分公司之條件、營業項目變更、撤換負責人之情事、資金運用及其他應遵行事項之辦法，由主管機關定之（保137 V）。

(五) 其他

1. 地震險之共保方式

保險法第一百三十八條之一第一項規定：「財產保險業應承保住宅地震危險，以主管機關建立之危險分散機制為之。」同條第二項並規定：「前項危險分散機制，應成立財團法人住宅地震保險基金負責管理，就超過財產保險業共保承擔限額部分，由該基金承擔、向國內、外為再保險、以主管機關指定之方式為之或由政府承受。」，明定超過之損失由第三層主管機關建立危險承擔機制予以承受。財團法人住宅地震保險基金之捐助章程、業務範圍、資金運用及其他管理事項之辦法，由主管機關定之（保138-1 IV）。

此外，考量地震保險具巨災性質，其共保方式、保險金額、保險費率、責任準備金之提存均與一般險種不同，爰於同條第三項授權由主管機關另定之。

2. 分紅保險契約之簽訂

保險公司得簽訂參加保單紅利之保險契約。保險合作社簽訂之保險契約，以參加保單紅利者為限。而保單紅利之計算基礎及方法，應於保險契約中明訂之（保140）。

3. 共保之允許與限制

由於共保性質上屬事業聯合行為，依公平交易法第四十六條規定：「事業關於競爭之行為，另有其他法律規定者，於不牴觸本法立法意旨之範圍內，優先適用該其他法律之規定。」基於此類契約及保險事業之特殊性，爰於保險法第一百四十四條之一規定，有下列情形之一者，保險業得以共保方式承保：

(1) 有關巨災損失之保險者。

(2) 配合政府政策需要者。

(3) 基於公共利益之考量者。

(4) 能有效提昇對投保大眾之服務者。

(5) 其他經主管機關核准者。

三》資金的管控與限制

為使保險業達一定規模，並確保其給付能力，兼顧保護權益，故保險法中對保險業之資金設定以下限制：

（一）資本適足部分

1. 須達資本或基金之最低額

各種保險業資本或基金之最低額，由主管機關，審酌各地經濟實況，及各種保險業務之需要，分別呈請行政院核定之（保139）。

2. 保證金之繳存

(1) 保險業應按資本或基金實收總額百分之十五，繳存保證金於國庫（保141）。保證金之繳存係提存一定比率之自有資金於國庫，以確保一定程度之流動性及清償力，避免因金融自由化政策下，保險業之業務競爭損及保戶權益所設之規定。

(2) 保證金之繳存應以現金為之。但經主管機關之核准，得以公債或庫券代繳之。

前項繳存之保證金，除保險業有下列情事之一者外，不予發還：

(1) 經法院宣告破產。

(2) 經主管機關依本法規定為接管、勒令停業清理、清算之處分，並經接管人、清理人或清算人報經主管機關核准。

(3) 經宣告停業依法完成清算。

接管人得依前項第二款規定報請主管機關核准發還保證金者，以於接管期間讓與受接管保險業全部營業者為限。

以有價證券抵繳保證金者，其息票部分，在宣告停業依法清算時，得准移充清算費用（保142）。

3. 現金增補及向外借款之限制

保險業不得向外借款、為保證人或以其財產提供為他人債務之擔保。（保143），為保障被保險人之基本權益，並維護金融之安定，財產保險業及人身保險業應分別提撥資金，設置財團法人安定基金（保143-1 I）。

4. 自有資本與風險資本之比率

保險法第一百四十三條有關現金增補及向外借款限制之規定，由於未能依保險公司所承擔之資產、利率、承保及其他風險訂定其資本額，無法預防保險業失卻清償能力，因此於九十年七月保險法修訂時，參考先進國家對保險業清償能力制度之規定，增訂保險法第一百四十三條之四：「保險業自有資本與風險資

本之比率（以下簡稱資本適足率），不得低於百分之二百；必要時，主管機關得參照國際標準調整比率。」

前項資本適足率劃分為下列等級：

(1) 資本適足。

(2) 資本不足。

(3) 資本顯著不足。

(4) 資本嚴重不足。

前項第一款所稱資本適足，指資本適足率達第一項所定之最低比率；前項第四款所稱資本嚴重不足，指資本適足率低於百分之五十或保險業淨值低於零。

第一項所定自有資本與風險資本之範圍、計算方法、管理、第二項第二款、第三款資本適足率等級之劃分及其他應遵行事項之辦法，由主管機關定之。

「前二項所稱自有資本與風險資本之範圍及計算方法（保143-4），由主管機關定之。」

(二) 資金運用部分

1. 基本原則

依保險法第一百四十六條規定，保險業資金之運用，除存款外，以下列各款為限：

(1) 有價證券。

(2) 不動產。

(3) 放款。

(4) 辦理經主管機關核准之專案運用、公共及社會福利事業投資。

(5) 國外投資。

(6) 投資保險相關事業。

(7) 從事衍生性商品交易。

(8) 其他經主管機關核准之資金運用。

前項所定資金，包括業主權益及各種準備金。

第一項所定存款，其存放於每一金融機構之金額，不得超過該保險業資金百分之十。但經主管機關核准者，不在此限。

第一項第六款所稱保險相關事業，指保險、金融控股、銀行、票券、信託、信用卡、融資性租賃、證券、期貨、證券投資信託、證券投資顧問事業及其他經主管機關認定之保險相關事業。

保險業經營投資型保險業務、勞工退休金年金保險業務應專設帳簿，記載其投資資產之價值。

投資型保險業務專設帳簿之管理、保存、投資資產之運用及其他應遵行事項之辦法，由主管機關定之，不受第一項、第三項、第一百四十六條之一、第一百四十六條之二、第一百四十六條之四、第一百四十六條之五及第一百四十六條之七規定之限制。

依第五項規定應專設帳簿之資產，如要保人以保險契約委任保險業全權決定運用標的，且將該資產運用於證券交易法第六條規定之有價證券者，應依證券投資信託及顧問法申請兼營全權委託投資業務。

保險業依第一項第七款規定從事衍生性商品交易之條件、交易範圍、交易限額、內部處理程序及其他應遵行事項之辦法，由主管機關定之。

2. 購買有價證券之限制

依保險法第一百四十六條第一項第一款規定，保險業資金得購買有價證券，第一百四十六條之一更規定，保險業資金得購買下列有價證券：

(1) 公債、國庫券。

(2) 金融債券、可轉讓定期存單、銀行承兌匯票、金融機構保證商業本票；其總額不得超過該保險業資金百分之三十五。

(3) 經依法核准公開發行之公司股票；其購買每一公司之股票，加計其他經主管機關核准購買之具有股權性質之有價證券總額，不得超過該保險業資金百分之五及該發行股票之公司實收資本額百分之十。

(4) 經依法核准公開發行之有擔保公司債，或經評等機構評定為相當等級以上之公司所發行之公司債；其購買每一公司之公司債總額，不得超過該保險業資金百分之五及該發行公司債之公司實收資本額百分之十。

(5) 經依法核准公開發行之證券投資信託基金及共同信託基金受益憑證；其投資總額不得超過該保險業資金百分之十及每一基金已發行之受益憑證總額百分之十。

(6) 證券化商品及其他經主管機關核准保險業購買之有價證券；其總額不得超過該保險業資金百分之十。

前項第三款及第四款之投資總額，合計不得超過該保險業資金百分之三十五。

3. 購買不動產之限制

依保險法第一百四十六條第一項第二款規定，保險業購買不動產時，第一百四十六條之二規定：「保險業對不動產之投資，以所投資不動產即時利用並有收益者為限；其投資總額，除自用不動產外，不得超過其資金百分之三十。但購買自用不動產總額不得超過其業主權益之總額。」「保險業不動產之取得及處分，應經合法之不動產鑑價機構評價。」

保險業依住宅法興辦社會住宅且僅供租賃者，得不受第一項即時利用並有收益者之限制。

4. 辦理放款之限制

依保險法第一百四十六條第一項第三款規定，保險業辦理放款，須依第一百四十六條之三規定，以下列各款為限：

(1) 銀行或主管機關認可之信用保證機構提供保證之放款。

(2) 以動產或不動產為擔保之放款。

(3) 以合於第一百四十六條之一之有價證券為質之放款。

(4) 人壽保險業以各該保險業所簽發之人壽保險單為質之放款。

前項第一款至第三款放款，每一單位放款金額不得超過該保險業資金百分之五；其放款總額，不得超過該保險業資金百分之三十五。

5. 辦理專案運用及公共投資之限制

依保險法第一百四十六條第一項第四款規定，保險業辦理經主管機關核准之專案運用及公共投資，須依第一百四十六條之五規定：「保險業資金辦理專案運用、公共及社會福利事業投資應申請主管機關核准；其申請核准應具備之文件、程序、運用或投資之範圍、限額及其他應遵行事項之辦法，由主管機關定之。」「前項資金運用方式為投資公司股票時，其投資之條件及比率，不受第一百四十六條之一第一項第三款規定之限制。」「第一項資金之運用，準用第一百四十六條之一第三項及第四項規定。」「保險業資金辦理公共及社會福利

事業投資,符合下列規定者,不受前項規定之限制:一、保險業或其代表人擔任被投資事業董事、監察人者,其派任之董事、監察人席次不得超過被投資事業全體董事、監察人席次之三分之一。二、不得指派人員獲聘為被投資事業經理人。」

6. 辦理國外投資之限制

依保險法第一百四十六條第一項第五款規定,保險業辦理國外投資,須依第一百四十六條之四規定:「保險業資金辦理國外投資,以下列各款為限:一、外匯存款。二、國外有價證券。三、設立或投資國外保險公司、保險代理人公司、保險經紀人公司或其他經主管機關核准之保險相關事業。四、其他經主管機關核准之國外投資。」「保險業資金依前項規定辦理國外投資總額,由主管機關視各保險業之經營情況核定之,最高不得超過各該保險業資金百分之四十五。但下列金額不計入其國外投資限額:一、保險業經主管機關核准銷售以外幣收付之非投資型人身保險商品,並經核准不計入國外投資之金額。二、保險業依本法規定投資於國內證券市場上市或上櫃買賣之外幣計價股權或債券憑證之投資金額。三、保險業經主管機關核准設立或投資國外保險相關事業,並經核准不計入國外投資之金額。四、其他經主管機關核准之投資項目及金額。」「保險業資金辦理國外投資之投資規範、投資額度、審核及其他應遵行事項之辦法,由主管機關定之。主管機關並得視保險業之財務狀況、風險管理及法令遵循之情形就前項第二款之投資金額予以限制。」

7. 辦理轉投資之限制

依保險法第一百四十六條第一項第六款規定,保險業得投資相關事業,而依第一百四十六條之六規定:「保險業業主權益,超過第一百三十九條規定最低資本或基金最低額者,得經主管機關核准,投資保險相關事業所發行之股票,不受第一百四十六條之一第一項第三款及第三項規定之限制;其投資總額,最高不得超過該保險業業主權益。」

「保險業依前項規定投資而與被投資公司具有控制與從屬關係者,其投資總額,最高不得超過該保險業業主權益百分之四十。」「保險業依第一項規定投資保險相關事業,其控制與從屬關係之範圍、投資申報方式及其他應遵行事項之辦法,由主管機關定之。」

（三）其他部分

1. 保險金額之限制

為穩固保險業之基礎，加強其經營能力，保險法第一百四十七條規定：「保險業辦理再保險之分出、分入或其他危險分散機制業務之方式、限額及其他應遵行事項之辦法，由主管機關定之。」

2. 責任準備金之提存

保險業於營業年度屆滿時，應分別保險種類，計算其應提存之各種，記載於特設之帳簿。各種準備金比率，由主管機關定之（保145）。

四》安定基金

（一）目的

保險法第一百四十三條之一第一項規定：「為保障被保險人之基本權益，並維護金融之安定，財產保險業及人身保險業應分別提撥資金，設置財團法人安定基金。」，是設置安定基金之目的，主要在保障被保險人權益，並維護金融安全，並免保險業萬一發生失卻清償能力而有無法償還責任準備金或履行契約責任情事時，安定基金之設置可減輕或免除要保人或被保險人之損失。

（二）性質

依保險法第一百四十三條之一第二項規定，財團法人安定基金之組織及管理等事項之辦法，由主管機關定之。

（三）安定基金之提撥與運用

1. **安定基金之提撥**：安定基金由各保險業者提撥；其提撥比例，由主管機關審酌經濟、金融發展情形及保險業務實際需要定之（保143-1 III）。

2. **安定基金之運用**：依保險法第一百四十三條之三規定，安定基金之動用，以下列各款為限：

   (1) 對經營困難保險業之貸款。

   (2) 保險業因與經營不善同業進行合併或承受其契約，致遭受損失時，安定基金得予以低利貸款或墊支，並就其墊支金額取得對經營不善保險業之求償權。

(3) 保險業依第一百四十九條第三項規定被接管、勒令停業清理或命令解散，或經接管人依第一百四十九條之二第二項第四款規定向法院聲請重整時，安定基金於必要時應代該保險業墊付要保人、被保險人及受益人依有效契約所得為之請求，並就其墊付金額取得並行使該要保人、被保險人及受益人對該保險業之請求權。

(4) 保險業依本法規定進行重整時，為保障被保險人權益，協助重整程序之迅速進行，要保人、被保險人及受益人除提出書面反對意見者外，視為同意安定基金代理其出席關係人會議及行使重整相關權利。安定基金執行代理行為之程序及其他應遵行事項，由安定基金訂定，報請主管機關備查。

(5) 受主管機關委託擔任監管人、接管人、清理人或清算人職務。

(6) 經主管機關核可承接不具清償能力保險公司之保險契約。

(7) 財產保險業及人身保險業安定基金提撥之相關事宜。

(8) 受主管機關指定處理保險業依本法規定彙報之財務、業務及經營風險相關資訊。但不得逾越主管機關指定之範圍。

(9) 其他為安定保險市場或保障被保險人之權益，經主管機關核定之事項。

安定基金辦理前項第一款至第三款及第九款事項，其資金動用時點、範圍、單項金額及總額之限制由安定基金擬訂，報請主管機關核定。

保險業與經營不善同業進行合併或承受其契約致遭受損失，依第一項第二款規定申請安定基金墊支之金額，由安定基金報請主管機關核准。

主管機關於安定基金辦理第一項第七款及第八款事項時，得視其需要，提供必要之保險業經營資訊。

保險業於安定基金辦理第一項第七款及第八款事項時，於安定基金報經主管機關核可後，應依安定基金規定之檔案格式及內容，建置必要之各項準備金等電子資料檔案，並提供安定基金認為必要之電子資料檔案。

安定基金得對保險業辦理下列事項之查核：

1. 提撥比率正確性及前項所定電子資料檔案建置內容。

2. 自有資本與風險資本比率未符合第一百四十三條之四規定保險業之資產、負債及營業相關事項。

監管人、接管人、清理人及清算人之負責人及職員，依本法執行監管、接管、清理、清算業務或安定基金之負責人及職員，依本法辦理墊支或墊付事項時，因故意或過失不法侵害他人權利者，監管人、接管人、清理人、清算人或安定基金應負損害賠償責任。

前項情形，負責人及職員有故意或重大過失時，監管人、接管人、清理人、清算人或安定基金對之有求償權。

五》保費的計算方式

依保險法第一百四十四條規定：「保險業之各種保險單條款、保險費及其他相關資料，由主管機關視各種保險之發展狀況，分別規定其銷售前應採行之程序、審核及內容有錯誤、不實或違反規定之處置等事項之準則。」「為健全保險業務之經營，保險業應聘用精算人員並指派其中一人為簽證精算人員，負責保險費率之釐訂、各種準備金之核算簽證及辦理其他經主管機關指定之事項；其資格條件、簽證內容、教育訓練及其他應遵行事項之辦法，由主管機關定之。」「保險業應聘請外部複核精算人員，負責辦理經主管機關指定之精算簽證報告複核項目；其資格條件、複核頻率、複核報告內容及其他應遵行事項之辦法，由主管機關定之。」「第二項簽證精算人員之指派及前項外部複核精算人員之聘請，應經董（理）事會同意，並報主管機關備查。」「簽證精算人員應本公正及公平原則向其所屬保險業之董（理）事會及主管機關提供各項簽證報告；外部複核精算人員應本公正及公平原則向主管機關提供複核報告。簽證報告及複核報告內容不得有虛偽、隱匿、遺漏或錯誤等情事。」

六》保險負責人的資格及關係人授信之限制

（一）保險負責人之資格

保險業負責人應具備之資格，由主管機關定之（保137-1）。有關保險業負責人應具備之資格，現規定於「保險業負責人應具備資格條件準則」中。

（二）關係人授信之限制

保險法第一百四十六條之七規定：「主管機關對於保險業就同一人、同一關係人或同一關係企業之放款或其他交易得予限制；其限額、其他交易之範圍及其

他應遵行事項之辦法，由主管機關定之。」「前項所稱同一人，指同一自然人或同一法人；同一關係人之範圍，包含本人、配偶、二親等以內之血親，及以本人或配偶爲負責人之事業；同一關係企業之範圍，適用公司法第三百六十九條之一至第三百六十九條之三、第三百六十九條之九及第三百六十九條之十一規定。」「主管機關對於保險業與其利害關係人從事放款以外之其他交易得予限制；其利害關係人及交易之範圍、決議程序、限額及其他應遵行事項之辦法，由主管機關定之。」

七》保險業的監督

(一) 保險業務之檢查

爲確保保險業資金及營運健全，保險法第一百四十八條規定，主管機關得隨時派員檢查保險業之業務及財務狀況，或令保險業於限期內報告營業狀況。此項檢查，主管機關得委託適當機構或專業經驗人員擔任；其費用，由受檢查之保險業負擔。

檢查人員執行職務時，得爲下列行爲，保險業負責人及相關人員不得規避、妨礙或拒絕：

1. 令保險業提供第一百四十八條之一第一項所定各項書表，並提出證明文件、單據、表冊及有關資料。
2. 詢問保險業相關業務之負責人及相關人員。
3. 評估保險業資產及負債。

(二) 財務業務報告

保險法第一百四十八條之一規定：「保險業每屆營業年度終了，應將其營業狀況連同資金運用情形，作成報告書，併同資產負債表、財產目錄、損益表、股東權益變動表、現金流量表及盈餘分配或虧損撥補之議案及其他經主管機關指定之項目，先經會計師查核簽證，並提經股東會或社員代表大會承認後，十五日內報請主管機關備查。」「保險業除依前項規定提報財務業務報告外，主管機關並得視需要，令保險業於規定期限內，依規定之格式及內容，將業務及財務狀況彙報主管機關或其指定之機構，或提出帳簿、表冊、傳票或其他有關財務業務文件。」「前二項財務報告之編製準則，由主管機關定之。」

(三) 據實編製說明文件及公開說明重大訊息之義務

保險法第一百四十八條之二規定：「保險業應依規定據實編製記載有財務及業務事項之說明文件提供公開查閱。」「保險業於有攸關消費大眾權益之重大訊息發生時，應於二日內以書面向主管機關報告，並主動公開說明。」「第一項說明文件及前項重大訊息之內容、公開時期及方式，由主管機關定之。」

(四) 內部稽核制度之建立

保險法第一百四十八條之三規定：「保險業應建立內部控制及稽核制度；其辦法，由主管機關定之。」「保險業對資產品質之評估、各種準備金之提存、逾期放款、催收款之清理、呆帳之轉銷及保單之招攬核保理賠，應建立內部處理制度及程序；其辦法，由主管機關定之。」

(五) 保險業違法之處分

保險法第一百四十九條規定，保險業違反法令、章程或有礙健全經營之虞時，主管機關除得予以糾正或命其限期改善外，並得視情況為下列處分：

1. 限制其營業或資金運用範圍。
2. 命其停售保險商品或限制其保險商品之開辦。
3. 命其增資。
4. 命其解除經理人或職員之職務。
5. 撤銷法定會議之決議。
6. 解除董（理）事、監察人（監事）職務或停止其於一定期間內執行職務。
7. 其他必要之處置。

依前項第六款規定解除董（理）事、監察人（監事）職務時，由主管機關通知公司（合作社）登記之主管機關廢止其董（理）事、監察人（監事）登記。

主管機關應依下列規定對保險業為監管、接管、勒令停業清理或命令解散之處分：

1. 資本適足率等級為嚴重不足，且其或其負責人未依主管機關規定期限完成增資、財務或業務改善計畫或合併者，應自期限屆滿之次日起九十日內，為接管、勒令停業清理或命令解散之處分。

2. 前款情形以外之財務或業務狀況顯著惡化，不能支付其債務，或無法履行契約責任或有損及被保險人權益之虞時，主管機關應先令該保險業提出財務或業務改善計畫，並經主管機關核定。若該保險業損益、淨值呈現加速惡化或經輔導仍未改善，致仍有前述情事之虞者，主管機關得依情節之輕重，為監管、接管、勒令停業清理或命令解散之處分。

前項保險業因國內外重大事件顯著影響金融市場之系統因素，致其或其負責人未於主管機關規定期限內完成前項增資、財務或業務改善或合併計畫者，主管機關得令該保險業另定完成期限或重新提具增資、財務或業務改善或合併計畫。

依第三項規定監管、接管、停業清理或解散者，主管機關得委託其他保險業、保險相關機構或具有專業經驗人員擔任監管人、接管人、清理人或清算人；其有涉及第一百四十三條之三安定基金辦理事項時，安定基金應配合辦理。

前項經主管機關委託之相關機構或個人，於辦理受委託事項時，不適用政府採購法之規定。

保險業受接管或被勒令停業清理時，不適用公司法有關臨時管理人或檢查人之規定，除依本法規定聲請之重整外，其他重整、破產、和解之聲請及強制執行程序當然停止。

接管人依本法規定聲請重整，就該受接管保險業於受接管前已聲請重整者，得聲請法院合併審理或裁定；必要時，法院得於裁定前訊問利害關係人。

保險業經主管機關為監管處分時，非經監管人同意，保險業不得為下列行為：

1. 支付款項或處分財產，超過主管機關規定之限額。

2. 締結契約或重大義務之承諾。

3. 其他重大影響財務之事項。

監管人執行監管職務時，準用第一百四十八條有關檢查之規定。

保險業監管或接管之程序、監管人與接管人之職權、費用負擔及其他應遵行事項之辦法，由主管機關定之。

八» 保險業的接管、清理

(一) 接管

1. 接管之效力

保險業經主管機關派員接管者，其經營權及財產之管理處分權均由接管人行使之。原有股東會、董事會、董事、監察人、審計委員會或類似機構之職權即行停止。

前項接管人，有代表受接管保險業爲訴訟上及訴訟外一切行爲之權，並得指派自然人代表行使職務。接管人執行職務，不適用行政執行法第十七條及稅捐稽徵法第二十四條第三項規定。

保險業之董事、經理人或類似機構應將有關業務及財務上一切帳冊、文件與財產列表移交與接管人。董事、監察人、經理人或其他職員，對於接管人所爲關於業務或財務狀況之詢問，有答復之義務。

接管人因執行職務聲請假扣押、假處分時，得免提供擔保（保149-1）。

2. 接管人之職務與注意義務

保險業於受接管期間內，主管機關對其新業務之承接、受理有效保險契約之變更或終止、受理要保人以保險契約爲質之借款或償付保險契約之解約金，得予以限制。

接管人執行職務而有下列行爲時，應研擬具體方案，事先取得主管機關許可：

(1) 增資或減資後再增資。

(2) 讓與全部或部分營業、資產或負債。

(3) 分割或與其他保險業合併。

(4) 有重建更生可能而應向法院聲請重整。

(5) 其他經主管機關指定之重要事項。

保險業於受接管期間內，經接管人評估認爲有利於維護保戶基本權益或金融穩定等必要，得由接管人研擬過渡保險機制方案，報主管機關核准後執行。

接管人依第二項第一款或第三款規定辦理而持有受接管保險業已發行有表決權股份者，不適用第一百三十九條之一規定。

法院受理接管人依本法規定之重整聲請時，得逕依主管機關所提出之財務業務檢查報告及意見於三十日內爲裁定。

依保險契約所生之權利於保險業重整時，有優先受償權，並免爲重整債權之申報。

接管人依本法聲請重整之保險業，不以公開發行股票或公司債之公司爲限，且其重整除本法另有規定外，準用公司法有關重整之規定。

受接管保險業依第二項第二款規定讓與全部或部分營業、資產或負債時，如受接管保險業之有效保險契約之保險費率與當時情況有顯著差異，非調高其保險費率或降低其保險金額，其他保險業不予承接者，接管人得報經主管機關核准，調整其保險費率或保險金額（保149-2）。

3. 監理期限與監理終止

監管、接管之期限由主管機關定之。在監管、接管期間，監管、接管原因消失時，監管人、接管人應報請主管機關終止監管、接管。

接管期間屆滿或雖未屆滿而經主管機關決定終止接管時，接管人應將經營之有關業務及財務上一切帳冊、文件與財產，列表移交與該保險業之代表人（保149-3）。

4. 監理人之報酬

監管人、接管人之報酬及因執行職務所生之費用，由受監管、接管之保險業負擔，並優先於其他債權受清償。其報酬，應報請主管機關核定（保149-5）。

5. 對人之強制處分

保險業經主管機關依第一百四十九條第三項規定爲監管、接管、勒令停業清理或命令解散之處分時，主管機關對該保險業及其負責人或有違法嫌疑之職員，得通知有關機關或機構禁止其財產爲移轉、交付或設定他項權利，並得函請入出境許可之機關限制其出境。（保149-6）。

6. 營業、資產或負債讓與之處理程序

股份有限公司組織之保險業受讓依第一百四十九條之二第二項第二款受接管保險業讓與之營業、資產或負債時，適用下列規定：

(1) 股份有限公司受讓全部營業、資產或負債時，應經代表已發行股份總數過半數股東出席之股東會，以出席股東表決權過半數之同意行之；不同意之

股東不得請求收買股份，免依公司法第一百八十五條至第一百八十七條規定辦理。

(2) 債權讓與之通知以公告方式辦理之，免依民法第二百九十七條之規定辦理。

(3) 承擔債務時免依民法第三百零一條債權人承認之規定辦理。

(4) 經主管機關認為有緊急處理之必要，且對市場競爭無重大不利影響時，免依公平交易法第十一條第一項規定向公平交易委員會申報結合。

保險業依第一百四十九條之二第二項第三款與受接管保險業合併時，除適用前項第一款及第四款規定外，解散或合併之通知得以公告方式辦理之，免依公司法第三百十六條第四項之規定辦理。

保險業依第一百四十九條之二第二項第六款受託經營業務時，適用第一項第四款之規定（保149-7）。

（二）清理

1. 清理及清理人之職務

保險業之清理，主管機關應指定清理人為之，並得派員監督清理之進行。

清理人之職務如下：

(1) 了結現務。

(2) 收取債權，清償債務。

(3) 分派賸餘財產。

　　保險業經主管機關為勒令停業清理之處分時，準用第一百四十九條之一、第一百四十九條之二第一項、第二項、第四項及第八項規定。

　　其他保險業受讓受清理保險業之營業、資產或負債或與其合併時，應依前條規定辦理（保149-8）。

2. 清理之程序

(1) 清理人就任後，應即於保險業所在地之日報為三日以上之公告，催告債權人於三十日內申報其債權，並應聲明屆期不申報者，不列入清理。但清理人所明知之債權，不在此限。

清理人應即查明保險業之財產狀況，於申報期限屆滿後三個月內造具資產負債表及財產目錄，並擬具清理計畫，報請主管機關備查，並將資產負債表於保險業所在地日報公告之。

清理人於第一項所定申報期限內，不得對債權人為清償。但對已屆清償期之職員薪資，不在此限（保149-9）。

(2) 保險業經主管機關勒令停業進行清理時，第三人對該保險業之債權，除依訴訟程序確定其權利者外，非依前條第一項規定之清理程序，不得行使。前項債權因涉訟致分配有稽延之虞時，清理人得按照清理分配比例提存相當金額，而將所餘財產分配於其他債權人。而保險業清理期間，其重整、破產、和解、強制執行等程序當然停止。

3. 清理人之報酬

清理人之報酬及因執行職務所生之費用，由受清理之保險業負擔，並優先於其他債權受清償。其報酬，應報請主管機關核定（保149-5）。

4. 對人之強制處分

保險業經主管機關依第一百四十九條第三項規定為監管、接管、勒令停業清理或命令解散之處分時，主管機關對該保險業及其負責人或有違法嫌疑之職員，得通知有關機關或機構禁止其財產為移轉、交付或設定他項權利，並得函請入出境許可之機關限制其出境（保149-6）。

5. 清理程序完結後之處理

保險業經主管機關勒令停業進行清理者，於清理完結後，免依公司法或合作社法規定辦理清算。

清理人應於清理完結後十五日內造具清理期內收支表、損益表及各項帳冊，並將收支表及損益表於保險業所在地之新聞紙及主管機關指定之網站公告後，報主管機關廢止保險業許可（保149-11）。

保險業於清理完結後，應以主管機關廢止許可日，作為向公司或合作社主管機關辦理廢止登記日及依所得稅法第七十五條第一項所定應辦理當期決算之期日。

九》解散清算

(一) 清算程序

依第一百四十九條爲解散之處分者,其清算程序,除本法另有規定外,其爲公司組織者,準用公司法關於股份有限公司清算之規定;其爲合作社組織者,準用合作社法關於清算之規定。但有公司法第三百三十五條特別清算之原因者,均應準用公司法關於股份有限公司特別清算之程序爲之(保149-4)。

(二) 清算人之報酬

清算人之報酬及因執行職務所生之費用,由受清算之保險業負擔,並優先於其他債權受清償。其報酬,應報請主管機關核定(保149-5)。

(三) 對人之強制處分

保險業經主管機關依第一百四十九條第三項規定爲監管、接管、勒令停業清理或命令解散之處分時,主管機關對該保險業及其負責人或有違法嫌疑之職員,得通知有關機關或機構禁止其財產爲移轉、交付或設定他項權利,並得函請入出境許可之機關限制其出境(保149-6)。

(四) 營業執照之繳銷

保險業解散清算時,應將其營業執照繳銷(保150)。

21.2 保險公司

一》公司法規定之適用

保險公司除本法另有規定外,適用公司法關於股份有限公司之規定(保151)。

二》無記名股票之限制

保險公司之股票,不得爲無記名式(保152)。

三》保險公司負責人之連帶責任

保險公司違反保險法令經營業務，致資產不足清償債務時，其董事長、董事、監察人、總經理及負責決定該項業務之經理，對公司之債權人應負連帶無限清償責任。

主管機關對前項應負連帶無限清償責任之負責人，得通知有關機關或機構禁止其財產為移轉、交付或設定他項權利，並得函請入出境許可之機關限制其出境。

第一項責任，於各該負責人卸職登記之日起滿三年解除（保153）。

21.3 保險合作社

一》有關法令之適用

保險合作社除依本法規定外，適用合作社法及其有關法令之規定（保156）。

二》股金及基金之籌足

保險合作社，除依合作社法籌集股金外，並依本法籌足基金。且非俟公債金積至與基金總額相等時，不得發還（保157）。

三》出社社員之責任

保險合作社於社員出社時，其現存財產不足抵償債務，出社之社員仍負擔出社前應負之責任（保158）

四》理事兼職之禁止

保險合作社之理事，不得兼任其他合作社之理事、監事或無限責任社員（保159）。

五》抵銷之禁止

保險合作社之社員，對於保險合作社應付之股金及基金，不得以其對保險合作社之債權互相抵銷（保161）。

六 》社員人數最低額之限制

財產保險合作社之預定社員人數不得少於三百人；人身保險合作社之預定社員人數不得少於五百人（保162）。

21.4　經紀人、代理人、公證人

一 》保險業之經紀人、代理人、公證人之資格

保險代理人、經紀人、公證人應經主管機關許可，繳存保證金並投保相關保險，領有執業證照後，始得經營或執行業務。

前項所定相關保險，於保險代理人、公證人為責任保險；於保險經紀人為責任保險及保證保險。

第一項繳存保證金、投保相關保險之最低金額及實施方式，由主管機關考量保險代理人、經紀人、公證人經營業務與執行業務範圍及規模等因素定之。

保險代理人、經紀人、公證人之資格取得、申請許可應具備之條件、程序、應檢附之文件、董事、監察人與經理人應具備之資格條件、解任事由、設立分支機構之條件、財務與業務管理、教育訓練廢止許可及其他應遵行事項之管理規則，由主管機關定之。

銀行得經主管機關許可擇一兼營保險代理人或保險經紀人業務，並應分別準用本法有關保險代理人、保險經紀人之規定。

保險經紀人應以善良管理人之注意義務，為被保險人洽訂保險契約或提供相關服務，並負忠實義務。

保險經紀人為被保險人洽訂保險契約前，於主管機關指定之適用範圍內，應主動提供書面之分析報告，向要保人或被保險人收取報酬者，應明確告知其報酬收取標準。

前項書面分析報告之適用範圍、內容及報酬收取標準之範圍，由主管機關定之（保163）。

實務案例

　　保險事故發生後，如未即時查勘、鑑定及估價與理賠之理算，可能會因為經過相當時日造成實施上的困難，此時保險人得委請保險公證人為之。

　　法院判決上，亦會尊重保險公證人的專業並予以採納作為判決基礎，例如臺灣高等法院104年度上字第350號民事判決：「本件○○公司因系爭淹水事件，致位於○○大樓地下1、2樓之營業處所受有營業裝修等財物損害，有上訴人所提出之現場事故照片可稽，證人即保險公證人○○○證稱，伊於系爭淹水事件發生後，受上訴人委託前往○○大樓地下1、2樓勘查，該處所因淹水造成財物損害等語，堪認為真，系爭淹水事件既係因被上訴人所設置、管理之手孔端管塞未塞緊以及系爭引進管管障所致，則上訴人主張被上訴人應依民法第191條規定就○○公司所受損害負賠償責任，自屬有據。」

（參考資料：臺灣高等法院104年度上字第350號民事判決）

■》保證金及責任保險金額

　　保險業代理人、經紀人、公證人，應繳存之保證金或投保責任保險之保險金額，由主管機關訂之（保164）。

■》保險業代理人、經紀人、公證人執業處所及設備

　　保險業代理人、經紀人、公證人，應有固定業務處所，並專設帳簿記載業務收支（保165）。

　　兼有保險代理人、經紀人、公證人資格者，僅得擇一申領執業證照。

　　保險代理人公司、經紀人公司為公開發行公司或具一定規模者，應建立內部控制、稽核制度與招攬處理制度及程序；其辦法，由主管機關定之。

　　第一百四十二條、第一百四十八條於保險代理人、經紀人、公證人準用之。

案例題型››››››››

　　大慶與友人集資成立「陸陸保全公司」，但公司經營一段時間後，大慶發現保全生意有限，為突破業務上困境，大慶終日思索該有何方法。一日，參與出資之友人阿不拉想到他平日沒事兼職開計程車，但車子常會發生故障，許多開車的友人也有類似情況，因此阿不拉靈機一動，該大慶建議，不如大夥招攬計程機司機，仿保險的方法，按月繳交一定的金額，公司賺五百元手續費，一但發現參與投保者有計程車損壞險之情事發生時，便由公司支付修理費，請問這樣的主意是否合乎保險法之規定呢？

‹‹‹‹‹‹‹‹‹‹‹‹‹

練習題庫

1. (　　)為保障被保險人之權益，並維護金融之安定而設置之安定基金，係由下列何者提撥？　(A)產、壽險公會　(B)政府編列預算提撥　(C)各保險業者　(D)保險事業發展中心。

2. (　　)保險經紀人向下列何人收取佣金？　(A)被保險人　(B)受益人　(C)承保之保險業者　(D)視保險契約而定。

1. 保險業務之經營，須受何種限制，試舉三項論述之？
2. 保險業累積龐大資本及責任準備金，形成可運用的資金，保險業資金運用的原則為何，試說明之；根據我國保險法第 146 條之規定，保險業資金運用之限制為那些項目，其投資之上限又為何？
3. 請就保險法相關規定，列述保險業得辦理放款之範圍。
4. 對保險業的監督方式為何？
5. 保險業受解散之處分者，其清算的程序及效果為何？

NOTE

國家圖書館出版品預行編目資料

商事法/吳威志, 李岳牧, 王俊人, 嚴奇均編著.
-- 八版. -- 新北市：全華圖書股份有限公司,
2021.03
　面　；　公分
　ISBN 978-986-503-587-7(平裝)
　1. 商事法
587　　　　　　　　　　　　110002700

商事法(第八版)

作者 / 吳威志、李岳牧、王俊人、嚴奇均

發行人 / 陳本源

執行編輯 / 郜愛婷

封面設計 / 戴巧耘

出版者 / 全華圖書股份有限公司

郵政帳號 / 0100836-1 號

印刷者 / 宏懋打字印刷股份有限公司

圖書編號 / 0800007

八版一刷 / 2021 年 04 月

定價 / 新台幣 500 元

ISBN / 978-986-503-587-7

全華圖書 / www.chwa.com.tw

全華網路書店 Open Tech / www.opentech.com.tw

若您對本書有任何問題，歡迎來信指導 book@chwa.com.tw

臺北總公司(北區營業處)
地址：23671 新北市土城區忠義路 21 號
電話：(02) 2262-5666
傳真：(02) 6637-3695、6637-3696

南區營業處
地址：80769 高雄市三民區應安街 12 號
電話：(07) 381-1377
傳真：(07) 862-5562

中區營業處
地址：40256 臺中市南區樹義一巷 26 號
電話：(04) 2261-8485
傳真：(04) 3600-9806(高中職)
　　　(04) 3601-8600(大專)

讀者回函卡

掃 QRcode 線上填寫 ▶▶

姓名：＿＿＿＿＿　生日：西元＿＿＿＿年＿＿＿月＿＿＿日　性別：□男 □女

電話：（　　　）＿＿＿＿＿＿　手機：＿＿＿＿＿＿＿＿＿

e-mail：（必填）

註：數字零，請用 ⊕ 表示，數字 1 與英文 L 請另註明並書寫端正，謝謝。

通訊處：□□□□□

學歷：□高中・職　□專科　□大學　□碩士　□博士

職業：□工程師　□教師　□學生　□軍・公　□其他

・學校／公司：＿＿＿＿＿＿＿＿　科系／部門：＿＿＿＿＿＿＿＿

・需求書類：

□A 電子 □B 電機 □C 資訊 □D 機械 □E.汽車 □F.工管 □G.土木 □H.化工 □I.設計
□J.商管 □K.日文 □L.美容 □M.休閒 □N.餐飲 □O.其他

・本次購買圖書為：　　　　　　　　　　　　　　書號：＿＿＿＿＿＿＿

・您對本書的評價：

封面設計：□非常滿意　□滿意　□尚可　□需改善，請說明＿＿＿＿＿＿＿
內容表達：□非常滿意　□滿意　□尚可　□需改善，請說明＿＿＿＿＿＿＿
版面編排：□非常滿意　□滿意　□尚可　□需改善，請說明＿＿＿＿＿＿＿
印刷品質：□非常滿意　□滿意　□尚可　□需改善，請說明＿＿＿＿＿＿＿
書籍定價：□非常滿意　□滿意　□尚可　□需改善，請說明＿＿＿＿＿＿＿
整體評價：請說明＿＿＿＿＿＿＿＿＿＿＿＿＿＿＿＿＿＿＿＿＿＿＿＿＿

・您在何處購買本書？

□書局　□網路書店　□書展　□團購　□其他

・您購買本書的原因？（可複選）

□個人需要　□公司採購　□親友推薦　□老師指定用書　□其他

・您希望全華以何種方式提供出版訊息及特惠活動？

□電子報　□DM　□廣告（媒體名稱　　　　　　　　　　　　　　）

・您是否上過全華網路書店？（www.opentech.com.tw）

□是　□否　您的建議＿＿＿＿＿＿＿＿＿＿＿＿＿＿＿＿＿

・您希望全華出版哪方面書籍？＿＿＿＿＿＿＿＿＿＿＿＿＿＿

・您希望全華加強哪些服務？＿＿＿＿＿＿＿＿＿＿＿＿＿＿＿＿

感謝您提供寶貴意見，全華將秉持服務的熱忱，出版更多好書，以饗讀者。

填寫日期：　　／　　／

2020.09 修訂

親愛的讀者：

感謝您對全華圖書的支持與愛護，雖然我們很慎重的處理每一本書，但恐仍有疏漏之處，若您發現本書有任何錯誤，請填寫於勘誤表內寄回，我們將於再版時修正，您的批評與指教是我們進步的原動力，謝謝！

全華圖書　敬上

勘 誤 表

頁 數	行 數	書　名	作　者
		錯誤或不當之詞句	建議修改之詞句

我有話要說：（其它之批評與建議，如封面、編排、內容、印刷品質等・・・）